龙游河大桥

图书在版编目(CIP)数据

大事如皋. 2020 / 江苏省如皋市档案馆编. —北京：方志出版社，2021.11
ISBN 978-7-5144-4986-0

Ⅰ. ①大… Ⅱ. ①江… Ⅲ. ①如皋—地方史—大事记—2020 Ⅳ. ①K295.34

中国版本图书馆CIP数据核字（2021）第265584号

大事如皋（2020）

编　　者：江苏省如皋市档案馆
责任编辑：李晓晓

出 版 者：方志出版社
地址　北京市朝阳区潘家园东里9号(国家方志馆)4层
邮编　100021
网址　http://www.zgfzcb.cn
发　　行：方志出版社图书经销中心
电话(010)67110500
经　　销：各地新华书店

印　　刷：南通彩虹印刷有限责任公司
开　　本：889×1194　　1/16
印　　张：21.125
字　　数：573千字
版　　次：2021年11月第1版　　2021年11月第1次印刷
印　　数：001～500册

ISBN 978-7-5144-4986-0　　定价：300.00元

大事如皋

CHRONICLE OF EVENTS IN RUGAO

中共江苏省如皋市委员会
江苏省如皋市人民政府 主办
江苏省如皋市档案馆 编

2020

方志出版社
Publishing House of Local Records

《大事如皋（2020）》编纂委员会

序

春秋迭易，岁月轮回。回顾2020年，有阳光灿烂的日子，也有历经风雨的时刻；有收获成功的喜悦，也有发展路上的烦恼。在市委、市政府坚强领导下，全市人民始终保持着只争朝夕的精神状态和跨越赶超的奋进姿态，全力推动了经济社会各项事业蓬勃发展。

过去的一年，面对突如其来的新冠肺炎疫情，市委、市政府坚决贯彻国家、省和南通市的决策部署，坚持人民至上、生命至上，在疫情暴发初期果断踩下"急刹车"、按下"暂停键"，统筹抓好"四早"防控和"四集中"救治，用12天时间实现本地确诊病例"零新增"，再用不到一个月的时间实现本地确诊病例全部治愈"清零"，保持患者"零病亡"、医护"零感染"。广大党员干部、医护人员、公安干警、志愿者逆流前行，奔赴一线，政银企共克时艰、复工复产，社会各界同舟共济、守望相助，凝聚了众志成城的磅礴力量，彰显了"大爱如皋"的时代风采，谱写了感天动地的战斗篇章。在大家的共同努力下，如皋抗击新冠肺炎疫情斗争取得重大战略成果，经济发展短时间内实现V型反转，全年GDP增速高于全国、全省和南通水平，交出一份厚重提气的"成绩单"。

过去的一年，面对高质量发展的要求和日益激烈的竞争态势，市委、市政府紧紧围绕"工业投入三年超千亿，百强排名挺进前二十"的目标定位，全力以赴大抓项目、抓大项目，全年新签约10亿元以上项目24个，斯堪尼亚重卡、广大特材、金鹰产业园、日达精密等一批五十亿级、百亿级项目先后落地，实现新开工亿元以上项目72个，工业投入增速持续领跑南通。现代产业体系打造、国企市场化改革、五大园区共建等重点工作取得实质性进展，建设长江以北最强县市的基础越来越实、动力越来越强、底气越来越足。

过去的一年，面对长三角一体化发展等多重国家战略机遇、区域交通格局的加快重塑，市委、市政府积极争取、主动创造，推动北沿江高铁如皋西站正式设立，张皋过江通道提前启动规划建设，再现了"变不可能为可能"的生动实践。随着沪苏通大桥正式运营，盐通高铁、高铁如皋南站正式通车，“一个深水良港、两条过江通道、三座高铁站点、五条高速公路”的综合交通新格局正加快重塑，区位发展优势愈发凸显，跨江融合步伐日益加快，迎来了快发展大发展的黄金机遇期。

过去的一年，面对人民群众日益增长的美好生活需要，市委、市政府坚持从点滴小事做起，干一件成一件，积小胜为大胜。通皋大道、颐园区间路等道路实现贯通，内外城河生态景观综合提升、城市亮化等工程加快推进，镇级民营水厂整合、老旧小区改造等民生实事全面完成，城乡面貌日新月异、品质全面提升。生态环境质量得到了大幅改善，地表水质量位居全省前列、南通第一，空气质量达到二级标准，改善幅度居南通前列，污染防治攻坚战取得阶段性成效。教育、医疗、养老等事业都取得了长足发展，普通高考再创佳绩，基层医疗卫生服务水平持续提升，全国文明城市以高分通过复评，社会大局持续保持和谐稳定。

艰难方显勇毅，磨砺始得玉成。2020年是极不平凡的一年，《大事如皋(2020)》忠实记录下全体如皋人民艰苦奋斗的不平凡历程，借此向全市人民的辛勤付出致以崇高的敬意!

百舸争流，奋楫者先;千帆竞发，勇进者胜。2021年是开启全面建设社会主义现代化国家新征程、向第二个百年奋斗目标进军的起步之年，也是如皋奋力建设长三角北翼高质量发展排头兵发力之年。让我们更加紧密地团结在以习近平同志为核心的党中央周围，在省委和南通市委的坚强领导下，进一步解放思想、开拓创新，主动作为、奋勇争先，推动各项工作开好局、起好步，奋力谱写如皋现代化新篇章!

编　者

2021年10月

编辑说明

《大事如皋》是以马克思列宁主义、毛泽东思想、邓小平理论、“三个代表”重要思想、科学发展观、习近平新时代中国特色社会主义思想为指导，坚持辩证唯物主义和历史唯物主义的立场与观点和方法，以时间为序，收录如皋市经济、政治、文化、社会、生态文明建设的重要档案文献资料，旨在为各级领导、各部门了解全市的工作动态和发展情况、总结经验、指导工作等提供系统的档案信息服务。

《大事如皋(2020)》记录和反映了如皋市2020年全市范围内发生的大事、要事、新事及市委、市政府为民办实事项目，以图文并茂的形式记述党和政府的重大政策、各部门的重大活动、各界人士关注的重大事件、与人民群众生活密切相关的重大项目，记录成就，展示风貌，保存史料。

全书由领导调研、热点聚焦、新闻人物、大事记、成就展台、惠民实事、专文选编、先进荣誉、组织机构9个部分的内容组成。

领导调研 主要记录和反映省、部级以上和南通市委、市人大、市政府、市政协主要领导人在如皋市的重要活动情况。

热点聚焦 选取全市2020年事关全局、有广泛和长远影响的大事、要事、特事，重点加以记述。

新闻人物 简要介绍如皋市新上任、有变动的四套班子成员简历；作出重大贡献、获得全国性表彰、取得突出成就，或产生重大影响的本地、外地及海外如皋籍人士的履历、事迹。

Bianji shuoming

大 事 记 按时间顺序逐条记载2020年如皋经济、政治、军事、文化、社会、生态文明等方面的情况、部门工作动态、重大活动和事(案)件及当地的奇特自然现象等。

成就展台 记录和展示全市2020年经济社会发展所取得的重大成就和亮点。

惠民实事 主要记述2020年市委、市政府确定的为民办实事项目的落实情况。

专文选编 选录市委、市政府重要专题报告和相关部门的情况公报。

先进荣誉 选录获得国家级、省部级、南通市级和如皋市级奖励和荣誉称号的人物、成果、活动等。

组织机构 反映全市组织机构设置和四套班子、各单位各部门2020年度在职的正、副职负责人员名录。若2020年度职务有变动的,则注明任职、免职时间。

目　录

■领导调研

南通市委书记徐惠民督查指导如皋疫情防控工作 …… (2)
南通市委副书记、市长王晖督查指导如皋疫情防控工作 …… (3)
江苏省委副书记任振鹤到如皋考察 …… (4)
江苏省委宣传部副部长葛莱到如皋调研精神文明建设工作 …… (5)
南通市委副书记、市长王晖到如皋调研经济社会发展情况 …… (6)
江苏省政协人口资源环境委员会调研组到如皋调研 …… (7)
南通市政协主席黄巍东调研"有事好商量"协商议事工作情况 …… (8)
南通市委书记徐惠民到如皋调研 …… (10)
江苏省人大常委会委员高晓平一行到如皋调研 …… (11)
江苏省政协理论研究会会长徐鸣一行到如皋调研 …… (12)
江苏省体育局局长陈少军调研如皋体育工作 …… (12)
南通市领导姜永华调研如皋政法和信访工作 …… (13)
江苏省文旅厅党组书记、厅长杨志纯一行专题调研如皋全域旅游创建工作 …… (14)
江苏省委组织部副部长周为号调研如皋基层党建工作 …… (15)
江苏省人大执法检查组到如皋开展专项检查 …… (16)
江苏省妇联主席张彤调研如皋基层妇联工作 …… (17)
江苏省人大常委会领导到如皋调研农村水利工作 …… (18)
江苏省高级人民法院党组书记、院长夏道虎到如皋调研 …… (19)
江苏省退役军人事务厅领导到如皋开展慰问活动 …… (20)
陕西省洋县代表团到如皋考察经济社会发展情况 …… (20)
江苏省人大代表、省政协委员视察长江生态环境资源保护检察工作 …… (21)

江苏省教育厅副厅长顾月华调研如皋普通高中教育教学发展 …… (21)

江苏省委常委、组织部部长郭文奇调研如皋基层党建工作 …… (22)

人民政协报社副社长许水涛到如皋调研“有事好商量”协商议事工作 …… (23)

南通市委十二届十三次全会与会人员到如皋观摩项目建设工作 …… (24)

■热点聚焦

如皋市委十二届十次全体(扩大)会议胜利召开 …… (26)

两个超5亿元项目落户磨头镇 …… (27)

政协如皋市第十四届委员会第四次会议召开 …… (28)

如皋市十七届人大四次会议召开 …… (30)

枫盛汽车首款车型在如皋下线 …… (32)

如皋市召开“不忘初心、牢记使命”主题教育总结会议 …… (32)

如皋市召开专职招商人员出征誓师大会 …… (33)

如皋市20个重大项目集中开工 …… (35)

如皋市三个项目获江苏省科学技术奖 …… (35)

市委、市政府举行仪式迎接11名援鄂医疗队员回如返岗 …… (36)

如皋市正式启动创建国家基本公共服务标准化试点工作 …… (37)

沪陕高速公路平潮至广陵(南通段)扩建工程正式开工 …… (38)

如皋市税务局长江税务分局团支部获评“全国五四红旗团支部” …… (38)

如皋市全面推进镇卫生院整合工作取得显著成效 …… (39)

如皋市下原蘘荷获国家级农产品地理标志 …… (39)

2020年全国百强县榜单出炉,如皋市列第19位 …… (40)

南通大学附属如皋医院正式挂牌 …… (40)

中国老挝磨憨—磨丁经济合作区在如皋举办招商发布会 …… (41)

2020全国小微盆景展暨盆景交易大会在如皋开幕 …… (42)

广大特材(如皋)产业园落户长江镇 …… (43)

如皋成功签约超400亿元新加坡金鹰集团项目 …… (44)

上汽联创智能网联科技(江苏)有限公司正式奠基 …… (45)

首列直达上海动车停靠如皋站 …… (46)

大事如皋

如皋市列入第二批革命文物保护利用片区分县名单 …………………………………… (47)
如皋市举行庆祝中国共产党成立99周年暨“七一”大党课 ……………………………… (48)
如皋黑塌菜登上“雪龙”2号 ……………………………………………………………… (49)
如皋市获评2019中国有影响力的全域旅游示范区 ……………………………………… (49)
正威集团如皋5G新材料项目奠基暨全市重大项目集中开工仪式举行 ………………… (50)
电影《出发！第一书记》举行首映式 ………………………………………………………… (51)
张皋过江通道航评通过交通运输部审查 ……………………………………………… (51)
江苏省省以上投资土地整治项目现场交流培训会在如皋召开 ………………………… (52)
通皋大道一期工程主线通车 ……………………………………………………………… (52)
如皋市与洋县深化对口协作 ……………………………………………………………… (53)
江苏省档案学会档案保护技术专业委员会成立大会在如皋举行 ……………………… (54)
第三届中国·如皋第三代半导体及智能制造论坛成功举办 …………………………… (55)
2020如皋“一会两节”正式开幕 ………………………………………………………… (56)
418盆精品盆景在如皋市精彩亮相 ……………………………………………………… (57)
如皋市举行2020中国·如皋5G新材料产业发展论坛 …………………………………… (58)
如皋市举行日达智能终端精密模组项目暨全市“一会两节”重大项目集中开工仪式 … (58)
如皋市新增4家省级工程技术研究中心 ………………………………………………… (59)
如皋市成功蝉联全国文明城市 …………………………………………………………… (60)
姚呈明理论武装工作室获评全国先进集体 ……………………………………………… (61)
如皋荣获“国家级节水型社会建设达标县”称号 ……………………………………… (61)
世界高端重卡制造商斯堪尼亚全球第三个生产基地落户如皋 ………………………… (62)
如皋市档案馆文档查阅科荣获“江苏省巾帼文明岗”称号 ……………………………… (63)
如皋市第二届“志愿服务347”活动启动暨赵小亭纪念塑像落成仪式举行 …………… (63)
2020中国·南通纤维新材料与智能制造产业高峰论坛专家团到如皋考察 …………… (65)
烟台正海磁性材料股份有限公司高性能稀土永磁材料项目落户高新区 ……………… (65)
全市领导干部会议召开　宣布市委、市政府主要领导调整决定 ………………………… (66)
如皋南站正式启用 ………………………………………………………………………… (68)
如皋市第十七届人大常委会召开第三十三次会议 ……………………………………… (68)

■新闻人物

何益军担任中共如皋市委书记 …………………………………………………… (70)
王鸣昊担任中共如皋市委副书记,如皋市政府副市长、代市长、党组书记 …………… (71)
程瑞琴担任中共如皋市委常委、政法委书记 …………………………………………… (72)
秦金春任中共如皋市委常委、市纪委书记、市监委主任人选 ……………………… (73)
顾凡任如皋市政府副市长人选、党组成员 …………………………………………… (74)
林文美担任如皋市人民政府副市长、党组成员(挂职) ……………………………… (75)
缪小华任如皋市政协党组副书记、副主席人选 ………………………………………… (76)
唐明渠担任如皋市人民法院党组书记、副院长、代院长 ……………………………… (77)
吴晓栋担任如皋市人民检察院副检察长、党组书记、代检察长 ……………………… (78)
施建银、李百战获评首届南通市道德模范 ……………………………………………… (79)
抗疫"皋"人英雄谱 …………………………………………………………………… (80)
倪张根入选 2020 年省有突出贡献中青年专家 ………………………………………… (84)
"抗洪勇士"冒小驰 …………………………………………………………………… (85)
如皋市人民检察院检察官刘涛因公殉职 ……………………………………………… (86)
"诚信母亲"丛慧玉入选"中国好人榜" ……………………………………………… (87)
许钱荣获"全国劳动模范"称号 ………………………………………………………… (88)
救火勇士丁亚峰被授予"江苏省见义勇为先进个人"称号 …………………………… (88)
严纯华团队研究课题入选 2019 年度中国科学十大进展 ……………………………… (90)
如皋籍青年才俊吴石亮获省级科技人才资助 …………………………………………… (91)
如皋籍航天人王成参与"天问一号"飞行控制工作 …………………………………… (91)
如皋籍导演夏骏 6 部纪录片在如皋展映 ……………………………………………… (92)
如皋籍专家许秀飞获"中国镀锌工业杰出贡献奖" …………………………………… (93)
2 位如皋籍科学家获 2020 年"科学探索奖" …………………………………………… (94)
安装追梦人郭海兵:至臻之技始于匠心,千锤百炼勇攀高峰 ………………………… (95)
如皋籍著名作家黄蓓佳获颁"金凤凰"奖章 …………………………………………… (96)
如皋籍科学家庄小威再获国际大奖 …………………………………………………… (98)

目录

■大事记

1 月 …… (100)

2 月 …… (109)

3 月 …… (118)

4 月 …… (124)

5 月 …… (133)

6 月 …… (140)

7 月 …… (148)

8 月 …… (157)

9 月 …… (166)

10 月 …… (176)

11 月 …… (184)

12 月 …… (195)

■成就展台

“十三五”时期如皋“强富美高”建设谱写新篇章 …… (204)

■惠民实事

2020 年市政府为民办实事项目推进情况 …… (210)

■专文选编

恪守初心使命　强化责任担当　在服务高质量发展中走在前作表率

——在庆祝中国共产党成立 99 周年大会暨“七一”大党课上的讲话 …… 张建华(216)

抢抓新机遇　实现大发展　奋力建设长江以北最强县市

——在市委十二届十一次全体(扩大)会议上的讲话(2020 年 8 月 5 日) …… 张建华(220)

高质量建设长江以北最强县市 奋力谱写“强富美高”新如皋现代化篇章

——在市委十二届十二次全体(扩大)会议上的讲话(2021 年 1 月 5 日) …… 何益军(228)

政府工作报告

—— 2021 年 2 月 23 日在如皋市第十七届人民代表大会第五次会议上 …… 王鸣昊(236)

中国共产党如皋市第十二届委员会第十次全体(扩大)会议决议

(2020年1月4日中国共产党如皋市第十二届委员会第十次全体(扩大)会议通过) ········ (251)

中国共产党如皋市第十二届委员会第十一次全体(扩大)会议决议

(2020年8月5日中国共产党如皋市第十二届委员会 第十一次全体(扩大)会议通过) ······ (252)

如皋市人民政府关于实施新型冠状病毒感染的肺炎疫情一级响应措施的通告 ············ (254)

如皋市人民政府关于实施全民参与疫情防控十二项措施的通告 ························ (256)

关于印发《如皋市企业复工及疫情防控工作方案》的通知 ···························· (257)

2019年度如皋市生态环境状况公报 ·· (260)

如皋市2020年国民经济和社会发展统计公报 ·· (263)

■先进荣誉

2020年度荣誉榜 ·· (274)

2020年度综合考核优秀单位和服务地方先进单位 ···································· (284)

2020年度高质量发展先进集体 ·· (284)

2020年度高质量发展先进个人 ·· (286)

2020年度如皋市文明行业文明镇文明村文明社区文明单位文明校园文明家庭名单 ········ (288)

■组织机构

2020年如皋市组织机构及负责人名录 ·· (298)

领导调研

Lingdao Diaoyan

南通市委书记徐惠民督查指导如皋疫情防控工作

2020年2月7日，南通市委书记徐惠民（左二）一行督查长江镇疫情防控视频调度指挥中心（邱宇 摄）

2月7日，南通市委书记徐惠民到如皋，督查指导疫情防控工作。南通市委常委、市委秘书长吴永宏及如皋市委书记张建华，市委副书记、市长何益军参加活动。

社区、村居是疫情防控的最前沿。“社区有没有隔离观察的对象？”“居民出入怎么办？”“农村居民怎么管理？”……在长江镇平南社区公共服务中心，徐惠民仔细询问镇、社区疫情防控工作开展情况。该镇采取城市小区楼长制、农村社区“十户联防”等方式每日报告防控信息。徐惠民说，当前，在持续做好外防输入的同时，要更加注重内防扩散。基层是最后一道“防线”，要采取更严格的管控措施，在人防物防技防上多动脑筋、多想办法，全力遏制二代病例发生。在小区门口，徐惠民和志愿者交谈时说，疫情防控是一场“人民战争”，必须全面动员、全民参与，感谢志愿者的辛勤付出。临走前，他特别叮嘱志愿者要做好自我防护。

随后，徐惠民实地查看了长江镇疫情防控视频调度指挥中心。座谈会上，张建华介绍了如皋疫情防控及经济社会发展重点工作情况。自疫情发生以来，如皋将疫情防控工作作为当前最重要的工作来抓，多次召开专题会议、视频会议，研究部署疫情防控工作，聚焦重点人群，狠抓隔离环节，做实联防联控，全力打赢疫情防控阻击战。

徐惠民指出，疫情防控形势每天都有新变化，容不得一丝松懈，特别是针对即将到来的企业复工潮等新情况，要提前谋划措施，制定工作预案，从早抓紧，从严要求，扎实抓好防控工作的每个环节、每个细节，不断积小胜为大胜，为取得疫情防控阻击战的最终胜利奠定基础。他要求，要加大内防扩散的工作力度，严而又严、细之又细地做好排查、摸清底数，确保应查尽查、一个不漏。稳妥有序、分期分批做好企业复工工作，严格企业复工报批审核，重点做好外地返南通人员的摸排、管理等工作，指导企业有效落实防控措施，主动帮助解决实际困难。要加强力量调配，集中抽调机关干部充实到防控一线，和基层人员并肩战斗，协助当地把上级各项部署要求精准有效落到实处。要关心爱护一线工作人员，进一步改善工作条件，统筹做好轮岗调休等工作，落实好保障和激励措施。要做好集中医学观察点建设等准备工作，对重点人员严格实行集中隔离，切实阻断传播渠道。要加强物资储备，在积极对外采购的同时，进一步挖掘内部生产潜能，切实提高防控物资保障能力。他最后强调，在全力做好疫情防控的同时，要统筹做好项目建设、安全生产、市场监管、民生保障等各项工作，最大限度减少疫情带来的不利影响，确保经济社会平稳健康发展。

南通市委副书记、市长王晖督查指导如皋疫情防控工作

2月8日，南通市委副书记、市长王晖到如皋，以“四不两直”方式督查指导疫情防控各项工作开展情况。南通市政府秘书长陈俊，如皋市领导张建华、何益军等参加活动。

王晖一行实地检查东陈镇高速道口、如皋工业园区(如城街道)宏坝社区党群服务中心等处。在东陈镇高速道口，王晖详细了解高速道路车流量以及进如车辆人员的安检情况。他指出，高速道口是外来人员入境的重要关口，对疫情重点地区的外来车辆要及时劝返，对即将复工到如皋的车辆人员要做好精准对接，严防监控，毫不松懈地抓好每个细节，为人民群众守好健康防线。在宏坝社区党群服务中心，王晖仔细询问社区的疫情防控工作开展情况。他要求社区居委会要切实负起责任，对居家观察的人员提供必要的生活保障，切实做到疫情防治的控源和断流，坚决阻断传染路径。

座谈会上，市委书记张建华介绍如皋市疫情防控及经济社会发展重点工作情况。自疫情发生以来，如皋市坚持把新冠肺炎疫情防控工作作为当前最重要的任务，采取关注重点人群，明确防控工作的源头目标，狠抓隔离环节，截断病毒传播内部途径，做实联防联控，阻断病毒输入的外部可能等措施，统筹协调推进各项重点工作。

针对疫情防控工作，王晖指出，如皋要加强底线思维，在确诊和疑似人群的存量上要挖清挖实，关键人员要见底见量、卡口管控要一个不漏，联防联控要织牢网格，坚决做到“外防输入，内防扩散”。随着节后复工潮的来临，返工人口和流动人口的增多，新一轮的防控压力即将到来，要提前谋划，制定工作预案，把每一个环节可能发生的问题推演好、预测准；要落实返岗隔离观察、健康管理、工作场所管理、个人健康防护等具体措施，有序做好人员分批分次、分轻重缓急陆续返岗，确保企业员工的身体健康。要用心用情、周密细致地做好集中隔离点和医学观察点的各项防控措施，确保各项防控措施落细落实，为取得疫情防控阻击战的最终胜利奠定基础。

2020年2月8日，南通市委副书记、市长王晖(前排左二)调研如皋新冠肺炎疫情防控工作 (邱宇 摄)

江苏省委副书记任振鹤到如皋考察

2020 年 3 月 11 日，省委副书记任振鹤（右三）在花木大世界（如皋）国际园艺城考察　　　　（邱宇　摄）

3 月 11 日，省委副书记任振鹤考察如皋市花木产业发展以及相关就业创业情况。南通市委书记徐惠民、南通市委副书记沈雷以及如皋市领导张建华、丁兴华等参加考察活动。

任振鹤一行在花木大世界（如皋）国际园艺城盆景精品展示馆，详细了解各个派系的盆景特点及园艺城经营情况。位于“江苏南通国家农业科技园区”如皋核心区的花木大世界（如皋）国际园艺城，是一个集花木生产交易、科研培训、园林设计施工、旅游观光、电子信息服务于一体的专业市场，2019 年总交易额超过 182 亿元，在全国同行业中名列前茅。“公司自成立以来，通过‘市场+公司+基地+农户’的模式，带领如皋花木种植从 8 万多亩发展到 20 万亩，带动全市 5 万多农户增收致富，先后培育园林绿化施工企业 64 家，产值突破 80 亿元，形成了以盆景为核心、花卉苗木为基础、园林施工为支撑的全产业链。”在认真听取工作人员详细讲解后，任振鹤充分肯定了园艺城注重合作共赢、带动农民就业创业、促进农民增收致富的成功做法。

“云头雨足美人腰，左顾右盼两弯半”。参观过程中，独特造型的如派盆景引起任振鹤的关注。“‘云头’‘雨足’‘美人腰’‘左三右三后三顶一’的造型，不仅给人以美感，同时其所象征的‘十全十美’之意，使其具有了较高的附加值。”在获悉如派盆景种植面积不断扩大、产出效益不断增加，已经成为周边群众的“绿色银行”时，任振鹤频频点头赞赏。

将盆景小型化，让盆景更多地走进普通家庭。花心思盆景经营店里，各种小微盆景虽然体格较小，但同样有着传统盆景的别致造型，而且价格低廉。如皋市根据消费者需求，引导花农开发小微盆景，通过举办全国性的展销活动和网上推介，使得此类小微盆景源源不断地走进千家万户。在获悉小微盆景拓宽农民增收渠道、成为如皋市花木产业发展的有效补充时，任振鹤给予好评。

江苏省委宣传部副部长葛莱到如皋调研精神文明建设工作

2020 年 3 月 18 日，省委宣传部副部长、省文明办主任葛莱(左二)在经济技术开发区平园池村新时代文明实践站调研 (黄友谊 摄)

3 月 18 日，省委宣传部副部长、省文明办主任葛莱率队到如皋调研精神文明建设工作，勉励如皋市着力培育高素质文明市民，打造高水平文明实践品牌、建设高质量全国文明城市。市领导张建华、丁兴华等陪同调研。

葛莱一行实地走访调研了经济技术开发区平园池村新时代文明实践站、市新时代文明实践中心、吴窑镇新时代文明实践所等处。在平园池村“港港经”百姓茶馆，葛莱向村民们详细了解了平园池村村民议事、移风易俗、文化惠民等工作开展情况。市委书记张建华告诉葛莱，如皋市以“两代表一委员”活动为载体，做实乡风文明，做强“头雁”效应，引导全民广泛参与，营造了风清气正、和谐淳朴的民风，提升了广大群众的获得感、幸福感、安全感。

调研中，葛莱详细听取了如皋市精神文明建设情况汇报。2017 年以来，如皋市以深化高质量文明城市建设为龙头，以推进实施乡村振兴战略为契机，借力新时代文明实践中心建设试点工作，着力培养时代新人、弘扬时代新风，加快道德风尚高地建设。2019 年，文明城市创建、社会文明程度指数省级年度测评均比上一年度上升 3 个位次，新时代文明实践中心建设试点工作跻身全国试点县(市、区)之列。尤其是在移风易俗方面，如皋市着力拓展思路、三级联动，引导群众善自治；完善设施、改善服务，推动群众有选择；广泛宣传、教育引导，帮助群众明认识；党员带头、示范引领，促进群众简办事；聚焦问题、狠抓难点，带领群众除陋习，城乡一体文明程度指数同步提升。

在听取汇报后，葛莱对如皋市精神文明建设工作给予充分肯定。他说，如皋在新起点上持续深化文明建设，前进的每一步都殊为不易，无不凝聚了如皋实践和如皋经验；用系统性的思维谋划推进移风易俗工作，在发展的链条上加以实施，先弥补公共管理的短板，再开展综合治理，疏堵结合形成了长效机制；花大力气去狠抓落实，全市精神文明建设工作亮点纷呈、成效显著。

就进一步做好高质量精神文明建设工作，持续放大如皋市“微笑之城 大爱如皋”品牌效应。葛莱强调，要标本兼治，力争打造移风易俗的“如皋经验”，真移真易，让摒弃陈规陋习、崇尚新风尚成为广大群众的自觉追求。要求深求实，积极探索新时代文明实践的“如皋样本”，不断提升广大群众的道德水准、文明素养和全社会文明程度，做好“中国之治”在基层的实践。要城乡统筹，提升放大两个文明协调发展的“如皋现象”，作为苏中苏北首个县级全国文明城市，如皋要努力争取首批入选全国县域农村精神文明建设示范县。

葛莱最后勉励如皋市对标人民群众的美好期盼，着力培育高素质文明市民，打造高水平文明实践品牌、建设高质量全国文明城市。

南通市委副书记、市长王晖到如皋调研经济社会发展情况

4月21日，南通市委副书记、市长王晖率队到如皋，调研如皋市经济社会发展情况。南通市政府秘书长陈俊，如皋市领导张建华、何益军、顾留忠陪同调研。

2020年4月21日，南通市委副书记、市长王晖(中)一行观摩长江镇化工园区智慧管理平台操作演示　　(邱宇 摄)

王晖一行现场观摩了长江镇化工园区智慧管理平台操作演示。该平台整合了环保、安全、应急、封闭化园区等几大板块内容，通过监测数据与视频监控的“双重整合”、生产过程安全关键参数监控等手段，最终实现对园区监、控、管一体的及时响应服务。“平台覆盖了多少家化工企业？”“如果企业排污采样不达标如何处理？”王晖十分赞赏平台渗入企业管理系统这一模式，认为值得推广。在参观了如皋港化工园区后，他要求园区继续秉承“为企服务、高效监管”的工作理念，大胆探索，扩大应用功能开发，加大监管力度，着力打造智慧化工样板园区。

省重大项目华永汽车空气悬架与自动变速箱项目总投资20亿元，一期项目竣工后可形成年产电控空气悬架总成50万套、自动变速箱15000台(套)的生产能力，预计新增销售额14亿元。“现在市场份额占多少？”“何时能投产？”当得知该项目将于6月份竣工交付时，王晖对项目建设进度和核心技术表示赞许，并勉励企业要抢抓当前黄金施工期和良好的市场形势，加快项目建设进度，推动项目早竣工、早达产。随后，王晖一行还实地查看了如皋飞灰填埋池项目。

镇村生活污水处理是水污染防治的“最后一公里”。在白蒲镇文著社区，王晖一行仔细查看了村庄生活污水处理科研点现场，详细了解项目建设和运行效果。为解决一家一户的生活污水处理问题，如皋市开发出了分散式无电非药型生活污水处理设施，并在部分农户当中开展了试点。王晖深入农户家中详细了解改厕和生活污水治理实际情况，现场查看配套管网、污水处理设施和生物氧化塘建设，与镇村干部、工程技术人员深入探讨污水治理的技术方案、排放标准等事项。王晖充分肯定了如皋市结合实际在农村生活污水处理方面所做的创新，希望如皋市坚定不移地推进这项技术，积极探索污水治理的经验，为有效改善生态环境作出积极贡献。

座谈会上，市委书记张建华详细汇报了如皋市经济社会发展情况。2020年以来，如皋市紧紧围绕“工业投入每年五百亿，百强排名挺进前二十”目标，深入学习借鉴苏州“三大法宝”，统筹推进疫情防控和经济社会发展工作，全市经济社会发展总体平稳。一季度在减税降费5.06亿元的情况下，完成一

般公共预算收入18.02亿元，超过序时任务；完成工业应税销售330.71亿元，同比增长5.77%；完成服务业应税销售330.37亿元，同比增长20.90%；完成实际到账外资1.33亿美元，同比增长114.13%；截至2020年4月，正在实施和在手在谈20亿元以上重特大项目17个，项目数量和质量同比均实现了新突破。下一阶段，如皋市将重点做好四个方面的工作：抓项目、提质效，推动经济发展稳中有进；抓统筹、提能级，推动城市建设取得突破；补短板、强弱项，推动"三大攻坚"持续深化；抓民生、善治理，推动群众生活持续改善。

在听取如皋市经济社会发展情况汇报后，王晖说，2020年以来，如皋认真贯彻落实南通市委、市政府决策部署，统筹抓好疫情防控和经济社会发展，取得了阶段性胜利。他指出，成绩只能代表过去，发展才是硬道理，思想上不能有丝毫松懈，要在一季度"开门红"的基础上，实现二季度"站起来"、三季度"挺直胸膛"，四季度"全面领先"。

要协调解决企业因疫情影响出现的订单减少、外贸受阻等问题，帮助企业稳定生产，加快重点项目建设，稳住经济增长的主要力量。要全力以赴推进张皋过江通道、北沿江高铁等重大交通工程建设，加快重塑如皋对外交通格局，高效推进城市建设。他强调，要抓好环保底线，切实履行长江经济带生态环境保护责任，深入开展治气、治水、治土三大攻坚战，促进全市生态环境质量持续提升；要抓好安全生产底线，进一步压实部门监管和企业主体责任，确保安全生产形势持续稳定向好；要守牢稳定底线，深化国资国企改革发展，加强国有公司主体信用建设，进一步落实国有资产保值增值责任，同时以"一控减双提升"为目标，维护社会稳定，努力夺取疫情防控和经济社会发展"双胜利"。

江苏省政协人口资源环境委员会调研组到如皋调研

4月28日，省政协人口资源环境委员会主任王奇一行到如皋调研。南通市政协主席黄巍东、副主席金元及如皋市领导张建华、张元健、冒平等参加调研。

调研组一行实地走访了花木大世界（如皋）国际园艺城、顾庄生态园等处，详细了解了如皋市生态环境建设和高效设施农业发展情况。位于"江苏南通国家农业科技

2020年4月28日，省政协人口资源环境委员会主任王奇（左三）一行在花木大世界（如皋）国际园艺城调研　　（邱宇 摄）

园区”如皋核心区的花木大世界(如皋)国际园艺城,是一个集花木生产交易、科研培训、园林设计施工、旅游观光、电子信息服务于一体的专业市场,2019年总交易额超过182亿元,在全国同行业中名列前茅。顾庄生态园围绕深化打造“长寿、长绿”名片,建设上海“城市花园”的目标,园区规划面积33平方公里,充分彰显如皋市得天独厚的自然生态特色,形成集农家园林欣赏、农家习俗体验、古玩、古董、古树欣赏于一体的旅游观光产业,“家家栽种花木,户户蟠扎盆景”成为如皋市最为靓丽的风景线,每年吸引海内外众多游客。

如皋市坚持“绿水青山就是金山银山”的绿色发展理念,全面推动生态文明建设,坚持以推进“四化同步”为目标,以实施乡村振兴战略为总抓手,不断提升乡村产业发展水平、扎实推进脱贫攻坚、深入推进农村改革、全面整治农村人居环境,不断推动全市农业农村高质量发展。

调研组指出,生态环境好坏直接关乎人民群众的切身利益,是最大的民生实事。如皋在乡村振兴、生态环境建设中取得了不少成绩,有很多创新的办法,探索出了很多好的经验。下一步,要进一步优化城乡空间布局,通过创新体制机制和方式方法,补短板、强弱项。调研组表示,将及时梳理此次调研中收集的意见建议,提出有针对性的对策建议,供省委、省政府决策参考,为共同做好乡村振兴、生态环境工作贡献智慧力量。

南通市政协主席黄巍东调研“有事好商量”协商议事工作情况

2020年4月28日,南通市政协主席黄巍东(左二)到如皋调研　　(邱宇 摄)

4月28日,南通市政协主席黄巍东带队到如皋,调研如皋市“有事好商量”协商议事工作情况。市领导张建华、张元健、严世斌等参加调研。

2019年，如皋市政协在南通率先启动“有事好商量”协商议事活动试点，随后按照江苏省、南通市统一部署积极推进。除建立镇（区、街道）、村、城市社区、企业、界别“有事好商量”协商议事室外，还积极探索开展村民小组协商议事活动，努力将“有事好商量”协商议事活动送到基层群众家门口，打通到达基层的“最后一公里”。市政协界别委员组也通过打造协商平台、精选协商议题、深入协商议事、跟踪转化落实，形成了“主体多元、内容丰富、形式多样、程序规范、质效明显”的良好局面，进一步推动市政协把“有事好商量”协商议事室建设成“党委政府好帮手，人民群众连心桥，委员履职新平台”。

黄巍东一行先后调研如皋工业园区（如城街道）新民社区和如皋市政协教育界别组“有事好商量”协商议事室。在新民社区，黄巍东仔细询问该社区“有事好商量”协商议事室建设情况，并到村民小组了解活动开展情况。新民社区24组让老党员发挥先进带头作用，建立起村民小组“有事好商量”协商议事室。黄巍东仔细询问村民小组协商议事活动开展情况。当得知小组协商议事成员不仅有普通党员，还有困难家庭、残疾人家庭时，他对社区“有事好商量”协商议事室建设情况予以肯定。他说村民小组是基层社情民意的信息点，将“有事好商量”协商议事室建设到基层是最有生命力的，要充分发挥平等协商、充分协商的机制，努力调动基层群众的积极性，让协商议事工作常态长效。

市委书记张建华表示，“有事好商量”协商议事室是政协推进协商民主工作的好制度，是发挥民主协商作用的好平台，是党委吸纳群众意见、解决群众问题的好帮手，这项工作非常重要。市委将进一步加强对“有事好商量”协商议事工作的支持，统筹各方资源，保证协商议事工作有效开展；不断深化和提升工作质效，创新工作过程，寻找新路径、新方法，将“有事好商量”协商议事工作变成如皋市基层社会治理的有效平台。

在随后的交流会上，黄巍东指出，作为南通的第一个试点，如皋市委、市政府以及如皋市政协高度重视，为南通提供了先进样板，做到了引领南通、先行先试，形成了许多亮点特色。如皋“有事好商量”协商议事工作起点高、覆盖面广，协商结果质效显著，让这项工作真正成了党委、政府的好帮手，搭起了与人民群众间的连心桥，拓展了政协和政协委员的履职平台。

黄巍东强调，要进一步深化认识，把思想统一到习近平总书记关于新时代人民政协工作的重要思想，以及全国政协、省政协和南通市委工作部署上来，围绕“谁来搭台、协商什么，谁来协商、如何协商，协商成效、质效评价”六个中心环节，坚持常态长效，扎实推进。要选择切口小、接地气，与人民群众息息相关的议题，让更多群众代表，特别是与协商议题相关的利益方参与协商、充分协商、平等协商，协商后要形成协商建议清单；党委、政府研究提出初步意见，形成责任落实清单；对落实情况注重质效评估，形成反馈清单。“有事好商量”协商议事室建设是政协协商与基层协商有效衔接的创新、政协协商与基层社会治理有机融合的创新、政协协商与基层群众有序参政实践的创新。要着重抓好“契合”。充分体现党委意图，聚焦党政所需、群众所盼、政协所能的工作协商议事、履职尽责。要着重抓好“整合”。坚持系统思维、集成推进，整合政协资源，形成上下贯通、左右联通、内外融通的工作局面。要着重抓好“融合”。从基层实际出发，注重把协商议事室工作完全嵌入基层工作格局之中，纳入基层社会治理体系之中，统一领导，统筹安排，合力推进。

南通市委书记徐惠民到如皋调研

2020年5月12日，南通市委书记徐惠民（前排左二）一行在南通海泰科特精密材料有限公司调研　　（邱宇 摄）

5月12日，南通市委书记徐惠民赴如皋园区、企业、社区等一线，实地调研项目建设、企业运行、老旧小区改造、基层党建等工作。他强调，要深入贯彻落实党中央关于当前经济社会发展工作的总要求，按照省委、市委决策部署，咬定全年目标任务，强化项目招引建设，加快产业转型升级，切实保障改善民生，持续加强基层党建，只争朝夕，狠抓落实，全力把疫情影响降到最低，奋力夺取疫情防控和经济社会发展双胜利。南通市委常委、市委秘书长吴永宏，如皋市领导张建华、丁兴华、顾留忠等参加调研。

城东工业区是如皋市重点打造的跨区域共建园区，已成功引进总投资超百亿元的正威纳米铜、20亿元的建升5G通信配套高精密部件制造等一批体量大、质态优的项目。徐惠民详细了解园区规划建设、产业定位、项目招引等情况。得知园区坚持以智能装备制造、高端新材料等战略性新兴产业为产业发展方向后，徐惠民表示肯定，他说，要坚持高起点定位、高标准建设、高质量管理，对定下来的事情要坚定不移、一抓到底、抓出成效。要紧盯5G新材料及技术应用、精密机械制造等重点，大力开展产业链招商、以商引商，不断提高产业集聚度，全力打造全国有影响力的5G新材料及应用产业园区。

一季度，如皋市工业投资、工业利润等指标增幅居南通市前列，工业经济企稳回升。南通海泰科特精密材料有限公司从事汽车涡轮增压器的研发、生产及销售，市场占有率连续多年保持世界领先。“疫情对企业影响大不大？”“有没有什么困难？”……徐惠民走进车间，实地了解企业运行情况。他勉励企业坚定信心、主动出击，在全球供应链受疫情影响之际，加强技术创新，抢占国内外市场，在全球精密成型行业争得更多份额。南通世睿电力科技有限公司拥有2项发明专利，一类产品填补国际空白，四类产品填补国内空白。徐惠民详细了解企业产品研发、二期项目建设等情况，希望企业专注细分行业，对标行业内世界领先企业，持续加大自主创新力度，为电力行业中存在的技术难点和瓶颈问题提供更优解决方案，奋力走在行业发展前列。

孔庙社区通过“两代表一委员”接待日、“有事好商量”协商议事活动等形式，力求将问题化解在楼栋中、小区内、社区里。徐惠民指出，让党代表、人大代表、政协委员走进社区、倾听民意，有效形成了共治合力，形式很好，贵在坚持。他希望社区党委进一步强化党建引领，完善相关制度机制，让活动开展有序化、作用发挥经常化、联络服务规范化。社区管辖的武定苑是老小区，徐惠民与居民交谈，了解他们对小区住宅加装电梯的看法。他指出，老小区加装电梯受群众欢迎，但推进过程中还存在一些矛盾和问题，相关部门要加强调查研究，积极探索一条百姓接受度高、费用分担合理、操作性强的路子。调研中，徐惠民还详细了解了村镇生活污水处理、镇级民营水厂整合等情况，强调要找准人民群众关注的实际问题，聚焦重点难点，改进村镇生活污水处理工艺，不断优化供水等公共服务，持续改善民生福祉。

江苏省人大常委会委员高晓平一行到如皋调研

5 月 19—20 日，省人大常委会委员、省人大社会建设委员会副主任委员高晓平一行到如皋，调研如皋市城乡社会救助体系建设情况。南通市人大常委会副主任、党组副书记陈惠娟，如皋市人大常委会、市政府相关领导陪同调研。

高晓平一行实地参观了如皋市江滨医院、如皋福康护理院、白蒲镇林梓小学、白蒲镇敬老院等处，对各个机构运转情况和日常工作内容进行了详细了解。在如皋福康护理院，高晓平走到老人们身边，了解他们日常享受的护理服务，听取他们的意见。“护理院的财政收支情况如何？”“五保老人是否也能享受到护理服务？”“护理院未来的规划是怎样的？”高晓平仔细询问了相关负责人。当得知如皋福康护理院在成立初期就设立照护病区，对重度失能且需要长期照顾的参保人员进行照护，在保证失能人员生活质量的同时，减轻他们家庭的事务性及经济负担后，高晓平很是高兴，他指出，如皋的社会救助举措落实到位，具体实施方法很有“如皋特色”，社会救助工作的实施，政府重视，政策合理，民生保障水平很高。

在随后的交流会上，副市长张百璘就如皋市城乡社会救助体系建设情况进行了汇报。“农村低保户的财产如何核查？”“如何避免重复救助？”“留守儿童的关怀工作如何推进？”……针对省人大常委会调研人员提出的问题，如皋市相关部门负责人一一予以答复。

高晓平表示，2020 年是全面建成小康社会和“十三五”规划的收官之年，是实现第一个百年奋斗目标的决胜之年，也是全面打赢脱贫攻坚战的收官之年。而目标的实现，离不开高水平、高标准的救助体系的建设。要加快立法进程，为救助体系提供坚强的法律保障，在制度创新和机制创新上下足功夫，让老百姓真正有获得感。他希望，相关工作人员在进行救助工作时，要更加主动，积极宣传相关政策，让好的政策真正发挥好的效果。同时注意维护救助对象的尊严，把救助工作真正做细做好。

江苏省政协理论研究会会长徐鸣一行到如皋调研

5月20日，省政协理论研究会会长徐鸣一行到如皋，调研如皋市“有事好商量”协商议事工作情况。南通市政协主席黄巍东，如皋市政协主席张元健、副主席严世斌陪同调研。

2019年，如皋市在南通率先启动“有事好商量”协商议事室建设工作，随后按照江苏省、南通市统一部署积极推进。至2020年5月，如皋市共建成375个“有事好商量”协商议事室，实现了镇（区、街道）、村（社区）全覆盖，还积极探索在村民自治小组开展协商议事活动，将协商议事活动送到群众家门口，打通基层治理的“最后一公里”。“有事好商量”协商议事室正成为如皋市基层治理体系的重要平台和载体。

徐鸣一行实地走访了如城街道孔庙社区“有事好商量”协商议事室，详细听取了关于协商议事工作流程、活动开展等方面情况介绍，并观看了该社区关于“集贤里古建筑群保护利用”的协商议事实况录像。自2019年10月份以来，孔庙社区“有事好商量”协商议事室已围绕“完善集贤里古民居管理”“既有多层住宅加装电梯”等议题开展多次协商议事活动，上报的议事建议得到街道及相关部门的高度重视，协商议事成果的落地转化得到社区群众的高度认可。

调研过程中，徐鸣对如皋市扎实推进“有事好商量”协商议事工作表示肯定。他指出，“有事好商量”协商议事室作为一个新平台，在协商过程中集合了政协委员、政府部门、社区干部、群众代表等多方面的智慧，产生了新作用。如皋要进一步探索新路径、新方法，真正有效发挥协商议事室在基层社会治理的作用，成为党委、政府的“好帮手”，人民群众间的“连心桥”，委员履职的“新平台”。

江苏省体育局局长陈少军调研如皋体育工作

5月27日，省体育局局长陈少军带领调研组到如皋调研体育工作。南通市体育局局长杨建及如皋市领导何益军、高峰、张亚鸾陪同调研。

调研组实地走访了龙游河生态公园、南通支云足球俱乐部训练基地等处。在支云足球训练基地，陈少军一行看望慰问了南通支云足球俱乐部教练员和运动员，详细询问了队员们的训练情况，并叮嘱大家要注意身体，劳逸结合。

随后的座谈会上，陈少军对如皋市体育工作的成绩给予充分肯定。他说，如皋在组织建设、场地建设、活动开展和服务群众健身方面做得很好，令人印象深刻。体育工作事关千家万户的身心健康，事关家庭和谐与社会稳定，做好2020年群众体育工作意义重大。省体育局将一如既往地支持如皋开展体育工作，把加强如皋群众体育工作作为体育强省的重要实践，希望如皋市体育协会更加注重组织建设工作落实，更加注重打造中甲联赛、国际自行车赛、老将运动会等特色品牌赛事，通过活动开展充分调动全民科学健身的积极性，激发老百姓的健身热情。

市委副书记、市长何益军表示，如皋市体育工作认真贯彻省委、省政府，南通市委、市政府的决策部署，围绕人民群众对美好生活的向往，加快完善公共体育服务体系，广泛开展全民健身活动，推动群众体育事业持续科学发展。体育与文化一样，是承载一座城市鲜明个性和时尚活力的载体，有助于城市形象的打造，是一座城市竞争力、软实力高低的试金石、参照系。下一步，如皋市将以打造青年友好型城市为目标，强优势，补短板，加大场地建设力度，主动同高质量发展国家战略结合起来；广泛开展全民健身活动，结合大健康国家战略，探索体医结合发展之路，不断提升广大群众身体素质和健康水平，推动全市体育事业持续健康发展，为体育强省、健康中国建设贡献力量。

南通市领导姜永华调研如皋政法和信访工作

2020 年 5 月 27 日，南通市委常委、政法委书记姜永华(左二)一行在如皋市人民法院诉讼服务中心调研　（黄友谊 摄）

5 月 27 日，南通市委常委、政法委书记姜永华一行调研如皋市政法和信访工作。市领导张建华、缪小华、陈晓彬等参加调研。

姜永华一行首先来到市人民法院诉讼服务中心。在该中心的非诉讼服务区，姜永华了解了人员结构、考核机制等有关情况，并强调要坚持依法调解，注重选择熟悉法律的人员参与调解工作，提高调解工作的专业化水平。在中心的诉讼服务区，姜永华听取了服务窗口设置以及跨域立案业务开展情况汇报。当得知当事人在诉讼服务区可以办理除开庭之外的所有诉讼事务时，姜永华对诉讼服务区便民服务举措给予肯定。在如皋工业园区（如城街道）社会治理现代化指挥中心，姜永华仔细询问了指挥中心与网格化管理平台互联互通情况，要求做好深入研究，借助大数据集成和运用，强化分析研判预警能力，促进社会治理水平进一步提升。

市委书记张建华汇报了如皋市相关工作开展情况。他说，如皋市着力强化基层治理，大力化解社会不稳定因素，推动信访工作深入开展；注重新时期基层一线人员、村（社区）班子矛盾化解素质提升，信访矛盾防控能力显著增强；扎实推进信访矛盾化解“百日攻坚”活动，有效化解了一批历史遗留问题。

2020 年以来，如皋市政法工作以服务保障高质量发展为主线，以市域社会治理现代化为牵引，以改革创新为动力，以法治引领为保障，以智能化建设为支撑，稳步推进国家安全工作，全力保障社会和谐稳定局面，建立健全扫黑除恶长效机制，持续提升市域社会治理能力，深入推进法治如皋建设，以“狼性”精神打造政法铁军，为全市高质量发展走在前列提供坚强政法保障。同时，如皋市进一步压实责任，精心组织，抓实抓细信访工作。

在听取如皋市政法和信访工作情况汇报后，姜永华指出，如皋市政法和信访工作领导重视、措施扎实，整体态势良好。就做好下一步工作，他强调，要认真分析形势，准确把握政法和信访工作面临的挑战和困难，进一步抓实关键举措，更加积极主动服务发展、服务百姓，推动政法和信访工作再突破、再提升。要认真落实总体国家安全观，注重源头预防，强化风险评估，维护公平正义，积极排查化解矛盾纠纷和风险隐患，做好应急处置，确保国家安全和社会稳定。要抓好市域治理中心工作，推动网格化管理提质增效，努力解决重点问题，推进社会治理现代化。要切实加强组织领导，大力宣传政法工作，强化一线督查指导，严格考核奖惩，勇于争先创优，不断巩固齐抓共管的良好局面。

江苏省文旅厅党组书记、厅长杨志纯一行专题调研如皋全域旅游创建工作

5月28日，省文化和旅游厅党组书记、厅长杨志纯一行到如皋市专题调研全域旅游示范区创建工作。南通市委常委、宣传部部长陆卫东，副市长徐新民及如皋市领导张建华、何益军、高峰、张亚鸾陪同调研。

2020年5月28日，省文化和旅游厅党组书记、厅长杨志纯(左二)一行现场调研如皋全域旅游示范区创建工作　　(陈圣银 摄)

在平园池荷香民俗园，杨志纯向村里工作人员详细询问了疫情防控常态化下的游客接待情况。看到来自如皋市学校的师生在现场描绘荷塘美景，杨志纯指出，荷花只有一季，但荷花的相关衍生品，当地农耕文化、民风民俗却可以“四季常青”。乡村发展旅游，一方面要注重挖掘地缘特色，充分发挥乡村带头人作用，逐步形成示范效应；另一方面，要坚持以人为本，丰富产品供给，完善食、住、行、游、购、娱全产业链要素，打造“白天看景、晚上看戏”的全天候体验，满足不同年龄层次游客需要，营造“荷塘月色”的乡村旅游氛围，想方设法让网红点“长红”。

“人们想去某个地方游览体验，首先需要什么？需要准确的资讯导览，在重要交通节点设置明显的道路交通指引标识，或在客流量大的地方设置二维码供人们获取信息就非常重要。”在调研市全域旅游服务中心时，杨志纯说，所有的公共服务配套，游客、市民都应是最直接的受益者。全省有的地方在高速公路出入口设立了形象鲜明的旅游标识体系；有的地方开通了“旅游直通车”，无缝对接景区景点；有的地方把经过整治美化后的“旅游公路”修到了田间地头，打通“最后一公里”；有的地方公共厕所不仅干净无异味，还成了一个多功能的休憩空间，这些经验做法都值得借鉴和推广。

在走访江苏盆景博物馆、李昌钰刑侦科学博物馆、花木大世界（如皋）国际园艺城、华夏胶片电影文化中心等处后，杨志纯临时召集开现场会，为如皋市文旅业发展把脉会诊。杨志纯表示，疫情后，康养休闲游会成为人们放飞心情的首选，如皋拥有“中国长寿之乡”“中国花木之乡”等多块与康养主题相契合的金字招牌，相关景区的架构也已有雏形，当务之急是要优化功能布局。他指出，花木大世界（如皋）国际园艺城可以与地理位置相近的江苏盆景博物馆错位展陈，在业态规划上从游客的舒适度角度出发，将花木生产、交易、观赏、社教活动场所及食宿、主题咖啡馆等配套服务空间实行分区布局和管理，最终打造成为游客市民共享的花木客厅。

调研中，杨志纯强调，刚刚结束的全国“两会”提出“六稳”“六保”，文化和旅游业作为关联性高、综合性强、带动力大的劳动密集型行业，在疫情防控常态化情况下，要加强在文化的空间注入旅游的功能，在旅游的空间植入文化的元素，构建“城市+乡村+景区”一体化，逐步推进“旅游+”向“+旅游”转变，将散落在旅游目的地各个角落的资源串珠成链，形成处处有景、处处有文化的全域旅游新格局，全力保住产业稳步发展的基本盘。

江苏省委组织部副部长周为号调研如皋基层党建工作

6月12日，省委组织部副部长、省委“两新”工委书记周为号一行到如皋市调研基层党建工作。南通市委副书记、统战部部长沈雷，南通市委常委、组织部部长封春晴及如皋市领导张建华、何益军、缪爱诚陪同调研。

2020年6月12日，省委组织部副部长周为号（左三）一行在如皋市花木盆景产业联合会（花木大世界控股有限公司）调研　（邱宇 摄）

伴随着夏日的阳光，周为号一行走进如皋市花木盆景产业联合会（花木大世界控股有限公司），移步换景，举目皆绿的景象让大家眼前一亮,“盆景很美,这里真是一派江南景象。”如皋市花木盆景产业联合会党支部创新推行“一领双融三带”工作法,以党建为引领,推动党建与会建、会建与企建深度融合,带领259个会员企业、千名花木经纪人和万户花农抱团发展,全市花木盆景销售收入连续多年超200亿元。花木大世界控股有限公司党总支则以实施“美丽党建”为抓手,让红色党旗高高飘扬在绿色产业上,走出了一条独具特色的民营企业党建工作之路。

市委书记张建华表示,就在上个月,如皋市建立了国内首个专业小微盆景交易平台,旨在让花农搭上“互联网+直播”的快车,推动古老的盆景艺术融入年轻的创业群体,加快推动如皋花木盆景产业转型发展。周为号听后颇为赞赏,认为这种商业模式很好,走出了“平民化”的发展路线。他指出,花木产业既是如皋的特色产业也是富民产业,在发展花木盆景经济中,要发挥党员先锋模范作用,不断提升基层党建工作质效,真正实现“党建强、产业强”。

走进江苏华夏电影胶片修复技术有限公司,如同走进一座光与影的殿堂,这是一家专业从事胶片电影收藏和展示、声像档案数字化和抢救修复、电影文化交流和电影技术科研的新型文化类企业。企业负责人介绍说,公司党支部着力打造“弘扬红色文化、传承红色基因”特色党建品牌,利用丰富的馆藏资源,运用领先的数字化修复技术,专注做好珍贵历史影像资料的修复保护,定期开展“红色电影周”“红色电影下乡”等公益文化活动。“你们的党建工作有创新、有特色。”周为号希望企业继续发挥老电影在革命传统教育中的独特优势,打造独具特色的党性教育基地。

调研中,周为号强调,基层党建工作是全省的一面旗帜,要切实发挥好党建的领航作用,不断提高基层党组织创新发展能力、凝聚群众能力和带领致富能力;要坚持问题导向,层层夯实责任,合力推进基层党建工作的机制创新,增强党组织的影响力。

江苏省人大执法检查组到如皋开展专项检查

2020年6月16日,省人大常委会副主任邢春宁(左四)一行在惠蒲生态农业青蛙养殖基地检查 (邱宇 摄)

6月16日,省人大常委会副主任邢春宁带领省人大执法检查组到如皋,开展涉野生动物“一决定一法”及《江苏省野生动物保护条例》执法检查。南通市人大常委会常务副主任、党组副书记庄中秋,副主任孙建华,如皋市领导张建华、陈万圣、陈晓彬等陪同检查。

全国人大常委会今年2月出台了《关于全面禁止非法野生动物交易、革除滥食野生动物陋习、切实保障人民群众生命健康安全的决定》，部署对《决定》和《中华人民共和国野生动物保护法》的实施情况开展执法检查。江苏省结合实际，一并开展《江苏省野生动物保护条例》执法检查。

在惠蒲生态农业青蛙养殖基地，邢春宁一行听取了基地运行情况介绍。通过3年的市场调研，惠蒲生态农业青蛙养殖项目探索建立了全程无公害绿色膨化饲料养殖模式，通过引进养殖黑斑蛙、种植优质水稻，稻蛙共养，种养循环，力求保护和改善自然环境。在养殖中，水稻供青蛙避暑遮阴和清静休息；在种植中，青蛙为水稻供应肥料、蚕食害虫，真正实现“立体高效、生态循环、示范引领”。至2020年，基地流转土地120亩，每亩养殖黑斑蛙1000斤，可实现效益1万元。“蛙苗是如何培育的？”“最新一批幼蛙还需要养殖多久才能上市？”“运行中如何监管？”检查中，邢春宁一边了解基地养殖情况，一边跟检查组人员探讨这类特种养殖的政策需求和现实瓶颈。

市委书记张建华表示，如皋市一直大力发展生态农业，像惠蒲生态农业青蛙养殖项目这样的生态化养殖基地现有10家，有效促进了第一、二、三产融合发展，带动剩余劳动力转移，帮助周边农户增加收入。他希望检查组能够继续关心生态养殖，支持地方发展。

邢春宁表示，涉野生动物“一决定一法”及省《条例》执法检查是推进野生动物保护法律法规修订、完善法治保障必然要求，也是依法守住人民群众生命财产安全和公共卫生安全的“亖要闸门”。她表示，检查组将把了解到的意见建议带回去，深入研究分析，为《中华人民共和国野生动物保护法》的修改完善提供更多依据。

江苏省妇联主席张彤调研如皋基层妇联工作

6月23日，省妇联主席张彤带队到如皋，调研如皋市基层妇联工作。市领导张建华、丁兴华、缪爱诚陪同调研。

在“江苏省三八红旗手标兵”杨敏工作室，张彤一行仔细询问了工作室工作制度和活动开展情况。杨敏介绍说，工作室创新企业爱心文化，出资200万元成立了爱心基金会，招募优秀爱心员工实行“一对一”帮扶，12年来共资助108名孤困儿童。“这是大爱南通、大爱如皋的一个缩影，社会需要你这样有责任感的女企业家，不断传递正能量。”张彤对工作室采取“公司+基金+志愿服务”的运行模式十分赞赏，认为很有典型性，值得在全省推广。随后，张彤又深入泰慕士生产车间，了解企业在疫情期间的生产经营状况和复工复产进度，当得知企业订单量有所回升后，她很是欣慰，鼓励杨敏发挥标兵作用，为实现高质量发展贡献巾帼力量，带领员工奔小康。

走进白蒲镇邓杨村“惠姐妹微家”，几个农村妇女穿着统一的服装，伴着美妙的旋律翩翩起舞。看到此番景象，张彤连连称赞，对微家通过广场舞点亮乡村多彩的文化生活、不断提高农村妇女综合素质的做法给予充分肯定。“惠姐妹微家”由70多岁的退休老教师顾景惠创建，她经常自编节目，带领村民上台表演，这两日她正带领微家的姐妹们一起排练杜绝高额彩礼的移风易俗新节目。活动室墙壁上一张“大妈说彩礼”的漫画吸引了张彤的注意，她点头称赞道：“把新时代文明实践的内容融入节目中，这种做法很有创意，要继续倡导文明新风，发挥家庭在传承文明、弘扬美德、促进社会和谐中的重要作用，营造良好的社会环境。”

由85后巾帼新农人曹瑞钦创办的江苏北环生物科技有限公司，是江苏省巾帼现代农业科技示范基地，已成为如皋市巾帼创业创新联盟乡村振兴的站点，同时还建立了“石斛情缘姐妹微家”

"三八红旗手工作室"。当听说曹瑞钦发展企业的同时，还带动了周边150名失地妇女灵活就业创收后，张彤十分高兴，表示会积极支持企业发展，围绕乡村振兴、巾帼脱贫等重点，推动新时期妇女工作高质量创新发展。

江苏省人大常委会领导到如皋调研农村水利工作

6月22—23日，省人大常委会农委委员张忠文一行到如皋，调研如皋市农村水利工作开展情况。南通市人大常委会副主任、党组副书记陈惠娟，如皋市人大常委会、市政府相关领导陪同调研。

张忠文一行实地走访了如皋工业园区(如城街道)的茅雉河工程及大明社区明生河工程、磨头镇十字桥村高标准农田建设项目、长江镇永平闸排涝站工程、白蒲水厂等处，详细了解了项目情况，并就推进农村水利项目中碰到的具体问题进行了交流和探讨。

在随后召开的座谈会上，副市长张百璘对如皋农村水利工作基本情况作了汇报。如皋市坚持高点定位，创新举措，突出抓好农村水利基础设施建设、水资源供给保障、河长制、水环境治理等工作，农村水利工作发展势头良好。

如皋市相关部门负责人和基层人大代表结合自身实际，就农村水利规划编制、农村水利工程现状、管理资金投入、基层水利服务体系建设等工作进行了交流发言，并对《江苏省农村水利条例(草案)》立法工作提出了具体的意见和建议。

调研组表示，各单位提出的意见建议抓住了关键，针对性、可操作性强，调研组将进一步对这些意见建议进行整理吸纳，充实《江苏省农村水利条例(草案)》。

会议指出，水是生命之源、生产之要、生态之基，兴水利历来是我国治国安邦的大事。要进一步提高对新时代水利战略地位和加快水利改革发展重要性的认识，深刻领会中央对当前水利形势的科学研判，准确把握新形势下水资源的功能定位和水利重要作用，准确把握加快水利改革发展的基本原则和重大措施，坚持不懈抓好农田水利建设，为促进农业增产、农民增收和经济社会高质量发展提供支撑和保障。

江苏省高级人民法院党组书记、院长夏道虎到如皋调研

2020年7月3日，省高级人民法院党组书记、院长夏道虎（前排右二）一行在如皋法院长江流域环境资源第二法庭调研 （如皋市人民法院 提供）

7月3日，省高级人民法院党组书记、院长夏道虎一行深入如皋市人民法院长江人民法庭（长江流域环境资源第二法庭）调研。市委副书记、市长何益军，市委常委、政法委书记缪小华陪同调研。

夏道虎一行详细了解了如皋市人民法院长江人民法庭（长江流域环境资源第二法庭）人员配备、业务开展以及法庭改造方案等情况。2018年，如皋市人民法院响应生态环境保护新要求，成立南通首家单独建制的环境资源审判庭，当年7月1日起正式受理南通地区环境资源民事、刑事及环境行政案件。2019年1月，设立长江流域环境资源第二法庭，同年7月1日起正式受理扬州、泰州“三审合一”（民事、刑事、行政案件统一集中审理）案件。两年来，如皋市人民法院秉承绿色发展理念，坚持保护优先，有序开展南通、扬州、泰州地区环境资源审判工作。发挥刑事司法威慑惩治作用，从严惩处环境资源违法犯罪，又实行宽严相济的刑事司法政策；依法保障环境民事权益，注重实质化解民事矛盾纠纷，积极推进环境公益诉讼；监督支持环境资源行政执法，依法纠正、确认行政不作为及违法作为现象，保障生态环境执法机关依法履职；创新环境资源保护协调联动机制，建立律师辩护全覆盖协作机制、“如皋·江都”全省首个生态环境跨区域司法协同保护机制、“如皋·崇川”全省首个跨县域野生动物协同保护机制，同时多形式开展环境资源审判宣传工作，通过整合传统媒体和新兴媒体的资源和优势，开展巡回审判、发布白皮书及典型案例、开设微信公众号等方式，不断凝聚生态环境资源保护的合力，护佑长江的天更蓝、水更清、空气更清新。

夏道虎肯定了如皋市人民法院长江人民法庭（长江流域环境资源第二法庭）相关工作，并对如皋市强化载体打造、为环境资源审判提供有力保障的做法给予了好评。他同时希望如皋市人民法院长江人民法庭（长江流域环境资源第二法庭）充分履行职能，为推动长江流域生态环境保护作出更大贡献。

江苏省退役军人事务厅领导到如皋开展慰问活动

7月20日，省退役军人事务厅党组书记、厅长谢晓军一行到如皋，看望慰问了空军某部官兵，提前向他们送上节日的祝贺和亲切的问候。如皋市领导张建华、缪小华、陈晓彬、张百璘参加活动。

座谈中，谢晓军一行观看了空军某部发展历史宣传片，听取了部队建设情况介绍。他指出，空军某部是一支有着光荣革命传统、富有战斗力、赢得众多荣誉的队伍。部队全面贯彻落实习近平强军思想，始终坚持政治建军、改革强军、科技兴军、依法治军，加强练兵备战，全面提高打赢能力，把国防和军队建设各项任务不折不扣落到实处，更好担当起党和人民赋予的新时代使命任务。在做好各项勤务支援任务、深化国防和军队改革、完成紧张战备训练任务的同时，部队视人民为亲人，大力弘扬拥政爱民优良传统，主动承担急难险重任务，积极参与和支持经济社会发展，在抢险救灾等实践中做了大量卓有成效的工作，用实际行动履行了全心全意为人民服务的宗旨。他希望广大官兵进一步深入学习贯彻习近平新时代中国特色社会主义思想和习近平强军思想，强化政治担当，永葆先进本色，进一步提高履行使命任务能力，充分发挥人民解放军在巩固国防、保卫祖国和参加社会主义现代化建设中的作用。他表示，省、市、县三级相关部门，将一如既往地关心支持部队建设，积极帮助解决好部队官兵"三后"问题，努力形成军民融合深度发展格局，巩固和发展好军政军民团结的大好局面。

陕西省洋县代表团到如皋考察经济社会发展情况

8月19—20日，陕西省洋县县委副书记、县长杜家才率队到如皋考察经济社会发展情况。如皋市领导何益军、张元健、张勇、陈晓彬、黄文斌、蒋丽参加活动。

杜家才一行先后参观了江苏双龙健制衣股份有限公司、如皋水明楼酒业有限公司等处，详细了解了如皋市经济社会发展情况。在江苏双龙健制衣股份有限公司，杜家才在听取了有关企业产品、经营规模、用工情况的介绍后，对企业先进的发展理念、突出的发展业绩、井然有序的管理表示赞扬。

在如皋洋县对口协作工作联席会议上，双方就如何进一步深化两地全面合作、合力打赢扶贫攻坚战进行了深入交流，并现场签约两地工会消费扶贫框架协议、康丰现代牧业有限公司与马畅镇投资协议、江苏慧家优选与洋县经贸局合作协议。杜家才对如皋给予洋县的全力支持和真心帮助表示感谢。他说，自2017年两地开展对口协作以来，双方坚持优势互补、长期合作、聚焦扶贫、互利共赢的原则，从产业互补、对口支援、人才交流等方面，全方位开展帮扶、多领域开展合作，取得了喜人成果。他希望，双方能进一步深化对口协作，同时洋县也将进一步优化营商环境，继续加快如皋产业园建设，加大产业转移承接力度，在企业招工、技能培训、厂地保障、基础设施配套等方面提供优质高效服务，与如皋来洋企业共享发展成果。

市委副书记、市长何益军在会上表示，洋县与如皋虽相隔千里，但长期的对口协作让双方建立了日久弥坚的深厚友谊。如皋将与洋县一道，持续放大两地互补优势，全力以赴推进项目合作、劳务协作、人才支援等重点工作，助推洋县实现全面建成小康社会目标。他希望，两地能携手推动产业转型升级与深化合作交流，以合作促发展，以发展谋共赢。他相信，随着双方交往的不断深入，如洋两地一定能够在更宽领域、更高层次实现合作共赢，共同谱写携手高质量发展的精彩篇章。

江苏省人大代表、省政协委员视察长江生态环境资源保护检察工作

9月1日，部分省人大代表、省政协委员在省检察院一级巡视员蒋永良陪同下到如皋，视察长江生态环境资源保护检察工作。南通市人大常委会副主任黄卫成参加活动。

会上，黄卫成介绍说，南通地处长江入海口，守护好“母亲河”，确保一江清水入海流，是南通义不容辞的重大责任和政治任务。南通市委、市政府以“地处长江下游、工作勇争上游”为政治担当与目标追求，把保护和修复长江生态资源摆在压倒性的位置来抓，积极推进环境污染整治、沿江生态修复、产业布局优化，初步展现出“水清、岸绿、景美”的滨江客厅模样。在推动长江生态改善的过程中，南通市检察机关紧扣大局，主动作为，依法履职，聚焦非法排污、非法捕捞、非法采砂等突出问题，切实履行刑事检察职能，注重发挥公益诉讼作用，严肃追究破坏者的生态修复责任，逐步形成了集“打击、监督、保护、预防”于一体的工作机制，案件查办有成效、工作推进有抓手、机制创新有亮点，发挥了法治护航的有力作用。当前，长江生态环境资源保护成果仍然比较脆弱，还需持续巩固，久久为功，南通市人大常委会将进一步完善监督方式、凝聚代表合力，与检察机关共同助力沿江生态环境质量改善提升。

会上，与会的省人大代表、省政协委员还提出了有关检察公益诉讼等方面的意见和建议；会前，他们实地视察了如皋港化工新材料产业园智慧监管(指挥)中心和市生态环境保护执法司法联动中心，全面了解如皋市长江大保护工作开展情况。

江苏省教育厅副厅长顾月华调研如皋普通高中教育教学发展

9月13—15日，江苏省教育厅副厅长顾月华率省教育厅基础教育处、省教育科学研究院、省教育考试院、省教育评估院、江苏教育报刊总社等相关负责人和省教研室高中各学科教研员及外聘学科专家、考试院相关学科专家等一行50多人，专题视导如皋普通高中教育教学发展，深入调研江苏省白蒲高级中学教育教学工作。

2020年9月13日，江苏省教育厅副厅长顾月华(前排左三)率队调研江苏省白蒲高级中学教育教学工作
(如皋市教育局 提供)

活动中，视导组听取了如皋市普通高中教育

教学改革发展情况介绍，了解了江苏省白蒲高级中学教育教学改革的重点措施、做法、成效，随堂听取该校高三年级九门学科所有老师的课堂教学，查看学生学习、学校管理等方面档案资料，并和南通市、如皋市教育局相关负责人，白蒲高中校长及部分教师、家长、学生代表做了访谈，进行问卷调查。

视导综合反馈会上，专家组给予如皋教育和白蒲中学盛赞。他们认为，如皋教育有一支肯学习、善钻研、懂教育的管理团队，如皋教师的敬业奉献精神在老百姓中有良好的口碑，这是出现白蒲中学这样改革典型的大前提。“如皋样本”享誉全国，义务教育阶段的高位均衡是高中教育持续发展的重要基础。

专家组表示，白蒲中学教师精神可贵，办学成绩突出，学校特色鲜明，社会口碑良好，乡镇高中办出了一流的质量。白蒲现象令人敬佩，普通高中能在这样一个乡镇生根，能使一个千年古镇文风不断、文脉绵延，而且在新时代焕发出更璀璨的光辉，确实不容易。白蒲现象样本有三个方面的意义：一是办好农村教育，办人民满意的教育，白蒲中学让每一个家长高兴、满意、放心；二是在高中教育改革中，探索教育教学规律，深化教研科研，是教学改革创新的一个样本；三是学校发展很好，质量提升很快，是一个创造奇迹的样本。白蒲中学是有文化底蕴、优良传统、忧患意识、灿烂明天的乡村学校，它的教育教学实践、方方面面、一招一式都是如皋教育的缩影。

江苏省教育厅副厅长顾月华在讲话中指出，如皋教育是优质、均衡、特色、和谐的教育，树起了教育的旗帜，在这面旗帜的引领下，如皋有了一座座不同精彩的学校。白蒲中学是如皋教育的一分子，是如皋教育精彩纷呈中的一种样子、一种画像，是高中教育面向未来怎样高品质发展、引领性发展的一个典型。希望如皋教育能为全省做出更好的示范、树立更好的标杆。

江苏省委常委、组织部部长郭文奇调研如皋基层党建工作

2020年10月13日，省委常委、组织部部长郭文奇（左二）一行在花木大世界（如皋）国际园艺城调研　（邱宇 摄）

10月13日，省委常委、组织部部长郭文奇一行到如皋，调研如皋市基层党建工作。南通市委书记徐惠民，省委组织部部务委员董德，南通市委常委、组织部部长封春晴，如皋市领导张建华、缪爱诚等参加调研活动。

郭文奇一行先后到花木大世界（如皋）国际园艺城、如皋工业园区（如城街道）顾庄社区等处，深入了解如皋市“两新”组织党建、农村党建等情况。在花木大世界（如皋）国际园艺

城联合会党支部，郭文奇认真了解了支部活动开展、党员作用发挥和“一领双融三带”（以党建为引领，推动党建与会建、会建与企业尝试融合，带动党建提质、产业发展、百姓致富）工作法。2020年以来，花木大世界（如皋）国际园艺城联合会党支部紧扣“五聚焦五落实”要求，在实践中形成了“一领双融三带”特色化工作法，就是以党建为引领，推动党建与商会建设、商会建设与企业建设的深度融合，带动党建提质、带动产业发展、带动百姓致富；以高质量党建引领高质量发展，48名党员密切联系259个会员，带动4000多名花木经纪人，引领4.2万户花木种植户共同富裕，户均增收超过3万元。郭文奇对花木大世界（如皋）国际园艺城联合会党支部相关党建工作予以肯定，认为该党支部坚持以党建为引领，将党组织建在产业链上，以产业激发组织力，推动党建与会建、企建深度融合，带动实现了党建提质、产业发展和百姓致富。在顾庄社区，郭文奇与农户交谈，仔细了解生产经营、产业转型升级等情况。他希望社区党总支进一步筑牢基层战斗堡垒，持续发挥好党员的先锋模范作用，做强集体经济，提升服务能力，不断赢得百姓更多的支持和信任，为乡村振兴战略落地生根贡献力量。

人民政协报社副社长许水涛到如皋调研“有事好商量”协商议事工作

11月1日，人民政协报社副社长许水涛带队到如皋，调研如皋市“有事好商量”协商议事工作。南通市政协主席黄巍东，如皋市领导张建华、张元健等陪同调研。

2020年11月1日，人民政协报社副社长许水涛（左三）调研如皋工业园区（如城街道）“有事好商量”协商议事室 （邱宇 摄）

“协商议事室是党委吸纳群众意见、解决群众问题的好帮手，符合当前实际。‘有事好商量’协商议事室平台把社情民意收集起来，助推解决基层社会治理中的一些难题，在推动经济社会发展过程中增合力、减阻力，真正发挥了党委、政府‘好帮手’的作用。”调研过程中，市委书记张建华简要介绍了如皋市“有事好商量”协商议事工作开展情况。

自2019年7月起，市政协全面推进“有事好商量”协商议事室建设工作，契合群众所盼，把协商议事平台搭到百姓“家门口”；融合基层协商，让协商议事成为基层社会治理的“新常态”；整合协商资源，实现与“两代表一委员”联系群众活动互融共通，将政协工作有效嵌入基层治理“新体系”。通过一年多的探索实践，该项工作职能定位进一步精准，思路举措进一步清晰，协商质效进一步提升，助推基层治理实效初步显现。截至2019年底，全市374个村（社区）全部完成了“有事好商量”协商议事室建设任务，并开展了协商议事活动。2020 年 9 月 10 日，市政协还创新性地借助“两代表一委员”接待群众日活动平台，集中开展“有事好商量·民生专题”协商议事活动，市四套班子全体领导参与活动，共计开展民生专题协商议事活动 377 次，围绕 377 个议题，提出建议意见 1800 多条，产生了广泛的社会影响，收到了良好的效果。

许水涛表示，“有事好商量”协商议事在基层发现问题、在基层协商议事，这种履职创新让委员履职更接地气，协商更有底气，有力推动了政协协商与社会治理的有机结合。如皋在创新工作过程中，寻找新路径、新方法，将“有事好商量”协商议事平台真正打造成了基层社会治理的有效平台，真正成了党委、政府的“好帮手”、人民群众的“连心桥”、委员履职的“新平台”。

在如皋期间，许水涛一行还参观了花木大世界(如皋)国际园艺城、全国盆景交易大会展区等处。

南通市委十二届十三次全会与会人员到如皋观摩项目建设工作

12 月 27 日，南通市委副书记、市长王晖带领部分南通市委十二届十三次全会与会人员到如皋观摩项目建设工作。如皋市委副书记、市长何益军，副市长顾留忠参加活动。

与会人员实地走访了位于长江镇的日达智能终端精密模组项目现场，详细了解了厂房建设、产品优势等相关情况。据了解，该项目总投资 102.87 亿元，其中设备投资 68 亿元，用地面积 1075 亩，总建筑面积 40.1 万平方米，新增 CNC 机台、镭焊机、镭雕机、自动组装对刀仪等设备共计 53000 台(套)。项目计划于 2020 年 12 月底主体厂房竣工、2021 年 1 月正式建成投产，计划于 2022 年达到转化达产标准。项目建成投产后，预计年产智能终端精密模组 1.37 亿套，年销售 122.7 亿元，税收 3.6 亿元。

在现场观摩中，与会人员一边认真观看、仔细倾听，一边相互交流、热切探讨。大家一致认为，如皋项目建设力度大、活力强，发展的区位优势、资源优势正在日益彰显。

在了解到企业将面临“用工难”问题时，王晖表示，在保证项目建设的质量和速度的同时，要引导如皋优势教育资源与企业主动对接，在人才培养过程中积极开展校企合作，通过创建互动“双赢”的多元化、深层次合作平台，为智能终端产业输送一批高技能人才，提供更加坚实的人力资源支持。

热点聚焦

Redian Jujiao

如皋市委十二届十次全体(扩大)会议胜利召开

2020 年 1 月 4 日,中共如皋市委十二届十次全体(扩大)会议召开　　(邱宇 摄)

1 月 4 日,市委十二届十次全体(扩大)会议在市行政中心礼堂胜利召开。会议以习近平新时代中国特色社会主义思想为指导,贯彻落实中共十九大和十九届二中、三中、四中全会精神,按照中央经济工作会议和省委十三届七次全会、南通市委十二届十次全会部署,回顾总结 2019 年经济社会发展和党的建设工作,研究部署 2020 年工作,对推进全市治理现代化作出安排,动员全市上下进一步解放思想、改革创新,锐意进取、埋头苦干,决胜高水平全面建成小康社会,抢抓长三角一体化机遇,推动高质量发展走在前列,奋力开创"强富美高"新如皋建设新局面。

市委书记张建华主持会议,并代表市委常委会向大会作题为《抢抓一体化机遇 坚持高质量发展 奋力开创"强富美高"新如皋建设新局面》的工作报告(报告全文另发)。与会人员分组讨论并审议此工作报告。

张建华就贯彻落实好全委会精神强调,要深化认识抓落实。全市上下要进一步坚定"进"的信心,保持"稳"的定力,提高"快"的节奏,扎扎实实把全委会提出的各项决策部署落到实处;各镇(区、街道)、各部门要紧扣全年目标任务,认真做好细化分解,制定具体举措,狠抓工作推进,确保全面完成。要创新实践抓落实。各镇(区、街道)、各部门既要立足实际,围绕全委会确定的七个方面重点工作,集中精力、集中力量,加快把定下来的事情落地落细、落实到位;也要着眼长远,置身更大的时空坐标,注重创新思路举措,结合"十四五"规划,制定实施一批打基础、谋长远的大事要事,努力夯实发展基础、增强发展后劲。要强化担当抓落实。全市上下要切实增强加快发展的紧迫感和责任感,大力弘扬治沙精神、支边精神、沿江开发精神,坚定"学赶张家港"的信心和决心;广大干部要切实增强工作本领,提升治理能力,以永不懈怠的精神状态、舍我其谁的责任担当、真抓实干的过硬作风、事不过夜的工作效能,创造出不负时代、不负人民的新业绩。

市委副书记、市长何益军就当前工作进行部署。他指出,一要认真贯彻落实全委会精神,及早谋划,确保各项工作起好步、开好局。要一切盯着大项目干，一切围绕大项目转，加快突破一批事关如皋发展全局的大项目；要紧扣“一城两区三基地”建设，外塑城市之形，内铸城市之魂，全面提升城市的内涵形象、功能品质；要始终把“三大攻坚战”作为高质量发展的前提和底线，着力补短板、强弱项，为决胜全面小康打下坚实基础；要坚持问题导向，切实解决好群众关心关注的教育、卫生等方面的热点难点问题。二要认真贯彻落实全委会精神，狠抓当前，确保实现首季“开门红”。各板块、各部门要以贯彻落实好这次全委会精神为契机，统筹兼顾抓当前，一着不让抓开局，做到招商活动早对接快见效、项目建设早落实快推进、城建项目早准备快开工、社会治理早预防快处置，确保实现首季“开门红”。三要认真贯彻落实全委会精神，强化统筹，确保群众过一个欢乐祥和的节日。要坚持精准帮扶保底线，坚持民生供给保需求，坚持合理调度保兑付，坚持应急值守保平安，妥善安排好群众生活。他还就做好廉洁纪律工作提出要求。

市委副书记丁兴华通报2019年度项目建设考核结果。大会为2019年度项目建设先进单位颁发流动红旗。长江镇、丁堰镇、市发改委、市自然资源局主要负责人在大会上作交流发言。

会议经过认真酝酿、讨论，以举手表决的方式，一致通过《中国共产党如皋市第十二届委员会第十次全体(扩大)会议决议(草案)》。

全体市委委员、市委候补委员出席会议。会议还扩大到市四套班子全体领导，市人民法院院长、市人民检察院检察长，市纪委委员，各镇(区、街道)全体现职领导班子成员，市级机关各部门(含垂直管理部门，海事、海关、边检，人民银行及各专业银行，国有公司)主要负责人，市人大常委会、市政协各委室主要负责人，各完职中、通用技术学校、如皋初级中学党组织负责人，党委建制的市属企事业单位党组织负责人，各村(社区)党组织书记，企业家代表，市级同业商会会长，非领导干部的党代表。会议邀请在城的地市级老领导、市四套班子党员老领导出席。

两个超5亿元项目落户磨头镇

1月6日，昆山华都精工精密机械股份有限公司、苏州市悠文电子有限公司分别与磨头镇签订项目落户协议。昆山华都精工精密机械股份有限公司董事长向彬、苏州市悠文电子有限公司总经理姚骏及如皋市领导张建华、丁兴华、钱志刚、顾留忠等出席签约仪式。

2020年1月6日，昆山华都精工精密机械股份有限公司董事长向彬(前排左一)与磨头镇签订项目落户协议 (邱宇 摄)

成立于2011年的昆山华都精工精密机械股份有限公司拥有数十项发明专利，是国家级高新企业、江苏省民营科技企业，掌握镗铣制造核心科技，致力于经营顶级CNC镗铣制造，计划在磨头镇实施的项目总投资5.8亿元，主要从事各类数控机床和模具的研发、制造和销售。

苏州市悠文电子有限公司经过二十多年的努力，充分发挥自身优势，在LED电子零件的专业领域内持续发展壮大，影响力不断扩大，计划在磨头镇投资的项目总投资5.5亿元，主要从事发光模块、光电元器件等电子产品的研发、加工和销售。

市委书记张建华在签约仪式上讲话。他介绍了如皋经济社会发展情况，并指出，长三角一体化战略的实施，给如皋带来了百年未有的发展机遇；盐通高铁、沪通长江大桥、皋张过江通道等交通工程的实施，也推动了如皋市区域交通格局发生深刻变化。当前，如皋正迎来千载难逢的发展黄金期，发展前景广阔。他希望项目单位进一步加快项目推进，争取早开工、快建设、早投产；同时结合如皋市良好的发展环境，做好在如皋长远发展的谋划，不断在如皋做大做强。他要求挂钩联系领导、市级相关部门和磨头镇要进一步做好项目服务，共同营造安商富商亲商的发展环境，助推项目顺利实施。

向彬、姚骏在座谈时说，如皋拥有优越的地理位置和便捷的交通环境。广大党员干部对项目建设高度重视，具有极强的发展责任感和使命感。在如皋，感受到浓厚的抓项目的氛围和良好的服务，增强了投资如皋的信心。他们表示，将按照协议要求推动项目实施，为促进如皋经济社会发展作出积极贡献。

政协如皋市第十四届委员会第四次会议召开

1月10—13日，中国人民政治协商会议如皋市第十四届委员会第四次会议在市行政中心礼堂召开。大会期间，来自全市各行各业的市政协委员将履行政治协商、民主监督、参政议政职能，为抢抓长三角一体化机遇，推动高质量发展走在前列，奋力开创“强富美高”新如皋建设新局面议政建言、献计出力。

开幕式和闭幕式分别由冒平、张元健主持。

市委书记张建华代表市委向大会的召开表示热烈的祝贺。他说，回眸2019年，我们以新思想定向导航，用奋斗书写精彩。面对错综复杂的经济形势和转型升级的艰巨任务，全市上下坚持把深入学习贯彻习近平新时代中国特色社会主义思想作为统领一切工作的总纲，认真贯彻落实中央和省委、南通市委各项决策部署，以开展“不忘初心、牢记使命”主题教育、举办中华人民共和国成立70周年系列庆祝活动为强大动力，抢抓长三角一体化发展新机遇，突出“三做一建”四大重点，明确“一城两区三基地”基本抓手，优化“5+2”重点产业体系，经济社会发展呈现良好态势，高水平全面建成小康社会迈出坚实步伐。特别令人鼓舞的是，我们激发了干事创业新动能，迎来了区域发展新格局，跑出了项目建设新速度，打造了城市转型新亮点，交出了民生福祉新答卷。

张建华指出，一年来，市政协深入学习贯彻习近平总书记关于加强和改进人民政协工作的重要思想，认真落实中央政协工作会议暨庆祝中国人民政治协商会议成立70周年大会精神，紧紧围绕市委决策部署，聚焦“三做一建”四大重点、“一城两区三基地”建设、三大攻坚战等中心工作，积极开展30多次协商调研活动，形成专题协商报告15份、委员论坛文章53篇，提出了大量有分量、可操作的政策建议；特别是在南通率先建立“有事好商量”与“两代表一委员”共融互通机制，建成375个“有事好商量”协商议事室，为推进新时代基层民主与基层治理提供了如皋方案，充分展现了为党分忧、为发展尽责、为人

2020 年 1 月 10 日，中国人民政治协商会议如皋市第十四届委员会第四次会议开幕式现场

（邱宇 摄）

民服务的一贯追求。

张建华强调，新的一年，是高水平全面建成小康社会和“十三五”规划收官之年，也是长三角一体化发展国家战略落地转化的关键之年。刚刚闭幕的中共如皋市委十二届十次全会，就“抢抓一体化机遇、坚持高质量发展、奋力开创‘强富美高’新如皋建设新局面”作出新部署，在南通市人代会如皋代表团，南通市委书记徐惠民发出新的动员令，如皋要进一步加大有效投入，积蓄发展能量，提高综合实力，做到“工业投入每年五百亿，百强排名挺进前二十”。这既为政协履职尽责、发挥作用提供了广阔舞台，也提出了新的更高要求。张建华希望市政协和广大政协委员，准确把握如皋发展所处的历史阶段，聚焦新目标、落实新部署，进一步增强履行使命的政治自觉、思想自觉和行动自觉，发挥专门协商机构作用，把智慧和力量激发出来，把积极性和创造性调动起来，以勇攀高峰的闯劲、敢夺冠军的拼劲、争创一流的干劲，在建设“强富美高”新如皋的新实践中再立新功、再创辉煌。

受市政协十四届委员会常务委员会委托，市政协主席张元健作政协如皋市第十四届委员会常务委员会工作报告。他说，一年来，在中共如皋市委的坚强领导下，市十四届政协常委会深入学习贯彻习近平新时代中国特色社会主义思想和中共十九大及十九届二中、三中、四中全会精神，组织广大政协委员围绕中心、服务大局，紧扣“做实产业、做优城市、做好民生、建强队伍”四大重点工作，较好履行了政治协商、民主监督、参政议政职能，为决胜高水平全面建成小康社会，推动高质量发展走在南通前列，加快建设“强富美高”新如皋展现了政协作为，贡献了政协智慧。主要表现在坚持初心领航、使命奋进，政治定力进一步增强；始终围绕中心、汇智聚力，协商议政质效进一步提升；紧盯民生改善、履职担当，协商为民情怀进一步彰显；持续创新形式、丰富内涵，协商民主渠道进一步拓宽；突出开放包容、合作共事，民主团结力量进一步汇聚；全面从严从实、奋斗实干，政协自身建设进一步加强。

张元健指出，2020 年是高水平全面建成小康社会和“十三五”规划收官之年，也是长三角一体化发展国家战略落地转化的关键之年。2020 年市政协常委会工作将以习近平新时代中国特色社会主义思想为指导，认真贯彻落实中共十九大和十九届二中、三中、四中全会精神，深入学习习近平关于加强和改进人民政协工作的重要思想，在中共如皋市委的坚强领导下，全面聚焦市委十二届十次全会的各项工作部署，有效协商议政，广泛凝心聚力，以新的理念思路、新的实践探索、新的精神风貌，在抢抓长三角一体化机遇、推动高质量发展走在前列、决胜高水平全面建成小康社会，奋力开创"强富美高"新如皋建设新局面的时代征程中写好政协新篇章，展现政协新作为。

受市政协十四届委员会常务委员会的委托，市政协副主席严世斌向大会报告市政协十四届三次会议以来提案工作情况。会议还审议通过市政协十四届四次会议议程；选举政协如皋市第十四届委员会常务委员会委员三名，陈晓仲、孙天骄、张云忠当选为市政协十四届委员会常委；会议通报政协如皋市第十四届委员会第四次会议提案审查情况；一致通过《中国人民政治协商会议如皋市第十四届委员会第四次会议决议》。

市十四届政协主席张元健在闭幕式上发表热情洋溢的讲话。他说，这次大会是在全市上下认真贯彻落实中国共产党十九届四中全会、中央经济工作会议和市委十二届十次全会精神，奋力开创"强富美高"新如皋建设新局面关键时期召开的一次重要会议。市委书记张建华在会议开幕时所作的《只争朝夕加油干，不负韶华再出发，携手开创"强富美高"新如皋建设新局面》的讲话，对政协过去一年的工作，给予了充分肯定，对新一年工作寄予了厚望。会议期间，市领导们听取委员论坛发言，参与协商讨论，与委员们共商改革大计，共谋发展良策，充分体现了市委、市政府对政协工作的高度重视与大力支持，为我们进一步做好政协工作增添了信心与力量。

张元健强调，奋斗因汗水浇灌而无上光荣，履职因担当有为而无比精彩。让我们高举习近平新时代中国特色社会主义思想伟大旗帜，在中共如皋市委的坚强领导下，团结奋斗，勇于担当，履职尽责，为奋力开创"强富美高"新如皋建设新局面作出新的更大的贡献。

如皋市十七届人大四次会议召开

1月11—13日，如皋市第十七届人民代表大会第四次会议在市行政中心礼堂举行。来自全市各条战线的人大代表，肩负着全市人民的重托，齐聚一堂，发扬人民当家做主的精神，庄严履行宪法和法律赋予的权利和职责，以高度的政治责任感和饱满的参政热情出席会议。开、闭幕式应到代表为412名，实到代表分别为385名、381名，符合法定人数。

开幕式上，市委副书记、市长何益军代表市人民政府向大会作工作报告。2019年，如皋市深入学习贯彻习近平新时代中国特色社会主义思想，抢抓长三角一体化发展机遇，突出"三做一建"四大重点，全力打好"三大攻坚战"，统筹推进"六个高质量"发展，较好地完成全年目标任务，高水平全面建成小康社会取得新的进展，"强富美高"新如皋建设迈出新的步伐。2019年预计地区生产总值1221亿元、增长7%；在减税降费16.01亿元的情况下，实现一般公共预算收入70亿元；全社会研发投入占地区生产总值比重2.2%；固定资产投资432亿元、增长8%，社会消费品零售总额427.7亿元、增长6.5%，进出口总额243.8亿元、增长2.6%；城镇、农村居民人均可支配收入分别为46888元、21900元，增长8.4%、8.6%；完成上级下达节能减排任务。

2020年主要预期目标：地区生产总值增长7.2%，一般公共预算收入增长2.8%以上，全部工业应税销售增长15%以上、服务业应税销售增长18%以上，实际利用外资3亿美元，外贸进出口增长5%左

2020年1月11日，如皋市第十七届人民代表大会第四次会议会场 （邱宇 摄）

右，固定资产投资增长8%以上，规上工业产值增长10%以上；居民消费价格涨幅控制在3%左右，城镇登记失业率控制在3%以内，居民人均可支配收入增长快于经济增长，万元GDP能耗下降和主要污染物削减量完成上级下达目标，生产安全事故起数和死亡人数明显下降。

何益军指出，2020年是高水平全面建成小康社会和“十三五”规划收官之年，也是长三角一体化发展国家战略落地转化的关键之年。站在两个百年奋斗目标的历史交汇点上，我们必须顺应大势、保持定力，以永不懈怠、勇争一流的斗志，以真抓实干、善作善成的作风，沿着市委既定方向砥砺前行，用奋斗书写好新时代“如皋发展答卷”。

2020年政府工作的指导思想是以习近平新时代中国特色社会主义思想为指导，全面贯彻中共十九大和十九届二中、三中、四中全会以及中央经济工作会议精神，增强“四个意识”、坚定“四个自信”、做到“两个维护”，创造性贯彻落实中央、省、南通和市委决策部署，突出高质量发展总导向，坚持稳中求进工作总基调，自觉践行新发展理念，突出供给侧结构性改革主线，坚持以改革开放为动力，全面做好“六稳”工作，坚决打好三大攻坚战，扎实开展安全生产专项整治，持续抓好“做实产业、做优城市、做好民生、建强队伍”四大重点，推动县域治理现代化走在前列，积极抢抓长三角一体化发展新机遇，全力推进大项目实现大突破，努力构建长江经济带战略支点重要支撑，确保高水平全面建成小康社会和“十三五”规划圆满收官，奋力开创“强富美高”新如皋建设新局面。

大会通过《关于如皋市人民政府工作报告的决议》《关于如皋市2019年国民经济和社会发展计划执行情况与2020年国民经济和社会发展计划的决议》《关于如皋市2019年财政预算执行情况和2020年财政预算的决议》《关于如皋市人大常委会工作报告的决议》《关于如皋市人民法院工作报告的决议》《关于如皋市人民检察院工作报告的决议》《关于支持长江镇跨过长江去、加快建设融入长三角一体化发展前沿区的决议》。

市政协十四届全体委员、上级人大代表、市四套班子老领导、市法检两院相关负责人、市级机关各部门主要负责人及其他方面相关人员列席会议。

枫盛汽车首款车型在如皋下线

1月13日,枫盛汽车首款车型枫叶30X在如皋生产基地举行下线仪式。省发改委、工信厅有关领导,如皋市委副书记、市长何益军,吉利科技集团CEO徐志豪、枫盛汽车科技集团有限公司总经理杨全凯等厂方代表,以及供应商代表、媒体代表近百人出席下线仪式。

徐志豪表示,枫叶汽车作为集团公司大出行战略中汽车出行板块的重要载体,承担了新能源车辆研发、制造,技术路线、商业模式创新探索的重要使命。他表示,吉利科技集团将不断集中资源,全力支持枫叶汽车的发展。

市委副书记、市长何益军说,枫盛首款车型枫叶30X是枫盛汽车在车市寒冬的逆境中开出的希望之花,必将为企业自身发展壮大增添新的动力,为全市新能源汽车产业加速腾飞注入新的活力。他表示,如皋市将一如既往地关心和支持枫盛汽车如皋基地的生产建设,并期待与枫盛汽车进一步加强全方位、宽领域的全面互利友好合作,助力全市经济的协调健康发展、人民生活水平的稳步提高,实现共赢发展。

上午10时许,与会领导共同上台,见证了枫盛首款车型——枫叶30X驶下装配线这一具有里程碑意义的时刻,并合影留念。随后,领导和嘉宾们参与了30X的试乘试驾。

作为中国新能源汽车产业的生力军,枫盛汽车将依托吉利大生态圈和全产业链体系,聚焦新能源汽车行业,以创新的技术路线、创新的商业模式,为立体出行大生态提供新生力量,为中国消费者带来更多具备潮流价值的精品车型。

如皋市召开“不忘初心、牢记使命”主题教育总结会议

1月14日,如皋市召开“不忘初心、牢记使命”主题教育总结会议,深入学习贯彻习近平总书记在“不忘初心、牢记使命”主题教育总结大会上的重要讲话精神,认真落实江苏省委和南通市委主题教育总结大会精神,回顾总结如皋市主题教育工作,进一步巩固主题教育成果,加强“不忘初心、牢记使命”制度建设,将全面从严治党向纵深推进。南通市委主题教育第三指导组组长、南通市政协副秘书长陈亮及如皋市领导张建华、何益军等出席会议。会议由市委副书记、市长何益军主持。

市委书记张建华在讲话中指出,习近平总书记的系列重要讲话,立意高远、视野宏大、思想深邃、内涵丰富,具有很强的政治性、思想性、理论性、指导性。全市各级党组织和广大党员干部要把深入学习贯彻习近平总书记系列重要讲话精神作为当前的一项重要政治任务抓紧抓好,切实把思想和行动统一到重要讲话精神和中央、省市委决策部署上来。要把学习贯彻党的创新理论作为思想武装的重中之重,持续跟进学习习近平总书记最新重要讲话精神,做到带着深厚感情学、紧密联系实际学,努力做到学思践悟、真信笃行;要更加自觉地用讲话精神坚守初心、勇担使命,把“不忘初心、牢记使命”作为加强党的建设的永恒课题,作为全体党员干部的终身课题,从党的光辉历史和奋斗历程中汲取营养,以永不懈怠的精神状态和一往无前的奋斗姿态,不断开创高质量发展新局面;要更加自觉地按讲话精神从严治党、扛起责任,深刻把握新的更高要求,持之以恒、毫不动摇地抓好党的建设,认真落实全面从严治党制度,切实增强管党、治党的系统性、预见性、创造性、时效性,确保全面从严治党落到实处,

持续推动党的建设质量不断提升。

张建华指出,“不忘初心、牢记使命”主题教育开展以来,在南通市委第三指导组的精心指导下,全市主题教育聚焦主题主线,紧扣“守初心、担使命,找差距、抓落实”总要求,一体推进四项重点措施,取得重要成果。体现在五个方面:读原著、学原文、悟原理,理论武装更加深入;学党史、问初心、找差距,信仰信念更加坚定;讲奉献、勇担当、有作为,发展动能更加强劲;听民声、察民情、解民忧,为民情怀更加彰显;抓整改、建制度、提效能,政治生态更加优化。

张建华强调,“不忘初心、牢记使命”只有起点没有终点,全体党员干部要以高度的政治责任感和使命感,不断巩固和拓展主题教育取得的成果,不断把党的自我革命推向深入,以全面从严治党的新成效,努力把“强富美高”新如皋建设的美好蓝图变为生动现实。一要进一步抓实理论学习,在真信笃行、知行合一上下功夫;二要进一步强化制度建设,在精准施策、形成长效上下功夫;三要进一步强化使命担当,在创新实干、攻坚克难上下功夫;四要进一步强化宗旨意识,在为民谋利、增进福祉上下功夫,为加快融入长三角一体化进程,高水平全面建成小康社会,奋力开创“强富美高”新如皋建设新局面而努力奋斗。

陈亮指出,主题教育开展以来,如皋市委认真贯彻落实中央和省委、南通市委部署要求,把主题教育作为一项重大政治任务牢牢抓在手上,紧密结合工作实际,加强领导、精心组织、坚持标准、统筹推进,主题教育取得丰硕成果,得到省委第四巡回指导组领导充分肯定,在增强“四个意识”、坚定“四个自信”、做到“两个维护”上实现了新提升,在贯彻落实习近平总书记重要指示和中央及省委、南通市委决策部署上迈出了新步伐。

陈亮要求,要继续在理论武装上下功夫,把学习贯彻新思想不断引向深入;要继续在整改落实上下功夫,让群众感受到新变化新成效;要继续在建章立制上下功夫,巩固拓展主题教育成果;要继续在服务大局上下功夫,扎实推动高质量发展走在前列。

市四套班子党员领导,市法院院长、市检察院检察长,各镇(区、街道)党(工)委书记、镇长(主任)、分管党建工作的副书记、纪检书记、组织委员、宣传委员,市级机关各部门、市各直属单位党组织主要负责同志参加会议。

如皋市召开专职招商人员出征誓师大会

2月19日,如皋市专职招商人员出征誓师大会召开,全面部署2020年招商引资相关工作,动员全市上下进一步聚焦招商引资第一要事,确保实现开放型经济一季度“开门红”,为完成和超额完成全年目标任务打下坚实基础。市领导张建华、何益军、丁兴华、高峰、陈万圣、张勇、顾留忠、杜永红、郑振明参加会议。

会上,200多名各镇(区、街道)专职招商人员和市投资服务中心全体人员进行庄严的出征宣誓。

市委书记张建华在会上讲话。他说,在当前疫情形势出现积极变化的时刻,市委、市政府组织召开全市专职招商人员出征誓师大会,主要目的是动员全市上下在做好疫情防控的同时,迅速掀起新一年招商引资热潮,推动经济社会发展各项重点工作全面进入“开局就开跑,开跑就冲刺”的紧张状态。他希望大家燃烧激情、奋勇出征,争当如皋发展的先行兵。参会的专职招商人员是全市招商引资的精兵强将,是推动经济发展的重要力量,要始终牢记肩负的时代重托,以强烈的使命感、责任感和神圣感全

2020 年 2 月 19 日，如皋市专职招商人员出征誓师大会现场　　（邱宇 摄）

身心投入工作之中，努力为全市高质量发展添砖加瓦、贡献力量。要带着使命出征、带着自信出征、带着情怀出征。希望大家学习为先、创新为重，争当招商引资的弄潮儿。当前，外部环境深刻变化、产业结构加速调整、科技进步日新月异，这些都给招商工作带来了诸多新情况、新变化。大家要以更加开放的视角、更加创新的思路、更加积极的姿态、更加昂扬的斗志，在招商引资大潮中踏浪前行。招商过程中方向要明、方法要活、韧劲要足。希望大家不负重托，载誉而归，勇当争先创优的新典型。这次疫情防控期间，全社会涌现出了很多勇于担当、冲锋在前，坚守岗位、无私奉献，挺身而出、逆风而行的先进典型，大家要向他们学习，提振精神状态，激发昂扬斗志，干出一流的工作业绩。要比学赶超，以实绩论英雄；要凝心聚力，打造最强团队；要严于律己，塑造良好形象。他最后说，风劲潮涌，自当扬帆破浪；任重道远，更需快马加鞭。让我们树立事在人为的决心，保持干事创业的激情，发扬事不过夜的作风，大干快上、克难奋进，以招商引资的傲人成绩推动如皋市项目建设实现大突破，努力为如皋高质量发展作出新的更大贡献。

市委副书记、市长何益军强调，要迅速传达，鼓足士气。各板块、各部门要迅速传达该次会议精神，结合当前工作新形势、新任务、新要求，从全局和战略的高度，充分认识招商选资的极端重要性和高度紧迫性，鼓足士气、形成共识，细化职责分工，加大统筹力度，全面吹响招商引资工作号角；要迅速落实，务求实效。各板块、各部门要有快干实干的紧迫感、任务感，抓紧对照任务分解、考核细则，抓紧细化研究，把一些原则性的措施变成可操作性、可衡量的任务清单，全力以赴抓好招商引资这项“头号工程”，实现项目招引数量和质量的双提升；要迅速出动，抢占先机。当前正是全年招商引资的关键时期，尽管新冠肺炎疫情对招商引资工作影响很大，但招商引资不能按下“暂停键”。全市上下要科学安排、主动出击、创新求变，持续优化招商引资方式，积极推广网上洽谈、视频会议、在线签约的线上招商方式，大力推行网络招商、委托招商、靶向招商，打好招商引资组合拳，千方百计减少疫情对招商引资工作的影响，为全面完成今年招商引资任务打下坚实基础。

会上，市投资服务中心、经济技术开发区招商局、磨头镇、新录用专职招商人员进行交流发言。三个项目进行网络签约。

如皋市20个重大项目集中开工

2月23日,如皋市举行重大项目集中开工暨江苏万达特种轴承有限公司轴承生产项目开工仪式。市领导张建华、何益军等市四套班子领导出席开工仪式。

此次集中开工的20个重大项目总投资108亿元,计划当年完成投资46.5亿元,涵盖智能装备制造、新能源汽车及汽车零部件、新一代信息技术、光电及第三代半导体、现代物流等多个领域,其中,万达轴承、柏承科技、华永汽配等8个项目的投资总额均达到或超过10亿元。

市委书记张建华在开工仪式上致辞。他说,举行2020年全市首批重大项目集中开工活动,这既是贯彻落实统筹做好疫情防控和经济社会发展工作要求的实际行动,也是推动项目建设开局冲刺的务实举措。这些项目的开工建设、竣工达产,必将对优化如皋市产业结构、提升产业能级提供有力支撑,必将对实现全年目标任务起到积极作用。市委、市政府将一如既往地重视项目建设,一如既往地支持企业发展壮大,一如既往地为广大投资者提供一流营商环境。他要求项目所在的镇(区、街道)和市相关部门要清醒认识当前的发展形势,牢固树立"项目为王"理念,主动服务、靠前服务、高效服务,全力为项目建设和企业发展扫清障碍、保驾护航;希望业主方和施工方紧盯项目进度,高标准管理、高质量建设、高效率推进,确保项目早竣工、早投产、早见效。他强调,"工业投入每年五百亿"的目标催人奋进,冲刺首季"开门红"的号角已经吹响。大家必须坚定事在人为的信心,拿出"行行争第一"的勇气,发扬事不过夜的作风,借助这次项目集中开工的东风,以更大力度、更实举措、更高质量大抓项目、抓大项目,努力把疫情耽误的时间抢回来、造成的损失夺回来,全力推动项目建设进入南通第一方阵。全市各级领导干部一定要用项目建设的优异成绩来检验自己的能力和水平,检视自己的责任和担当,为高质量发展走在前列、建设"强富美高"新如皋再立新功。

开工仪式上,市领导为江苏万达特种轴承有限公司轴承生产项目开工培土奠基。万达轴承生产项目总投资10亿元,占地约144亩。项目计划于2020年底主体厂房竣工,2021年9月30日设备安装完成,2022年9月30日转化达产。项目施工方表示,他们将一手抓防疫、一手抓项目建设,在人力、物力调度上做好充分准备,保证安全优质、高效地完成项目建设。

如皋市三个项目获江苏省科学技术奖

3月4日,省政府发布《关于2019年度江苏省科学技术奖励的决定》,如皋市共有3个项目喜获2019年度江苏省科学技术奖,其中二等奖2项、三等奖1项。

江苏省科学技术奖每年奖励一次,是全省科技领域最高级别的奖项,旨在奖励在本省科学技术活动中作出突出贡献的单位和个人,设有科学技术项目奖、企业技术创新奖、国际科学技术合作奖、基础研究重大贡献奖、青年科技杰出贡献奖。

本次省科学技术奖综合评审工作共评出省科学技术一、二、三等奖项目279项,其中一等奖45项,二等奖83项,三等奖151项;省企业技术创新奖企业8家。其中来自如皋市的江苏省如皋高压电器有限公司、南通大学、思源电气股份有限公司联合申报的“基于非液相控制的广域高性能系列断路器关键技术及产业化”项目和南通星球石墨设备有限公司、南京大学南通材料工程技术研究院联合申报的“石墨盐酸合成装置余废热高效回收利用技术”获二等奖；江苏天南电力器材有限公司、华北电力大学联合申报的“输电线路防灾减灾金具关键技术及应用”项目获三等奖。

市委、市政府举行仪式迎接11名援鄂医疗队员回如返岗

2020年4月11日，如皋市援鄂医务人员及家属代表合影

（如皋市卫健委　提供）

溯江而上赴荆楚，不畏生死战病魔。新冠肺炎疫情发生以来，如皋市先后派出11名医护人员驰援湖北，他们来自市人民医院和市中医院。60多个日日夜夜，这11名“白衣战士”分别驻守在武汉、黄石的5家新冠肺炎定点收治医院，为打赢疫情防控阻击战争分夺秒、尽心竭力。4月1日，如皋市援鄂首批返如医护人员结束14天的集中健康休养，平安回家。

4月11日，如皋市举办援鄂医疗队员回如返岗欢迎仪式。活动由市委副书记、市长何益军主持，市四套班子相关领导参加活动。

活动中，市领导向11位医护人员家庭颁发如皋市“最美家庭”荣誉证书，市委书记张建华为6位援鄂护士颁发“如皋市三八红旗手”荣誉证书。

张建华在欢迎仪式上讲话，他说，两个月前在疫情发展最迅猛、救治形势最严峻的时刻，11位医护人员积极响应党中央和习近平总书记的号召，主动请缨，逆行而上，不畏艰险、义无反顾、驰援湖北，不分昼夜地战斗在救治一线，用实际行动谱写了舍小家为大家的壮丽篇章。在这场没有硝烟的战斗中，11位医护人员圆满交出了波澜壮阔的时代答卷，深刻诠释了“微笑之城大爱如皋”的精神内涵，他们是当之无愧的白衣天使，是新时代最可爱的人，全市人民为之骄傲、为之自豪。

这次疫情防控既是大战，也是大考。大家经受了考验、锻炼了意志、增长了才干，是人生的一笔宝贵财富。11位医护人员凯旋，调整休养，即将回到工作岗位。虽然当前疫情防控取得了阶段性成效，但境外疫情的扩散蔓延给防控工作又带来了新的挑战，需要我们始终如一继续战斗，希望大家以饱满的精神状态继续投身工作，尽快调整好身心状态，把抗疫中形成的好思想、好作风、好经验、好技术保持好、发扬好，为维护人民群众生命安全和身体健康作出新贡献。全市各相关部门要落实好各项关心关爱措施，一如既往、周到细致，解决好一线医护人员工作和生活中的困难。市人民医院、市中医院要在政

治上、工作上、生活上多关心、爱护医护人员，多为他们办实事办好事。宣传部门要大力宣扬援鄂医疗队员的先进事迹、抗疫故事，引导全市上下学习先进，聚力前行，凝聚全市夺取疫情防控和经济社会发展“双胜利”，建设“强富美高”新如皋的强大合力。

医生代表吕军，护士代表洪美琳，家属代表徐冬依次发言。医疗队员和家属们表示，全体医疗队员平安返如，没有辜负家乡人民的关怀和希望，这段驰援湖北的抗疫经历，让大家深刻认识到医者这份职业“重于泰山”的职责与使命，回到工作岗位之后，将继续投入疫情防控工作中，继续践行“敬佑生命、救死扶伤、甘于奉献、大爱无疆”的职责使命和责任担当，为全面夺取抗击疫情的伟大胜利作出新的贡献。

附：11 名如皋市援鄂医护人员名单

如皋市人民医院（8 人）

花　蕊　洪美琳　余秋里　黄智勇　徐　霞　刘　丽　张蓓蓓　陈丽佳

如皋市中医院（3 人）

吕　军　陈　志　朱文祥

如皋市正式启动创建国家基本公共服务标准化试点工作

4 月 29 日，如皋市召开国家基本公共服务标准化专项试点启动会议，部署启动如皋市基本公共服务标准化专项试点建设工作，确保按时完成各项试点工作任务，不断提升如皋市基本公共服务均等化、普惠化、便捷化水平。市领导茅红宇、程瑞琴参加会议。

国家市场监管总局、国家发展改革委、财政部联合下达首批国家基本公共服务标准化试点项目，全国共有 51 个市、县上榜，江苏省共获批 4 个试点，“如皋市基本公共服务标准化专项试点”作为南通市唯一一家县级项目成功获批。

据了解，如皋市将围绕试点创建目标，在学有所教、劳有所得、文体服务保障等领域，有重点地开展标准化探索，梳理如皋市基本公共服务事项，编制基本公共服务标准规范，建立基本公共服务标准实时监测、动态调整等长效机制，不断提高基层服务机构标准化管理水平，为国家基本公共服务顶层设计提供地方实践，探索形成可复制、可推广的“如皋经验”。

市委常委、常务副市长茅红宇在讲话中强调，要凝聚共识提站位，充分认识做好试点工作的重要意义。标准化是推动经济社会高质量发展的重要引擎和支撑。扎实开展国家基本公共服务标准化专项试点，完善基本公共服务标准体系，有利于推动基本公共服务覆盖全民、兜住底线、均等享有，使人民群众获得感、幸福感、安全感更加充实、更有保障、更可持续。要全力以赴抓推进，确保高质高效完成各项试点任务。市相关部门要以标准化试点项目为抓手，充分发挥标准的示范引领效应，大力推进基本公共服务标准化工作，着力提升基本公共服务设施建管和服务水平，让广大群众切实享受到标准化建设带来的红利。要统筹协调强保障，推动试点工作顺利开展。高标准做好国家基本公共服务标准化专项试点，取决于多方要素整合的推动力，取决于体制机制运行的战斗力，取决于责任主体的执行力。市相关部门要牢固树立“一盘棋”思想，积极履职，强化协调，合力攻坚，确保如期完成试点任务。

沪陕高速公路平潮至广陵(南通段)扩建工程正式开工

4月30日,沪陕高速公路平潮至广陵(南通段)扩建工程在如皋市召开开工建设动员大会,标志着此项目正式从前期工作阶段转入实质性开工阶段。南通市委书记、南通市人大常委会主任徐惠民宣布项目开工。

动员大会由南通市委常委、南通市常务副市长单晓鸣主持,南通市委副书记、南通市市长王晖致辞,省交建局副局长黄健介绍了项目概况,省交通运输厅副厅长丁峰作动员讲话。南通市委常委、南通市委秘书长吴永宏,南通市政府秘书长陈俊,如皋市领导何益军、黄文斌参加活动。

沪陕高速公路平潮至广陵段起于沪陕高速公路与锡通高速公路交叉处的平潮北枢纽,向西经南通通州区、如皋市和泰州靖江市、泰兴市,止于广陵枢纽东侧,全长约48.9千米,项目总投资93.91亿元,南通段投资58.13亿元。该段工程"一路连三桥",自西向东依次连接江阴大桥、张皋通道、锡通通道等多条过江通道,项目路扩建之后对推动长江经济带建设、长三角区域一体化发展等战略发展,推进扬子江城市群建设,提高国家高速公路服务能力,加强沿江地区城际沟通联系,促进沿线区域经济社会发展等具有重要意义。

如皋市委副书记、市长何益军在交流发言时说,沪陕高速公路平潮至广陵(南通段)扩建工程将极大改善如皋市南部交通服务条件和投资环境,对如皋市全方位对接苏南、全方位对接上海、全面融入长三角一体化发展战略具有极其重要的意义。下一步,如皋市将进一步加强组织、细化工作、强化保障,对扩建工程涉及的相关任务进行分解,落实到具体单位、具体人员,确保事事有人抓、样样有人管。

据了解,沪陕高速平潮至广陵(南通段)扩建工程属于省市共同推进的省级交通重点建设项目,当前,按照省、市工作安排,项目计划于5月全线启动征地搬迁工作,6月底取得初步设计批复,三季度全线按"边扩建、边运营"的模式组织半幅路施工,预计2024年交工验收。

如皋市税务局长江税务分局团支部获评"全国五四红旗团支部"

5月4日,共青团中央公布2020年度"全国五四红旗团委(团支部)""全国优秀共青团员""全国优秀共青团干部"名单。国家税务总局如皋市税务局长江税务分局团支部荣获"全国五四红旗团支部"称号,这是共青团中央授予全国基层团支部的最高荣誉。

长江税务分局团支部始终以创建"五四红旗团支部"为抓手,突出"凝聚青年、服务大局、当好桥梁、从严治团"工作主线,坚持"党建领航、文化兴团"发展战略,大力推进"学习青春、活力青春、响亮青春、奉献青春"载体活动,持续放大创建"五四红旗团支部"建设效应,引导团员青年积极投身新时代高质量推进税收现代化建设事业,为助力社会经济发展作出了积极贡献。

特别是2020年疫情期间,长江税务分局团支部通过税企QQ、微信群、"云课堂"和征纳沟通平台等多种方式,为纳税人线上辅导各项办税事宜,解读支持疫情防控有关税收优惠政策,为企业复工复产提供全方位政策扶持和服务保障;同时认真开展预约办税、网上办税、"非接触式"办税缴费服务,确保纳税人缴费人足不出户了解政策、办理业务。

如皋市全面推进镇卫生院整合工作取得显著成效

2001—2004 年，基于当时特殊背景，如皋市 47 家乡镇医院、6 家中心医院参与产权制度改革，由公办医疗机构改革为民营医院。但随着形势变化，基层民营医院已经不能适应人民群众多样化的医疗卫生需求。2019 年，如皋市在上一年镇卫生院整合试点成功的基础上，全面推进镇卫生院整合工作，通过努力，再次整合 35 家，累计整合 41 家民营医院。

对于刚整合和组建的镇卫生院，如皋市立足配优选强领导班子，坚持“德才兼备、以德为先”标准，放宽视野任人唯贤、不拘一格选聘人才，采取三个途径遴选院长，即市属医院中层以上干部、原则上担任过乡镇卫生院院长的镇卫生所所长以及讲政治、懂业务、善管理的整合民营医院法定代表人，搭建起多元化的镇卫生院管理班子。通过下派带职、专家领头、能人当家，缩短了磨合期，保持了连续性，增强了群众就诊的适应性。

如皋市镇卫生院刚组建不久，便取得初步成效。从集体所有制单位，到民营医院，再由政府全资收回成为公共卫生服务资源，特别是公益性回归后，医护人员的荣誉感、归属感和积极性空前高涨。广大医护人员的转变，第一受益者就是前来看病的患者。看病便宜，更为方便。一季度，全市镇卫生院平均住院率同比下降 26.8%；门急诊、住院次均费用同比分别下降 0.8%、6.3%。此外，镇卫生院所有药品均实行零差价销售，让利总额达 2205 万元。镇卫生院的规范服务避免了基层群众出现“看不上病、看不起病、看不好病”的现象，真正体现了政府办医的公益性。

镇卫生院整合到位后，新冠肺炎疫情的发生，给医护人员提供了一次大考机会，锻造了大家的意志品格，锻炼了服务能力。镇卫生院全体干部职工听从指挥，义无反顾冲上疫情防控工作一线。在疫情防控最关键、最吃劲的时期，如皋市整合卫生院资源，及时设置集中隔离医学观察点 12 家，保证密切接触者、重点地区到如皋人员以及入境人员的隔离观察。据统计，全市先后投入医务人员 1207 人次参与疫情防控，其中预检分诊 259 人次，交通卡口、社区监测 650 人次（含卫生所、村卫生室人员），参与集中隔离点管理 298 人次。

如皋市下原蘘荷获国家级农产品地理标志

4 月 30 日，农业农村部第 290 号公告发布 2020 年第一批农产品地理标志登记产品信息，如皋市下原蘘荷符合农产品地理标志登记程序和条件，准予登记，被授予中华人民共和国农产品地理标志登记证书。

下原，古称下驾原，相传春秋时吴王夫差与鲁昭公曾相会于此，因此得名。传说乾隆皇帝下江南时，“下驾”此地，品尝下原的蘘荷系列菜品，赞不绝口，流连忘返不肯离去，更加赋予下原镇深厚的历史文化内涵和人文色彩，“下原蘘荷”由此得名。

蘘荷俗称芽何，又称茗荷、野姜等，为姜科姜属的多年生草本植物。地下茎匍匐生长，向下抽生肉质根，其上发生大量须根，抽生出紫红色嫩芽，日照后呈绿色，叶鞘紫色，紧裹嫩芽，叶鞘散开后，茎叶生长。蘘荷具有较高的药用价值。据《本草纲目》记载，蘘荷具有活血调经，镇咳祛痰，消肿解毒，消积健胃等功效，对治疗便秘、糖尿病有特效。因而，也有“亚洲人参”之美誉，已成为当今时尚的天然营养保健蔬菜之一。如今，蘘荷在如皋市的下原、磨头、九华等镇被广泛种植。

2020 年全国百强县榜单出炉,如皋市列第 19 位

5 月 7 日,2020 年全国百强县榜单出炉,如皋市列第 19 位,较 2019 年再进 3 位。

“2020 中国县域经济 100 强”由赛迪顾问股份有限公司和新华社瞭望周刊社 5 月 7 日在北京联合发布。此次县域经济 100 强的研究对象为全国(不包括港澳台)除市辖区以外的 1897 个县级行政区划。研究组以创新、协调、绿色、开放、共享五大发展理念为指导,从经济实力、增长潜力、富裕程度、绿色发展 4 个方面筛选了 12 项指标,综合考量县域经济发展情况。

2019 年以来,如皋市抢抓长三角一体化发展机遇,突出“三做一建”(做实产业、做优城市、做好民生、建强队伍)四大重点,全力打好“三大攻坚战”(防范化解重大风险、精准脱贫、污染防治),统筹推进“六个高质量”(经济发展高质量、改革开放高质量、城乡建设高质量、文化建设高质量、生态环境高质量、人民生活高质量)发展,较好地完成全年目标任务,高水平全面建成小康社会取得新的进展,“强富美高”新如皋建设迈出新的步伐。2020 年,如皋市一方面坚持项目为王,全力以赴上项目扩投入,着力筑牢经济发展压舱石。始终把重大项目作为高质量发展的“第一引擎”,注重在产业布局、产业链衔接中找准“如皋坐标”,不断增强高质量发展后劲;另一方面加快转型升级,持之以恒调结构增效益,着力增强实体经济硬实力。切实把准产业发展“风口”,抢占产业制高点,实现产业链迈上中高端的“关键一跃”。此外,全市还深化改革创新,凝心聚力集要素增活力,着力打造动能转换强引擎。坚持以开放促改革、以改革促创新、以创新促发展,致力打造一流的创新创业生态,让改革开放的优势转化为高质量发展的胜势。

南通大学附属如皋医院正式挂牌

5 月 12 日,南通大学附属如皋医院揭牌仪式举行。南通大学校长施卫东、副校长杨宇民,南通市卫健委党组书记、主任陈冬梅,如皋市相关领导出席活动。

南通大学始建于 1912 年,经过一个多世纪的发展,已成为一所规模结构合理、学科门类齐全、教学质量优秀、办学效益明显的地方综合性大学。市人民医院是一所集急救、医疗、教学、科研、预防和康复于一体的三级乙等综合医院。该院依托南通大学平台和教科研优势,在学术、业务、人才培养等方面,不断加强交流与合作,推动医院整体水平进一步提升。

活动仪式上,南通大学医院管理办公室主任、医学院党委书记史亚琴宣读了《关于将如皋市人民医院列为南通大学附属医院的决定》,并与市人民医院院长朱银圣签署《南通大学附属医院协议》,授附属医院公章。根据协议,南通大学向市人民医院提供人才培养计划、毕业实习计划、教材以及相关教学文件和教学资料;市人民医院接受南通大学教学业务上的指导,建立健全各项规章制度,建立相应教学管理机构,选派优质教学及管理人员,保证教学质量;双方共同推进临床科室与相关基础学科及实验室的合作交流,探索开展高层次人才的双聘工作,促进学科(专科)建设。

“我们站在新的起点上,将不断加强教学、科研、人才培养、学科建设,为健康如皋建设作出更大的贡献。”朱银圣表示,这次挂牌是继 2019 年成功跻身三级乙等综合医院以来又一件具有里程碑意义的大事。医院将以此为契机,不断完善科学合理的医、教、研体系,努力为如皋人民提供更加优质、高效的

医疗服务。史亚琴在揭牌仪式上表示，如皋市人民医院成为南通大学附属如皋医院，是双方顺应形势、深化合作的又一硕果，也是携手履行新使命、服务新时代的新起点。

陈冬梅希望，医院要以此次挂牌为新起点，以打造高水平的三级综合医院为目标，加快推动医、教、研全方位立体化发展，更好发挥县域医疗中心龙头作用。

市委常委、宣传部部长高峰希望校院双方以此为契机，努力实现医教融合、优势互补、资源共享、互利共赢，全面提升医院综合服务能力，共同把南通大学附属如皋医院打造成高层次医学人才的培养基地、高水平科研成果的转化基地和先进医疗基础的临床教学基地。

中国老挝磨憨—磨丁经济合作区在如皋举办招商发布会

5月26日，中国老挝磨憨—磨丁经济合作区在如皋举办招商发布会，通过推介交流、洽谈合作，有效推进合作区招商引资工作，提升合作区竞争优势，促进合作区升级发展。经过前期对接洽谈，9个合作项目在招商发布会上成功签约。

2020年5月26日，中国老挝磨憨—磨丁经济合作区招商发布会上合作项目签约 （黄友谊 摄）

云南省商务厅副厅长寸敏，西双版纳州委常委、中国老挝磨憨—磨丁经济合作区党工委书记、管委会主任赵刚，老挝磨丁经济特区管委会主席周昆，以及如皋市领导张建华、石慧宏、顾留忠出席活动。

与会人员首先观看了中国老挝磨憨—磨丁经济合作区及老挝磨丁经济特区宣传片。赵刚、周昆等嘉宾先后致辞，对中老磨憨—磨丁经济合作区投资环境进行了推介，邀请各位企业家到磨憨走走看看，加深对磨憨的了解，寻求更多合作机遇。企业家代表中铁建云南投资有限公司和江苏联众肠衣有限公司负责人进行了交流发言。

“开放合作是大势所趋，携手发展才是阳光大道。”市委书记张建华在讲话中说，中国老挝磨憨—磨丁经济合作区区位优势突出、资源禀赋丰富，基础设施互联互通正加快建设，通关便利化水平全面提升，合作环境不断优化，发展潜力巨大、前景广阔。如皋与磨憨—磨丁经济合作区产业关联度高、合作空间巨大。特别是上个月，如皋经济技术开发区与磨憨—磨丁经济合作区全面建立了战略合作关系，为促进双方跨区域合作、整合产业链优势奠定了坚实的合作基础，也为如皋市企业加快“走出去”带来了更多选择和机遇。2021 年是中老建交 60 周年，两国关系也将步入承前启后的关键期。他希望如皋的企业家们把握难得的时间窗口，充分利用合作区独特的区位优势和政策优势，积极开展境外业务布局、产能结构调整等工作，在推动企业做大做强的同时，为中老合作区建设贡献如皋力量；希望双方政府以此次活动为新的起点，推动建立更加紧密的联系，达成更多合作意向，促成更多成果落地，努力在更大范围、更广领域、更深层次实现深度“联姻”、深化双方友谊。他最后表示，有如皋企业家的创新图强，有两地政府的保驾护航，双方合作之花一定会结出累累硕果，中老合作区的明天一定会更加美好。

2020 全国小微盆景展暨盆景交易大会在如皋开幕

2020 年 5 月 28 日，与会领导和嘉宾一起启动 2020 全国小微盆景展暨盆景交易大会 （黄友谊 摄）

5 月 28 日，2020 全国小微盆景展暨盆景交易大会在如皋市花木大世界（如皋）国际园艺城拉开序幕。中国花卉协会副会长赵良平，中国花卉协会副秘书长杨淑艳，贵州省黔南州委常委、副州长张风臣，江苏省农业技术推广总站副站长、江苏省花卉协会秘书长顾鲁同，南通市农业农村局副局长周金荣等及如皋张建华、何益军等市四套班子领导出席开幕式。

市委副书记、市长何益军主持开幕式。

市委书记张建华在开幕式上致辞。他说，如皋市坚守“绿水青山就是金山银山”的发展理念，深入推进农业生态文明建设，努力让绿色成为农业和农村最美的底色。当前，如皋市花木盆景产业总面积已发展到 20 多万亩，从业人员 10 多万人，全产业链年产值达 200 多亿元，如皋花木盆景品牌享誉中外。他指出，“栽花种草、一生不老”，是如皋人勤劳淳朴、追寻幸福的真实生活写照，也是如皋百姓的长寿养生之道。如皋盆景艺术，经过数百年的技艺传承，其“两弯半”的艺术造型在中国盆景七大流派中独树一帜，被列为国家地理标志盆景类唯一证明商标，蟠扎技艺被认定为国家级非物质文化遗产代表性项目。在如皋盆景品牌效应的带动之下，如皋市积极实施“大众创新、万众创业”战略，有效搭载“互联网+”快车，大力培育小微盆景产业，让古老的盆景艺术融入年轻的创业群体，让浓厚的盆景文化走进千家万户。他希望与会人员在交流中增进友情，在互动中共谋发展，携手创造花木盆景事业更加美好的未来。

杨淑艳在讲话时说，花卉业是绿色的富民产业，能有效带动群众就业、助力脱贫攻坚；花卉也是重要的精神文化产品，能带给人民美好和欢乐，帮助人民恢复身心健康，重燃美丽梦想。她希望以此盆景展会为契机，带动全国花卉业全面复苏，发挥花卉盆景产业应有的作用。

该届展会以弘扬盆景文化艺术为切入点，以“方寸天地，小题大作”为主题，顺应盆景产业小微化、大众化、多元化的发展方向和需求，广邀行业大咖及业界人士欢聚一堂，通过展示展销、公益讲堂、艺术沙龙、创作表演、项目推介等系列活动，搭建交流平台，拓宽交易渠道，激发创作热情，携手共谋锦绣前景。此次全国小微盆景展共组织作品近300组，展品丰富多彩，质量上乘，为广大盆景爱好者献上一场小微盆景艺术的盛宴。全国盆景交易大会吸引了国内众多花木盆景产业链关联企业前来参展。

赵良平、杨淑艳、张建华、张风臣、顾鲁同以及中国花卉协会盆景分会会长、如皋绿园有限公司董事长郑长才，中国风景园林学会花卉盆景赏石分会常务副理事长史佩元，盆景乐园网站站长郑志林共同推动启动杆，启动2020全国小微盆景展暨盆景交易大会。

开幕式上，中国小微盆景网上线运行；与会领导还为如皋市中国盆景艺术大师2020年度重点培养对象颁发荣誉证书。

5月28日，中国小微盆景基地揭牌仪式在如皋市举行。

市委副书记丁兴华在揭牌仪式上致辞。他说，盆景是自然与人文的完美结合。中国盆景艺术历史悠久、博大精深。以“清、奇、古、朴”为特色的如派盆景，是中国盆景艺术的一股清流，成就了如皋“中国花木盆景之都”的美誉。如皋盆景既继承传统，又博采众长；既工于匠心，又师法自然，精品层出不穷，荣膺国际金奖，是国家地理标志盆景类唯一证明商标，制作技艺被列为国家级非物质文化遗产。他指出，进入新时代，盆景产业也正发生着悄然变化，小微盆景以其美观精致、雅俗共赏、物美价廉、便于携带、易于养护等特点和优点，成为现代家居和办公场所点缀装扮的新宠。“旧时王谢堂前景，进入寻常百姓家”是如皋市小微盆景的初心追求和使命所在。如皋市将围绕打造全国最具专业性、规模性、外向性的一流小微盆景集聚区目标，力争尽快将中国小微盆景基地建设成为国内知名的小微盆景种植、出口、资材生产与供应的全产业链基地。他希望参加活动的嘉宾为如皋的花木盆景产业发展多提宝贵意见，助力如皋花木盆景产业凤凰涅槃、转型发展。

此次揭牌的中国小微盆景基地位于如皋市高新区（城南街道），是国内首家集小微盆景创作、生产、销售、培训于一体的专业化、市场化小微盆景集聚区，总占地面积2000亩，分三期规划建设，目前一期占地600亩、采用“前店后厂”生产经营模式的核心区已初具雏形。

广大特材(如皋)产业园落户长江镇

5月29日，如皋市委书记张建华带队赴张家港广大投资控股有限公司考察，与张家港广大投资控股有限公司董事长徐卫明进行了深入交流洽谈，大力推动广大特材（如皋）产业园项目加快落户建设。会上，张家港广大投资控股有限公司与如皋市长江镇人民政府签订了广大特材（如皋）产业园项目投资协议，如皋市委常委高峰参与会谈并见证项目签约。

张家港广大投资控股有限公司成立于2006年，是一家以高品质特种合金材料为核心业务的高新技术企业，归属于国家重点扶持的战略新兴产业项下的“先进钢铁材料”产业。公司自成立以来，一直致力于成为行业领先的高端装备先进基础材料制造商，主打合金材料和合金制品两大产品体系，其中合金材料包括高品质齿轮钢、高品质模具钢、特种不锈钢以及高温合金、超高强度钢等国家重点鼓励发展的新材料产品；合金制品主要包括以合金材料为基础制成的风电装备、轨道交通及各类精密机械部件。公司产品广泛应用于新能源风电、轨道交通、机械装备、燃气轮机、海洋石化、半导体芯片装备等高端装备制造业。

广大特材(如皋)产业园项目总投资100亿元，投资建设新能源风电、轨道交通、机械装备、燃气轮机、海洋石化、半导体芯片装备等高端装备制造业，目标三年内建成百亿级产业园。5月份，总投资20亿元的智能铸件及生产加工项目已初步建成投产。

如皋成功签约超400亿元新加坡金鹰集团项目

6月18日下午，在十九届中央委员、江苏省委书记、省人大常委会主任、党组书记娄勤俭的见证下，如皋市超400亿元新加坡金鹰集团项目在南京签约。

娄勤俭对新加坡金鹰集团到江苏省扩大投资、深化合作表示欢迎，对陈江和发挥侨领作用、积极支持中国慈善事业和疫情防控表示敬佩。娄勤俭介绍了江苏省统筹推进疫情防控和经济社会发展情况。他说，面对新冠肺炎疫情冲击影响，我们坚决贯彻党中央决策部署，因时因势调整工作着力点和应对措施，用较短时间控制住了疫情，较快恢复了正常生产生活秩序，经济运行企稳向好态势不断巩固。当前江苏正处在高水平全面建成小康社会、开启探索基本现代化新征程的关键时期，全省上下深入贯彻落实新发展理念，抢抓长三角一体化发展、长江经济带发展、“一带一路”建设等重大机遇推进高质量发展，这为广大海内外企业提供了新的发展机遇。希望金鹰集团进一步发挥优势、深耕江苏，推动合作项目加快投产达效，将更多优质项目布局江苏，并带动更多侨资侨智到江苏投资兴业。我们将创造更好的营商环境，提供更加优质的服务，全力支持侨资企业和金鹰集团在江苏的发展，在携手合作中互利共赢、造福人民。陈江和感谢江苏省委、省政府对金鹰集团发展的关心支持和帮助。他说，江苏疫情防控精准高效，产业配套能力强，经济社会发展呈现良好态势。金鹰集团非常看好江苏发展，将以此次合作项目签约为新的起点，抓住发展机遇，加大在江苏的投资发展力度，同时积极履行社会责任、致力公益事业，在携手合作中为江苏高质量发展作出新贡献。

新加坡金鹰集团总资产超200亿美元，在全球范围有6万余名员工，旗下企业遍及新加坡、印尼、中国、菲律宾、马来西亚和巴西等国家和地区。主营业务包括林浆纸，亚太资源集团和亚太森博集团；棕榈油，亚洲种植集团和顶峰集团；特种纤维素，巴丝集团；纤维素纤维，赛得利集团和Asia Pacific Rayon；能源开发，太平洋油气有限公司等。

莱赛尔纤维、环保型油脂化工项目既是国家鼓励类发展项目，也是南通市重点打造的产业板块，已列入南通市化工产业导向目录(2018年版)鼓励类项目。金鹰集团(如皋)产业园项目总投资超400亿元，用地面积约3000亩，投资项目包括莱赛尔纤维、棕榈油、白卡纸制品等。其中一期项目投资180亿元，计划2022年建成投产。

金鹰集团的青睐，超400亿元的投资。如皋长江镇得此机遇，绝不是偶然，是必然！

长江镇总规划面积204平方千米，总人口20万人，是国家一类开放口岸、国家级船舶制造基地、中国“十佳物流园区”、最具投资价值工业园区、省重点工业园区、省级现代农业园区、省重点物流基地、省现代服务业集聚区，被正式纳入南通市“一主三副多点”的主城区城市规划范围，位居中国乡镇综合竞争力百强镇第69位。

多年来，长江镇不断打造优良的项目发展环境，完善功能配套，为吸引优质项目创造了条件，主要优势有以下几点：

长江镇区位独特，交通便捷。境内拥有宁通、沿海2条高速，与204国道、京沪高速、沿海高速、宁通高速、江阴大桥、苏通大桥和新长铁路等相连成网，距离沪通大桥5分钟车程，距离北沿江高铁如皋吴窑站仅3千米。

沪通长江大桥（铁路两用桥），2020年7月1日开通。1小时经济圈覆盖上海浦东、上海虹桥、无锡硕放、常州奔牛、南通兴东、扬泰及盐城南洋等7个国际机场。长江镇产业基础扎实。经过多年发展，构建了智能装备制造、高端新材料、现代物流“2+1”的主导产业体系，入驻有德源（中国）高科有限公司、南通百川新材料有限公司、森松（江苏）重工有限公司、中铁山桥（南通）有限公司、如皋市宏茂铸钢有限公司等多家大型企业和项目。长江镇是江苏省首批行政管理体制改革试点区，推行优质高效的“全方位、保姆式”服务，“一站式”便民服务中心正式投入使用，实现了一枚印章管审批，一支队伍管执法，一套机制管服务。在市场准入领域，证照3个工作日内办结；在投资建设领域，项目从立项到开工许可50个工作日审批完毕。

上汽联创智能网联科技（江苏）有限公司正式奠基

6月28日，上汽联创智能网联科技（江苏）有限公司奠基仪式在九华镇举行。上汽集团副总裁、总工程师祖似杰，副总工程师张觉慧，技术管理部副总经理沈浩明，规划部副总经理唐韶及联创汽车电子有限公司总经理芦勇、党委书记李辰豪等嘉宾，如皋市领导张建华、丁兴华、高峰、冒平参加活动。

2020年6月28日，上汽联创智能网联科技（江苏）有限公司奠基仪式

（邱宇 摄）

联创汽车电子有限公司是上汽集团专注于“智能网联”核心技术开发和战略发展的核心企业，致力于研发智能驾驶中央决策控制技术、智能驾驶转向执行系统、智能驾驶制动执行系统和车联网车载智能终端等关键核心产品和技术，为智能汽车提供系统解决方案。上汽联创智能网联项目于2019年4月21日签约，落

户在九华镇汽车零部件产业园区，总用地约90亩，该项目建设内容为SS(通孔焊接)生产线和FA(组装及下线测试)生产线等，规划形成年产能为200万件控制器的规模。项目全部建成投产后，可形成十亿汽车智能网联产业集群。

祖似杰在奠基仪式上表示，未来，联创电子将依托如皋基地的智能化制造能力，实现智能网联和新技术的产业化，逐步补齐公司发展短板，构筑高质量发展支撑力量，为如皋产业升级贡献积极力量。

市委书记张建华在仪式上讲话，他说，随着“一带一路”倡议及长江经济带发展、长三角区域一体化等国家战略的深入实施，通沪铁路、盐通高铁的即将开通，北沿江高铁、张皋过江通道等一批重大交通工程的规划和开工，如皋的交通格局、产业布局、城市功能都在发生深刻的变化。如皋市委、市政府审时度势，抢抓机遇，乘势而上，紧扣做实产业目标，着力构建以新能源汽车及汽车零部件为重点的“5+2”现代产业体系，致力打造长三角最具资源和成本优势的中高端产业集聚区。张建华指出，位于如皋市南部的九华镇，是如皋市经济建设的重要前沿阵地。上汽联创智能网联项目的开工建设，必将为九华镇加快转型发展注入新的强大活力。他要求，九华镇要靠前服务，精细服务，及时协调解决项目推进过程中的各类问题矛盾；相关部门要进一步提升工作效能，从项目的审批、监管、政策保障等方面，构建优质便捷高效的绿色通道，不断彰显如皋市营商环境全省第一的品牌形象。

在如皋期间，祖似杰一行还实地参观了华永汽配、超达模具等企业，了解了如皋市相关行业发展情况。

首列直达上海动车停靠如皋站

2020年7月1日，首列到上海虹桥站经停如皋的C3751次列车正式进站

（市融媒体中心 提供）

7月1日，我国自主设计建造、世界上首座主跨为千米级的沪苏通长江公铁大桥正式通车，沪苏通铁路正式开通运营，从此，如皋市和上海之间每天将有10多趟列车往返。一声汽笛雉水新，如皋人坐动车去沪上的梦想一日之间照进现实。

下午2点46分，伴随着列车的鸣笛声，首列到上海虹桥站经停如皋的 C3751 次列车正式进站。如皋向苏南铁路不通成为了历史，同时也意味着如皋市到上海的空间距离未变，但时间大幅缩短。

沪苏通铁路等级为 I 级，设计速度 200 千米/小时，从如皋站出发，1 小时 46 分钟便可到达上海虹桥站，十分方便。沪苏通铁路通车后，将与途经如皋站的宁启铁路贯通运营，共同组成江北的“沪宁城际”。如皋站每天停靠的列车将增加到 50 多趟，比原先足足翻了一倍。如皋人在家门口即可乘坐和谐号、复兴号动车组列车通渝达沪。

作为沪苏通铁路上最重要的节点，沪苏通长江公铁大桥全长 11072 米，其中正桥长 5827 米，主跨 1092 米，为世界上首座 4 线铁路+6 车道公路、主跨超千米的公铁两用斜拉桥。古人说，“长江天堑，古来限隔”。而如今我们一桥架南北，天堑变通途，用智慧和中国力量，将先人眼中的不可能变为了可能。

沪苏通铁路开通运营后，将进一步提高铁路过江通道运输能力，完善长三角地区铁路网布局和区域综合交通运输体系，将大大缩短如皋市与上海及苏南地区的时空距离，对如皋市更好地融入长三角区域一体化发展、加快高质量发展步伐具有举足轻重的意义。

如皋市列入第二批革命文物保护利用片区分县名单

6 月 30 日，中央宣传部、财政部、文化和旅游部、国家文物局公布了《革命文物保护利用片区分县名单(第二批)》，如皋市列入其中苏中片区。

如皋市具有相应的革命史实和县级文物保护单位以上级别的革命文物，现有不可移动革命文物 33 处，可移动革命文物 165 件/套。

1930 年 4 月 3 日，中国工农红军第十四军在如皋贲家巷建军。1991 年 12 月 30 日，被如皋市人民政府公布为如皋市级文物保护单位。中国工农红军十四军成立遗址现为不可移动革命文物。

如皋市将以公布革命文物保护利用片区分县名单为契机，乘势而上，讲好如皋革命故事，传承红色基因，推进如皋革命文物集中连片保护利用工程，坚持保护优先、保用结合，创新拓展让革命文物活起来，促进文旅融合，提质特色产业，打造如皋红色文旅融合发展，助力革命老区振兴发展。

下一步，如皋市文物部门将摸清革命文物资源家底，公布如皋革命文物名录；依托革命文物场所，开展百年党史教育主题活动，构建党性教育的“红色矩阵”；组织百年党史文物、文献、档案、史料的社会征集活动，为迎接中国共产党成立 100 周年营造浓厚热烈的良好氛围。

如皋市举行庆祝中国共产党成立99周年暨“七一”大党课

2020年7月1日，如皋市庆祝中国共产党成立99周年活动表彰现场

（邱宇 摄）

7月1日，全市庆祝中国共产党成立99周年暨“七一”大党课在行政中心礼堂举行，市委书记张建华为全市党员干部上以“恪守初心使命、强化责任担当，在服务高质量发展中走在前作表率”为主题党课，市四套班子全体领导与1000余名基层党员干部以同上党课的形式庆祝党的生日。

张建华指出，勇于担当是我们党一脉相承的精神特质，是新时代好干部的鲜明特征，是推动事业进步的必然要求，全市共产党员要站在“人民利益至上”的高度，始终把勇于担当、为民谋利作为合格党员的基本要求，以实际行动践行为党和人民事业奋斗终生的誓言。

张建华强调，2020年，我们既要高水平全面建成小康社会，又要开启建设现代化新征程；既要有效应对经济下行压力，又要确保完成既定的目标任务，迫切需要全市党员干部涵养担当的勇气和智慧，提升担当的能力和本领，奋力夺取疫情防控和经济社会发展“双胜利”。全市上下要紧扣“行行争第一”的目标，直面矛盾挑战、闯出破局新路、保持发展定力，增强担当的勇气；从群众身上问需问计、从细小之处用心用力、从不可能中创造可能，彰显担当的智慧；善于统筹抓关键、科学论证敢决断、改革创新求突破，提升担当的能力；狠抓任务落实、聚力重点攻坚、审慎行使权力，在实干中展现担当。

张建华要求，全市各级党组织要恪守“为担当者担当”的理念，完善鼓励激励机制，为冲锋陷阵者“提士气”，完善容错纠错机制，为攻坚克难者“鼓勇气”，完善选人用人机制，为担当作为者“增底气”，进一步树立讲担当、重实干的鲜明导向，切实保护好、支持好党员干部干事创业的积极性和创造性，为广大干部勇于担当、奋发有为营造良好氛围，形成众人划桨开大船的生动局面。

该次活动综合采用情境式党课、讲述式党课和引领式党课等形式，回顾奋斗历程，感悟身边典型，汲取精神力量。通过情境演绎的形式，回顾了如皋市在不同历史阶段形成的红十四军精神、支边援疆精神、治沙精神。6名来自不同战线的优秀党员代表，围绕“推动发展我先上”“服务民生我先上”“攻坚克难我先上”，分别讲述了他们立足本职、爱岗敬业、无私奉献、不懈奋斗的生动实践，展现了新时代党员干部的“狼性”精神。

活动中，还对全市先进基层党组织、优秀共产党员、优秀党务工作者、优秀党员企业家、“四强型”村（社区）党组织书记标兵和星级村（社区）党组织进行了表彰。

如皋黑塌菜登上“雪龙”2号

7月8日中午，一辆装载50箱如皋黑塌菜的冷链车从中皋农产品冷藏基地出发，开往位于上海的中国极地考察国内基地，下午3时许到达“雪龙”2号极地科考船靠泊的码头上。

作为中国地理标志农产品，如皋黑塌菜又叫塌棵菜、趴趴菜，因塌地生长而得名，是如皋特有的蔬菜品种。黑塌菜霜打雪盖、不施农药、味道鲜美，叶片肥嫩，可炒食、作汤、凉拌，色美味鲜，营养丰富，倍受人们青睐。

“雪龙”2号极地科考船即将赴北极开启新一轮科学考察之旅，如皋黑塌菜将出现在科考人员的餐桌上，为极地科考的科学家们提供健康绿色补给，为远洋科考贡献长寿之乡的农业力量。

“我们赴北极科考，生活在远洋上，绿叶蔬菜不易保存，但冷冻黑塌菜口感、色泽与新鲜的一个样，解决了科考队员吃不到绿色蔬菜的难题。”中国极地研究中心副主任张北辰代表赴北极科考队表示感谢。他说，科考船上淡水资源宝贵，速冻黑塌菜直接烹饪，用水极少，这样的蔬菜对于科考来说，无疑是雪中送炭。他表示，中国极地研究中心的科研人员来自全国各地，同时极地科考事业也是一个国际交流平台，今后会积极推介，推动如皋黑塌菜走向全国、走出国门。

5月29日，如皋市中皋农产品科技发展有限公司与中国极地研究中心签订合作协议，为奔赴南北极的远洋科考队员长期提供速冻黑塌菜。如皋副市长张百璘透露，除黑塌菜之外，今后将有更多如皋优质农产品跟随“雪龙”号奔赴南北极，为远洋科考贡献长寿之乡农业力量。

如皋市获评2019中国有影响力的全域旅游示范区

8月5日，“以传媒力量推动文化和旅游高质量发展‘复苏·引领·聚能’2019中国文化和旅游总评榜颁奖典礼”在浙江西塘举行。该次总评榜共颁发“2019中国文化和旅游推广创新优秀案例”等十大奖项。如皋市荣获2019中国有影响力的全域旅游示范区奖项。

如皋，濒江近海，得名最早见之《左传》，公元411年正式建县，已有1600多年的建城史。

往事越千年，古邑展新颜。如今的如皋，有着苏北苏中地区首个县级“全国文明城市”“中国人居环境奖”“中国优秀旅游城市”“世界长寿乡”等众多殊荣；有着始建于明朝万历年间、江南才子冒辟疆和董小宛曾经栖隐居住的水绘园，全国农业旅游示范点、华东地区最大的综合性花木市场和花木盆景出口基地如皋国际园艺城，真实再现土地革命时期艰苦卓绝、可歌可泣的革命历史的红十四军纪念馆等众多旅游景点。

2016年11月，如皋被列入“第二批国家全域旅游示范区创建单位”。作为南通地区唯一入选创建名录的城市，两年多时间来，如皋对旅游资源、关联产业、生态环境、公共服务、体制机制等进行了全方位、系统化的优化提升，着力构建以旅游度假区为龙头、核心景区为支撑、乡村旅游区为点缀的旅游目的地体系，全要素配置、全景化、全覆盖的旅游产业发展初见成效。

“世界长寿养生福地、中国花木盆景之都、华东红色革命摇篮、江苏历史文化名城”。如皋，这座历史与现代交融、人文与自然相连、古朴与诗意辉映的长寿之城，正以其悠久深厚的文化积淀，丰富多彩的旅游资源，加快全要素配置、全景区建设、全产业融合，全面发力国家全域旅游示范区建设。

正威集团如皋5G新材料项目奠基暨全市重大项目集中开工仪式举行

8月12日，如皋市在城东工业区举行正威集团如皋5G新材料项目奠基暨全市重大项目集中开工仪式，包括总投资100亿元的正威如皋5G新材料产业园在内的17个重点项目集中开工。这些项目涵盖智能装备制造、新能源汽车及汽车零部件、高端新材料、新一代信息技术、工业综合体等多个领域的高质量项目，计划总投资额达到220亿元，将成为如皋市建设长江以北最强县市的有力支撑。全国政协委员、正威国际集团董事局主席王文银，南通市委副书记、市长王晖参加活动。集中开工仪式由市委副书记、市长何益军主持。

市委书记张建华在集中开工仪式上致辞。他说，当前，长三角一体化发展、长江经济带建设等多重国家战略交汇叠加，特别是沪苏通长江公铁大桥通车运行，盐通高铁即将全线贯通，张皋过江通道、北沿江高铁等重大工程加快推进，如皋"一个深水良港、两条过江通道、三座高铁站点、四条高速公路"的交通格局加速形成。如皋市积极抢抓百年不遇的发展机遇，围绕"工业投入每年五百亿，百强排名挺进前二十"的目标定位，集中力量主攻项目建设、园区共建和产业培育，着力构建以智能装备制造、高端新材料、新一代信息技术等为重点的"5+2"现代产业体系，加快打造长三角最具资源和成本优势的中高端产业集聚区。他指出，此次项目集中开工仪式，是如皋市抢抓新机遇，实现大发展，奋力建设长江以北最强县市的铿锵行动。这次集中开工的一批项目特别是规模体量最大的项目——正威集团如皋5G新材料项目，将有助于如皋市产业结构、层次和能级的优化提升。他表示，如皋市将持续以开放共赢的理念、追求卓越的精神、担当务实的作风，一如既往地为项目提供更加精准的服务，打造更加优质的营商环境，构建更加紧密的政企关系，为项目早日竣工达产创造一流条件。他同时希望项目方倒排工期、挂图作战，推动项目早建成、早投产、早见效，加快在国内国际"双循环"新格局中集聚新的优势，实现更大发展。

王文银在致辞时说，非常之时、非常之地、非常之智、非常之人行非常之事，建非常之功。南通和如皋党政领导班子抓大项目、大抓项目的精神，让人深深感动。随着沪苏通长江公铁大桥建成通车、长三角一体化步伐加快，南通将成为长江经济带的核心引擎之一，未来将与上海、苏州形成三角鼎力经济之势，南通未来可期。如皋是世界长寿养生福地、中国花木盆景之都、华东红色革命摇篮、江苏历史文化名城。如皋这座非常之城市和正威集团这个非常之企业，必将迸发出非同寻常之威力。

王晖在讲话时说，此次奠基的5G新材料项目集科技研发、生产制造和供应链平台于一体，将有力助推南通新一代信息技术、智能装备等新基建、新产业做大做强，为南通市高质量发展走在前列蓄势赋能。他希望，集中开工的项目实施单位精心组织、科学调度，在保证质量和安全的前提下，高效率推进项目建设，力争早日竣工达产、早日扩产扩能。他表示，南通、如皋两级政府将秉承亲商、爱商、富商的理念，为项目发展提供全过程、全链条的优质服务，努力实现政企协作共赢。

正威如皋5G新材料产业园位于如皋市城东工业区，项目总投资100亿元，建设内容包括年产552万平方米纳米铜触控显示一体化项目、年产30万吨高性能精密铜材项目、智能装备研究院、供应链平台以及相关配套项目。

电影《出发！第一书记》举行首映式

9 月 23 日下午，以如皋市驻村“第一书记”群体为原型的电影《出发！第一书记》，在南通市更俗剧院举行首映式。南通市委常委、组织部部长封春晴出席活动。

江苏省委组织部党员教育中心主任周倍佳、如皋市委副书记丁兴华与电影制片方、主创人员、演员等共同参加了首映式。各县(市)区、部分“第一书记”选派单位和“第一书记”代表观看了影片。影片于 9 月 26 日面向全国公映。

电影《出发！第一书记》由中共江苏省委组织部党员教育中心、中共南通市委组织部、中共如皋市委联合策划，中视时代国际传媒出品。影片以如皋市优秀驻村“第一书记”代表为原型，讲述了驻村“第一书记”张浩明解决基层发展难题、助力推进乡村振兴的感人故事。

封春晴在首映式上致辞，对影片的正式首映表示热烈祝贺。他表示，电影《出发！第一书记》展现了广大“第一书记”扎根基层、挥洒青春，与人民群众同甘共苦、共同奋斗的先锋形象。他希望通过这部电影激励广大党员干部积极投身到乡村振兴、脱贫攻坚的热潮中，发挥基层党组织在农村各项事业发展中的中流砥柱的作用，为巩固深化江海党建“四大工程”积蓄力量，为南通高质量发展走在前列、打造全省新的增长极提供坚强的组织保证！

如皋市“第一书记”工作简介

如皋市是南通地区选派机关驻村“第一书记”的先行地，2010 年 2 月，如皋市以学习沈浩精神为契机，选派 20 名科级干部到“三弱村”任职。10 年来，如皋市打破“机关”和“基层”之间的壁垒，累计选派 139 名能力强、活力强、潜力强的“三强型”优秀年轻干部，到领导班子软弱，集体经济薄弱，基础设施脆弱，环境整治任务重，信访维稳任务重的“三弱两重村”担任“第一书记”，呈现出连续时间长、选派人员多、人员层次高等特点，在加强村级班子建设、助推经济发展、服务民生事业、加快自身成长等方面取得了良好成效，各派驻村综合考核排名平均前移 50 位，为打赢“脱贫攻坚战”，加快实现高水平全面建成小康社会起到有力的促进作用。如皋市驻村第一书记工作先后荣获南通市党建创新项目第 1 名和江苏省组织工作创新创优奖。中组部党建读物出版社为如皋市出版发行《为了大地的丰收——如皋市机关驻村第一书记工作案例》一书，取得良好社会反响。《人民论坛》、中组部党建读物出版社相继专题调研如皋市第一书记工作。

张皋过江通道航评通过交通运输部审查

9 月 27 日，交通运输部在北京召开张皋过江通道航评审查会。会议一致认为张皋通道航评报告各专题论证充分、资料翔实、报告完整，符合编制办法规定，同意通过评审，为项目工可报批奠定了坚实基础。

张皋过江通道是《长江干线过江通道布局规划(2020-2030)》中的过江交通设施之一。拟建张皋过江通道连接南岸的张家港市与北岸的如皋市，位于江阴长江大桥下游约 28 千米、苏通大桥上游约 57 千米、沪苏通大桥上游 16 千米，是联系张家港与如皋间重要通道，也是 S603、S259 的过江设施。推荐线位起点位于张家港疏港高速晨阳互通，终点接 G40 沪陕高速石庄互通。其中，跨江段设计速度 100 千米/小时，双向八车道标准，接线段设计速度 120 千米/小时，双向六车道标准。路线全长约 28 千米，匡算投资约 250 亿元。

江苏省省以上投资土地整治项目现场交流培训会在如皋召开

2020 年 9 月 28 日,省级投资土地综合整治项目现场交流培训会
(如皋市自然资源和规划局 提供)

9 月 28 日至 29 日,江苏省土地开发整理中心在如皋召开省以上投资土地整治(2020 年第一期)项目现场交流培训会。来自省内 5 个大市 17 个县市的 90 余名项目管理人员参加了培训。

会上对省级投资土地综合整治项目资金使用、项目规划设计变更和报验材料组织、项目实施监管平台的操作与使用、项目档案的收集与管理、项目工程施工要求等业务及常见的存在问题进行了分析与讲解,并对如皋市即将报验的丁堰镇省以上投资土地整治项目组织了现场观摩与交流。该培训对年内批建的省以上投资土地整治项目提供了务实的理论与实践指导,对新项目的顺利实施提供了有力的支撑。

通皋大道一期工程主线通车

9 月 30 日,如皋市通皋大道一期工程主线通车。作为如皋历史上单体投资规模最大的交通工程,通皋大道对如皋市实现新一轮交通、城市、产业的转型发展,打造区域枢纽城市、节点城市具有举足轻重的意义。

张建华、何益军等市四套班子领导,中国建筑集团有限公司基础设施事业部副总经理、中建华东投资有限公司党委书记、董事长宋旋等出席通车仪式。

市委书记张建华宣布通皋大道一期工程主线通车;市委副书记、市长何益军主持活动并进行新闻发布;宋旋和市交通运输局负责人分别介绍了通皋大道工程的相关情况。

通皋大道一期工程北起城区海阳南路,南至丁平线,全长 22.3 千米,主路为双向六车道城市快速路,设计速度 100 千米每小时,实行全线封闭,在主要公路交叉设置互通。通皋大道成就了如皋历史上的几个“第一”:单体投资规模“第一”大交通工程、“第一”个采用 PPP 模式建设的交通工程、“第一”个全面推行“党建带项目”管理理念的交通工程。

承载着 145 万如皋人民“接轨上海,融入苏南”的愿望,通皋大道于 2017 年年底开工建设,在两年零九个月的施工过程中,先后组织实施了桥梁桩基、墩柱、盖梁、沟塘、路基、通道等六大标杆工程,并科学整合钢筋加工厂、预制厂和混凝土拌和厂,将“场区”变“厂区”,使梁体预制全程得到更加精细化控制,路面沥青平整度控制在0.5毫米误差以内,远低于国标和省标要求的误差值。通皋大道的匠心施工,铸就其成功获评江苏省公路水运省级品质工程示范创建项目。

通皋大道一期工程主线通车为实现如皋快速路网与南通快速路网,乃至苏南快速路网的有效对接、快速转换奠定了坚实基础。如皋承南启北、节点城市的区位优势将进一步凸显,有助于真正融入上海“1+6”协同发展大都市圈,对沿线镇(区、街道)的经济转型发展也将产生极大的促进作用。未来如皋市将继续在公、铁、水、过江通道等交通建设上全面发力,进一步完善“新八横八纵”路网框架,构建市域“两纵一横”铁路网,全面建成如皋“人”字形高等级干线航道,加快形成张皋过江通道、沪苏通过境通道和常泰过江通道三大直接联系沪苏锡常的快速通道,构建更加便捷的通南达北综合交通新格局。

从丁平线至南通西站北侧204国道的通皋大道二期工程,将在南通西站站前高架及G40南通西站出口互通工程启动后实施,届时将与南通市快速路网实现无缝对接,如皋至南通通行时间将从60多分钟缩短至30多分钟。

如皋市与洋县深化对口协作

10月22日,陕西省汉中市人大常委会副主任、洋县县委书记胡瑞安一行到如皋考察,并就深化两地对口协作进行交流,推动两地对口协作工作再上新水平。如皋市领导张建华、丁兴华、茅红宇参加活动。

对口协作,增强区域造血功能、促进经济做大做强是关键。胡瑞安一行首先考察了如皋市部分企业,谋求产业合作。在江苏初曦生物科技有限公司,胡瑞安参观了企业生产线,了解了企业发展情况,并鼓励企业到洋县投资发展。作为一家服装加工企业,江苏双龙健制衣股份有限公司在自身加快发展的同时,积极响应苏陕对口协作号召,通过落实定期轮换机制,招引洋县青年来厂培训就业,主动帮助洋县培养服装加工熟练工。到10月份,企业已经招收了22名洋县工人。来到企业生产车间,胡瑞安看望慰问了部分来自洋县的工人。在了解了他们在如皋的工作生活情况后,胡瑞安勉励他们珍惜机会,学好本领,为洋县产业发展作出贡献。市委书记张建华对江苏双龙健制衣股份有限公司开展技能培训、助推洋县脱贫的做法给予了肯定,并希望企业更好地关心从洋县来的职工,让他们充分感受洋县、如皋一家亲的温暖。

在随后的2020年度如皋—洋县对口协作联席会议上,胡瑞安说,这次来如皋,充分感受到如皋汹涌澎湃的发展动力、热火朝天的建设场面、生机勃勃的和谐局面,如皋取得的显著成就令人振奋。他说,在如皋的大力支持和洋县人民的共同努力下,洋县的脱贫攻坚工作顺利通过了相关验收。如洋协作不仅在脱贫攻坚方面取得明显成效,在真抓实干、培养人才、招商引资、容纳就业、产业转移等方面也为洋县提供了宝贵的学习经验。就下一步做好两地对口协作工作,他希望如皋市在产业转移方面提供更多支持,鼓励更多企业去洋县投资创业,助推洋县经济加快发展。

张建华在讲话时对洋县脱贫攻坚工作取得的成绩表示祝贺,并表示如皋市将按照上级部署要求,一如既往、更高质量地做好对口协作工作,不断创新对口协作举措,着力在产业协同、资源互补、经济发展共享等方面下功夫,进一步提升对口协作水平,推动洋县脱贫工作上新台阶。他同时指出,如皋市将与洋县认真落实两地工作沟通协调机制,永续两地友谊,实现发展共赢。

江苏省档案学会档案保护技术专业委员会成立大会在如皋举行

2020 年 10 月 15 日，江苏省档案学会档案保护技术专业委员会成立大会暨声像档案抢救保护专题研讨会现场　　（陈圣银 摄）

10 月 15 日，由江苏省档案学会主办，如皋市档案局、档案馆及江苏省档案馆如皋电影史料馆承办的省档案学会档案保护技术专业委员会成立大会暨声像档案抢救保护研讨会在如皋市举行。省档案馆馆长陈向阳，副馆长赵深、陈万田，省档案学会理事长欧阳旭明，如皋市委副书记丁兴华出席会议。

丁兴华激情致辞。他说，如皋市档案工作坚持以习近平总书记关于档案工作“四个得以”“三个走向”重要论述为指引，认真落实省委部署，深入开展“争第一、创唯一、树品牌”专项活动，坚持以党的政治建设引领档案事业繁荣发展，进一步夯实乡镇档案中心规范管理，积极探索试点“村档镇管”新模式，挖掘“一方大印、一支队伍、一张通告、一生追寻”的“四个一”红色档案资源，开展全市党性教育等工作都取得较好成效。

丁兴华说，如皋的声像档案抢救保护研究独树一帜。2015 年以来，如皋市积极探索和研究档案保护特别是声像档案的抢救保护，创新开展了胶片、录音、录像等所有声像档案的数字化及抢救修复。他表示，如皋将以此次研讨会为契机，进一步推进档案科技成果的应用，促进声像档案抢救保护技术的再提升，推动如皋档案工作高质量发展，为全省档案系统树标杆、创品牌贡献如皋力量。

陈向阳对如皋电影史料馆馆长刘建长期致力于电影胶片档案和设备的收藏保护以及相关文化产业的建设研究，在推动档案科技发展中做出了重要贡献高度赞扬，称其有情怀、有抱负、有韧劲。他要求，档案保护工作者要坚持以科技创新为引领，促进档案与科技融合，提升档案管理现代化水平。要坚持以人才为事业发展的核心力量，努力提升业务水平和拓展效应。要坚持以合作交流共享为导向，汇聚各方力量、资源和智慧，打造档案保护、科技创新、成果转化、合作交流、人才培养新平台。

大会为主任委员、副主任委员、委员颁发了聘书。主任委员栾宁丽发表了主旨演讲，省社科联学会部副主任何国军到会致辞，中国档案学会技术保护委员会副主任、上海档案馆档案保护技术部主任张建明，中国地质大学档案馆馆长帅斌，江苏省档案馆如皋电影史料馆馆长刘建分别做专题讲座。会议还组织了现场参观交流。

第三届中国·如皋第三代半导体及智能制造论坛成功举办

10月27日,第三届中国·如皋第三代半导体及智能制造论坛在如皋市成功举办。2020年论坛以“新机遇、新动能”为主题,进一步聚焦行业发展新动态、新趋势、新技术及创新项目,深入探讨第三代半导体发展模式和行业发展趋势。

中国科学院院士、南京大学教授郑有炓(右一)与如皋市委书记张建华(左一)共同为获得第五届国际第三代半导体创新创业大赛一等奖的皓星光电(杭州)有限公司颁奖　　(邱宇 摄)

中国科学院院士、南京大学教授郑有炓,科技部高新司材料处调研员曹学军,中国科学院半导体研究所院地合作处主任曹永胜,第三代半导体产业技术创新战略联盟理事长吴玲,北京大学理学部副主任、第三代半导体产业技术创新战略联盟副理事长沈波等知名专家学者及如皋市领导张建华、何益军、丁兴华、茅红宇、高峰、陈鸣华、钱志刚、程瑞琴、顾留忠出席会议,国内近200家第三代半导体行业知名企业代表参加会议。

活动由市委常委、常务副市长茅红宇主持。

市委副书记、市长何益军在致辞中指出,如皋市主动顺应经济和科技发展规律,坚持“做实产业”,加快培育以光电及第三代半导体等为重点的“5+2”现代产业体系,全力打造长三角最具资源和成本优势的中高端产业集聚区。2020年,如皋市拥有半导体企业21家,海迪科光电、卓远半导体等一批龙头企业的加速发展,以及晶睿光电、腾锐电子等一批新生力量的茁壮成长,助推如皋市第三代半导体产业完成了“从无到有”的飞跃,正在实现“从有到优”“从弱到强”的嬗变。

何益军表示,这次论坛,既给各位行业精英、业界翘楚提供了互动交流的平台,也为如皋发展第三代半导体产业带来更多机遇、注入更多动能。他希望与会专家学者和企业家们能够借助此次论坛,以“新机遇、新动能”为主题,共同激扬半导体产业高质量发展的智慧火花,把如皋第三代半导体论坛打造成行业盛典。同时,如皋市将继续秉持“亲商、安商、富商”的理念,倾情、倾智、倾力为企业提供一流服务,努力实现企业、产业和城市共赢发展。

吴玲在会上致辞。她说,当前是第三代半导体发展的重要窗口期,此次论坛进一步聚焦行业发展新动态、新趋势、新产品,深入探讨第三代半导体发展模式和行业发展趋势,对半导体产业高质量发展、实现产业聚集具有重要意义。

活动发布第五届国际第三代半导体创新创业大赛(如皋赛区)决赛结果并现场颁奖。郑有炓与市委书记张建华共同为获得大赛一等奖的皓星光电(杭州)有限公司代表颁奖。

活动中,高新区管委会主任刘亚东做第三代半导体及智能制造产业推介;“中科院半导体所化合物半导体如皋实验室”和“江苏省佳宝智能化液压打包及排废系统工程技术研究中心”两项重要科研载体正式揭牌成立;15个近期落户或即将落户如皋高新区的重大产业项目和人才项目集中签约。

在随后的研讨会上,郑有炓、沈波等进行了主旨演讲。

2020 如皋“一会两节”正式开幕

10 月 28 日，2020 如皋经济洽谈会·中国长寿文化节暨中国（如皋）花木盆景艺术节开幕式现场 （邱宇 摄）

风生江海龙游远，雉水古城逢盛会。10 月 28 日，2020 如皋经济洽谈会·中国长寿文化节暨中国（如皋）花木盆景艺术节正式开幕。

中国对外贸易经济合作企业协会会长、原外经贸部副部长周可仁，中国花卉协会副会长赵良平，江苏省科技厅副厅长赵建国，南通市委副书记、统战部部长沈雷，中国科学院院士、清华大学教授费维扬，俄罗斯自然科学院外籍院士牛济泰，中国盆景艺术家协会会长鲍世骐等领导嘉宾共聚一堂，一同感受如皋的独特魅力和发展脉动。

开幕式由市委副书记、市长何益军主持。与会嘉宾首先观看城市形象宣传片《上善新如皋》。

“来到如皋，你会发现，这是一座历史与现代交相辉映、生态与文化互为融合的宜居之城，有着阅不尽的风景、讲不完的故事。”市委书记张建华发表了热情洋溢的主旨演讲——《拥抱发展机遇 共创合作新局》。他说，如皋人文荟萃、文脉悠长，走近如皋，可品味传承千年的历史文化；如皋的生态质量和宜居指数长期位居全省前列，入选中国最具幸福感县级十强城市，是苏中苏北首家创成全国文明城市的县级市，走近如皋，可探寻绿意盎然的自然生态；如皋素有“崇文尚学、尊师重教”的传统，如今的教育更是从全域均衡走向了全阶优质，走近如皋，可感悟崇文重教的励学之风；如皋有勠力同心、同甘共苦、坚韧不拔、善作善成的治沙精神，有无私奉献、吃苦耐劳、为国分忧的支边援疆精神，有负重拼搏、敢于争先的沿江开发精神，还有新时代抢抓新机遇、实现大发展，奋力建设长江以北最强县市的火热激情，走近如皋，可领略独具魅力的城市品格。

张建华指出，如皋市坚定不移做实产业、做优城市、做好民生、建强队伍，坚持主动作为，区位交通实现格局性重塑；坚持实干担当，经济发展实现稳健式增长；坚持布局长远，产业发展实现变革性突破；坚持高端品质，城市建设实现蝶变式转型；坚持以人为本，民生福祉实现跨越式提升，开启了建设长江以北最强县市的崭新篇章。

张建华表示，当前，如皋面临着长三角一体化发展、长江经济带等多重国家战略叠加，蕴藏着未来可期的无限潜力，是一片有舞台、有空间、有活力的创业热土。如皋市将从企业做大做强、大企业培育、人才引进等方面着手，全力提供最贴心的政策服务；从重点项目用地保障、营造良好金融生态、为企业实行订单式培养、招工和服务等方面着手，全力建设最完备的保障体系；从深化“放管服”改革、为企业排忧解难等方面着手，全力打造最优质的营商环境，让客商真切感受到在如皋投资具备高度安全感和良好体验度。他热忱希望各位领导嘉宾多到如皋走走看看，感受大美如皋的魅力，激发投资合作的热情，共谱发展篇章，共赢美好未来。

沈雷在开幕式上讲话。他说，南通是上海“1+8”大都市圈中江北唯一城市，在“一带一路”倡议及长江经济带、长三角一体化发展等国家战略布局中具有重要地位。如皋是南通经济版图上极具发展活力和爆发力的重要板块，是南通跨江融合、直接接受上海苏南辐射带动的前沿阵地，项目建设势头强劲，先进产业蓬勃发展，蕴含着无限商机。他希望各位客商能深切感受到如皋这座长寿之乡、文明之都、创新之城的独特魅力，选择投资、创业。

周可仁宣布开幕。周可仁、赵良平、赵建国、沈雷、费维扬、张建华、南通市工信局局长曹海峰、何益军共同参加启动仪式。

开幕式上，新加坡金鹰集团中国区总裁糜卫东、森松集团中国总部副总经理川岛宏贵、张家港广大特材股份有限公司董事长徐卫明作为嘉宾代表进行了交流发言。中科院半导体研究所研究员张兴旺、南通市科技局局长赵玉峰共同为中科院如皋化合物半导体产业研究院揭牌；中国盆景艺术家协会会长鲍世骐、南通市农业农村局副局长范袁斌共同为中国盆景艺术家协会秘书处揭牌。

该次经济洽谈会期间，共签订投资意向、投资协议 46 个，总投资 395 亿元。开幕式上，共选取了 25 个重点项目，分 5 批进行了集中签约。

开幕式结束后，与会领导、嘉宾共同到花木大世界(如皋)国际园艺城园艺会展中心，参观了第十一届中国(如皋)花木盆景艺术节精品盆景展。

418 盆精品盆景在如皋市精彩亮相

10 月 28 日，全国精品盆景展颁奖仪式在花木大世界(如皋)国际园艺城举行。市领导丁兴华、邵晓泉、张百璘、杜永红等出席活动。

该次精品盆景展共聚集全国 15 个省(市)的 418 盆精品盆景，其中有 26 盆大师作品，经过评审，共评出特等奖 10 个、金奖 22 个、银奖 48 个、铜奖 79 个、特色展奖 6 个。该次颁奖仪式为特色展奖、金奖、特等奖等三大类奖项以及第一届全国盆景职业技能竞赛如皋金奖选手明真兵、杨建和银奖获奖选手朱登峰进行现场颁奖。

副市长张百璘在致辞时介绍说，如皋市围绕打造国际国内花木盆景至优至强至尊集散地，坚持种植、流通、旅游、平台、人才、教育“六个集聚”的发展理念，花木盆景产业长足发展，盆景文化日趋繁荣，“花木盆景+旅游+文创”文章不断做大。全市花木盆景种植面积达 20 万亩，年产盆景 100 万盆，从业者 10 万余人，经纪人超万人，以盆景为主导的花木全产业链产值超 200 亿元，花木盆景已成为如皋市的特色产业、富民产业、绿色产业和生态产业。

盆景被誉为“无声的诗，立体的画，有生命的艺雕”，此次全国精品盆景展突破了传统的单一盆景排列组合形式，设立多元化布展格局，设置了展示盆景主产区、专业镇(村)、进出口盆景、科普教育成果等 15 个特展区，百名盆景巧匠同台竞技，集中展示了各类盆景，展现了不同流派和不同制作技艺，为广大盆景爱好者献上一场盆景艺术的盛宴，更为弘扬盆景文化、推动盆景产业转型升级提供了一次难得的机会。

如皋市举行2020中国·如皋5G新材料产业发展论坛

为共话产业发展新趋势，共谋产业合作新未来，10月28日，由中国塑料加工工业协会、江苏省新材料产业协会、“新材料在线” 网站共同筹备的2020中国·如皋5G新材料产业发展论坛在如皋市举行。市领导高峰、陈鸣华、钱志刚、程瑞琴、冒平参加活动。

论坛上，俄罗斯自然科学院外籍院士牛济泰与中南大学教授刘绍军围绕“5G通信和电子新材料”主题，通过主题报告方式，开展了学术研讨和技术交流，深入探讨新形势下高端电子新材料的发展趋势，分享行业发展最新成果，推动技术交流与合作，促进行业转型升级、带动区域经济发展。

市委常委、宣传部部长高峰在论坛上致辞。他向与会嘉宾介绍了如皋经济社会发展成效以及发展机遇、产业基础、创新载体、营商环境等方面的优势。他表示，如皋市紧扣“做实产业”目标定位，着力构建以智能装备制造、新能源汽车及汽车零部件、高端新材料、新一代信息技术、光电及第三代半导体产业为重点的“5+2”现代产业体系，致力打造长三角最具资源和成本优势的中高端产业集聚区。他指出，如皋市坚持把发展高端电子新材料产业作为优化产业结构、推动转型升级、加速动能转换的重要抓手，在资源上聚集、政策上聚焦、力量上聚合，已形成较为完备的产业体系。他希望，通过各方努力，把这次会议办成智者对话、智慧碰撞的平台，办成信息交流、增进合作的平台，成为如皋市高端电子新材料产业加速发展的“推进器”。他热切期待各位领导、各位专家、各位企业家，畅所欲言、集思广益，为如皋高端电子新材料产业发展把脉问诊、建言献策，为推动产业转型升级贡献更多智慧和力量。

论坛结束后，与会嘉宾参观如皋市部分项目亮点，深入了解如皋半导体及智能制造产业的发展态势。

与会嘉宾参观考察了高新区创新体验中心、小咖秀(江苏)科技有限公司、海迪科(南通)光电科技有限公司、江苏秦烯新材料有限公司等亮点项目，对企业的发展模式、技术优势和政府政策支持有了一定的了解。谈及参观感悟，江苏派沃福半导体科技有限公司总经理陈小建说：“如皋的半导体及智能制造技术正处于发展的上升阶段，再加上政府理念意识不断提升，现在如皋可以说是最具吸引力的投资热土。”

如皋市拥有丰富的区位、平台、配套、科创、政策等优势，随着沪苏通长江公铁大桥、张皋过江通道等重大交通工程开工建设，区位优势愈加凸显，战略性新兴产业占规模以上工业比重近三成。如皋市围绕高质量发展要求，主动顺应新一轮科技革命和产业变革趋势，重点发展第三代半导体、智能装备制造、高端新材料等五大先进制造业，努力提高产业层次和竞争力，全力打造长三角最具资源和成本优势的中高端产业基地。

如皋市举行日达智能终端精密模组项目暨全市“一会两节”重大项目集中开工仪式

10月29日，如皋市举行日达智能终端精密模组项目暨全市“一会两节”重大项目集中开工仪式。该次集中开工共28个项目，总投资超300亿元，覆盖智能装备制造、新能源汽车及汽车零部件、高端新材料、新一代信息技术和半导体等“5+2”重点产业。这是如皋市深入贯彻落实中央和江苏省委、南通市委决战决胜“双胜利”要求的重要举措，也是拥抱发展机遇、共创合作新局的务实行动。市四套班子主要领导出席开工仪式。

日达智能终端精密模组项目是该次集中开工中最大的项目，由日达制造科技（如皋）有限公司投资建设，总投资100亿元，其中设备投资68亿元。项目建成投产后，预计2021年即可实现应税销售超120亿元。项目的建成成为如皋市高端制造业的又一高峰，助推如皋市加快实现新旧动能转换、夯实实体经济发展根基，为奋力建设长江以北最强县市提供硬核支撑。

市委书记张建华在活动中致辞。他指出，当前，随着沪苏通长江公铁大桥建成通车，盐通铁路即将开通，张皋过江通道、北沿江高铁等重大工程的加快推进，如皋整体的枢纽价值逐步显现，正加快建设长江以北最具资源和成本优势的中高端产业集聚区。2020年以来，累计新签约亿元以上项目超100个、总投资超1000亿元，金鹰产业园、日达精密模组、正威新材料、广大特材、欧洲重卡等重特大项目纷纷落地开工，这充分印证了如皋是一片有舞台、有空间、有活力的创新创业沃土。张建华强调，抓项目就是抓发展，谋项目就是谋未来。全市上下要不断强化“项目为王”理念，以“行行争第一”的工作标准，以“事不过夜”的工作作风，持续营造一切围绕项目转，一切聚焦项目干的浓厚氛围，一如既往地为日达精密模组等重特大项目提供更加优质的服务，全方位保障项目快建设、快投产、快见效。他希望业主单位与施工单位、监理单位，树立精品意识，践行绿色理念，筑牢安全底线，明确时间表、责任单，锁定责任人，锁定全过程，全力打造精品工程、安全工程、标杆工程。

市委副书记、市长何益军主持开工仪式。

开工仪式上，市领导共同按下启动球，见证日达智能终端精密模组项目在如皋大地落地生根。

如皋市新增4家省级工程技术研究中心

10月，省科技厅公布《2020年度省级工程技术研究中心建设项目》目录，2020年江苏省共认定省级工程技术研究中心407家。如皋市森松（江苏）重工有限公司、江苏国胶新材料有限公司、江苏瀚皋机械有限公司和南通佳宝机械有限公司4家企业的工程技术研究中心获得省级认定，截至10月份如皋市拥有省级工程技术研究中心总数的企业达到48家。

如皋市注重加强科技创新生态建设，全方位推进企业研发机构建设，加大新建省级企业研发机构建设奖励力度，着重抓好大中型工业企业和规模以上高新技术企业的研发机构建设，注重已建研发机构的能力提升建设，企业研发机构的建设为增强如皋市企业自主创新能力和产品市场竞争力提供了有力支撑。

如皋市此次一批省级工程技术研究中心获批组建将进一步促进企业自身创新发展，为企业集聚高端人才和尖端技术，推动如皋产业结构调整和行业技术进步，增强如皋企业自主创新能力和产品市场竞争力，为如皋市经济社会高质量发展提供有力科技支撑。

如皋市成功蝉联全国文明城市

11 月 20 日，全国精神文明建设表彰大会在北京举行，如皋市以前五届县级全国文明城市第 11 名的优异成绩，成功蝉联全国文明城市。同时，如皋市人民检察院荣获第六届全国文明单位称号，城北街道平园池村荣获第六届全国文明村镇称号，长江镇永平闸社区的石小华家庭荣获第二届全国文明家庭称号。

如皋市坚持培育和践行社会主义核心价值观，大力推进社会主义精神文明建设，深入开展文明城市、文明村镇、文明单位、文明家庭、文明校园等群众性精神文明创建活动，城乡环境面貌、社会公共秩序、公共服务水平、居民生活质量明显改善，城乡居民获得感、幸福感、安全感不断增强，向上向善、诚信互助的社会风尚更加浓厚，全国文明城市已成为如皋市引以为豪的“金字招牌”。截至 2020 年，如皋市已有全国文明村镇 4 家、全国文明单位 2 家、全国文明家庭 1 家。

如皋市人民检察院此次荣获第六届全国文明单位称号，是南通市政法系统首家全国文明单位。如皋市人民检察院坚持以“党建带队建、促业务创文明“工作思路，将文明创建列为“一把手工程”，充分发挥示范、引领、推动作用；推动建立全国首家县级生态环境保护执法司法联动中心，融入“长江大保护”，共同守护“母亲河”；创新“五心工作法”真诚对待来访群众，初次信访案件化解率达 98%；建成政治生活区、如皋市图书馆检察分馆等文化阵地，每季度开展道德讲堂活动，以典型选树，营造崇德向善、干事创业良好氛围。

全国文明村镇是文明村镇评选中的最高级别。对于城北街道平园池村而言，此次摘得国字号荣誉，可谓实至名归。平园池村围绕乡村振兴目标要求，利用百姓茶馆、游客中心、各旅游景点搭建志愿者服务载体和平台，扎实推进乡风文明行动；开展“星级文明户”评比工作，着力破除陈规陋习，提振村民精气神，形成良好的社会风气，全面提升乡风文明程度，全力打造乡村振兴示范村。文明村镇创建，带来人气，也聚起财气。2019 年该村村集体经济收入达到 186.1 万元，农民纯收入 2.86 万元。

在这次公布的第二届全国文明家庭名单中，如皋市长江镇永平闸社区的石小华家庭榜上有名。6 岁时，石小华在一次触电事故中失去双臂，但他以顽强的毅力学会用脚吃饭穿衣，学会以口握笔，练就“一口”好书法。2016 年 12 月，他成立了“石小华爱心助残基金”，通过捐赠售书款等方式，先后为残疾人和困难学生捐助现金、物资 20 余万元。石小华用自己的言行影响着全家人，他和妻子在长江镇创办了“梅华馆”，传授书画技艺，他用嘴示范，用脚指导，让农村的孩子在学习中濡染自强不息的精神。多年来，石小华还不知疲倦地到各地作公益讲座、励志演讲和表演，累计 300 余场。

姚呈明理论武装工作室获评全国先进集体

10 月，中央宣传部办公厅印发《关于表彰基层理论宣讲先进集体、个人和优秀理论宣讲报告、公众号的决定》，如皋市姚呈明理论武装工作室获“2020 年基层理论宣讲先进集体”称号。

如皋市以理论宣讲高地建设为龙头，注重盘活理论工作增量，创新理论工作存量，形成了一批理论工作品牌。先后挂牌成立 9 家“理论名师工作室”，开展理论宣讲研究，指导培养理论工作队伍。分层次建设“理论宣讲名师工作室”“百姓宣讲工作室”等理论工作室 20 多家，直接推进了新时代党的理论武装，在省内甚至在国内产生了一定影响，被多地复制、推广。

姚呈明理论武装工作室是在市委宣传部指导下成立的全国首家以理论宣讲名师命名的理论大众化研究和传播工作室。3 年来，培养 46 名理论宣讲“百姓名嘴”，开展各类宣讲 2800 多场。

如皋荣获“国家级节水型社会建设达标县”称号

11 月 25 日，水利部公布第三批符合节水型社会评价标准的 350 个县(区)名单，其中江苏省 14 个县(区)，如皋榜上有名，成为南通市本批次唯一入列榜单的县市。

长期以来，如皋市坚决实行最严格水资源管理制度，全面深入开展节水型城市建设，推动如皋走上资源节约型和环境友好型的道路。

如皋市出台《如皋市节约用水管理办法》等一系列规范性文件，实施节水减排工程，创建了一批高水平的节水型载体，节水成效显著。万元国内生产总值用水量下降至 65.3 立方米，万元工业增加值用水量下降至 7.9 立方米，用水效率逐年提高。试点建设海绵城市，实施中水回用和雨水收集利用工程，提高非传统水源利用率。加强灌区节水工程建设，促进种植业结构调整；强化水稻灌溉期用水管理，促进农业增产增收。建立高耗水企业分级评价机制，实行高污染高耗水企业差别化水价，以水价促进节约用水工作。利用“世界水日”“中国水周”“节水宣传周”等有利时机，围绕水法律、法规、节水型社会建设、水资源与经济社会可持续发展等主要内容，开展了形式多样的涉水宣传活动，营造全社会节水、护水、亲水氛围。

如皋市将继续坚持节水理念，认真落实最严格水资源管理制度，全面提升全社会节水意识，促进生产方式转型和产业结构进一步调整，实现经济社会发展与水资源、水环境承载能力相协调，在更高起点上持续推进节水型社会建设，为建设强富美高新家园提供水资源支撑和保障。

世界高端重卡制造商斯堪尼亚全球第三个生产基地落户如皋

2020 年 11 月 28 日，斯堪尼亚如皋制造基地揭牌仪式现场 （邱宇 摄）

11 月 28 日，斯堪尼亚如皋制造基地举行揭牌仪式，标志着被誉为世界商用车领域“公路之王”的斯堪尼亚公司，在中国建立除欧洲和南美外的全球第三个生产基地。瑞典驻华大使宋莲，南通市副市长潘建华，如皋市领导张建华、何益军、丁兴华、茅红宇、顾留忠参加活动。

“今年，我们累计完成新签约亿元以上项目 119 个，计划总投资超过 1000 亿元，广大特材、金鹰产业园、日达智能等一批百亿级重特大项目先后落地。”市委书记张建华在致辞时介绍了如皋市经济社会发展情况。他说，制造基地的正式揭牌不仅是双方精诚合作的有力见证，更翻开了携手同行的崭新篇章，必将在斯堪尼亚和如皋发展史上留下浓墨重彩的一笔，衷心期待斯堪尼亚为如皋带来全球领先的技术和人才，全方位提升汽车产业发展水平，引领如皋市制造业高质量发展。他表示，市委、市政府将一如既往地为企业提供高效便捷、周到贴心的优质服务，系统全面、支撑有力的政策保障，公平公正、规范有序的发展环境，全力全速推动项目早开工、早建设、早见效，努力创造重特大项目建设的如皋新速度。

潘建华在讲话时表示，期盼斯堪尼亚坚定投资中国，将更多优质产品引入中国，续写百年传奇；南通、如皋两级政府将提供优质高效服务，为项目顺利推进排忧解难、保驾护航，也热切期盼各位企业家投资南通、投资如皋，打造高效、便捷、安全、经济的产业链和供应链，共享新时代机遇，携手开创互利共赢的美好未来。

宋莲在致辞时说，斯堪尼亚在瑞典是一个广为人知的品牌，希望斯堪尼亚充分发挥自身的优势来生产最新的产品，在产品中注入最前卫的技术和科技，并且将产品与现代化交通理念结合在一起，为中国绿色出行贡献力量。

斯堪尼亚中国集团总裁何墨池表示，项目之所以选定如皋，是因为如皋具有良好的区位优势、产业基础、优质高效的政府服务。斯堪尼亚如皋制造基地的落户，有利于斯堪尼亚在中国实现高度本地化，有利于促进斯堪尼亚全球生产系统在中国的零部件采购力度，有利于更好地服务于中国和亚洲的重卡市场。

如皋市档案馆文档查阅科荣获“江苏省巾帼文明岗”称号

如皋市档案馆文档查阅科被评为“江苏省巾帼文明岗” （陈建华 摄）

12月1日，江苏省妇女“巾帼建功”、“双学双比”活动领导小组对2020年度全省城乡妇女岗位建功先进典型进行表彰，决定授予198个岗组“江苏省巾帼文明岗”荣誉称号。如皋市档案馆文档查阅科位列其中，是如皋市唯一获此荣誉称号的岗位。

如皋市档案馆文档查阅科主要负责接待查阅利用工作。近年来，科室在妇联领导和馆领导班子的关心和支持下，以“文明单位、青年文明号、巾帼文明岗”三牌同创为目标，遵循“以创建促提升，以创建树典型”的工作宗旨，以“树皋城文明新风，展档案巾帼风采”为口号，始终把创建“巾帼文明岗”活动作为创建有效载体，切实提升工作质量和水平，先后获评“南通市青年文明号”“南通市巾帼文明岗”“如皋市五一先锋号”“如皋市青年先锋集体”等。

如皋市第二届“志愿服务347”活动启动暨赵小亭纪念塑像落成仪式举行

“我宣誓：文明实践，志愿同行，不负韶华，砥砺追梦。”热情澎湃的志愿誓言冲散了冬日凛冽的寒流。12月3日，第35个国际志愿者日来临之际，200余名志愿者代表齐聚如皋市志愿者广场，共同参加如皋市第二届“志愿服务347”活动启动暨赵小亭纪念塑像落成仪式。

2010年7月21日，如皋女孩赵小亭在贵州支教期间不幸遇难，将年轻的生命永远留在了苗岭大山。为永远铭记如皋人民的优秀儿女赵小亭，大力弘扬小亭志愿服务精神，如皋市新时代文明实践中心组织承制小亭纪念塑像——“飞播的爱”。

活动现场，市委书记、市新时代文明实践中心主任张建华，市委常委、宣传部部长、市新时代文明实

2020 年 12 月 3 日，如皋市委书记、市新时代文明实践中心主任张建华(右一)，市委常委、宣传部部长、市新时代文明实践中心办公室主任高峰(左一)共同为赵小亭纪念塑像揭幕　　(邱宇 摄)

践中心办公室主任高峰共同为塑像揭幕。市人大常委会原副主任刘聪泉介绍了小亭塑像的设计理念。

塑像采用全铜手工锻造，身高 2.1 米，谨以纪念赵小亭生辰和遇难均在 21 日，逝年 21 岁。底座 1.8 米，寓意如皋故土培育小亭 18 年。塑像造型前倾，左手持书，右手上扬，掌心向上，凝视前方，人物形象创意为赵小亭吹开手中蒲公英种子的瞬间，缤纷起舞的蒲公英花絮，带着爱传播四方。

十年，我们再回首“支教玫瑰”赵小亭短暂而光辉的一生，并以塑像的形式把她留在我们身边，就是要用小亭精神鼓舞、号召全市志愿服务力量再集结、再出发，不断放大“大爱如皋”的城市魅力。

如皋市第二届“志愿服务 347”活动也于当天启动。以“村村有活动，村村全覆盖”为目标，即日起，志愿者们将根据“群众点单”需求，8 个市新时代文明实践分中心、62 个市级机关部门、20 支专业化志愿服务组织的 3000 余名志愿者将深入 347 个村(社区)，开展送理论、送政策、送文艺、送教育、送就业、送科技、送健康、送法律、送爱心、送礼仪等“十送”志愿服务活动，活跃在雉水大地上的志愿红将成为这个冬天最暖心的表达。

“镌刻在墙上的好人‘心语’，是我们参与志愿活动的不竭动力。”“一个个优秀志愿者前辈们鲜活生动的故事，让我很感动。”“‘爱心邮路’的乡邮员、中国好人、道德模范……他们都是我们的榜样。”参观爱心城市馆时，志愿者们纷纷表示，典型引路，“爱心城市”逐渐成为如皋这座千年古城一道绚丽的风景，一张闪亮的名片。

微笑之城，大爱如皋，爱飞四方。小亭精神将时刻激励 25 万余名皋城志愿者尽己所能，不计报酬，帮助他人，服务社会，让如皋这座爱心城市更加温馨与美好。

2020 中国·南通纤维新材料与智能制造产业高峰论坛专家团到如皋考察

12 月 12 日，由何鸣元、孙晋良、江东亮、颜德岳、朱美芳等两院院士领衔的 2020 中国·南通纤维新材料与智能制造产业高峰论坛专家团到如皋，考察如皋市部分科技型企业。市领导何益军、陈鸣华、程瑞琴陪同考察。

江苏力星通用钢球股份有限公司，30 余年深耕精密轴承钢球和滚子的研发、制造、销售，是国内行业首家上市公司、全国制造业单项冠军示范企业。企业董事长施祥贵向专家团一行详细介绍了科技创新工作，企业建有国家级、省级研发机构，专门从事新材料、新技术、新工艺、新产品的研究和开发。当得知企业是全国滚动轴承标准化技术委员滚动体分技术委员会秘书处单位时，专家们纷纷表示赞誉，希望力星股份能在科技创新的道路上走得更远，步伐更快。

“你们的生产设备是自己制造的吗？”“你们是如何突破国外的技术封锁的？”“你们是光生产原材料，还是已经拓展到了元器件领域？”……在江苏卓远半导体公司，专家团对 85 后小伙掌舵的这个新兴企业，表现出了极大的兴趣。企业负责人张新峰表示，其企业核心技术填补了国内碳化硅全自动晶体生长装备及材料无国产化的空白，在国际上也属于先进水平。谈及创业历程，张新峰坦言：“我们在国外学到了知识，掌握了新理念，更希望能够回到祖国，回到家乡，让我们的学习成果落地生根，这样才能真正称得上是学有所成。”一番肺腑之言，赢得了两院院士在内的专家们的一片掌声。如皋籍中国科学院院士、东华大学教授朱美芳当即表示，希望卓远半导体能够跟东华大学开展材料研究合作。

活动中，市委副书记、市长何益军向专家团详细介绍了如皋市经济社会发展、科技创新工作开展情况以及人才引进、创业扶持等方面的政策条件。他说，如皋是一片涌动着创新热情的土地，他欢迎各位院士、各位专家多多关心支持如皋的发展，推动更多的科研成果在如皋落地生根、开花结果。

烟台正海磁性材料股份有限公司高性能稀土永磁材料项目落户高新区

12 月 28 日，烟台正海磁性材料股份有限公司与高新区(城南街道)，就高性能钕铁硼永磁材料生产基地项目达成合作协议。正海集团有限公司董事长秘波海、烟台正海磁性材料股份有限公司董事长王庆凯、烟台正海磁性材料股份有限公司总经理李志强，如皋市领导何益军、丁兴华、顾留忠参加签约仪式。

烟台正海磁性材料股份有限公司创建于 2000 年，是国家火炬计划重点高新技术企业，山东省创新型企业。公司专业制造、经营高性能钕铁硼永磁材料及其他磁性材料元器件。经过 20 年的耕耘和积累，凭借强大的创新能力、优异的产品质量、一流的增值服务，公司已经发展成为国内高性能钕铁硼永磁材料行业的龙头企业。烟台正海磁性材料股份有限公司在高新区投资的年产能 18000 吨高性能钕铁硼永磁材料生产基地项目，主要从事高性能钕铁硼永磁材料的研发、生产、销售，建成后将打造全球规模最大的高性能钕铁硼永磁材料生产基地；项目全部建成后预计年产值 38 亿元、年税收不低于 2 亿

2020 年 12 月 28 日，江苏省如皋高新技术产业开发区、烟台正海磁性材料股份有限公司高性能稀土永磁材料项目签约仪式 （如皋市发改委 提供）

元。

市委副书记、市长何益军在交流时说，随着沪苏通长江公铁大桥的建成通车、盐通高铁的即将投入运行以及计划实施的北沿江高铁项目，如皋市区位优势进一步凸显，日达智造科技等一批看中如皋优势、看好如皋发展前景的较大体量、高质量项目相继落户如皋，全市项目建设整体呈现井喷态势。他指出，烟台正海磁性材料股份有限公司高性能钕铁硼永磁材料生产基地项目落户如皋市，为如皋市实体经济发展提供了更有力支撑。他表示，如皋市将成立专门的项目推进服务班子，做好项目全过程服务，助推项目顺利实施；同时，如皋市将抢抓长三角一体化发展战略机遇，进一步强化硬软件建设，积极支持高新区完善科技创新体系，增强人才吸纳能力和科技项目承载能力，打造更加优质的营商环境。

秘波海在讲话时说，如皋较强的项目载体以及优质的项目服务，增强了烟台正海磁性材料股份有限公司投资如皋的信心。他表示，将进一步加快项目推进，力争早开工、快建设、早投产，努力把如皋基地打造成行业冠军，为如皋经济社会发展作出应有贡献。

全市领导干部会议召开 宣布市委、市政府主要领导调整决定

12 月 29 日，如皋市召开领导干部会议。南通市委书记徐惠民出席会议并讲话，南通市委常委、组织部部长封春晴主持会议。

会上，封春晴宣读了省委和南通市委关于如皋市委、市政府主要领导职务调整的决定：何益军任如皋市委书记，不再担任如皋市市长职务；张建华不再担任如皋市委书记、如皋经济技术开发区党工委书记职务；王鸣昊任如皋市委副书记，提名为如皋市人民政府市长人选。张建华、何益军、王鸣昊三人分别发言。

徐惠民在讲话中说，如皋市委、市政府坚持以习近平新时代中国特色社会主义思想为指导，自觉践行新发展理念，抢抓长三角一体化发展战略机遇，聚力推进高质量发展，重大项目数量增多，民生幸福水平提高。他希望如皋干部群众能够服务大局真作为，拼搏争先不动摇，一张蓝图画到底，一轮接着一轮干，以“工业投入三年超千亿，百强排名挺进前二十”的过硬成果，在全面建设社会主义现代化新赛程中跑出精神，冲在前面。

2020年12月19日，如皋市领导干部会议会议现场

（邱宇 摄）

就做好今后工作，徐惠民强调，要突出两个维护的定盘星，增强政治意识，提高政治能力，坚守为民情怀，不断提高政治判断力、政治领悟力、政治执行力。要跑出事业发展的加速度，坚持“大抓项目、抓大项目”不动摇，保持定力，守牢底线，持续突破一批百亿级重大项目。要提升人民生活的幸福感，提高就业创业增收水平，扩大公共服务供给，深化健康中国建设，健全养老服务体系，让长寿如皋成为梦想生活的目的地。要增强团结协作的战斗力，做到心往一处想，劲往一处使。要锻造干事创业的主心骨，以高质量党建引领高质量发展，打造一支紧抓快干、真抓实干的生力军。

张建华深情回忆了在如皋两年的工作历程，他说，两年来，我们倾心倾力谋划发展，努力在顺势而为中抢抓重大机遇；正是有了大家的集思广益、群策群力，如皋“强富美高”的发展蓝图才会愈发清晰，高质量发展走在前列的步伐才会愈发有力。两年来，我们倾心倾力推动发展，努力在真抓实干中集聚奋进动能；正是有了大家的埋头苦干、艰辛付出，如皋经济发展的基础才越来越实，底气才越来越足，势头才越来越强。两年来，我们倾心倾力共享发展，努力在补短强弱中增进百姓福祉；正是大家把“公家事”当成“自家事”，用心用情为群众多办实事好事，如皋发展的成果才变得更有温度、更有质感。两年来，我们倾心倾力保障发展，努力在协作共事中昂扬奋斗激情；正是有了大家的任劳任怨、团结协作，如皋的经济社会发展方能行稳致远、未来可期。

何益军说，接过发展的“接力棒”，深感责任重大、使命光荣。他将倍加珍惜江苏省委、南通市委对如皋的关心、关怀，倍加珍惜历届班子带领全市人民取得的伟大成就，倍加珍惜百年不遇的发展机遇，紧紧依靠班子的集体力量，依靠大家的团结奋进，依靠全市广大干部群众的齐心协力，聚集发展势能，聚力内涵提升，聚焦民生改善，聚合干群智慧，确保高质量建成长江以北最强县市、高品质建成长三角宜居创业新高地。何益军表示，他将始终牢记缘何出发的信仰，以坚如磐石的信念，守初心、担使命，做到“风雨不动安如山”；坚决扛起高质量发展的大旗，以开拓进取的精神，谋发展、破难题，做到“不兴伪事兴务实”；时刻秉持勤政为民的宗旨，以为民造福的情怀，办实事、惠民生，做到“以百姓之心为心”；全面营造风清气正的生态，以包容坦荡的胸襟，讲团结、聚合力，做到“众人拾柴火焰高”；处处严守纪律规矩的红线，以从严从实的作风，作表率、带队伍，做到“目不眩于五色之惑”。

王鸣昊表示，他将坚持恪守忠诚、把牢政治方向，把对党和人民的绝对忠诚作为立身之本，从政之基；坚持实干担当、推动如皋发展，牢固树立新发展理念，在长三角一体化发展等国家战略中找准如皋定位；坚持执政为民、着力改善民生，树立以人民为中心的发展思想，把增进民生福祉作为最大的政绩，着重抓好民生实事项目；坚持严守规矩、筑牢拒腐防线，把纪律和规矩挺在前面，坚决守住底线，不越红线，以政府的廉政指数赢得群众的信任指数。

南通市委组织部副部长、市委“两新”工委书记陆国强出席会议。

如皋南站正式启用

12 月 30 日，随着 G8321 次动车自盐城站呼啸而出，盐通高铁正式开通运营，由中铁建设承建的如皋南站同步正式投入使用。

盐通高铁是贯通如皋的第一条高速铁路，如皋南站是如皋第一个真正意义上的高铁站。

站房外，如皋南站整个建筑立面以屏风样式的折面为主，以渐变富有动感的方窗由低到高整齐排列着，这样的灵感来源于如皋长寿博物馆内陈列的如皋长寿礼赞屏风。

走进站内，每一处细节都蕴含着独特的如皋元素。候车大厅的百福圆柱、吊顶的如皋市花月季花、寓意“长寿”的寿字纹、象征如皋别名“雉水”的水波纹，甚至连卫生间走廊都精心设计了如皋盆景，南站内的一步一景，都将如皋的历史文化传递给全国各地的旅客。

与此同时，如皋旅客也在家门口享受到了高铁的便捷。“我感觉更快捷了，去上海的话比原来缩短了不少时间。”“我定居在杭州，但基本上每周都要来一趟如皋，现在有了动车既省了时间，人在车上还可以办点公务上的事情，很方便。”

自此，如皋去往上海最快仅需 1 小时 24 分，与此同时，如皋北上的高铁通达范围进一步扩大到北京、天津、西安、成都等城市，如皋已然来到一个全新的时代，一个直通全国、握手世界的“高铁时代”。

如皋市第十七届人大常委会召开第三十三次会议

2020 年 12 月 30—31 日，如皋市第十七届人大常委会召开第三十三次会议。

市委书记、市长何益军向市人大常委会提请任命王鸣昊、顾凡为如皋市人民政府副市长。会上为新任职人员颁发了任命书，并希望他们不断加强学习，迅速进入角色，在新的岗位上依法履职，创先争优，清正廉洁，不断增强宪法意识和人大意识，主动接受人大及其常委会的监督，以实际行动践行自己的誓言。随后，新任职人员进行了宪法宣誓。

会议审议并依法接受了何益军辞去如皋市人民政府市长职务的申请以及程瑞琴辞去如皋市人民政府副市长职务的申请，并表决通过了关于王鸣昊代理如皋市人民政府市长职务的议案。会议还表决通过了其他人事任免事项。

会议听取了市人大常委会任命的“一府两院”相关人员报告履职情况。人大任命的“一府两院”工作人员向人大常委会报告工作，既是加强和改进新时代人大工作的重要举措，也是接受人大监督、对人大负责、增强人大监督实效的有效形式。会上，6 人口头述职。会议认为，“一府两院”相关人员的履职报告，工作业绩普遍丰硕，工作思路普遍清晰，履职热情普遍高涨，廉政意识普遍较好。

会议还审议通过了关于 2019 年度市级预算执行和其他财政收支审计整改情况的报告、《如皋市人民代表大会常务委员会工作报告(稿)》、《如皋市人大常委会 2021 年工作要点(草案)》、《如皋市人大常委会关于民生实事项目人大代表票决制的实施办法(草案)》、四个表彰决定(草案)等。

市委常委、纪委书记、市监察委员会主任史有根，市人民法院，市人民检察院相关负责人列席会议。

新闻人物

Xinwen Renwu

党政领导

何益军担任中共如皋市委书记

12月29日，如皋市召开领导干部会议，南通市委书记徐惠民出席会议并讲话。南通市委常委、组织部部长封春晴宣读省委和南通市委关于如皋市委、市政府主要领导职务调整的决定：何益军任如皋市委书记，不再担任如皋市市长职务；张建华不再担任如皋市委书记、如皋经济技术开发区党工委书记职务。

何益军，男，1973年7月出生，汉族，江苏句容人，1994年8月参加工作，1994年1月加入中国共产党，大学学历，硕士学位。

其主要简历如下：

1990年9月至1994年6月，在扬州大学农学院植保专业学习，取得大学本科学历；

1994年8月至1997年9月，南通市港闸区房地产开发公司工作、办公室副主任；

1997年9月至1998年9月，任南通市港闸区房地产开发公司、南通市城镇房地产开发公司总经理助理；

1998年9月至2001年5月，任南通市港闸区团委副书记（主持团委工作；其间，1995年4月至1998年12月，参加南京大学经济管理专业自学考试取得大学本科学历）；

2001年5月至2001年11月，任南通市港闸区团委书记；

2001年11月至2001年12月，任南通市港闸区团委书记、港闸区闸西乡党委副书记；

2001年12月至2003年3月，任南通市港闸区闸西乡党委副书记(正科)；

2003年3月至2005年1月，任南通市港闸区闸西乡党委副书记、乡长；

2005年1月至2005年3月，任南通市港闸区陈桥乡党委书记；

2005年3月至2006年8月，任南通市港闸区陈桥乡党委书记、人大主席(2003年4月至2005年12月，扬州大学农学院农业推广专业学习，取得硕士学位)；

2006年8月至2007年1月，任南通市港闸区陈桥乡党委书记、乡长；

2007年1月至2007年12月，任南通市港闸区陈桥乡党委书记；

2007年12月至2008年12月，任南通市港闸区陈桥乡党委书记、人大主席；

2008年12月至2009年3月，任南通市港闸区陈桥乡党委书记；

2009年3月至2009年9月，任南通市港闸区陈桥街道党工委书记；

2009年9月至2016年6月，任南通市城乡建设局副局长、党组成员；

2016年6月至2016年7月，任中共如皋市委副书记、如皋市政府市长人选；

2016年7月至2017年1月，任中共如皋市委副书记，如皋市政府副市长、代市长、党组书记；

2017年1月至2020年12月，任中共如皋市委副书记，如皋市政府市长、党组书记；

2020年12月起，任中共如皋市委书记。

王鸣昊担任中共如皋市委副书记，如皋市政府副市长、代市长、党组书记

12月29日，如皋市召开领导干部会议，宣布省委和南通市委关于如皋市委、市政府主要领导职务调整的决定，王鸣昊任如皋市委副书记，提名为如皋市市长候选人。12月30—31日，市第十七届人大常委会召开第三十三次会议，会议任命王鸣昊为如皋市人民政府副市长，表决通过关于王鸣昊代理如皋市人民政府市长职务的议案。

王鸣昊，男，1982年9月出生，汉族，浙江湖州人，2007年7月参加工作，2005年1月加入中国共产党，研究生学历，硕士学位。

其主要简历如下：

2001年9月至2005年7月，在清华大学精密仪器与机械学系测控技术与仪器专业学习，取得大学学历；

2005年9月至2007年7月，在清华大学精密仪器与机械学系仪器科学与技术专业学习，取得研究生学历、硕士学位；

2007年7月至2007年9月，清华大学继续教育学院教师；

2007年9月至2009年6月，任海安经济开发区管委会副主任(挂职)；

2009年6月至2010年5月，任海安经济开发区管委会副主任、海安县政府办公室副主任；

2010年5月至2012年1月，任南通经济技术开发区招商一局副局长；

2012年1月至2016年8月，任共青团南通市委副书记、党组成员；

2016年8月至2020年5月，任共青团南通市委书记、党组书记；

2020年5月至2020年12月，任江苏南通苏锡通科技产业园区党工委副书记，江苏南通苏通科技产业园区党工委副书记(正处职)；

2020年12月起，任中共如皋市委副书记，如皋市政府副市长、代市长、党组书记。

程瑞琴担任中共如皋市委常委、政法委书记

12 月 30—31 日，市第十七届人大常委会召开第三十三次会议，会议依法接受程瑞琴辞去如皋市人民政府副市长职务的申请。12 月起，程瑞琴担任中共如皋市委常委、政法委书记。

程瑞琴，女，1980 年 4 月出生，汉族，江苏海安人，2002 年 8 月参加工作，2001 年 6 月加入中国共产党，省委党校研究生学历。

1998 年 9 月至 2002 年 6 月，在苏州科技学院汉语言文学专业学习，取得大学学历；

2002 年 8 月至 2003 年 12 月，任海安县西场镇人大秘书；

2003 年 12 月至 2005 年 3 月，任海安县计经委综合计划科办事员；

2005 年 3 月至 2007 年 7 月，任海安县计经委综合计划科副科长；

2007 年 7 月至 2009 年 7 月，任海安县发改委综合计划科科长；

2009 年 7 月至 2011 年 3 月，任海安县西场镇副镇长；

2011 年 3 月至 2011 年 12 月，任海安县西场镇党委副书记；

2011 年 12 月至 2012 年 2 月，任海安县经济开发区管委会委员、项目建设推进办公室主任；

2012 年 2 月至 2012 年 3 月，任海安县大公镇党委副书记、镇长人选，大公科技产业园党工委副书记、管委会主任；

2012 年 3 月至 2014 年 12 月，任海安县大公镇党委副书记、镇长，大公科技产业园党工委副书记、管委会主任(其间，2011 年 9 月至 2014 年 7 月，省委党校宪法学与行政法学专业学习，取得研究生学历)；

2014 年 12 月至 2015 年 4 月，任海安县大公镇党委副书记、镇长；

2015 年 4 月至 2016 年 10 月，任海安县大公镇党委书记；

2016 年 10 月至 2016 年 11 月，任如皋市政府副市长人选；

2016 年 11 月至 2017 年 1 月，任如皋市政府副市长；

2017 年 1 月至 2020 年 12 月，任如皋市政府副市长、党组成员；

2020 年 12 月起，任中共如皋市委常委、政法委书记。

秦金春任中共如皋市委常委、市纪委书记、市监委主任人选

12月起，秦金春担任中共如皋市委常委、市纪委书记、市监委主任人选。

秦金春，男，1970年1月出生，汉族，江苏南通人，1991年8月参加工作，1991年6月加入中国共产党，大学学历，硕士学位。

1987年9月至1991年8月，在华中理工大学电子材料与元器件专业学习，取得大学学历；

1991年8月至1995年1月，任南通电容器厂车间工艺员、车间主任助理；

1995年1月至1997年8月，任南通华容电子集团一厂厂长助理；

1997年8月至1997年12月，任南通华容电子集团永兴分厂综合科副科长(主持综合科工作)；

1997年12月至1998年12月，任南通市纪委、监察局工作人员；

1998年12月至2002年12月，任南通市纪委、监察局科员级纪检监察员；

2002年12月至2005年10月，任南通市纪委、监察局副科级纪检监察员；

2005年10月至2009年6月，任南通市纪委、监察局正科级纪检监察员（其间，2003年7月至2005年12月，南京大学公共管理专业学习，取得硕士学位）；

2009年6月至2012年8月，任南通市纪委、监察局纪检监察二室副主任；

2012年8月至2013年11月，任南通市纪委、监察局监察综合室副主任(主持综合室工作)；

2013年11月至2013年12月，任南通市纪委、监察局案件审理室副主任(正科级，主持案件审理室工作)；

2013年12月至2017年12月，任南通市纪委、监察局案件审理室主任；

2017年12月至2020年9月，任南通市纪委案件审理室主任；

2020年9月至2020年12月，任南通市纪委监委案件审理室主任；

2020年12月起，任中共如皋市委常委、市纪委书记、市监委主任人选。

顾凡任如皋市政府副市长人选、党组成员

12月30日至31日，市第十七届人大常委会召开第三十三次会议,会议任命顾凡为如皋市人民政府副市长。

顾凡,女,1983年5月出生,汉族,江苏南通人,2003年8月参加工作,2005年12月加入中国共产党,省委党校研究生学历。

1998年9月至2003年6月,南通高等师范学校教育学专业学习,取得大专学历;

2003年8月至2005年8月，任南通师范第二附属小学教师(借共青团崇川区委工作);

2005年8月至2007年12月,任共青团崇川区委科员(其间,2004年10月至2007年12月,参加南京师范大学法学专业自学考试,取得大学学历);

2007年12月至2009年5月,任南通市崇川区侨办主任助理;

2009年5月至2010年2月,任南通市崇川区侨办副主任;

2010年2月至2012年6月,任南通市崇川区外事侨务办公室副主任;

2012年6月至2016年1月,任南通市崇川区城东街道党工委委员、纪工委书记;

2016年1月至2016年12月，任南通市委宣传部理论处干部（副科职;2013年9月至2016年7月,省委党校科学社会主义专业学习,取得研究生学历);

2016年12月至2020年12月,任南通市委宣传部文化改革发展处处长;

2020年12月起,任如皋市政府副市长人选、党组成员。

林文美担任如皋市人民政府副市长、党组成员(挂职)

林文美,女,1974年11月出生,浙江温州人,大学学历,1999年7月参加工作,1998年11月加入中国共产党。

1995年9月至1999年7月,西北政法学院国际贸易专业大学本科学习;

1999年7月至2007年3月,连云港市发改委社会处、综合处科员、副科长、科长;

2007年3月至2014年7月,江苏省发展改革委员会国民经济综合处主任科员;

2014年7月至2015年9月,江苏省发展改革委员会国民经济综合处副调研员;

2015年9月至2019年5月,江苏省发展改革委员会国民经济综合处副处长;

2019年5月至2019年7月,江苏省发展改革委员会国民经济综合处(政策研究室)副处长;

2019年7月至2020年7月,如皋经济技术开发区党工委委员(挂职)、江苏省发展改革委员会国民经济综合处(政策研究室)副处长(其间:2020.03明确三级调研员);

2020年7月至2020年9月,如皋经济技术开发区党工委委员(挂职),江苏省发展改革委员会国民经济综合处(政策研究室)副处长、三级调研员,省第十三批科技镇长团团长;

2020年9月至2020年10月,如皋市政府副市长人选、党组成员(挂职),江苏省发展改革委员会国民经济综合处(政策研究室)副处长、三级调研员,省第十三批科技镇长团团长;

2020年10月至今,如皋市政府副市长、党组成员(挂职),江苏省发展改革委员会国民经济综合处(政策研究室)副处长、三级调研员,省第十三批科技镇长团团长。

缪小华任如皋市政协党组副书记、副主席人选

缪小华，男，1963 年 11 月出生，汉族，江苏如皋人，1981 年 7 月参加工作，1987 年 1 月加入中国共产党，省委党校研究生学历。

1981 年 7 月至 1982 年 1 月，任如皋县交通局工程队会计；

1982 年 1 月至 1988 年 4 月，任如皋县统计局农业股副股长(其间，1985 年 9 月至 1987 年 7 月，在南通工业管理干部学院财会专业脱产学习，取得大专学历)；

1988 年 4 月至 1994 年 3 月，任青团如皋县(市)委副书记(其间，1988 年 9 月至 1991 年 7 月，在省委党校外经专业学习，取得大学学历)；

1994 年 3 月至 1996 年 10 月，任共青团如皋市委书记；

1996 年 10 月至 2000 年 4 月，任如皋市戴庄乡党委书记、人大主席；

2000 年 4 月至 2000 年 12 月，任如皋市柴湾镇党委书记；

2000 年 12 月至 2001 年 2 月，任海安县政府副县长；

2001 年 2 月至 2007 年 11 月，任海安县政府副县长、党组成员(2000 年 3 月至 2002 年 12 月，在省委党校政治经济学专业学习，取得研究生学历)；

2007 年 11 月至 2010 年 4 月，任南通市房产管理局副局长、党组成员；

2010 年 4 月至 2011 年 6 月，任南通市住房保障和房产管理局副局长、党组成员；

2011 年 6 月至 2012 年 1 月，任如皋市政府副市长、党组成员；

2012 年 1 月至 2012 年 3 月，任中共如皋市委常委、政法委书记，如皋市政府副市长、党组成员；

2012 年 3 月至 2020 年 12 月，任中共如皋市委常委、政法委书记；

2020 年 12 月起，任如皋市政协党组副书记、副主席人选。

唐明渠担任如皋市人民法院党组书记、副院长、代院长

唐明渠，男，1972 年 2 月出生，汉族，江苏建湖人，1996 年 8 月参加工作，2009 年 10 月加入中国共产党，大学学历，硕士学位。

1992 年 9 月至 1996 年 8 月，在苏州大学法学专业学习，取得大学学历；

1996 年 8 月至 1999 年 6 月，任南通市崇川区人民法院书记员（1997 年 12 月任科员）；

1999 年 6 月至 2001 年 12 月，任泰州市中级人民法院书记员；

2001 年 12 月至 2003 年 4 月，任泰州市中级人民法院助理审判员（2003 年 4 月明确副科级）；

2003 年 4 月至 2008 年 10 月，任南通市中级人民法院助审员（其间，2005 年 2 月至 2008 年 3 月，在上海交通大学法律专业学习，取得法律硕士学位）；

2008 年 10 月至 2009 年 10 月，任南通市中级人民法院执行局审判员；

2009 年 10 月至 2011 年 10 月，任南通市中级人民法院民二庭副庭长、审判员；

2011 年 10 月至 2012 年 1 月，任南通市中级人民法院执行局实施处处长（2011 年 1 月至 2012 年 1 月，挂职如皋市人民法院副院长、审委会委员、审判员）；

2012 年 1 月至 2016 年 4 月，任南通市中级人民法院审判管理办公室主任、审判员、审委会委员；

2016 年 4 月至 2020 年 3 月，任南通市中级人民法院立案一庭庭长、审委会委员、审判员；

2020 年 3 月至 2020 年 5 月，任如皋市人民法院副院长、代院长；

2020 年 5 月起，任如皋市人民法院党组书记、副院长、代院长。

吴晓栋担任如皋市人民检察院副检察长、党组书记、代检察长

吴晓栋，男，1976年10月出生，汉族，江苏海门人，1999年8月参加工作，1998年6月加入中国共产党，大学学历。

1995年9月至1999年7月，在西北政法学院行政法专业学习，取得大学学历；

1999年8月至2000年8月，任南通市人民检察院反贪局见习书记员；

2000年8月至2004年6月，任南通市人民检察院反贪局书记员(科员级)；

2004年6月至2009年10月，任南通市人民检察院反贪局、研究室(检委办)、人民监督员办公室助理检察员(其间：2006年9月至2008年7月，中国政法大学国际法学院刑法学专业研究生课程班结业)；

2009年10月至2010年3月，任南通市人民检察院案件监督管理处(人民监督员办公室)检察员(2009年12月明确副科级)；

2010年3月至2013年4月，任南通市人民检察院案件监督管理处副处长兼人民监督员办公室副主任、检察员；

2013年4月至2016年7月，任南通市人民检察院政治部组织人事处处长、检察员；

2016年7月至2018年10月，任南通市人民检察院办公室主任、检察员；

2018年10月至2019年2月，任南通市港闸区人民检察院副检察长(主持工作)、党组书记、检察委员会委员；

2019年2月至2020年1月，任南通市港闸区人民检察院副检察长、党组书记、代检察长、检察委员会委员；

2020年1月至2020年7月，任南通市港闸区人民检察院检察长、党组书记、检察委员会委员；

2020年7月至2020年8月，任如皋市人民检察院检察长人选；

2020年8月起，任如皋市人民检察院副检察长、党组书记、代检察长。

劳模典范

施建银、李百战获评首届南通市道德模范

1月2日，南通市举行“德润江海”首届南通市道德模范颁奖典礼，共评选出10名首届南通市道德模范，如皋市施建银、李百战成功入选，入选人数居南通各县(市、区)首位。同时，施建银、程登宝、郝霞成功当选南通市第40次文明新风典型。

南通市诚实守信模范 施建银

施建银，女，1965年4月生，如皋市搬经镇高明庄社区居民。

2006年，施建银在家乡和丈夫共同创办了一家小型织布加工厂。2014年，丈夫不幸患肝癌去世，留下巨额外债。施建银没有逃避，为了还债，她前往脚手架公司扛钢管赚钱，每天工作12小时，扛几百根钢管、重约13、14吨。这样的工作施建银坚持了五年，还清了九位工人的欠款，共计十万余元。2019年3月29日，江苏高院制作发布的“施建银‘一诺千金’还钱”的视频火爆网络，《人民日报》、新华社、央视新闻、《新华日报》等多家媒体纷纷关注报道，施建银被媒体称为“诚信妻子”“平民英雄”。

施建银先后获“如皋市新时代文明实践典范”“南通市第40次文明新风典型”等称号。

南通市敬业奉献模范 李百战

李百战，男，44岁，中共党员，大学本科学历，江苏省如皋市公安局如城中心派出所副所长兼城南警务区社区民警。

23年来，他融入社区，手机通讯录有3968个号码，微信3000多位好友，他的手机号成为社区群众的“110”。他先后28次下水救人，在熊熊火海中抢出煤气罐，高楼之上劝说轻生者……他置自身安危于不顾，果断出击，将持刀扬言杀人的精神病人送医救治；他发动“万能朋友圈”，将游子寻根梦扩散到全城，帮助184人找到了回家的路；他挨家挨户开展防骗宣传，辖区发案率保持全市最低；他开通南通公安首家网上警务室，走上公安部大讲台。

李百战先后受到各级表彰48次，荣立个人二等功2次、三等功5次，获“江苏最美警察”提名奖，“中国好人”“全国优秀人民警察”等称号。

抗疫"皋"人英雄谱

疫情重灾区湖北牵动全国人心，在全国疫情最严峻的时刻，全国各地医护人员奔赴抗疫一线，勇敢"逆行"，与病毒作战。其间，如皋市先后派出4批、11名医护人员驰援湖北，他们分别是如皋市人民医院的花蕊、洪美琳、余秋里、黄智勇、徐霞、刘丽、张蓓蓓、陈丽佳和如皋市中医院的吕军、陈志、朱文祥。在2个多月的时间里，这11名"白衣战士"分别驻守在武汉、黄石的5家新冠肺炎定点收治医院，为打赢疫情防控阻击战尽心竭力。都说"世上根本没有什么岁月静好，只是有人在替你负重前行"。医护人员就是没有硝烟的和平年代的战士，若有战，召必至。抗疫，他们冲在第一线，他们是新时代最美的人。让我们向他们致敬！

花　蕊

花蕊，女，2013年毕业于徐州医学院护理专业，如皋市人民医院重症医学科副护士长，入党积极分子。

1月28日，花蕊出征湖北武汉，成为南通市援鄂医疗队的首批队员，支援武汉大学附属中南医院发热门诊。4月1日中午，花蕊平安回家。

花蕊在国家最需要、人民最期盼的时刻，顾不上家中未满2岁的孩子，毫不犹豫地向组织递交了请战书，毅然奔赴最辛苦、最劳累、最危险的抗疫前线。国有难，召必战，战必胜，她用智慧和勇气与病魔较量，用无私的奉献化作守护生命的微光，与战友们用尽职尽责筑起了抗疫的"铜墙铁壁"。在这次抗疫斗争中，花蕊用她"逆行"的脚步诠释了家国天下的慷慨大义，奏响了铿锵有力的爱国旋律。

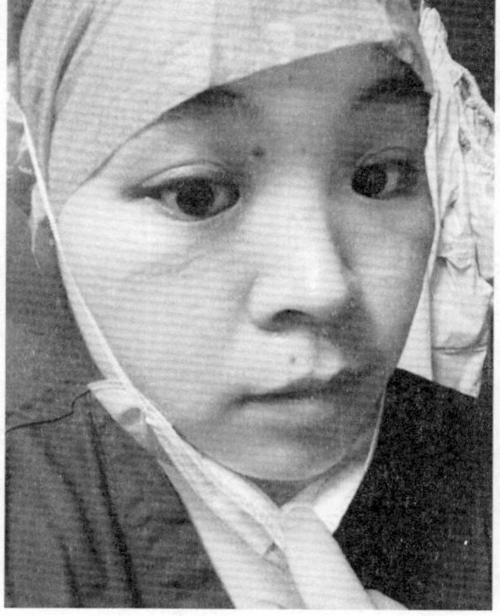

洪美琳

洪美琳，女，如皋市人民医院重症医学科护师，入党积极分子。

1月28日，洪美琳逆行驰援湖北武汉，奔赴陌生的、最危险的战场，驻守在武汉体育中心方舱医院。4月1日中午，洪美琳平安回家。

洪美琳，90后，孩子才30多个月，当新冠疫情来袭，自身还是父母掌中宝的她毅然剪去新烫的卷发，第一时间向组织递交请战书，成为如皋首批驰援武汉的一员。什么是"英雄儿女"？年轻的、美丽的，在关键时刻毅然剪掉心爱的长发，义无反顾奔赴战场的普通医护人员就是。我们要大力弘扬这种深沉的爱国主义与家国情怀，传承舍生忘死、逆行而上的英雄主义精神。

余秋里

余秋里，男，中共党员，硕士研究生(肺癌方向)，如皋市人民医院呼吸科副主任，精通呼吸系统疾病如慢性阻塞性肺疾病、肺部感染的诊疗；尤其在肺癌治疗方面有独特见解，并且率先在如皋开展TBNA技术，开展的纤维支气管镜检查的数量、质量在南通县(市)中均名列前茅。

2月9日凌晨1:30,余秋里出征湖北武汉，被分配到武汉市体育中心方舱医院，与武汉人民携手并肩、共克时艰。4月1日中午，余秋里平安回家。

在新冠肺炎救治形势最为严峻的时刻，余秋里主动请缨，勇当一名勇敢守护生命的逆行者，奔赴抗疫一线救死扶伤。他说："我年轻、我是党员，国家面临这样的危难，我必须发挥我的专业特长和优势，到病人最需要的地方去！"余秋里为打赢这场没有硝烟的战争奉献出自己的力量和爱心，我们要学习他"不计报酬，无畏生死，一心为民，甘于奉献"的精神。

黄智勇

黄智勇，男，大学本科，如皋市人民医院医务科科长兼营养科主任，重症医学科副主任医师，南通市医师协会营养学医师分会委员，在重症多发伤、重症心血管系统疾病、重症呼吸系统疾病如慢性阻塞性肺疾病、肺部感染治疗方面有独特见解，并且率先在如皋开展CRRT、经皮气管切开技术。

2月9日凌晨1:30,黄智勇跟随江苏第五批援鄂医疗队出征湖北武汉，义无反顾奔向抗疫的主战场，是第一批进入武汉市体育中心方舱医院的医护人员。4月1日中午，黄智勇平安回家。

因为有爱，黄智勇踏上援鄂之路、硬核尽责；因为有爱，他把武汉当作家，与江城人民同呼吸、共命运。他说："在这不期而遇的共聚之刻，唯有温暖可以拉近陌生的距离；在这举国压抑的至暗之刻，唯有无私奉献才能把希望点亮。"在武汉，他说到了，也做到了。我们在"抗疫精神"的淬炼和砥砺中，不仅可以回望那些抗疫的感人场景，也可以深层次领悟一个古老的民族何以会复兴于新时代的精神密码。

徐 霞

徐霞，女，2002年中专毕业于南通体臣卫校，2010年本科毕业于南通大学护理专业，如皋市人民医院感染科主管护师。

2月9日，正上大夜班的徐霞没有来得及和爱人拥抱告别，也来不及安慰父母和女儿，就匆匆登上援鄂的战车，驻守在武汉体育中心方舱医院。4月1日中午，徐霞平安回家。

徐霞在武汉紧急需要医护人员支援的关键时刻，毫不犹豫、挺身而出，她是一名坚强的白衣战士，以逆行的姿态传递一袭白衣的信仰，用柔软的肩膀扛起一份守护的力量，岁月会记住她逆行的最美身影。星辰大海的征途上，正是徐霞他们的默默奉献，才有了我们的岁月静好。

刘　丽

刘丽，女，共青团员，2012年毕业于江苏省联合职业技术学院，2017年本科毕业于南京中医药大学护理专业，如皋市人民医院感染科护士。

2月9凌晨1:30，刘丽出征湖北武汉，奔向新冠肺炎疫情抗击征程，被分配到武汉市体育中心方舱医院。4月1日中午，刘丽平安回家。

她报名参加援鄂，所有的认识的人无一不给予支持、关怀，因为有了安定的大家，才会有幸福的小家！作为万千医护人员中的一分子，她是普通的、寻常的。万千医务工作者在这场抗疫中，努力地发光发热，去照亮、去温暖病患，不忘初心，不负韶华。平凡的她怀揣着一颗炽热滚烫的赤子之心，践行着南丁格尔的誓言。她曾说，如果她是一首歌，那她必然是那首最让人内心温暖，听了嘴角不由向上扬起的一首歌，她会让自己这首歌在武汉去温暖她的服务对象，她是这个时代最美的逆行者！

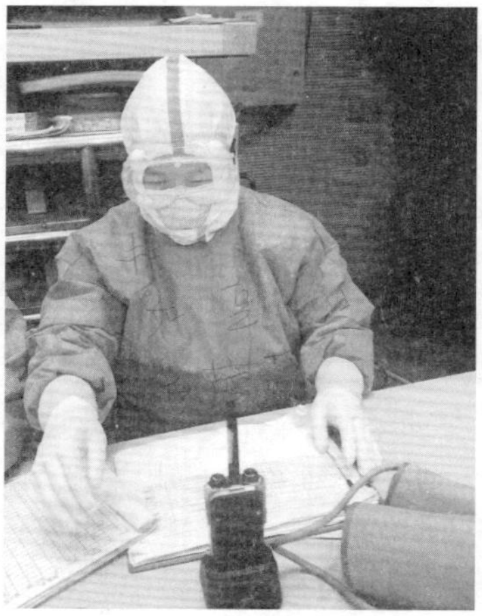

张蓓蓓

张蓓蓓，女，2004年毕业于南通医学院护理系，后一直在如皋市人民医院从事一线护理工作，如皋市人民医院呼吸内科护士长，副主任护师。

2月9日清晨，张蓓蓓出征湖北武汉，作为如皋市第二批援鄂医务人员之一，张蓓蓓在武汉体育中心方舱医院坚守了38天，跟武汉人民一起度过了最艰难的时光。4月1日中午，张蓓蓓平安回家。

新冠疫情期间，张蓓蓓护士长舍小家顾大家，毫不犹豫地报名加入驰援武汉的队伍中，工作中她用自己的爱心、耐心、细心和责任心去好好对待照顾每一位病人，给每一份患者送去温暖，她坚信有爱一定会赢！

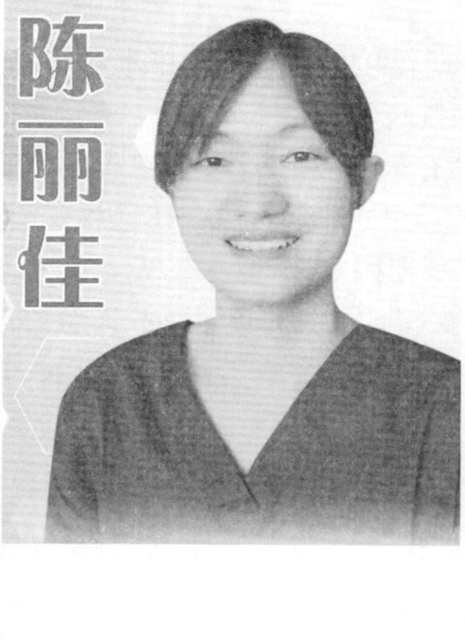

陈丽佳

陈丽佳，女，2006年中专毕业于南通体臣卫校，2019年大专毕业于吉林大学护理专业。如皋市人民医院呼吸内科从事临床护理工作，科室骨干力量。

2月9日凌晨1:30，陈丽佳出征湖北武汉，从容应对疫情大考。4月1日中午，陈丽佳平安回家。

几千年来，忠诚、爱国一直都是中华儿女的深厚思想情感与矢志不移的精神追求，也是中国传统文化的灵魂和核心，进而凝聚为一种深沉的爱国主义与家国情怀。在国家和人民最需要的时刻，陈丽佳巾帼不让须眉，舍小家顾大家，毫不犹豫、毫无怨言，积极请战、出征武汉，以一种压倒一切困难而不被困难压倒的大无畏精神奋战在抗疫一线。她与战友们逆行的背影是抗疫前线最美的风景，世人终将铭记！

吕　军

吕军，男，中共党员，如皋市中医院党委副书记、副院长、工会主席、内科主任中医师；全国名老中医药专家（李七一）传承工作室基层工作站负责人，南通市 226 高层次人才，如皋市 148 人才；南京中医药大学兼职副教授，江苏省中医药学会心系疾病专业委员会委员、江苏省中医药学会高血压病专业委员会常务委员、江苏省中医药学会急症医学专业委员会委员。

2 月 23 日，根据省新冠肺炎疫情防控工作领导小组医疗救治组部署，江苏省对口支援湖北黄石第二批医疗队组建完毕，其中南通市共有 37 人入选，如皋市中医院副院长、党委委员、工会主席吕军作为如皋市唯一的队员光荣入选。2 月 24 日凌晨 2 点 30 分，吕军整装出发，开赴黄石市煤炭矿务局职工医院感染科进行支援。经过 24 天的日夜奋战，该病区内的确诊病例于 3 月 20 日全部清零，无一确诊患者转为重症或死亡。4 月 3 日下午，吕军平安回家。

在新冠肺炎救治形势非常严峻的时刻，吕军主动请缨，到最辛苦、最劳累、最危险的抗疫前线，他用智慧和勇气与病魔较量，以实际行动诠释“不忘初心、牢记使命”的铿锵誓言，奏响“我是党员我先上”的抗疫最强音。他是全市卫健系统党员的楷模，在他身上所彰显出的勇于担当、甘于奉献的抗疫精神我们必当发扬传承。

陈　志

陈志，男，入党积极分子，2011 年毕业于江南大学，如皋市中医院重症监护室主管护师，江苏援武汉国家中医医疗队成员。南通市男护士委员会成员，如皋市中医院急危重症小组成员。

2 月 10 日凌晨 5 点，陈志与他的同事朱文祥在南通和其他地区医务人员会合，前往南京集结，乘坐高铁开拔武汉，踏上了抗疫一线——武汉大花山方舱医院。2 月 10 日出发，3 月 7 日返回，整整 26 天，陈志用持之以恒的行动和坚定不移的信念向大家展示了什么是“沧海横流，方显英雄本色”。4 月 1 日中午，陈志平安回家。

在疫情防控最为吃紧的关头，陈志与他的战友们发扬“党有号召，团有行动”的优良传统，充分发挥青年生力军和突击队的作用，以实际行动诠释了青年医者的职责与担当。在湖北疫情防控最关键的时刻，他不畏艰险、主动请战。在武汉期间，他注重向患者传授中医保健知识，带领患者练习八段锦、八邪操、太极等等，彰显了中医药救治在疫情防控中的优势，展现了中华文化的魅力。陈志，最美“男”丁格尔！

朱文祥

朱文祥，男，如皋市优秀共青团员，入党积极分子，本科毕业于南京中医药大学（中医护理方向），如皋市中医院重症医学科护师，江苏援武汉国家中医医疗队成员。

2 月 10 日凌晨 5 点，朱文祥与他的战友陈志应征加入第三批国家中医医疗队（江苏），携手奔赴武

汉，他们在祖国和人民最需要的时候挺身而出，接受磨砺，迎难而上，参与武汉大花山方舱医院救治工作。4 月 1 日中午，朱文祥平安回家。

是雄鹰就应搏击长空，是男儿就应纵横沙场。作为一名“90 后”ICU 男护，朱文祥面对突如其来的新冠肺炎疫情大考，在祖国和人民最需要的时刻，挺身而出，迎难而上，接受磨砺，圆满完成了国家和人民赋予的光荣使命，成长为有责任、有担当的大国青年。疫情面前，每一个心存国家大义的个体都怀揣历史使命，勇担社会责任，为抗疫斗争贡献涓滴之力。正是因为有无数人的勇于担当和甘于奉献，才铺展开一幅生动壮阔的抗疫画卷，并终将令人铭记！

倪张根入选 2020 年省有突出贡献中青年专家

7 月 8 日，江苏省政府网站公布 2020 年江苏省有突出贡献中青年专家名单，如皋市梦百合家居科技股份有限公司董事长、工程技术研究中心主任倪张根成功入选。

江苏省有突出贡献中青年专家自 1999 年开始评选以来，每两年评选一次，且选拔条件非常严格，主要选拔在全省境内企事业单位中，长期辛勤工作，在一线工作岗位上取得突出业绩、作出重要贡献，其业绩、成果和贡献为同行和社会认可的专业技术人才、高技能人才。

近年来，倪张根专注于研究各类 0 压助眠产品，他主导研究成功的非温感记忆绵产品技术获得多国专利授权，并先后获省专利金奖、国家专利优秀奖。同时他热心于慈善事业，在 2020 年新冠肺炎疫情期间，他向国内武汉等地区捐助了 17270 张床垫和 688 套医用防护服，向塞尔维亚捐助了 50000 只口罩、1000 套医用防护服、3500 件床垫及枕头。

“抗洪勇士”冒小驰

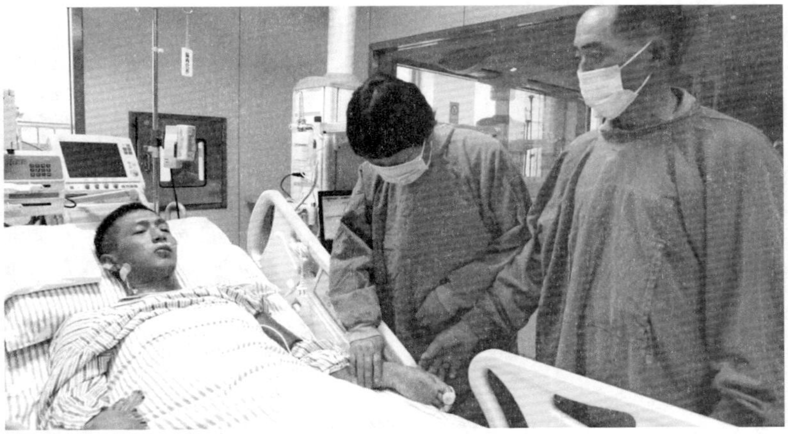

“救我！救我！”惊涛洪水，大堤决口，生命瞬间可能被吞噬。7月23日上午，一段“如皋籍抗洪勇士冒小驰被洪水卷走”的短视频刷爆网络，令无数人为之揪心。

事情发生在7月22日8时15分左右，连日强降雨再加上上游洪水来袭，安徽省庐江县同大镇内的河流水位迅速超过警戒线，陆军某集团军某旅官兵迅速对堤坝进行紧急加固，这时堤坝出现管涌险情，群众的生命财产安全将受到严重威胁。紧急时刻，某集团军某旅28名党员骨干组成党员突击队，用绳子拦在腰间，组成人墙帮助群众撤离。冒小驰主动报名参加，站在尚且安全的水流中组成人墙。

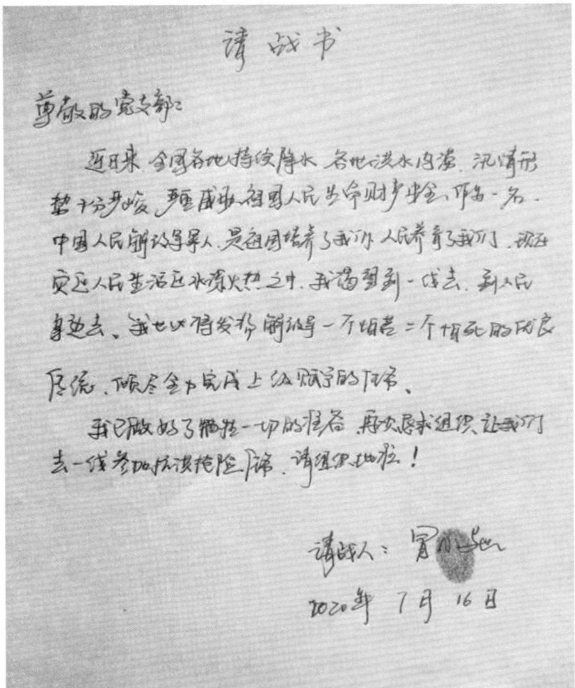

请战书

尊敬的党支部：

近日来，全国各地持续降水，各地洪水泛滥，汛情形势十分严峻，严重威胁祖国人民生命财产安全。作为一名中国人民解放军军人，是祖国培养了我们，人民养育了我们。现在灾区人民生活在水深火热之中，我渴望到一线去，到人民身边去，我也将发扬解放军一不怕苦二不怕死的优良传统，倾尽全力完成上级赋予的任务。

我已做好了牺牲一切的准备，再次恳求组织让我们去一线参加抗洪抢险任务，请组织批准！

请战人：冒小驰

2020年7月16日

当天9时许，正当官兵们护送最后2名群众时，突然发生决口，水势暴涨，冒小驰瞬间被洪水卷走，官兵们立刻跳入水中展开救援。经过20分钟左右的救援，冒小驰被救出，但陷入昏迷。经过现场紧急抢救后，冒小驰立即被送至地方医院治疗，经诊断为急性肺水肿、肾损伤，抢救后脱离生命危险。受灾群众已全部安全撤离。

冒小驰1995年出生，2013年入伍，2015年考取解放军陆军炮兵防空兵学院，2019年7月毕业后分配到某集团军某旅任排长。任职排长一年多来，他训练刻苦、工作认真，身先士卒、模范带头，于2020年7月1日被评为优秀共产党员。接到抗洪抢险命令时，冒小驰主动请战，写下请战书。此次堤坝决口时，他与27名党员突击队员在洪水中铸成一道人墙，用生命呵护人民群众的安全。

经过医护人员十几个日夜的精心救治，勇救群众而落水的排长冒小驰终于脱离危险，病情趋于平稳。8月7日，冒小驰从重症监护室转入了普通病房。8月24日，经过32天的治疗，在身体各项指标基本正常后，冒小驰顺利出院，当天，他便请求归队，回到属于他的战场。“我会把抗洪精神传承下去，在人民生命财产受到威胁时，依然是带领战士们冲在最险处、把百姓挡在身后的好排长。”冒小驰坚定地说。

如皋市人民检察院检察官刘涛因公殉职

刘涛(右一)生前在新疆挂职期间进行法律知识宣传

(如皋市人民检察院 提供)

刘涛，男，汉族，如皋市检察院第三检察部副主任、二级检察官。1984年2月生于湖南隆回，华中师范大学硕士研究生，2009年4月加入中国共产党，2010年8月参加工作。2020年10月13日，刘涛在工作岗位突发心搏骤停，经送医抢救无效，不幸因公殉职，年仅36岁。

刘涛从事检察工作10年，始终坚持崇高的理想信念，对党绝对忠诚，对事业满腔热忱，对人民群众充满感情。他把对党、对人民的无限忠诚和对人民检察事业的无比热爱，转化为爱岗敬业、扎实工作的巨大热情，多次被评为全省检察系统办案能手和业务标兵。他甘于吃苦，乐于奉献，主动请缨加入援疆队伍，深受民族地区群众的爱戴，被评为全省优秀援疆干部。他用短暂的一生实现了集民事、行政、刑事和公益诉讼四项检察业务于一身的履职实践，以自身的创新业绩和光彩青春诠释了一名年轻共产党员的初心使命，践行了一名新时代检察官对党和人民的铮铮誓言。

斯人已去，精神永存。10月14日，南通市人民检察院印发《关于向刘涛同志学习的决定》；10月19日，如皋市委出台《关于开展向刘涛同志学习活动的决定》；10月29日，南通市委政法委印发《关于在全市政法系统开展向刘涛同志学习活动的决定》；11月19日，江苏省人民检察院出台决定，追授刘涛为"全省杰出检察官"。

12月10日，南通市委追授刘涛"南通市优秀共产党员"称号，号召全市广大党员干部要以刘涛为榜样，学习他对党忠诚、心系群众的优秀品格，学习他勇挑重任、担当作为的拼搏精神，学习他勤学善思、精研实干的过硬作风，学习他淡泊名利、忘我奉献的高尚情操，不忘初心、牢记使命，自觉践行全心全意为人民服务的宗旨，永葆共产党员的先进性。全市各级党组织要把学习刘涛同志先进事迹与深入学习贯彻中共十九届五中全会精神和习近平总书记视察江苏重要讲话指示精神结合起来，作为巩固深化"不忘初心、牢记使命"主题教育成果的重要内容，采取多种形式广泛开展学习宣传。要充分发挥先进典型示范引领作用，引导广大党员干部见贤思齐、奋发进取，忠于职守、爱岗敬业，努力为建设"强富美高"新南通作出更大的贡献。

"诚信母亲"丛慧玉入选"中国好人榜"

10月29日，中央文明办举行网上发布活动，发布2020年8月至9月"中国好人榜"，此次共有208名身边好人荣登"中国好人榜"，来自如皋市的"诚信母亲"丛慧玉入选。这位69岁的农村女人，连续打工2000多天，最终还清去世儿子留下的50多万元债务。她的诚信行为赢得了大家的交口称赞。

丛慧玉的儿子洪某生前经营一家装饰公司，平日里，虽然辛苦，但是一家人也过得其乐融融，但是在一次做装潢时，却发生了意外。丛慧玉回忆，"儿子所有的钱都投在这项工程中，而老板突然消失，一下子，工人工资、各种材料费用，当时共计60多万元让这个家庭陷入泥沼之中。后期其他工程由于没了本钱，儿子只能四处借钱，工人的工资也没法及时给付"。

2011年4月，洪某因意外去世。在梳理儿子的债务时丛慧玉得知，洪某竟留下了50多万元欠款。50多万元对于没有存款、没有稳定经济来源的丛慧玉和丈夫来说，无疑是个天文数字。因为放弃了对儿子财产的继承权，从法律意义上来说，两位老人并没有帮儿子偿还债务的责任，但朴实的老两口觉得欠债还钱是天经地义的事儿，再难也要把欠债给还上。丛慧玉说："当时我就想，一定要慢慢还钱，一年赚一千就还一千，一年赚两千就还两千。"

儿子的死亡赔偿金、一些到账的工程款、亲戚给予的援助，老两口东拼西凑先还清了银行贷款和部分零散欠款。这时家里已经没有存款，余下的欠款又要怎么办呢？为了能赚到更多的钱，他们将家里的农田改种了蔬菜，老伴四处打工，丛慧玉也成了饭店的"超龄洗碗工"。

然而，2016年，噩耗再次传来，丛慧玉的丈夫因交通事故去世。丛慧玉来不及抚平悲伤，咬牙独自扛起了生活的重担。每天凌晨3点半就起床打理菜地，白天去饭店洗碗、洗菜，晚上10点回家后，她还要继续到地里干活儿。这样超负荷的工作，365天一直持续着，支撑着丛慧玉唯一的信念就是"还清债务"。丛慧玉说："老伴儿不在了，我要快点还清债务。我现在身体还好，只要还能干得动，一年能赚多少，我就还多少，总有一天能把债还清。"

2018年5月，丛慧玉还清了其他款项，主动联系了名单上的最后一位"债主"冒某，想要偿还欠款。因为2013年法院已经裁定终结执行程序，当事人冒某早已对这笔钱没了指望，联系电话也换了，丛慧玉根本联系不上他。丛慧玉就找到冒某所在的村，挨家挨户地打听，最终找到冒某，还清欠款。谈及漫漫还债路，丛慧玉并不觉得自己辛苦："儿子不在了，我也是做给孙子看，希望孙子能够健康成长，一定要做一个清清白白、讲诚信、对社会有贡献的好人。"

丛慧玉用她的实际行动告诉大家，信义大如天，再平凡的人也该活得顶天立地。她以诚信的力量笑对生活，完成了对逝者的告慰和怀念，诠释了铁骨铮铮的信义与担当。

许钱获“全国劳动模范”称号

11月24日，全国劳动模范和先进工作者表彰大会在北京人民大会堂举行。中共中央总书记、国家主席、中央军委主席习近平出席大会并发表重要讲话。王沪宁宣读《中共中央、国务院关于表彰全国劳动模范和先进工作者的决定》。决定指出，2015年以来，各行各业涌现出一大批爱岗敬业、锐意创新、勇于担当、无私奉献的先进模范人物，党中央、国务院决定，授予1689人全国劳动模范称号，授予804人全国先进工作者称号。江苏南通六建建设集团有限公司天津分公司星耀五洲枫情阳光城项目工长许钱获“全国劳动模范”称号。

许钱，男，1973年4月出生，江苏如皋人。15岁初中毕业因家贫辍学外出打工，22岁南京建筑工程学院进修。1992年参加工作，先后在南通六建多个工程项目从事施工及管理，由一名普通木工工人锤炼成长为作风过硬、技术过硬、管理300多名农民工的项目工长，负责的天拖项目在融创全国128个交付测评项目中荣获第一，诠释了“行行出状元”的真谛，先后获“天津市五一劳动奖章”“江苏省住建厅出省施工先进个人”“全国五一劳动奖章”，他的成长为新时代农民工树立了榜样。

他是攻坚克难的“主心骨”、绿色施工的“实践者”、团队建设的“带头人”，坚定“流过的汗水、吃过的苦，终有一天会成为站到人生高处的基石”的信念，将青春、智慧和热情全都倾注在项目建设上，用激情谱写了一曲曲华美的经典乐章。

救火勇士丁亚峰被授予“江苏省见义勇为先进个人”称号

12月11日上午，江苏省第十二届见义勇为英雄模范表彰大会在江苏省会议中心召开，如皋市救火勇士丁亚峰（搬经镇个体窗帘店业主）获“江苏省见义勇为先进个人”称号。

事情还得追溯到2017年的5月30日。那天中午11点多钟，家住搬经镇搬经居7组的章汉民家因为煤气泄漏起火。“当时他喊着救火，出事了。”听到呼救声的丁亚峰想都没想，跑了过去，关上了阀门。

据了解，当天正好是端午节，章汉民和儿子在家做午饭。章汉民包饺子，儿子在炒菜，炒菜炒到一半,煤气灶的火突然熄灭了。他们以为没有气了,就换了一个新煤气罐却发现还是不行。“当时煤气打不着,我就让儿子去点火,没想到,‘轰’的一声,就着起火了。”回想当时的情景,章汉民还是心有余悸。

后来,章汉民才得知,原来当时连接煤气灶的软管掉落了,煤气发生了泄漏,遇到火后,瞬间被点燃。章汉民那年88岁,他说当时被吓蒙了,幸好丁亚峰及时冲了进来。

“我喊着火了,他正好在附近,就过来把阀门关了,当时他的脸都被烧伤了。”章汉民回忆道,现在想想都觉得害怕,幸好丁亚峰处置得当,万一煤气罐发生爆炸,后果不堪设想。

章汉民说,当时家里还有四口人,“要不是丁亚峰,这个家就完了。”他感激道:“现在他的事,我都当自己的事,人家帮我们的忙,我们不能忘恩负义,他是个好人。”

丁亚峰烧伤后,被送到医院,经诊断为浅二度烧伤。如今再次回忆起当时的一幕,丁亚峰说他一点也不后悔,“那时候什么也来不及想,只知道如果不关掉煤气阀门后果不堪设想,所以什么也没想就冲进去了”“不管谁遇到这样的事情,都一定会去帮助。在我能力范围内的,我一定会去做,帮助他们,也是做了一件好事。”

旅外精英

严纯华团队研究课题入选2019年度中国科学十大进展

2月27日，科学技术部高技术研究发展中心（基础研究管理中心）发布2019年度中国科学十大进展，探测到月幔物质出露的初步证据等10项重大科学进展入选。其中，由周欢萍、严纯华（如皋籍）研究组课题——进展六“阐明铕离子对提升钙钛矿太阳能电池寿命的机理”光荣入选。该项进展是在钙钛矿太阳能电池中创造性引入铕离子对，通过氧化还原反应循环消除了铅卤钙钛矿中的本质性缺陷，大幅提升了太阳能电池的使用寿命和稳定性。

据兰州大学校园网介绍，严纯华，1961年出生于上海，江苏如皋人，1985年6月加入中国共产党，博士，教授，中国科学院院士。兰州大学校长（副部长级）、党委副书记。1978年10月考入北京大学化学系，先后获理学学士（1982年7月）、硕士（1985年7月）和博士学位（1988年1月）。此后留校工作，先后任北京大学讲师（1988年）、副教授（1989年）、教授（1992年）、博雅讲席教授（2016年），任北京大学稀土材料化学及应用国家重点实验室主任、北京大学—香港大学稀土生物无机和材料化学联合实验室主任。2011年当选为中国科学院院士，2012年当选为发展中国家科学院（TWAS）院士，2013年被选为第十二届全国人民代表大会代表，2018年担任第十三届全国政协委员、甘肃省第十三届人民代表大会代表。2013年11月起，历任北京大学副教务长、研究生院常务副院长，党委组织部部长。2016年10月任南开大学党委常委、副校长。2017年12月任兰州大学校长（副部长级）、党委副书记。

主要从事稀土分离理论、应用及稀土功能材料研究。发展了“串级萃取理论”及稀土分离流程的最优化设计方法，实现了高纯重稀土的大规模工业生产；提出了“联动萃取工艺”的设计和控制方法。建立了稀土纳米晶的可控制备方法，系统研究了稀土纳米晶发光、催化等基本性质，开展了稀土纳米晶材料的生物影像和生物催化技术研究。曾获得国家自然科学二等奖2次（2011年和2006年）和三等奖（1987年）、国家科技进步二等奖（1999年）和三等奖（1991年），获得国家教委（教育部）科技进步一等奖七次（1986年、1990年、1995年、1997年、2005年、2010年、2016年）、二等奖2次（1988年、1998年）、冶金部科技进步二等奖（1989年），以及香港求是科技基金会授予的“杰出青年学者奖”（1996年）、中国化学会—阿克苏诺贝尔化学奖（2010年）等多项科技奖励。1996年被授予国家有突出贡献中青年专家称号。2018年，被中央宣传部、科技部、中国科协评选为2018年度“最美科技工作者”；2018年获“何梁何利基金科学与技术进步奖化学奖。兼任《中国稀土学报》、J. Rare Earths主编，Inorganic Chemistry（ACS，美国）、《结构化学》、Frontiers of Chemistry in China、Chemistry of Materials（ACS，美国）、ChemistryOpen（Wiley）、RSC Advances（RSC，英国）等刊物的副主编、编委或顾问编委等，同时兼任中国科协全委会委员、中国稀土学会和有色金属学会副理事长等。

如皋籍青年才俊吴石亮获省级科技人才资助

7月21日，省科协公布2020年度“江苏省科协青年科技人才托举工程”资助培养对象名单，全省共50名青年科技人才获得资助，如皋籍青年才俊、省能源研究会会员吴石亮博士入选。

省科协“青年人才托举工程”资助的对象为从事科学研究、工程技术开发、科技成果转化的青年科技工作者，托举工程旨在强化对青年人才苗子的发现举荐，扶持有学术技术优势、有发展潜力的优秀青年科技人才。

吴石亮博士毕业于东南大学能源与环境学院热能工程专业，2019年进入东南大学工作，任能源与环境学院讲师，长期从事固废资源化利用，针对农林废弃物和城市有机垃圾，提出了从燃料设计的角度，利用有机固废含氧的特性，通过热解液化的方式将其转化为高品质含氧液体燃料，并探索含氧液体燃料的燃烧和碳烟减排机理，在国内外知名期刊发表论文20余篇，申请发明专利6项、已授权2项，参与编写专著一本，担任包含国家自然科学基金青年基金项目、国家重点研发计划等6个项目的负责人，在固废资源化利用领域具有较高的研究水平和培养潜力。其参与的“生物质定向热解制取高品质液体燃料关键技术及应用”项目也于2020年获得了2019年度江苏省科学技术一等奖，有很高的科研价值和产业推广应用前景。

如皋籍航天人王成参与“天问一号”飞行控制工作

7月23日12时41分，我国首个独立火星探测任务“天问一号”从海南文昌成功升空，2167秒进入预定轨道后，北京航天飞行控制中心接过接力棒，一路护送“天问一号”向“火”而行。对于亲历过天宫一号、二号以及神舟系列飞行任务的如皋籍资深航天人王成来说，他又一次见证了历史——

7月23日12时，北京航天飞行控制中心指挥大厅。

此刻，这座频繁出现在聚光灯下的现代化大厅里银屏闪烁，紧张有序。

“30分钟准备！”12时11分，调度声响起。北京飞控中心火星探测任务型号团队副总师王成对任务流程做了最后的检查。在倒计时的作用下，现场气氛多少让人有些紧张，但王成的脸上更多的是从容与坚定，“一进入发射程序，大家会非常平静，眼前、心里、耳边，只有手上的工作。”

大厅巨幅大屏的两侧显示着发射塔架的实时画面，发射基地的地面人员正在有序撤离。从王成的视线看过去，飞控团队总师崔晓峰的脸上看不出太多的紧张。在任务前的最后几分钟，他还笑着和王成相互加油打气。尽管此次任务状态新、飞控难度大、技术要求高，但前期充分的准备工作给了这个团队足够的信心。

“点火！”12 时 41 分，长征五号遥四运载火箭点火升空，霎时间，赤焰熊熊燃烧。

“发现目标！”“遥测正常、跟踪正常！”来自测控站的报告声接连传来，王成紧盯着眼前的电脑屏幕。“助推器分离！”“火箭一二级分离！”“器箭分离！”按照预定时间，各项动作圆满顺利。王成心生慰藉，跟着大家一起鼓起掌来，嘴角微微上扬。

这时，领航“天问一号”的接力棒就交到了北京航天飞行控制中心手中。这也就意味着，接下来王成和他的团队将陪伴“天问一号”度过 7 个月的飞行时光。

“从现在开始，我们飞控团队将一路陪伴‘天问一号’飞向火星。我们飞控人就相当于放风筝的人，‘天问一号’就相当于风筝。我们的任务就是牵着风筝的这条线，确保它连得上、控得准，一路奔向火星，准确地环绕火星，安全地着陆火星，圆满地巡视火星。”

“胖五”发射，“天问”升空。这是一次漫长征途的开端，也是一次不会回头的送别。独自飞行 7 个月，飞行距离 4 亿千米，“天问一号”前往火星，将成为我国航天器所到达的最远的地方。

面对挑战，王成从来没有退缩，他始终认为，作为庞大系统工程中的一颗“螺丝钉”，只有每个人尽心竭力，精密“机器”才能运转自如。“大家看中国航天发射成功率很高，其实公众不知道的是，我们每个人曾面临多少困难、解决过多少难题、避免了多少风险。”

统计数据显示，截至 2020 年 6 月底，人类共有 44 次火星探测活动，但成功概率仅 50%。由此可见，火星探测任务本身固有的风险非常大。而中国的火星探测任务要一次实现绕、落、巡目标，这在世界上从来没有哪个国家一次同时实现。

“‘天问一号’是一项技术密集度高、尖端科技聚集的系统工程，创新性强、风险难度大、实施周期长，面临的困难和考验严峻复杂。”王成介绍说：“大概明年春节前后，‘天问一号’会到达火星。这一路上，我们有四、五次的中途修正，一次深空机动，这就要求我们务必测得准控得准，保证准确地与火星相会。在环绕火星两个多月后实施软着陆，我们要准确地安全地把着陆器降落到预定的着陆位置。再之后，我们将开展实时探测，从而达到科学目的，传回科学数据。”

如皋籍导演夏骏 6 部纪录片在如皋展映

8 月 15 日，“夏骏纪录片展映”活动拉开帷幕，如皋籍导演夏骏的 6 部纪录片开始在如皋电视台文化频道进行展播。

此次“夏骏纪录片展映”播出的 6 部作品，包括《颜子》《张謇》《读书的力量》《商於古道》《千年青城》和《秦淮河》，从 7 月下旬开始，这些作品在中央电视台、江苏电视台、腾讯视频等数十家电视台和新媒体同期陆续播出。而 8 月 15 日 19 点 12 分，这 6 部纪录片将逐一在如皋电视台文化频道播出。这也是夏骏导演的作品首次在县级媒体播出。“这 6 部纪录片是我近 5 年来的作品，都是以历史文化为主题。而且经过几十年的积累，拍摄这些作品时，我的经验更加丰富，我想，这也是对家乡的一个很好的汇报作品。”谈及为什么会在众多作品中选择这 6 部放在如皋展映，夏骏如是说。

夏骏，如皋人，中国纪录片界最具影响力的杰出编导之一。1986 年，他从北京广播学院(今中国传媒大学)研究生毕业后即成为中央电视台编导、记者,同年参加中日联合摄制大型纪录片《黄河》摄制组任编导。此后30多年时间,他执着于业务实践,导演拍摄了《改革开放20年》《解读上海》等多部纪录片,成了中国纪录片界最具实力的领军人物。"我想用当代最杰出的学术思想成果来解读中国的历史文化,我想把我的作品做成一个中华文明的影视博物馆,让当代的中学生和大学生看到我的作品时,能够对中华文明有一个宏观的了解,这是我的愿望,也是我的志向。"夏骏说。

这次,在如皋展映的纪录片中,以南通状元张謇为主题的六集纪录片《张謇》是其中之一。这部纪录片前后摄制近10个月,讲述这位"状元公"在"千年未有之大变局"的汹涌潮流中,以救国图强为己任,先后投身于政治、实业、教育多个领域,在多重身份下的追求与实践。纪录片在故事化的叙述中,努力还原张謇宏阔的人生探索,将他个人的痛苦和激情、思索和前瞻与中国现代化的历史进程紧密结合在一起,给人以深刻启迪。而张謇与如皋也有着不解的渊源,至今在南通师范高等专科学校(如皋校区)的校牌上还有他的题字。

夏骏(右一)在拍摄纪录片

(如皋市融媒体中心 提供)

夏骏导演的作品获包括中国广播电视金奖、金鹰电视节特等奖、中国电视艺术家协会纪录片一等奖、中国十佳纪录片奖、五个一工程奖、亚广联纪录片奖、金熊猫国际纪录片奖、蒙特卡洛电影节纪录片奖等数十个国际国内顶级奖项,他被业界公认为"最具使命感的传媒人"。在他的其他一些纪录片中,记者还发现了不少如皋元素。夏骏表示,这和他个人的家乡情结有着十分重要的关系。他也期待有机会能够对家乡的历史人文进行挖掘和创作。夏骏说:"我想把如皋千年以来的历史进行一个整理,把这个土地上的杰出人物、杰出贡献告诉全国乃至全世界的人们,我很期待能够做这样一个项目,片名就叫'千年如皋'。"

如皋籍专家许秀飞获"中国镀锌工业杰出贡献奖"

9月16—19日,第十三届中国热镀锌大会在青岛召开,如皋籍专家许秀飞获中国腐蚀与防腐学会颁发的"中国镀锌工业杰出贡献奖",成为全国连续热镀锌行业第三个获此殊荣的专家。

许秀飞出生于如皋市戴庄乡,是一位土生土长的农家娃,职业生涯从如皋开始。在如皋动力机厂,他以技术员的身份在车间里摸爬滚打。1997年,许秀飞成功应聘到国际著名钢铁企业韩国POSCO公司工作,自此开始涉足改变了自己后半生命运的涂镀板行业。他将全部的精力扑在镀锌技术研究上,由门外汉成长为全国名列前茅的专家,被誉为"中国镀锌知识传播的使者"。

为了解决国外企业在镀锌汽车板方面卡中国脖子的问题,许秀飞找到了国外镀铝硅热成型钢专

利技术的弱点，在大量研究分析的基础上，在权威刊物上发表专家论坛，提出了推广应用淬火分配高强钢的中国方案，得到了国内著名钢铁企业的积极响应，使得我国在高强钢方面引领世界潮流。

5G 技术诞生以后，所需的高耐蚀性钢板全部要靠从国外进口，许秀飞用自己从国外学到的先进技术，结合我国专家研究的最新成果，研究出了全套高耐蚀性锌铝镁镀层生产工艺，解决了大量生产难题，通过大会报告、技术交流、微信公众号等形式毫无保留地传授给国内企业，并编写成国家标准在全国推广，使得中国锌铝镁镀层技术得到快速发展，产品质量不但达到了 5G 基站的要求，而且大量应用于高铁车站、地下管廊、太阳能支架等多项新基建场合。

许秀飞主导的科研成果获得省部级科技进步一等奖 2 项、二等奖 3 项、三等奖 2 项。他本人先后获得全国钢铁工业劳动模范、重庆市有突出贡献的中青年专家等多项称号，并从 2016 年开始享受国务院特殊津贴。

2 位如皋籍科学家获 2020 年“科学探索奖”

9 月 25 日，启动资金高达 10 亿元的“科学探索奖”正式公布第二届获奖名单，50 位青年科学家获奖，2 位如皋籍科学家榜上有名。其中，如皋籍数学家、华东师范大学数学学院教授刘钢获数学物理学领域“科学探索奖”，青年科学家、哈尔滨工业大学生命学院教授黄志伟获生命科学领域“科学探索奖”。

记者了解到，“科学探索奖” 是由腾讯公司董事会主席兼首席执行官、腾讯基金会发起人马化腾偕同著名物理学家杨振宁等 14 位知名科学家联合发起的公益奖项。该奖项每年遴选 50 位获奖者，每人在未来 5 年获得每年 60 万元(税后)、累计 300 万元的现金资助，并可对奖金做自由支配。“科学探索奖”聚焦数学物理学、生命科学、天文和地学、化学新材料、信息电子、能源环保、先进制造、交通建筑、前沿交叉等 9 个领域，支持在中国内地及港澳地区全职工作、45 周岁及以下的青年科技工作者。作为一项长期运营的科技公益项目，腾讯基金会投入 10 亿元作为奖项启动资金。

刘钢，2001 年毕业于江苏省如皋中学，2005 年本科毕业于南京邮电大学通信与信息工程学院，2008 年毕业于北京大学数学科学学院，获硕士学位。2013 年获美国明尼苏达大学博士学位。2019 年入职华东师范大学，任数学学院教授、博士生导师，曾在美国加州大学伯克利分校、西北大学任教。他的研究方向是微分几何、复几何。曾获2017年斯隆研究奖。

黄志伟，出生于如皋市吴窑镇，1998年毕业于原如皋市城西中学，哈佛大学免疫与感染疾病系博士后，2018年国家杰出青年基金获得者，2016年任哈尔滨工业大学生命科学与技术学院院长，博士生导师，主要从事病原与宿主相互作用的研究。3年前，他就曾在世界顶级学术刊物《自然》在线发表研究论文，向全球首次揭示了能够在人类细胞中高效“编辑”DNA的CRISPR-Cpf1系统工作机理。2018年11月19日，中国生命科学领域最具影响力的奖项之一——“谈家桢生命科学奖”颁奖典礼在中南大学举行，黄志伟获“谈家桢生命科学创新奖”。

安装追梦人郭海兵：至臻之技始于匠心，千锤百炼勇攀高峰

9月，一位来自如皋长江镇的80后如皋小伙子，他的先进事迹被《新华日报》、央视网、学习强国等各大权威媒体纷纷报道。

郭海兵，中建安装南京华建TOFD检测责任师。他是一名“钢铁医生”，为工程质量“把脉问诊”；他的足迹遍布全国，从城市地标到石油化工，努力将专业做到极致；他刻苦钻研，致力推广应用新型检测技术，是企业提质增效路上的生力军。

多年来，郭海兵从一线检测员做起，不惧挑战，勇于攻坚，不断锤炼自我，提升专业技能，取得多项海内外高级专业资格证书，成长为行业内的中流砥柱，先后获“中央企业技术能手”“中央企业青年岗位能手”等称号。

2020年，郭海兵作为无损检测项目负责人参与南京滨江LNG储配一期EPC总承包工程建设，该项目储罐主体焊接工作需在2个月内完成，且对焊接质量要求极高。与以往检测项目的抽检工作方式不同，LNG项目要求主容器和次容器要进行100%的射线检测，拍片量同比增加了10倍以上，且现场交叉作业频繁，这就要求检测团队在不影响正常施工的情况下，快速高效地开展检测工作。对此，郭海兵挑选精兵强将，根据现场低温罐施工特点，将原本只能容纳2台射线机的透照平台重新进行设计改良，使其拓展到可同时容纳4台射线机，设备工作效率提升了一倍。通过一系列优化部署，现场仅安排15名检测人员和18台检测设备，就可顺利保障现场检测工作，降低了40%的人员和设备成本。

工作以来，郭海兵先后参与了钢结构、大型储罐、塔器制作、低温罐等10余个不同类型项目的检测工作,从技术员成长为项目负责人,先后获得国家市场监督管理局颁发的3项无损检测高级资格证,2项中级资格证及欧盟颁发的4项中级资格证。

技术日臻成熟的郭海兵,通过不断探索与总结,参与编写超声波衍射时差法(TOFD)检测工法、TG-D300型视频X射线管道爬行器射线检测工法、超声相控阵(PA)检测工法、不同型式压力管道焊接接头TOFD检测工法、不等厚(非平面)对接接头TOFD检测工法等公司级以上工法,在多个项目中进行了TOFD检测技术的推广和应用,总计检测超过1.5万米的焊缝,缩短工期的同时,累计创效225万元。

郭海兵还先后多次被选拔参加各类无损检测竞赛,并取得"第十三届全国工程建设系统职业技能竞赛"个人总成绩银奖、个人单项第一等优异成绩,展现了中建安装在检测调试领域过硬的专业水平。以郭海兵为代表的检测工程师们,是工程质量关口的"执剑人",他们不放过任何一处缺陷隐患,把质量和安全隐患扼杀在摇篮里,为国家石化产业和城市建设,扣上最后一环保险扣。

如皋籍作家黄蓓佳获颁"金凤凰"奖章

10月23日,作家黄蓓佳在2020凤凰作者年会上获颁"金凤凰"奖章

10月23日，由凤凰出版传媒集团主办的2020凤凰作者年会在南京举行,作家黄蓓佳获颁"金凤凰"奖章。

黄蓓佳,1955年出生于江苏如皋,1973年开始发表作品,1982年毕业于北京大学中文系,1984年成为江苏省作家协会专业作家。中国作家协会全国委员会委员,曾任江苏省作协副主席。

她几乎拿下了国内所有重要的儿童文学奖项，版权输出海外10多个国家；她笔下的成人文学作品同样享誉文坛。作家毕飞宇称曾用"永不停歇地写作者"来形容黄蓓佳，而苏童形容她像武林女杰，一手小心地提着少儿文学娇气的小花篮,从小花篮里抽出来一把刀,是磨得很亮的大刀,它被用来主攻成人文学。

她用温暖深情的笔触,描摹童心深处的璀璨世界;她以缤纷绚烂的色彩,点亮儿童文学的澄净空间;《我要做好孩子》《今天我是升旗手》《你是我的宝贝》《艾晚的水仙球》《童眸》《野蜂飞舞》等作品陆续出炉,十多次荣获中宣部"五个一工程奖"、中国出版政府奖、中华优秀出版物奖、全国优秀儿童文学奖等重要奖项,很多作品被各地列为学校阅读课的必读书目。

在成人文学领域,她陆续发表长篇小说《何处归程》《新乱世佳人》《婚姻流程》《目光一样透明》《派克式左轮》《没有名字的身体》《所有的》，中短篇集《在水边》《这一瞬间如此辉煌》《请和我同行》《藤之舞》《玫瑰房间》《危险游戏》《忧伤的五月》《爱某个人就让他自由》,散文随笔集《窗口风景》《生命激荡的印痕》《玻璃后面的花朵》等作品,同样成绩斐然。

很长一段时间,黄蓓佳的创作保持着在儿童文学与成人文学之间的切换。但是退休之后,她不太写成人小说,而是把更多的精力倾注在儿童文学上。她说,希望在自己的一生中能给孩子留下称得上精品的儿童文学。黄蓓佳笑着说,未来,她“永不停歇地写作”还会继续下去,“有时候我也不知道为什么还要写? 写作就如同自己的呼吸一样,无法停止”。

海 外 赤 子

如皋籍科学家庄小威再获国际大奖

2月,美国维尔切克基金会宣布2020年度维尔切克创新奖获奖人选,如皋籍科学家庄小威获生物医学奖。维尔切克创新奖(Vilcek Prize for Creative Promise)颁发给在美国以外出生的艺术家和科学家,奖励其在职业生涯的早期阶段展现出的非凡创意和作出的原创性贡献。该奖项每年颁发两人,一个为生物医学研究者,另一个为艺术或人文类。

庄小威(江苏如皋籍),1991年获得中国科学技术大学物理学学士学位,1996年获得加州大学伯克利分校物理学博士学位,2012年当选为美国国家科学院院士,2015年当选为中国科学院外籍院士,先后被聘为霍华德休斯医学研究院研究员、哈佛大学物理系、化学与化学生物系终身教授。庄小威教授曾获麦克阿瑟天才奖、Beckman青年科学家奖等多项奖项,她在单分子动力学、基因表达机制、病毒和细胞的相互作用等领域做出了杰出的贡献。庄小威教授发明的超微成像光学—STORM技术使得荧光显微技术的分辨能力达到了纳米尺度,极大地促进了生物影像学、细胞生物学、神经生物学和单细胞定量转录组学等的研究和发展。

1972年1月,庄小威出生于中国江苏省如皋市,如今48岁的她,已经是享誉全球科学家,更是个名副其实的奇女子:

5岁时,就已经是科大附小的二年级学生;初中时,就曾获全国数理化竞赛第一名;15岁,庄小威凭借600多分的高考状元成绩考入中国科技大学少年班,成首届少年班学生,在大学期间四大力学课程满分。这个"大满贯"的传奇纪录,至2020年在科大还没人能打破。

31岁,庄小威凭借研究单个分子特性的杰出才能获得麦克阿瑟天才奖,是第一位获此荣誉的华人女科学家。34岁成为哈佛大学双聘教授,以她名字命名的单分子生物物理实验室建成。40岁刷新美国国家科学院最年轻华人院士纪录,此后两年又陆续成为美国人文与科学院院士和中科院最年轻的外籍院士。她所取得的成就和荣获的奖项,也赶超了许多资历老、名气盛的科学家。她发表的论文他引超过12600次,最高单篇他引超过2000次。2014年,她与诺奖擦肩而过,被人称为与诺贝尔奖只差"运气"二字的伟大科学家。2018年10月,她摘得有"科学界奥斯卡"之称的"生命科学突破奖"桂冠。

大 事 记

Da Shi Ji

2020 年 1 月

1 日 市委书记张建华在《如皋日报》向全市人民发表题为《时间新故相推 奋斗赢得未来》的 2020 年新年献词。

2 日 2019 年度南通市对如皋市综合检查考核动员会召开，南通市委常委、南通市政府常务副市长、党组副书记、一级巡视员单晓鸣出席会议，听取如皋市委书记张建华作如皋市委领导班子述职报告、干部选拔任用工作报告和个人述职报告，市委副书记、市长何益军作如皋市政府领导班子和个人述职报告，市委常委、市纪委书记、市监察委员会主任史有根作如皋市纪委履行全面从严治党监督责任情况报告。此次检查考核采用工作汇报会、个别访谈、查阅资料、实地调研等多种方式，主要对全市推动高质量发展、党的建设、党风廉政建设责任制情况进行综合检查考核。

△ 市委书记张建华主持召开市委常委会会议，传达学习全省安全生产专项整治工作视频会议精神和《中国共产党政法工作条例》，听取全市 2019 年度法治建设、反邪教工作和政法系统学习贯彻条例情况汇报及全市 2019 年意识形态工作情况汇报，讨论研究 2020 年市委中心组学习计划等议题。

△ 市十七届人大常委会召开第五十五次主任会议，讨论市人大常委会 2019 年工作报告、2020 年工作要点（草案）和市十七届人大四次会议有关事项，讨论关于 2019 年度基层人大工作先进单位、2019 年度市人大代表履职先进个人评选表彰事项和市十七届人大三次会议优秀代表建议，以及关于市第十七届人大常委会代表资格审查委员会关于代表变动情况和补选代表资格审查的报告（草案），讨论 2020 年部门预算编制（草案）和关于全市出入境管理工作、城乡居民最低生活保障工作的调研报告，讨论市十七届人大常委会第二十五次会议有关事项。

△ 市政协主席张元健主持召开政协如皋市第十四届委员会第十六次常委会议，听取市政府关于办理市政协十四届三次会议以来提案的情况通报。会议增补部分政协委员，审议通过市政协十四届四次会议议程（草案）、日程、《市政协常务委员会工作报告（草案）》、《市政协十四届委员会常务委员会关于三次会议以来提案工作情况的报告（草案）》、《市政协十四届四次会议秘书长、副秘书长建议名单》、《市政协十四届四次会议提案委员会名单》、提案受理截止时间、《2020 年市政协协商工作计划（讨论稿）》。

△ 市人大代表城南街道第六选区、搬经镇第十七选区、磨头镇第九选区分别召开投票选举大会，补选丛明昌、杨建华、薛涛为市第十七届人民代表大会代表。

3 日 青海省共和县考察团一行到如皋考察经济发达镇行政管理体制改革工作，实地参观长江镇便民服务中心和长江镇社会治理综合指挥中心，了解长江镇网格化治理工作情况和综合受理工作流程。市委常委石慧宏陪同考察。

△ 如皋市第十七届人大常委会第二十五次会议召开，听取关于《如皋市人民代表大会常务委员会工作报告（征求意见稿）》的说明、关于市十七届人大四次会议有关事项的说明，审议并通过《如皋市第十七届人民代表大会常务委员会代表资格审查委员会关于代表变动情况和补选代表的代表资格的审查报告（草案）》、《如皋市人大常委会 2020 年工作要点（草案）》以及如皋市人大常委会《关于表彰市十七届人大三次会议优秀代表建议的决定（草案）》、《关于表彰 2019 年度基层人大工作先进单位的决

定(草案)》、《关于表彰 2019 年度市人大代表履职先进个人的决定(草案)》。

4日 中国共产党如皋市第十二届委员会第十次全体(扩大)会议在市行政中心礼堂召开。市委书记张建华主持会议,代表市委常委会向大会作题为《抢抓一体化机遇,坚持高质量发展,奋力开创"强富美高"新如皋建设新局面》的工作报告,市委副书记、市长何益军就当前工作进行部署,市委副书记丁兴华通报 2019 年度项目建设考核结果,长江镇、丁堰镇、市发改委、市自然资源局 4 家单位在会上交流发言,2019 年度项目建设先进单位获颁流动红旗。大会回顾总结 2019 年经济社会发展和党的建设工作,并进一步明确 2020 年经济社会发展主要预期目标,对推进全市治理现代化作出安排,与会市委委员以举手表决的方式,一致通过《中国共产党如皋市第十二届委员会第十次全体(扩大)会议决议》。

△ 如皋市召开 2019—2020 年度党员冬训工作动员会。市委常委、宣传部部长高峰主持动员会,市委书记张建华出席会议并讲话,市委副书记丁兴华通报 2019 年如皋市在全省基层党员冬训工作综合评比活动中的获奖情况。

△ 如皋市人民法院召开 2019 年度十大典型案例新闻发布会,通报相关案件情况及典型意义。

5日 如皋市浙江商会举行第五届四次会员大会,传达市委十二届十次全体(扩大)会议精神,讨论如何融入如皋经济高质量发展。

6日 市委副书记、市长何益军主持召开第十七届市政府第四十三次常务会议,讨论研究《政府工作报告(征求意见稿)》《如皋市 2019 年国民经济、社会发展计划执行情况与 2020 年国民经济、社会发展计划(草案)的报告》等议题。

△ 市委副书记、市长何益军先后主持召开《政府工作报告》征求意见座谈会,就《政府工作报告(征求意见稿)》,分别向市人大代表、市政协委员和各镇(区、街道)、部门以及老领导征求意见建议。市领导茅红宇、黄文斌、张亚鸾、张百璘等出席会议。

△ 全市深化村(社区)红白理事会建设现场会在丁堰举行,市领导丁兴华、高峰出席会议。

△ 昆山华都精工精密机械股份有限公司、苏州市悠文电子有限公司分别与磨头镇签订项目落户协议。昆山华都精工精密机械股份有限公司董事长向彬、苏州市悠文电子有限公司总经理姚骏,如皋市领导张建华、丁兴华、钱志刚、顾留忠等出席签约仪式。

7日 如皋市召开意识形态领域情况分析研判会,通报全省意识形态领域情况,解读即将出台的《关于进一步加强对论坛、讲坛、讲座、年会、报告会、研讨会等阵地管理的实施办法》,总结 2019 年工作,分析研判当前意识形态领域情况和问题,全面加强和改进下一阶段意识形态工作。市委常委、宣传部部长高峰参加会议。

8日 市委常委、宣传部部长高峰率队督查文旅行业安全生产专项整治工作,听取并查看市文体广电和旅游局专项整治工作动员部署、自查整改情况,强调切实提升全市文化和旅游行业安全生产治理体系和治理能力现代化水平。

9日 市委书记张建华主持召开市委常委会会议,传达学习《关于传达贯彻省政府吴政隆省长批示精神的通知》《省政府办公厅关于切实做好国务院督导组第二批反馈督办问题整改工作的通知》《南通市关于中央扫黑除恶督导"回头看"反馈意见整改落实工作实施方案》,听取全市 2019 年扫黑除恶专项斗争工作情况汇报,讨论研究春节安全生产、《如皋市关于中央扫黑除恶督导“回头看”反馈意见整改落实工作实施方案》、《关于如皋市 2019 年国民经济和社会发展计划执行情况与 2020 年国民经济和社会发展计划草案的报告》、《如皋市 2020 年市级部门预算和 2020 年—2022 年中期规划草案》、《关于如皋市 2019 年财政预算执行情况和 2020 年财政预算草案的报告》等相关议题。

△ 江苏省卫生健康委员会印发《关于确认 2019 年三级医院评审结果的通知》,确定如皋市人民医院顺利通过江苏省医院评审委员会评审验收,成为三级乙等综合医院。

10日

省委召开全省领导干部警示教育大会，采取视频会议形式扩大到各设区市、县（市、区），市四套班子领导张建华、张元健、丁兴华等在如皋分会场收听收看。

△ 江苏省副省长、省公安厅厅长刘旸等到如皋开展春节慰问活动，先后看望慰问长江镇五零社区低保户和长江镇敬老院老人，并实地调研长江镇生态环境保护执法司法联动中心、长江镇综治中心等处，慰问现场工作人员。南通市领导姜永华，如皋市领导何益军、缪小华参加慰问活动。

10—13 日

中国人民政治协商会议如皋市第十四届委员会第四次会议在市行政中心礼堂召开。市委书记张建华代表市委向大会召开表示祝贺,市政协主席张元健、副主席严世斌受市政协十四届委员会常务委员会委托,分别向大会作政协如皋市第十四届委员会常务委员会工作报告、市政协十四届三次会议以来提案工作情况报告。大会通报政协如皋市第十四届委员会第四次会议提案审查情况,选举政协如皋市第十四届委员会常务委员会委员 3 名,陈晓仲、孙天骄、张云忠当选为市政协十四届委员会常委。会议一致通过《中国人民政治协商会议如皋市第十四届委员会第四次会议决议》。

11日

全市安全生产专项整治行动领导小组第一次会议暨安委会全体(扩大)会议召开,市委书记张建华出席会议并讲话。会议由市委副书记、市长何益军主持,市委常委、常务副市长茅红宇通报 2019 年安全生产情况,部署 2020 年安全生产工作,副市长顾留忠对各级督导交办未整改的问题和南通市挂牌重大安全隐患进行交办,与会人员观看了“3·21”事故警示教育片,相关部门负责人交流了专项整治工作开展情况。

△ 如皋市十七届人大财政经济委员会主任委员、常委会副主任张勇主持召开财政经济委员会会议,审查 2019 年国民经济社会发展计划执行情况和 2020 年国民经济社会发展计划草案、2019 年财政预算执行情况和 2020 年财政预算草案,并形成审查报告草案。

11—13 日

如皋市第十七届人民代表大会第四次会议在市行政中心礼堂召开,市委副书记、市长何益军代表市人民政府向大会作工作报告,《如皋市 2019 年国民经济、社会发展计划执行情况和 2020 年国民经济、社会发展计划(草案)的报告》《如皋市 2019 年财政预算执行情况和 2020 年财政预算(草案)的报告》向大会作书面报告。会议通过《关于如皋市人民政府工作报告的决议》《关于如皋市 2019 年国民经济和社会发展计划执行情况与 2020 年国民经济和社会发展计划的决议》《关于如皋市 2019 年财政预算执行情况和 2020 年财政预算的决议》《关于如皋市人大常委会工作报告的决议》《关于如皋市人民法院工作报告的决议》《关于如皋市人民检察院工作报告的决议》《关于支持长江镇跨过长江去、加快建设融入长三角一体化发展前沿区的决议》。

12日

市委书记张建华主持召开市委常委会会议,传达学习习近平总书记在“不忘初心、牢记使命”主题教育总结大会上的重要讲话精神。

13日

国务院督导组第二工作组一行调研如皋港化工新材料产业园区安全生产专项整治情况，听取如皋市深入推进如皋港化工新材料产业园区安全环保整治提升工作开展情况和下一步举措相关汇报，实地考察南通百川新材料有限公司，观看企业安全生产信息化管理平台现场演示。江苏省工信厅材料工业处处长李健，南通市副市长姜东，如皋市委副书记、市长何益军，副市长顾留忠陪同调研。

△ 南通市委召开全市领导干部警示教育大会，采取视频会议形式扩大到各设区市、县(市、区)。市四套班子领导丁兴华等在如皋分会场收听收看。

△ 市政协举办“做实实体经济，推动高质量发展”为主题的委员论坛。市领导张建华、何益军、丁兴华等参加论坛活动，听取政协委员发言，充分发挥人民政协“智库”作用。

△ 枫盛汽车首款车型枫叶 30X 在如皋生产基地举行下线仪式。省发改委、工信厅有关领导，市领导何益军、顾留忠，吉利科技集团 CEO 徐志豪、枫盛汽车科技集团有限公司总经理杨全凯等厂方代表，以及供应商代表、媒体代表近百人出席仪式。

14日

如皋市“不忘初心、牢记使命”主题教育总结会议召开。市委副书记、市长何益军主持会议，南通市委主题教育第三指导组组长、南通市政协副秘书长陈亮，如皋市委书记张建华出席会议并讲话。

△ 全市党员干部警示教育大会召开，以案示警、以案明纪，与会人员共同观看警示教育片《初心》。市委书记张建华，市委副书记、市长何益军出席会议并讲话，提醒全市党员干部汲取案中教训，坚决扫清不良习气和贪腐污垢，严格按纪律和规矩办事，用忠诚和担当推动如皋高质量发展走在前列。

△ 2019 年度全面从严治党述职会召开，各镇(区、街道)和市委有关工委主要负责人围绕 2019 年度抓基层党建工作情况、落实党风廉政建设责任制情况、落实意识形态工作责任制情况进行述职，市委书记张建华听取汇报并逐一点评。南通市委统战部常务副部长马建清出席会议并讲话。

△ 如皋市召开 2020 年重点工业企业座谈会，动员广大工业企业坚定发展信心，加快发展步伐，合力推动高质量发展。座谈会由市委副书记、市长何益军主持，市领导张建华、丁兴华、茅红宇、高峰、顾留忠出席会议，九鼎集团、力星通用钢球等企业负责人现场交流了 2020 年企业发展思路，远在德国参加展会的梦百合家居科技股份有限公司董事长倪张根通过视频连线的方式，介绍了企业发展目标。

△ “不负韶华，志愿追梦”2020 年如皋社会志愿服务组织新春分享会在市新时代文明实践中心举行。市委常委、宣传部部长高峰参加活动。会上，优秀社会志愿服务组织代表绿叶义工志愿服务队、爱行动实践中心、学雷锋义工站分别分享了各自的“公益餐厅”“蜗牛之家”“一路童行”志愿服务项目，志愿者现场分享参与志愿服务的心得体会。

15日

如皋市举行 2019 年冬季退役士兵返乡欢迎仪式暨适应性培训定岗招聘大会，组织退役军人听取优秀退役士兵交流发言，鼓励退役士兵抓住机遇，努力提升自己，积极就业。张百璘等市领导出席大会。

△ 全市文艺工作调研座谈会召开，各文艺家协会代表就繁荣发展全市文艺工作交流发言，分享创作方面的困惑、成绩和不足，并就今后创作方向进行集中探讨。市委常委、宣传部部长高峰参加座谈。

17日

市委书记张建华率队慰问南通军分区部队官兵，向广大官兵送去慰问品，并致以节日问候和良好祝愿。南通军分区领导及副市长张百璘等参加慰问活动。

△ 副市长顾留忠率队开展节前安全生产检查，实地检查意瑞达纺织、双钱轮胎、嘉

好热熔胶、福星烟花、西气东输如皋站、阳恒化工等处安全生产责任制落实、安全设施使用等情况，要求各企业单位仔细排查和消除安全隐患，不留死角和漏洞，确保春节期间安全生产形势稳定。

19日 市人大常委会领导率队走访磨头镇敬老院，查看敬老院老人生活环境和基础设施，慰问部分五保老人、百岁老人和孤困儿童，向他们送去慰问金和节日祝福。

△ 市委组织部组织人员赴如皋工业园区(如城街道)、东陈镇和丁堰镇，走访慰问教育人才、老党员、离退休老干部、困境儿童、困难职工。市领导张勇、严世斌等参加活动。

△ 市卫健委召开全市卫健系统新冠肺炎疫情防控工作会议。

20日 新春佳节即将来临之际，市委书记张建华代表市委、市政府，先后前往空军雷达营、驻如皋空军部队和部分老领导、老党员、低保户、优秀外来人才、道德典型家中走访慰问，送上新春祝福。市领导缪小华、邵晓泉等参加活动。

△ 市委副书记、市长何益军率队走访慰问市人武部、消防救援大队、武警中队官兵和离退休干部，并深入基层部分残疾人、孤困儿童、特困职工、道德典型、百岁老人、老党员等家中，为他们送去慰问金、慰问品和新春祝福。市领导陈晓彬、黄文斌、张百璘等参加活动。

△ 市委常委、宣传部部长高峰率领市委宣传部(市新闻出版局)、市公安局、市市场监管局、市城管局、市文体广电和旅游局等部门相关负责人一行，深入如皋市永盛印刷有限公司、新华书店、星轶影院，开展春节期间“扫黄打非”集中行动，为广大市民营造安全、舒适的文化环境。

△ 市政府组织收看收听南通市新冠肺炎疫情防控工作电视电话会议，部署如皋市防控工作。

△ 如皋市卫健委印发《如皋市2019新型冠状病毒感染肺炎防治工作领导小组、技术专家组及疫情防控工作方案(试行)的通知》，并组织新冠肺炎防控培训。

△ 根据《全国粮食行业技能拔尖人才选拔使用管理实施办法》，第三批全国粮食行业技能拔尖人才和工作室项目名单公布，全国共20家，其中江苏省共2家，如皋市粮食和物资储备局员工夏培培及其工作室名列其中。

21日 南通市人大常委会副主任、党组副书记陈惠娟一行到如皋开展春节慰问活动，先后前往高新区(城南街道)、如皋工业园区(如城街道)，看望慰问老党员、低保家庭、重点优抚对象和敬老院老人，向他们送去慰问品和慰问金。如皋市领导张建华参加慰问活动。

△ 市委书记张建华，市委副书记、市长何益军率领相关部门负责人督查安全生产工作，实地检查江中世纪城三期项目现场，并前往市消防救援大队、市公安局防暴大队、市公安局指挥中心，慰问安保维稳一线工作人员。市领导陈晓彬、顾留忠参加活动。

△ 市委副书记、市长何益军到市人民来访接待中心接访，听取市人社局、财政局、信访局、司法局等责任部门情况汇报，面对面倾听来访群众诉求，协调解决具体问题。市领导茅红宇、黄文斌参加活动。

△ 市政协主席张元健率队走访慰问部分离退休老干部、优抚对象、孤儿、百岁老人，向他们致以节日的问候和祝福，并深入南通华东油压科技有限公司、南通泰慕士服装有限公司，检查相关安全生产工作。副市长张亚鸾参加活动。

△ 市委常委、宣传部部长高峰率领市委宣传部、文明办、公安局、交通运输局、城管局、住建局、自然资源局、市场监管局、金融监管局以及相关镇(区、街道)负责人一行，实地督查渤商所待建地块、86号待建地块、电信营业厅、花城大道部分路段、城北市场、工商银行、火车站等处，要求各单位切实推进春节期间文明城市建设工作，确保以整洁的环境、优良的秩序、浓厚的氛围，展现高质量文明城市建设成果。

△ 市委常委、宣传部部长高峰率队督查文体广电和旅游行业安全生产工作，重点检查龙游湖欢乐世界、市融媒体中心（传媒集团）、江苏有线如皋分公司、定慧寺、水绘园、天海国际旅行社、致青春网吧、如皋汽车站、维也纳酒店等经营单位自查复查、春节值班以及安全专项整治工作宣传教育培训情况。

△ 如皋市建立新冠肺炎疫情防控工作部门联席会议制度，启动全市联防联控机制，向全体市民发出疫情提醒。

22日 市委书记张建华主持召开市委常委会会议，传达学习省委、南通市委"不忘初心、牢记使命"主题教育总结大会精神，研究部署春节期间安全稳定等相关工作，确保人民群众度过一个安定祥和的新春佳节。

△ 市委书记张建华主持召开市四套班子领导重点工作交流会议，听取市四套班子领导交流2019年挂钩联系镇（区、街道）重点工作、分管条线工作、服务企业（项目）等有关工作推进情况，对做好2020年工作提出建议。

△ 市委副书记、市长何益军主持召开第十七届市政府第四十四次常务会议，传达国家及省、南通市关于新型冠状病毒感染的肺炎疫情防控相关精神，研究如皋市防控工作方案，强调按照中央及省、南通市有关部署要求，结合如皋实际，抓紧制定完善的应急预案，提高疫情应对针对性和可操作性，同时加强对汽车站、火车站、高速道口等重点场所的管控。会议还传达了全省应急管理工作会议精神，通报了相关安全事故调查报告，讨论了2019年推动经济高质量发展激励意见政策兑现和2020年推动经济高质量发展的激励意见、《如皋市国有企业"三重一大"事项报告备案实施方法》《如皋市国有企业项目投资监督管理暂行办法》等议题。

△ 市政府召开新冠肺炎疫情防控工作会议，部署疫情防控举措。

△ 交通管控是疫情防控的第一道关口，全市7个高速路口以及火车站、车站，开始实行24小时执勤，开展疫情联防联控工作。

△ 交通运输、海事、航道、卫生部门和连申线三级航道焦港船闸、如皋港水利枢纽、碾砣港闸3个通江口门闸口单位开展联防联控，对来往如皋境内通航水域的船舶，尤其是来自长江上游疫区及沿线的船舶实行重点查控，严守如皋水上通道。

△ 全市政务服务工作会议召开，总结回顾2019年政务服务工作，表彰2019年度先进集体、先进个人，对2020年重点工作进行全面部署。

23日 市委书记张建华指导新冠肺炎疫情防控工作，视察市新冠肺炎疫情防控指挥部、隔离病房等。

△ 如皋市在市公共卫生中心设立卫健系统新冠肺炎疫情防控指挥部，实行集中统一办公、24小时值守。

24日 策应全省重大公共卫生事件一级响应，如皋市将市新冠肺炎疫情防控部门联席会议制度升格为市新冠肺炎疫情防控指挥部。

△ 副市长张亚鸾带队连夜到各交通卡口，督查疫情联防联控工作开展情况。

25日 市政府办公室印发《关于成立如皋市新型冠状病毒感染的肺炎疫情防控指挥部的通知》《关于印发如皋市突发公共卫生事件应急预案（2020年修订版）的通知》《关于印发如皋市新型冠状病毒感染的肺炎疫情防控指挥部工作细则的通知》，并召开指挥部成员单位首次全体会议。

△ 如皋市新型冠状病毒感染的肺炎疫情防控指挥部发布公告。即日起,市A级景区(水绘园风景区、红十四军纪念馆、东方大寿星园、龙游湖景区、定慧寺、法宝禅寺、长江药用植物园、金岛生态园、平园池荷香民俗园)、星级乡村旅游区(通利生态农庄、森果休闲度假农庄、蒲新生态园、苏通生态园、龙盘山庄、衣园、晨阳葡萄生态园、绿野生态农业观光中心、莅江农庄、贲家巷红色生态园、华夏花卉、乐享休闲农庄、庆松生态农庄)、各公共场馆(市图书馆、市文化馆、市博物馆、市少年儿童图书馆及体育中心各场馆)、影院、新华书店各门店以及定慧寺等宗教活动场所暂停对外开放,原定各类活动同步取消。

26日

全省及南通市疫情防控工作电视电话会议先后召开,市领导何益军、茅红宇、陈晓彬、黄文斌、张亚莺、张百璘、程瑞琴、顾留忠在如皋分会场收听收看。会议强调把疫情防控作为当前最重要的工作,借鉴防治非典经验和各地的好做法,提高公众预防意识,减少人员集聚,加强来往疫区人员和交通管控,调控物资储备和医疗资源,做好隔离、救治,守护群众生命健康,坚决打赢抗击疫情战争。

△ 市委书记张建华调研市新型冠状病毒感染肺炎防控指挥部工作,详细了解指挥部机构设置、人员到位情况和全市人员密集场所防控、医疗物资储备、宣传动员等方面信息,要求指挥部工作机制正常化、规范化,统筹协调,科学指挥;加强火车站、汽车站等人员密集重点场所管理,强化清洁、消毒、通风;配齐配足各重点关键卡口人员、物资,摸清进出人员情况;采用应急喇叭、流动宣传车等多种方式,加强政策解读,科学宣传防护;取消和减少春节期间各类聚集,最大限度减少交叉感染和疫情传播风险。市领导何益军、张亚莺参加调研。

△ 如皋市召开全市疫情防控工作会议,完善疫情防控专项工作体制机制,进一步明确各市级部门分管职责。市委副书记、市长何益军就下一阶段防疫工作进行部署,要求做实做细排查梳理工作,迅速开展重点人员排查,全面做好从武汉等重点地区到如皋人员的摸底登记、体温检测,发现身体不适症状的迅速安排就医;开拓医疗器械采购渠道,统一调度、科学使用医疗资源,首先保障医护人员、社区及公安等一线工作人员的工作安全;进一步明确居家隔离要求,提高居家隔离水平;加强舆论引导,广泛利用报纸、广播、电视以及新媒体等多种方式,宣传政府措施和相关科普知识,将信息传递到村(社区),营造浓厚防疫氛围。市领导茅红宇、陈晓彬、黄文斌、张亚莺、张百璘、程瑞琴、顾留忠参加会议。

△ 市委副书记、市长何益军率队调研全市疫情防控工作开展情况,走访查看吾悦广场、东陈高速道口、如皋市人民医院、开元名都大酒店、水绘园景区、如皋工业园区(如城街道)长巷社区、大润发超市等处,全方位考察商场超市等公共场所全面消毒、人员佩戴口罩、电影院暂停开放情况和医院发热门诊运行、隔离病房设置等各项疫情防控措施落实情况,并慰问道口联合防控小组执勤人员和一线医护人员。市领导茅红宇、陈晓彬、张亚莺陪同调研。

△ 如皋市新型冠状病毒感染的肺炎疫情防控指挥部发布公告,明确娱乐场所、校外培训机构暂停开放,殡仪馆限送葬规模运营,取消相关聚集性活动。

△ 梦百合家居科技股份有限公司正式启动驰援湖北行动,紧急筹措的140套0压床垫和枕头作为首批驰援物资,直接空运到武汉火神山医院。

27日

如皋市召开疫情防控工作例会,听取原如皋市卫生局局长、原南通市疾病预防控制中心主任许建军作科普知识宣讲,并集中收听收看南通市疫情防控指挥部电视电话会议,要求各部门各单位加快设立相应领导小组,提高群众对疫情知晓度,关停人员聚集性场所,摸排好工作人员近期出行情况。副市长陈晓彬、张亚莺参加会议。

△ 根据江苏省人民政府关于启动突发公共卫生事件一级响应的决定,为有效遏制新型冠状病毒感染的肺炎疫情扩散和蔓延,切实保障人民群众的身体健康和生命安全,如皋市人民政府决定,启动实施突发公共卫生事件一级响应防控措施。

△ 为加强新型冠状病毒感染的肺炎疫情防控工作，如皋市教育局发布通告，决定延迟全市中小学(幼儿园)开学时间，由原定的2月10日暂延至2月17日。

28日 市委书记张建华调研全市疫情防控工作开展情况，听取经济技术开发区、如皋工业园区(如城街道)疫情防控工作开展情况汇报，要求两大主功能区发动最广泛的宣传，落实最严格的管控机制，进行最彻底的排查摸底，织紧织密防控网络，并前往市疾病预防控制中心、市人民医院，查看防护物资储备、发热门诊运行、隔离病房设置情况，看望慰问坚守岗位的工作人员，市领导黄文斌、张亚鸾等参加调研。

△ 如皋市召开疫情防控工作例会，研究部署新型冠状病毒感染的肺炎疫情防控工作，集中收听收看南通疫情防控指挥部视频会议，强调进一步完善组织体系，紧紧围绕“外防输入，内防扩散”，做好群防群控工作。会议要求各部门加强排查，及时掌握重点人群流动和健康状况，确保隔离措施落实到位；尽快恢复医疗物资生产，全力保障医疗物资供应；加强防控知识科普宣传，正确引导群众不聚集、少出行，增强自我保护意识，坚定战胜疫情信心。市领导茅红宇、陈晓彬、黄文斌、张亚鸾参加会议。

△ 如皋市新型冠状病毒感染的肺炎疫情防控指挥部印发《如皋市新型冠状病毒感染的肺炎疫情防控临时封闭部分普通公路工作方案》，决定将如皋市境内部分与邻县(市)交界的普通公路实施临时封闭，东陈、白蒲、丁途、葛市(江安)4处高速公路道口和皋张汽渡(向南通往张家港市方向)、新334省道(向东通往如东县方向，向西通往泰兴市方向各1处)、新204国道(向南通往通州区方向、向北通往海安市方向各1处)，345国道(江平公路向西通往靖江市方向)6处国省干线道口予以保留，并明确管控方案及责任主体。

△ 根据省卫健委权威发布，如皋市通报首例新冠肺炎确诊病例。

△ 按照国家、省卫健委统一部署，如皋市第一批援鄂医护人员市人民医院重症医学科护师花蕊、洪美琳告别家人，逆行而上，驰援武汉。

29日 如皋市新型冠状病毒感染的肺炎疫情防控指挥部召开视频调度会，传达学习习近平总书记重要指示精神，听取各镇(区、街道)和各专项工作组组长单位疫情防控工作开展情况汇报，通报全市疫情防控情况，研判疫情形势，分析防控问题，部署当前工作。市委书记张建华，市新型冠状病毒感染的肺炎疫情防控指挥部指挥长、市委副书记、市长何益军出席会议并讲话，围绕“工作再落实”，就当前疫情防控工作进行部署和交办。市领导丁兴华、茅红宇、陈晓彬、黄文斌、张亚鸾、张百璘、程瑞琴、顾留忠参加会议。

△ 市委副书记、市长何益军率队调研全市疫情防控工作，实地查看如皋工业园区(如城街道)龙游河村、高新区(城南街道)建设小区和白蒲镇，详细了解村宣传举措、居家隔离百姓日常生活保障，小区人员、车辆出入检查、登记，镇集中观察区医院建设和防护物资储备等疫情防控情况。副市长张亚鸾参加调研。

30日 省疫情防控工作领导小组视频调度会议及南通市政府后续会相继召开。市领导何益军、茅红宇、陈晓彬、黄文斌、张亚鸾、张百璘、程瑞琴、顾留忠在如皋分会场收听收看。会议强调广泛动员发动基层组织、人民群众，在城乡社区、村组建立天罗地网，构筑联防联治、群防群治的严密防线。会议要求进一步加强存量排查、增量管控、规范管理、物资保障，把“人”的工作做得更精准更细致更到位，坚决做好来自重点疫区和去过重点疫区的人员防控，坚决管控住聚集场所，坚决管控住交通运输；加强易感人群安全防护，全力抓好患者医疗救治；加强物资统筹和生活保障，促进重点物资生产企业加快生产，保障好生活必需品，开辟绿色通道，确保疫情防控需求，做好支持武汉等重点疫区工作。

△ 市委副书记、市长何益军率队督查疫情防控工作，先后前往九华镇集中医学观察点、长江镇居家观察点，听取相关疫情防控工作汇报，查看了解集中医学观察点布置和居家观察居民情况，要求社区加大宣传力度，安抚群众情绪，让更多群众知晓配合疫情防控相关工作，并保障居家隔离观察人员生活所需，做好心理疏导，记录每日数据，及时全面消毒，保障小区群众生命安全。

△ 如皋市下发《关于调整市新型冠状病毒肺炎疫情防控指挥部的通知》《市新型冠状病毒肺炎疫情防控指挥部"一办十一组"工作职责的通知》《市新型冠状病毒肺炎疫情防控指挥部副指挥长职责分工》，市政府各分管市长担任副指挥长各司其职、齐抓共管。

31日

△ 市委书记张建华主持召开市委应对新型冠状病毒感染肺炎疫情工作领导小组会议，听取新型冠状病毒感染肺炎疫情防控工作开展情况汇报，就进一步抓深抓细疫情防控工作提出明确要求，市委副书记、市长何益军对疫情防控相关具体工作进行部署。市领导丁兴华、缪小华、史有根、高峰、黄文斌、张亚鸾等出席会议。

2020 年 2 月

1日 如皋市召开新型冠状病毒感染的肺炎疫情防控指挥部视频调度会议，听取各镇(区、街道)和相关工作组疫情防控工作开展情况汇报，通报全市疫情防控情况，研判疫情形势，分析防控问题，部署当前工作。市领导张建华、何益军、茅红宇、陈晓彬、黄文斌、张亚鸾、张百璘、程瑞琴、顾留忠出席会议。

△ 市委书记张建华以“四不两直”方式，分别赴江苏九鼎新材料股份有限公司、南通超达装备股份有限公司、梦百合家居科技股份有限公司、江苏荣威娱乐用品有限公司等 7 家企业，调研复工复产情况。

△ 市委副书记、市长何益军以“四不两直”方式，督查全市新型冠状病毒感染的肺炎疫情防控工作，实地查看西皋市场、经济技术开发区疫情防控指挥部、北郊花苑、新 204 国道与海安交界处卡口、吴窑镇集中医学观察点等处，详细了解市场宣传和管控、镇(区街道)交办单落实、组织指挥联防联控、社区居民居家观察情况，检查监测点人员配备、值班安排、后勤保障等工作。市领导陈晓彬、张亚鸾、程瑞琴参加督查。

2日 市级机关部门挂钩参与推进新型冠状病毒感染的肺炎疫情防控工作动员部署会召开会议，要求机关各部门明确服务时间、服务内容、参与人员，根据挂钩镇(区、街道)、城市社区疫情防控需要和统一安排，参与做好防疫知识宣传、居家隔离管控、经营场所防控、公共场所日常巡逻劝教等工作。

3日 市领导张建华、何益军、丁兴华、茅红宇、高峰、陈晓彬、黄文斌、张亚鸾、张百璘、程瑞琴、顾留忠在如皋分会场收听收看省疫情防控工作领导小组电视电话会议，并在会议结束后，就贯彻落实会议精神作出进一步部署。市委书记张建华强调，加大查控力度，做好基层人员流动管控；加强隔离治疗能力，保证医疗场所容量；按轻重缓急，精心组织企业、学校分期分批复工复学；全力做好隔离观察和医疗救治，针对确诊病例、疑似病例，分类施策、科学救治，尽最大努力救治患者，同时加大医院和医务人员安全防护力度；保障物资供应，确保疫情防控和群众生活物资需求；党政干部要带头深入一线，做好巡查指导工作，确保各项部署落细落实。

△ 如皋市召开疫情防控工作视频调度会，听取各镇(区、街道)和“一办十一组”有关情况汇报，以及市纪委监委督察组关于全市疫情防控情况通报，进一步研究安排全市疫情防控工作。市委副书记、市长何益军针对各镇(区、街道)提出的疫情防控工作中物资短缺、隔离观察点饱和等困难和问题给出指导意见。市领导茅红宇、陈晓彬、黄文斌、张亚鸾、张百璘、程瑞琴、顾留忠出席会议。

△ 市慈善基金会出资 30 万元支援新型冠状病毒感染的肺炎疫情防控工作，其中，10 万元汇入武汉市慈善总会，援助湖北武汉共同抗击疫情；20 万元支持如皋市疫情防控指挥部，统一用于抗击新型冠状病毒感染的肺炎疫情。

4日 南通市委副书记、统战部部长沈雷到如皋督查疫情防控工作，现场检查白蒲镇高速道口检查点、松杨社区等处疫情防控措施落实情况，并查看下原镇升诺医疗器械有限公司口罩生产车间。如皋市委书记张建华，副市长、市公安局局长陈晓彬陪同督查。

△ 南通市副市长姜东率队到如皋，对复工企业以及疫情防控工作进行专项督查，实地查看南通优护优家卫生用品有限公司，了解疫情防控措施和在岗职工身体状况、就餐情况、工厂经营现状等。市领导何益军、顾留忠参加活动。

△ 如皋市政府发布《如皋市人民政府关于实施全民参与疫情防控十二项措施的通告》，明确禁止聚集、减少外出、佩戴口罩、外地返回报告、居家隔离观察、非生活必需公共场所关闭及小区、企业、单位封闭式管理等 12 项疫情防控措施。

△ 市委常委、宣传部部长高峰一行走访市融媒体中心（传媒集团），查看时政部、民生部、广播部、融创部等部门，了解全媒体平台疫情防控工作宣传报道情况，慰问奋战在疫情防控宣传工作一线的新闻工作者，部署进一步做好下一阶段新闻宣传工作。

5日 如皋市召开企业疫情防控和服务保障工作动员会，就建立服务保障小组赴各类企业开展服务保障工作进行部署。市领导黄文斌、程瑞琴、顾留忠参加会议。会议提出，市内各类企业不得早于 2 月 9 日 24 时前复工（涉及保障公共事业运行必需、疫情防控必需、群众生活必需等相关企业除外），市疫情防控指挥部企业防控组建立若干服务保障小组，赴各镇（区、街道）和建筑企业、各类市场开展服务保障工作，督促指导企业严格各项防控措施，协调企业复工过程中遇到的问题和困难。

△ 江苏智途科技股份有限公司董事长、扬州市南通商会会长何小军向如皋市疫情防控指挥部捐赠 KN95 口罩 1500 个、灭菌橡胶外科手套 1000 双，用以缓解防疫物资压力。市委常委、常务副市长茅红宇代表市政府向爱心企业家表示感谢。

6日 省民族宗教事务委员会副主任缪文军率领省疫情防控督导组一行到如皋，专项督导全市社会及社区疫情防控工作，先后前往相关社区、医疗用品生产企业等抗击疫情一线，实地检查疫情防控措施落实情况。市领导何益军、陈晓彬陪同督导。

△ 市委书记张建华主持召开市委常委会会议，传达学习全省疫情防控工作领导小组会议、南通《关于全面开展安全生产派驻督导工作的通知》精神，听取全市招商引资和项目建设、重大城建项目、经济运行、财税金融相关重点工作“开门红”思路和举措汇报，就如皋疫情防控、安全生产派驻督导工作方案、《市委常委会 2020 年工作要点》、《市委 2 月份工作要点》、《关于加快推进重特大项目建设的实施意见》、《关于做好 2020 年市四套班子领导、“法检”两长挂钩联系工作的通知》等有关议题进行讨论研究。

△ 梦百合家居科技股份有限公司驰援湖北武汉的 1000 张床垫装车起程，由如皋市邮政分公司承运，前往武汉市江汉区，市委常委、宣传部部长高峰与爱心志愿者们为邮政分公司 2 位“逆行者”送行。自 1 月 26 日起至当日，梦百合家居先后 6 次驰援湖北，共捐赠 0 压床垫 4790 套、0 压枕头 140 个，价值约 1200 万元，陆续运往武汉火神山医院、黄冈“小汤山医院”——大别山区域医疗中心、黄冈罗田县人民医院、襄阳市中心医院，支援湖北各地抗击疫情。

7日 南通市委书记徐惠民到如皋督查指导疫情防控工作，实地查看长江镇平南社区公共服务中心、长江镇疫情防控视频调度指挥中心，并召开座谈会，听取如皋疫情防控及经济社会发展重点工作情况汇报。南通市委常委、市委秘书长吴永宏，如皋市委书记张建华，市委副书记、市长何益军参加活动。

△ 市委副书记、市长何益军率领相关部门和单位负责人，督查全市企业复工及疫情防控工作，先后实地查看江苏力星通用钢球股份有限公司、江苏九鼎新材料股份有限公司相关情况，要求企业筑牢疫情防控安全防线，科学统筹，努力完成全年预期目标任务。

△ 如皋市下发《关于调整新型冠状病毒感染的肺炎疫情防控指挥部专项组及成员单位的通知》，指挥部架构调整为“一办十四组”，增设生活物资保障组、经济运行保障组。

△ 如皋市制定下发《如皋市企业复工及疫情防控工作方案》，要求企业严格落实疫情防控主体责任，严格落实检疫查验和健康保护措施，做到“机制建立到位、员工排查到位、防控物资到位、内部管理到位、宣传教育到位”方可复产复工。

8日

南通市委副书记、市长王晖到如皋，以“四不两直”方式督查指导疫情防控各项工作，先后实地检查东陈镇高速道口、如皋工业园区（如城街道）宏坝社区党群服务中心等处，详细了解高速道路车流量、进如车辆人员安检、社区疫情防控工作开展等情况。南通市政府秘书长陈俊，如皋市领导张建华、何益军、张亚鸾等参加活动。

△ 如皋市举行新型冠状病毒感染的肺炎疫情农村防控组工作会议，传达学习江苏省、南通市新型冠状病毒感染的肺炎疫情农村防控组工作会议精神，听取各镇（区、街道）相关负责人有关农村防控工作开展情况汇报，部署全市农村防控工作。市疫情防控指挥部副指挥长、副市长张百璘出席会议。

△ 如皋市召开全市疫情防控工作网友座谈会，市委常委、宣传部部长高峰出席会议，听取网友代表围绕工作、生活实际，就企业复工需要注意的事项、小区封闭管理工作的执行情况以及防疫一线工作者的体温枪配备情况等方面提出的意见建议。

9日

如皋市召开企业安全有序复工工作会议，贯彻落实上级关于企业复工工作的部署要求，在坚决守住疫情不传播、不扩散的底线前提下，对全市企业复工工作进行再部署、再落实，确保全市企业复工复产安全稳妥有序。市领导何益军、张亚鸾、程瑞琴、顾留忠出席会议。

△ 如皋市人民医院呼吸内科护师陈丽佳、感染性疾病科护理护师刘丽、感染性疾病科主管护师徐霞、重症医学科副主任医师黄智勇、呼吸内科主治医师余秋里、呼吸内科主管护师张蓓蓓六名医务人员出征湖北，前往孝感抗击疫情。

△ 市档案馆主动服务全市抗疫，组织人员连夜腾空一楼查档大厅和专题展厅，作为全市抗疫物资存储、发放场所，获市委常委、常务副市长茅红宇高度肯定。

10日

企业全面复工复产首日，全市企业按《如皋市企业复工及疫情防控工作方案》要求，在“五到位”（机制建立到位、员工排查到位、防控物资到位、内部管理到位、宣传教育到位）的基础上，开始有序复工。

△ 如皋市召开企业复工复产视频调度会议，听取各镇（区、街道）复工首日企业复工复产情况汇报。市领导张建华、何益军、丁兴华、茅红宇、高峰、陈晓彬、黄文斌、张亚鸾、张百璘、程瑞琴、顾留忠参加会议。

△ 根据南通市卫健委安排，如皋市中医院ICU主管护师陈志、ICU护士朱文祥凌晨5点赶赴南通，和其他地区医务人员汇合后前往南京集结，乘坐高铁出征武汉。

11日

市委书记张建华率队对江安镇疫情防控、企业复工、经济发展等重点工作进行调研指导，实地调研江苏汤臣汽车零部件有限公司等处，详细询问企业复工准备情况，仔细查看企业门岗值守、人员出入、厂区消毒等重点环节。

△ 市委副书记、市长何益军率领相关部门负责人一行，到江苏九鼎新材料股份有限公司、江苏万达特种轴承有限公司、江苏思源赫兹互感器有限公司等企业，调研复工复产情况，并到如皋、海安交界的花市路卡口，详细了解人员进出情况。

△ 市人大常委会领导督查磨头镇疫情防控工作及企业复工情况,实地督查江苏联泰纺织有限公司、曹石村党群服务中心、科迪医材等处,并听取磨头镇疫情防控措施和企业复工相关情况汇报。

△ 市政协主席张元健率队调研白蒲镇疫情防控工作及企业复工情况，先后听取白蒲镇各项疫情防控措施落实情况、镇内不同规模企业复工情况，以及下一阶段全镇工作思路和工作重点汇报，并到南通茂鑫工艺品有限公司和江苏力源金河铸造有限公司，详细了解2家企业防控措施落实、人员返岗复工等情况，到白蒲镇邓杨村，检查该村疫情防控工作是否落到实处。市政协秘书长许映亮参加调研。

△ 如皋市发布《关于对进入如皋人员全面实行健康状况主动申报制度的通告》。

12日 市委书记张建华主持召开市委审计委员会第二次会议，传达习近平总书记对审计工作的重要指示、李克强总理对审计工作的要求,以及省委审计委员会第三次会议精神,听取2019年全市审计工作情况和2020年审计项目计划草案汇报。市领导何益军、史有根、茅红宇等出席会议。

△ 市委书记张建华赴东陈镇,就当前疫情防控、企业复工复产和经济发展等重点工作进行专题检查和指导。

△ 市委副书记、市长何益军率队赴如皋中学,调研指导高品质示范高中创建工作,实地查看校园环境和教学楼、操场、体育场地等校园硬件设施建设情况,要求加快学校软硬件建设,力争用两年半时间确保硬件功能全部到位,学校办学质量、内涵、文化和特色全面提升,着力打造江苏一流的品牌高中。副市长张亚鸾陪同调研。

△ 如皋市首例确诊的新型冠状病毒肺炎患者王某从南通市第三人民医院治愈出院。患者妻子吴某当天一同出院。

13日 市委书记张建华赴石庄镇指导疫情防控和企业复工工作。

△ 如皋市印发《关于对疫情防控一线医护人员实施关爱工程的通知》,出台赠送温暖生活礼包、免费照看托管老幼等8项关爱一线医护人员的实事项目。

14日 市委书记张建华,市委副书记、市长何益军前往市新型冠状病毒肺炎疫情防控指挥部会议室,与市人民医院尘洁分院隔离病区医护人员代表视频连线,了解新冠肺炎疫情医疗救治工作,向奋战在一线的医护人员致以崇高敬意和亲切慰问,并在连线结束后,走访慰问一线医务人员及援鄂医护人员家属。市领导高峰、张亚鸾参加视频连线。

△ 市委书记张建华实地走访调研九华镇南通三荣实业有限公司和南通星球石墨股份有限公司2家企业，检查指导九华镇疫情防控和企业复工复产情况，并听取九华镇疫情防控与企业复工的情况汇报。

△ 市委副书记、市长何益军主持召开市长办公会,传达习近平总书记在2月12日召开的中共中央政治局常委会上的重要讲话精神,分析研判当前形势,对进一步做好全市疫情防控以及企业复工复产工作进行安排部署。

△ 如皋市召开视频调度会议,听取各镇(区、街道)疫情防控工作以及企业复工复产工作汇报,分析研究当前疫情防控以及企业复工复产工作。市领导何益军、茅红宇、陈晓彬、黄文斌、张亚鸾、张百璘、程瑞琴、顾留忠参加会议。

△ 如皋市召开2020年全市劳动模范推荐评选工作会议,明确劳动模范推荐评选程序、时间、范围、名额安排分配、各类人员身份界定以及应选人员荣誉基础。

15日 市委书记张建华，市委副书记、市长何益军到市新冠肺炎疫情防控指挥部调研指导疫情防控工作，听取全市疫情防控工作情况汇报，对下一步工作进行部署。市政府副市长、市疫情防控指挥部常务副指挥长张亚鸾参加调研。

△ 市委副书记、市长何益军率队调研部分企业，实地走访查看南通泰德电子材料科技有限公司、江苏嘉好热熔胶股份有限公司、江苏力源金河铸造有限公司，看生产、问经营、查防控，鼓励企业坚定信心，科学应对疫情，勇于克服困难和挑战，在疫情防控和企业发展上取得“双赢”。副市长顾留忠参加调研。

17日 市人大常委会副主任张勇赴江苏新空间装饰集团有限公司、南通赛孚机械设备有限公司指导疫情防控和复工复产工作。东陈镇有关领导和财经工委相关人员参加活动。

△ 首例在如皋治愈的新冠肺炎患者石某出院。石某爱人丁某，经治疗符合出院标准，当天一同出院。

18日 全省统筹抓好当前农村疫情防控和“三农”重点工作视频调度会议召开。市委书记张建华、副市长张百璘在如皋分会场参加收听收看。

△ 市委副书记、市长何益军率队到市科技局调研科技创新工作，先后听取2020年科技创新工作思路及相关重点工作安排情况，并就科技资金安排、科技激励政策、科技创新考核、科技人才联席会议等工作提出具体要求。副市长程瑞琴、孙恒参加调研。

19日 市委书记张建华在市疫情防控指挥部专题听取疫情防控工作情况汇报，并提出下一步防控工作要求。

△ 高速路口是疫情防控的“第一道防线”，是防疫情输入的重要关口。市委副书记、市长、市新时代文明实践志愿服务总队长何益军前往东陈、丁堰2个高速路口，看望慰问奋战在疫情防控一线的志愿者，向每名志愿者送上感谢卡和慰问品。市委常委、宣传部部长高峰陪同慰问。

△ 如皋市专职招商人员出征誓师大会召开，全面部署2020年招商引资相关工作，会上，200多名各镇（区、街道）专职招商人员和市投资服务中心全体人员进行了出征宣誓，市投资服务中心、经济技术开发区招商局、磨头镇、新录用专职招商人员交流发言，3个项目进行了网络签约。市领导张建华、何益军、丁兴华、高峰、陈万圣、张勇、顾留忠、杜永红、郑振明参加会议。

△ 市人大常委会副主任陈万圣到如城街道了解挂钩联系企业复工情况。市人大环资城建工委、如皋工业园区相关负责人参加活动。

△ 市人大常委会副主任邵晓泉到搬经镇实地了解企业复工生产情况和龙桥村疫情防控情况。

20日 南通市副市长赵闻斌到如皋督查农业企业复工复产情况，实地走访查看南通安佑生物科技有限公司、搬经镇绿野农业园区、先锋屠宰场、南通温氏家禽有限公司等处，要求在落实落细各项防疫措施的基础上，开足马力恢复产能，全力以赴保障市民“菜篮子”。如皋市领导张建华、何益军、张百璘陪同督查。

△ 如皋市为通过苏陕劳务协作到如皋务工的人员开通“点对点”免费接送专车服务，帮助农民工安全顺利返岗复工，28名符合要求的陕西籍员工成为首批受益者，于当日乘坐悬挂“苏陕一家亲”标志的定制“专车”大巴，由陕西汉中出发，安全抵达南通荣威娱乐用品有限公司。

△ 市人大常委会副主任钱志刚调研挂钩联系企业复工及疫情防控情况。鹏鹞水务、张化机（苏州）重装有限公司南通分公司、宏茂特钢等企业负责人参加活动。

21日 市委副书记、市长何益军主持召开第十七届市政府第四十五次常务会议，传达上级安委办关于做好疫情防控期间安全生产工作、加强复工复产安全防范和安全服务等有关通知精神，听取当前全市安全生产工作情况汇报，并就《2020年全市经济社会发展主要预期目标任务分解表》《2020年市政府重点工作任务分解表》《2020年市政府为民办实事项目任务分解表》《如皋市城市建设和管养体制方案》《如皋市2020年金融工作考核办法》《如皋市"阳光扶贫"助保贷款实施办法》《2020年全市造林绿化工作实施意见》《关于进一步完善城市建设推进机制的意见》《关于建立健全全市项目招引推进机制的通知》等相关议题进行讨论研究。

△ 副市长张亚鸾率队前往市中医院、市人民医院援鄂医护人员陈志、黄智勇以及市疾控中心流调医师高礼勇家中慰问，感谢医务工作者家属的理解和支持，并通过他们向远离家庭、奋战在抗击疫情一线的医护工作人员表达敬意。

△ 如皋市新型冠状病毒肺炎疫情防控指挥部发布《关于在全市实行"电子健康通行证"制度的通告》。

△ 通皋大道下原施工节点段正式复工，挖掘机、平整机等大型机械和50多人进场，推进路基、改移道路部分的施工，成为全市首个复工的交通重点工程。工程争取上半年完成总工程量的70%，10月份完成路面和绿化主体工程，初步实现通车。

22日 市委书记张建华主持召开市委常委会会议，传达学习习近平总书记在中央政治局常委会会议上的重要讲话、在中央全面深化改革委员会第十二次会议上的重要讲话精神和2020年中央一号文件《中共中央　国务院关于抓好"三农"领域重点工作 确保如期实现全面小康的意见》，研究讨论《关于如皋市开发园区共建管理暂行办法》等议题。

△ 市委书记、市人武部党委第一书记张建华主持召开市委常委会议军会，传达学习上级军事机关党委扩大会议精神，听取全市武装工作开展情况汇报，讨论《关于在市应急管理局设立人武部的方案》《关于完善市民兵训练基地配套设施的方案》等相关议题。

△ 市委书记张建华调研全市相关企业疫情防控和复工复产情况，到南通荣威娱乐用品有限公司，就企业的生产经营情况和防疫措施的落实情况进行详细了解，勉励江苏思源赫兹互感器有限公司坚定信心，安全有序地把复工复产组织好、把防疫防控工作落实好。

△ 市委副书记、市长何益军率领市政府办、交通运输局等部门负责人一行，实地调研全市重大城建项目和重大产业项目，先后实地查看张八里花苑安置房建设现场、如皋南站枢纽及涉铁综合配套工程建设现场、华永汤臣商用车变速箱及电控悬架项目建设现场、通皋大道通州段建设现场和南通星球石墨设备有限公司等处，听取相关情况汇报，详细了解人员复工、开工时间、工程进展和存在问题等具体情况。

23日 如皋市举行重大项目集中开工暨江苏万达特种轴承有限公司轴承生产项目开工仪式，2020年全市首批20个重大项目集中开工，总投资108亿元，计划当年完成投资46.5亿元，涵盖智能装备制造、新能源汽车及汽车零部件、新一代信息技术、光电及第三代半导体、现代物流等多个领域，其中，万达轴承、柏承科技、华永汽配等8个项目的投资总额均达到或超过10亿元。市领导张建华、何益军、张元健、丁兴华等市四套班子领导出席开工仪式，为江苏万达特种轴承有限公司轴承生产项目开工培土奠基。万达轴承生产项目总投资10亿元，占地约144亩。项目计划于2020年年底主体厂房竣工，2021年9月30日设备安装完成，2022年9月30日转化达产。

△ 全市城建重大项目集中开(复)工暨张八里花苑安置房建设工程奠基仪式举行。市领导张建华、何益军、张元健、丁兴华、史有根、茅红宇、陈万圣、黄文斌、冒平等出席活动。该次集中开(复)工的城建重大项目包含张八里花苑安置房建设工程、通皋大道建设工程、中医院内科病房综合楼工程和区域供水三期工程等6个项目。

△ 江苏省对口支援湖北黄石第二批医疗队组建完毕，如皋市中医院副院长吕军作为如皋市唯一的队员光荣入选。24 日凌晨，吕军前往南通集合，开赴湖北黄石。

△ 如皋市确诊病例全部治愈出院。

24 日

如皋市召开新型冠状病毒肺炎疫情防控指挥部视频调度会议，通报当前全市疫情防控情况，部署下阶段重点工作。市新型冠状病毒肺炎疫情防控指挥部指挥长，市委副书记、市长何益军出席会议并讲话。市领导陈晓彬、黄文斌、张亚鸾、程瑞琴、顾留忠出席会议。

△ 全市中小学幼儿园开学复学疫情防控工作视频会议召开，部署各学校开学复学疫情防控工作。市领导何益军、高峰、张亚鸾出席会议。会上，市委副书记、市长何益军分析了全国、我市的疫情防控形势以及学校防控工作的重要性。市教育局负责人代表市学校防控组部署疫情防控工作；安定小学、市市场监管局、经济技术开发区有关负责人分别作交流发言；校长代表向市政府作疫情防控承诺。

△ 为全力做好新型冠状病毒感染的肺炎疫情防控工作，有效切断病毒传播途径，自 24 日零时起，市图书馆、市文化馆、市博物馆、市少年儿童图书馆及体育中心各场馆，暂停对外开放。

△ 江中集团抗击新冠肺炎疫情捐赠仪式在市疫情防控指挥部举行，江中集团共向市红十字会捐款 40 万元，其中，员工捐款 20 万元，企业捐款 20 万元。市委常委、常务副市长、市红十字会会长茅红宇，副市长张亚鸾参加活动。

25 日

市委副书记、市长何益军专题调研全市污染防治攻坚工作，听取市攻坚办负责人关于 2020 年污染防治攻坚工作汇报，详细了解推进机制、思路举措和存在问题等情况，并围绕当前污染防治攻坚中的突出短板问题，听取环保、住建、水务、农业农村、水务集团等部门和单位工作汇报。市领导史有根、黄文斌参加调研。

△ 如皋市召开科技人才工作联席会议第一次例会。市委副书记、市长何益军，副市长程瑞琴、孙恒参加会议，听取各参会部门主要负责人围绕自身职能，就 2020 年科技与人才工作的重点项目、目标成效、推进计划与举措等进行详细汇报。会议讨论研究《如皋市科技人才工作联席会议议事规则》和《2020 年市科技人才工作联席会议工作要点》。

26 日

南通市政协副主席尹建炉一行到如皋，调研"加强复学疫情防控工作"。如皋市领导张元健、张亚鸾、严世斌，市政协秘书长许映亮参加活动。会上，市教育局负责人就如皋市现阶段开学复学疫情防控工作情况进行了汇报。城区部分中小学校负责人围绕防疫物资保障，复学前师生生活轨迹摸排，复学后学生在校就餐、上课、住宿，做好应急预案，针对传染病的宣传培训工作应该如何开展等实际问题，向调研组反映了意见。

△ 市人大常委会召开城市社区、商业场所疫情防控和市场保供督查工作专题部署会议。为维护新冠肺炎疫情防控期间人民群众的正常生产生活秩序，根据市委总体部署，市人大常委会组织对我市城市社区、商业场所疫情防控和市场保供情况开展督查。根据督查方案安排，市人大常委会领导将分别带领督查组，对如皋工业园区（如城街道）、高新区（城南街道）、经济技术开发区主城区范围内的城市社区、商业场所开展督查督导。督查将采取"四不两直"方式，以巡查与抽查相结合，督查防控工作人员到位情况、社区疫情防控措施和商业场所疫情防控重点任务"六到位"落实情况、市场保供情况以及"联防联控"推进情况等。

△ 经市委、市政府组织企业到云南招工，首批 427 名来自云南曲靖的务工人员从云南出发，横跨半个中国，经过 30 多个小时的车程，从多个高速路口进入如皋，抵达南通荣威娱乐用品有限公司等 7 家重点企业，助力企业复工复产。

27日

27日起(至4月15日),市人大常委会督查组分别对如城街道、城南街道、城北街道主城区范围内的城市社区、商业场所疫情防控及市场保供情况开展督查督导。

△ 市政协召开主席会议,专题部署加强复学疫情防控调研督查工作。市政协主席张元健,副主席冒平、杜永红、郑振明、严世斌、刘晓洁,秘书长许映亮出席会议。调研、督查工作围绕“确保不让一个疫情隐患进入校园,不让校园发生一起疫情病例,不让一所学校因疫情传播而停课停学”目标,由市政协主席会议成员带队深入全市各镇(区、街道),从“如何做好复学前的准备工作、复学后的防控工作”两方面进行调研督查。

28日

南通市委召开理论学习中心组集中学习(扩大)会,邀请苏州市委党校副校长方伟,省政府参事、南通大学江苏长江经济带研究院院长成长春和市委党校教授季建林等专家学者作苏州“三大法宝”专题辅导报告。市四套班子主要领导在如皋分会场参加收听收看。

△ 市委副书记、市长何益军听取疫情重点地区到如皋人员集中隔离观察情况汇报,对指挥部工作提出要求。

△ 为响应党中央对广大党员的号召,如皋市动员组织党员捐款,支持新冠肺炎疫情防控工作,市四套班子党员领导带头捐款,以实际行动做好表率,示范带动全市广大党员干部踊跃奉献爱心,众志成城,全力抗疫。按中组部通知要求,捐款将主要用于慰问战斗在疫情防控斗争第一线的医务人员、基层干部群众、公安民警和社区工作者等,资助因患新冠肺炎而遇到生活困难的群众和因患新冠肺炎去世的群众家属,慰问在疫情防控斗争中牺牲的干部群众家属等。

△ 2月28日0时,省卫健委发布《江苏省新冠肺炎疫情风险等级名单》,如皋市由中风险地区降为低风险地区。

△ 根据市委要求,2月28日至疫情防控结束,市政协对全市复学疫情防控工作进行调研督查。由市政协主席会议成员率队到全市各镇(区、街道),着重围绕“复学前后疫情防控对策举措、存在的主要问题和困难、需要市委、市政府采取的措施和意见建议”三个方面进行调研。

29日

市委副书记、市长、市疫情防控指挥部指挥长何益军主持召开市疫情防控指挥部(扩大)会议,传达中央统筹推进新冠肺炎疫情防控和经济社会发展工作部署会议精神,听取各镇(区、街道)负责人汇报镇指挥部实体化运作情况及“1+30”重点疫区人员管控情况,深入贯彻落实习近平总书记在统筹推进新冠肺炎疫情防控和经济社会发展工作部署会议上的重要讲话精神,总结成绩,分析形势,研究部署下一步疫情防控和经济发展工作。市领导茅红宇、陈晓彬、黄文斌、张亚鸾、张百璘、程瑞琴、顾留忠出席会议。市疫情防控指挥部副指挥长结合各自分工对相关专业工作进行了点评。

△ 市委书记张建华主持召开市委党建工作领导小组会议,深入学习领会习近平总书记关于党的建设重要论述精神,研究部署2020年党建工作任务。会议通报南通市委对如皋市委2019年党建考评情况、整改要求,审议并原则通过述职点评意见整改方案、2019年度基层党建优秀“书记项目”;听取2019年度全市党建特色亮点工作汇报及2020年工作打算,研究部署今年工作任务。

△ 市委副书记、市长何益军率队调研全市半导体材料科技型企业集聚发展情况。副市长程瑞琴、顾留忠、孙恒参加调研。会上,海迪科(南通)光电科技有限公司、江苏卓远半导体有限公司、江苏秦烯新材料有限公司、南通泰德电子材料科技有限公司等相关企业负责人分别汇报了公司在半导体材料领域科技创新竞争力,公司运营情况、发展愿景、存在瓶颈等方面内容;市委组织部有关负责人详细介绍了我市人才招引相关政策;高新区管委会相关负责人就“如何推进半导体材料产业集聚发展,努力形成园区在半导体产业竞争的比较优势”提出了思路。

2月,为方便市民妥善处理废弃口罩,防止大量随意丢弃的废弃口罩造成二次污染,市环卫处在市区主次干道和各公共场所等处,投放98个废弃口罩专用垃圾桶,供市民丢弃废弃口罩。

2020 年 3 月

3日 市委副书记、市长何益军专题调研行政审批工作，听取全市行政审批工作情况汇报，并就做好下一步工作提出要求。市委常委、常务副市长茅红宇参加调研。

△ 副市长张百璘率领市双拥办人员前往部分奋战在武汉一线的如皋籍援鄂抗疫军人顾亮亮、吕连杰、于亚平家中，看望慰问他们的家属，并通过他们向远在武汉的抗疫一线军人表达敬意。

△ 江安镇第十八届人民代表大会第八次会议胜利召开。大会听取并审查了《政府工作报告》、《人大主席团工作报告》和《关于江安镇2019年财政预算执行情况和2020年财政预算(草案)的报告》，补选镇人大主席、镇政府副镇长，并顺利通过各项决议。

3—4 日

市政协主席张元健率队前往白蒲镇、经济技术开发区，调研督查复学疫情防控工作，先后听取白蒲镇、经济技术开发区相关负责人汇报，并到白蒲中学、白蒲小学、经济技术开发区实验初中、如皋市第二中学，实地查看学校疫情防控、环境消杀、物资储备、方案制订等开学前的各项准备工作，询问了解师生疫情信息排查、进餐管理、住宿管理等情况。

4日 市委副书记、市长何益军主持召开疫情防控工作会议，听取预防控制组、交通防控组、学校防控组等相关责任人汇报当前疫情防控工作情况，要求以不发生疫情传播为底线，按照分区分级原则继续做好动态防控、科学防控、精准防控，稳妥有序推进各行业各领域复工复产复课。副市长张亚鸾、程瑞琴，市政协副主席严世斌出席会议。

△ 市委副书记、市长何益军率队督查全市疫情防控工作，先后实地查看市委党校集中医学观察点、高新区(城南街道)疫情防控应急指挥部、经济技术开发区汉庭酒店集中医学观察点、天平市场、搬经镇集中医学观察点、S334泰州和搬经搭界卡口，全方位检查疫情防控各项工作落实情况，并看望慰问奋战在一线的医护人员和工作人员。副市长张亚鸾参加督查。

△ 江苏煤炭地质局党委书记、局长，中煤长江地质集团党委书记、董事长蔡卫明一行到如皋考察，听取如皋市2020年重大城建项目计划介绍，并就可能合作的领域进行交流探讨，谋求项目合作。市委副书记、市长何益军陪同考察。

△ 市人大常委会副主任邵晓泉带领人大调研组调研市政府贯彻落实《市人大常委会关于检查<江苏省农业综合开发管理条例>实施情况的报告》情况。召开座谈会，听取市政府办、财政局、农业农村局工作情况汇报，实地视察石庄、磨头等镇农业综合开发项目。

△ 市政协副主席刘晓洁带领市政协复学疫情防控第六调研组到江安镇调研全镇教育系统复学准备工作情况。江安镇党委书记孙康、镇长王鹏、人大主席申燃，及卫生所、教管中心、江安高中、各中小学负责人参加调研座谈会。

6日 南通市委主题教育第三指导组组长、南通市政协副秘书长陈亮一行到如皋，专题调研指导“机关作风整治月”活动情况和村（社区）党群服务中心挂牌清理工作，实地走访如皋工业园区（如城街道）迎新社区，高新区（城南街道）新庄社区、桃北村和市行政审批局。

△ 市委副书记、市长何益军主持召开如皋市企业上市座谈会，市委书记张建华出席会议并讲话，市委副书记丁兴华，市委常委、常务副市长茅红宇，副市长顾留忠就企业上市具体工作进行点评。会议听取江苏汇名天然气有限公司、南通星球石墨股份有限公司、南通超达装备股份有限公司等入轨企业和重点后备企业负责人介绍上市情况及下一步发展打算，企业所属镇(区、街道)和相关部门负责人对企业提出的问题进行了现场解答。

△ 市人大常委会副主任邵晓泉带领人大调研组调研市水务局评议意见落实情况，听取市政府办、水务局、财政局工作汇报，实地视察城南、如城街道水利工程现场。

7日

市委常委、常务副市长、市红十字会会长茅红宇，副市长张亚鸾分别率队慰问驰援湖北医护人员家属，向“最美逆行者”家属送上诚挚的问候和由衷的敬意。新冠肺炎疫情发生后，全市医护工作者不畏艰难，勇于担当，踊跃报名支援抗疫一线，先后共有 11 名医护人员参与驰援湖北。

9日

市委副书记、市长何益军主持召开第十七届市政府第四十六次常务会议，听取市十七届人大四次会议代表建议，市政协十四届四次会议委员提案基本情况及议案办理建议，讨论研究市政府党组及领导班子全面落实党风廉政主体责任制清单、《2020 年如皋市创建国家全域旅游示范区工作考核办法》、《如皋市 2020 年现代服务业考核办法》、《关于实施市场准入联审联办制度的意见》、《如皋市 2020 年安全生产目标管理考核办法》等议题。

在第 42 个全民义务植树节到来之际，市四套班子主要领导张建华、何益军等到长江镇长江二桥西侧(夹江南侧)植树点，参加义务植树活动，现场栽植直径 8 厘米的榉树，完善提升长江沿汇生态廊道。

10日

市四套班子主要领导、市委副书记丁兴华分别率领同组的党代表、人大代表、政协委员，到经济技术开发区双龙社区、如皋工业园区（如城街道）城南社区、长江镇中心沙社区、吴窑镇长庄村、长江镇镇龙社区等挂钩联系村（社区）的“两代表一委员”工作室，参加“两代表一委员”接待活动，面对面听取群众心声，了解基层群众关心的热点难点问题，帮助解决实际困难。

△ 如皋市召开 2020 年城市建设指挥部工作会议，动员城市建设战线全体同志全身心投入城市建设大会战，全力推动城市高质量建设。市委副书记、市长何益军出席会议并讲话，如皋工业园区、如皋市长寿旅游度假区负责人总结 2019 年全市城市建设工作成绩，并对 2020 年城市建设和搬迁工作进行部署。会议宣读了选派参与城市建设和搬迁实践锻炼的人员名单。市领导史有根、茅红宇、黄文斌出席会议。

11日

省委副书记任振鹤一行考察如皋市花木产业发展以及相关就业创业情况，实地参观花木大世界(如皋)国际园艺城，走进盆景精品展示馆，详细了解各个派系的盆景等特点及园艺城经营情况。南通市委书记徐惠民、副书记沈雷，如皋市领导张建华、丁兴华等参加考察活动。

△ 市委书记张建华主持召开市委常委会会议，传达学习习近平总书记在中共中央政治局常务委员会会议和决战决胜脱贫攻坚座谈会上的重要讲话精神，听取市政协党组关于贯彻落实《中共南通市委关于新时代加强和改进人民政协工作的实施意见》主要精神汇报，讨论《如皋市 2020 年度综合考核实施办法》《2020 年如皋市新型工业化考核办法》《2020 年如皋市科技创新工作考核办法》《2020 年如皋市现代服务业考核办法》《2020 年深化新时代文明实践中心建设试点工作实施方案》等议题。

△ 市委理论学习中心组召开专题学习研讨会,围绕"学习苏州'三大法宝',答好南通'发展四问'"开展交流研讨。市委书记张建华主持学习研讨会。南通市委副书记沈雷到会指导。

12日 省委、省政府召开全省扶贫开发工作会议,深入贯彻中央脱贫攻坚决策部署,总结2019年工作,分析当前形势,部署安排2020年脱贫攻坚巩固提升工作,动员全省上下凝心聚力决战决胜脱贫攻坚。会议以电视电话会议形式召开,各市、县(市、涉农区)设分会场。市委副书记丁兴华、副市长张百璘在如皋分会场收听收看。

△ 国网南通供电公司党委书记沈华率队到如皋,就供电如何保障重大项目建设、促进经济社会发展进行现场对接。市委副书记、市长何益军,副市长顾留忠参加座谈会,介绍地方经济社会发展情况,并提出当前需要国网南通供电公司协调解决的问题。

△ 中国第42个植树节,花木大世界控股有限公司开展"约会春天"植树活动,传播绿色理念,并为新项目——"雉水花谷"花海经济项目举行启动仪式。副市长张亚鸾参加活动。"雉水花谷"花海经济项目总占地面积595亩,预计总投资2.5亿元,包含各类特色主题花海、户外休闲娱乐等,目标打造集生态旅游、休闲度假、影视拍摄、婚礼庆典、户外运动和盆景文化体验于一体的(吃、住、行、购、娱)生态观光旅游胜地。

13日 市十七届人大常委会召开第五十六次主任会议,讨论市政府关于2019年度全市环境保护的专项工作报告、关于全市体育场馆建设、运营和管理情况审议意见落实情况的报告、关于《国务院住房公积金管理条例》《江苏省农业综合开发管理条例》执法检查报告落实情况的报告,讨论市检察院、自然资源局、水务局、商务局、传媒集团关于市人大代表评议意见整改落实情况的报告,讨论《如皋市人大常委会专题询问办法(修订草案)》,讨论确定2020年度市人大常委会重点督办人大代表建议,讨论相关人事任免事项。

14日 全市总结表彰暨作风效能建设大会召开,市委副书记、市长何益军主持会议,市委书记张建华在会上讲话。市委副书记丁兴华宣读《市委、市政府关于表彰2019年度先进集体和先进个人的决定》。大会回顾总结2019年工作,表彰先进典型,对获评特级称号和五星级称号的企业家进行了颁奖,经济技术开发区、磨头镇、市发改委、梦百合家居科技股份有限公司、江苏华永汽车悬架有限公司等单位相关负责人进行了交流发言。

16日 南通市台办主任赵男男一行到如皋走访调研,实地走访新建台资企业——江苏盈达机电科技有限公司项目建设工地,听取如皋台资企业复工复产、台资企业总体运行、新批台资企业发展及2020年对台工作打算等情况汇报。

△ 如皋市文明委全委会、新时代文明实践中心建设试点工作联席会议暨文明殡改推进会召开。市领导丁兴华、高峰、陈万圣、张亚鸾、严世斌出席会议。

△ 省信用办印发《2019年度各设区市和县级地区政务诚信评价结果的通知》,通过委托第三方机构对全省13个设区市和96个县(市、区)政务诚信建设情况跟踪监测、总结自评、现场考察、专家评分、综合测评,如皋市被评定为一等次。

17日 如皋市召开金融工作会议,着力发挥金融工作的血脉作用,积极为实体经济造血输血活血。市领导张建华、何益军、茅红宇、石慧宏出席会议。

△ 如皋市土地利用总体规划修改方案获省政府批复,新增规划流量指标1.5万亩。规划修改后,如皋市土地利用总体规划(2006年—2020年)确定的允许建设区规模减小662.4873公

顷,限制建设区规模增加 662.4873 公顷,进一步优化如皋市空间布局。

△ 市人大常委会副主任邵晓泉到双钱轮胎、嘉好热熔胶了解抗疫及复工生产情况,外事民宗侨台工委和城北街道相关人员参加活动。

18日 省委宣传部副部长、省文明办主任葛莱率队到如皋调研精神文明建设工作,实地走访调研经济技术开发区平园池村新时代文明实践站、市新时代文明实践中心、吴窑镇新时代文明实践所等处,听取全市精神文明建设情况汇报,勉励如皋对标人民群众美好期盼,着力培育高素质文明市民,打造高水平文明实践品牌、建设高质量全国文明城市。市领导张建华、丁兴华、高峰等陪同调研。

△ 如皋市召开一季度安委会(消委会)全体(扩大)暨建筑施工安全生产专项整治推进会议,与会人员观看安全生产教育专题片,副市长黄文斌对加强建筑施工领域安全监管工作进行部署,副市长顾留忠宣读南通市委、市政府主要领导重要批示精神,市住建局、高新区(城南街道)、南通泛华建没有限公司主要负责人交流发言。

△ 南通市委、市政府决定,给予 40 名公务员和 17 个公务员集体记二等功奖励。如皋市人民法院党组成员、副院长黄卫东、江安镇党委书记孙康、南通如皋海事处泓北沙海巡执法大队副大队长王锴梁 3 人和如皋市行政审批局获南通市记二等功奖励。

19日 市委副书记、市长何益军率领市发改委、卫健委、高新区(城南街道)、如皋工业园区(如城街道)等部门和单位负责人一行,视察服务业复工复产情况,实地查看顺丰速递、如皋文峰大世界、吾悦广场、中山路商业街。副市长程瑞琴参加活动。

20日 “如皋·崇川”野生动物协同保护框架协议签字仪式在崇川法院举行,这是全省首个跨县域野生动物协同保护机制。南通中院党组成员、审判委员会专职委员高鸿,崇川区政府常务副区长谭真,长江航运公安局南通分局局长孙德泉,如皋法院院长章智敏,崇川法院院长娄宏春,崇川检察院检察长邹建华以及崇川区公安局、司法局、农业农村局、市场监督局、综合执法局的主要负责人参加签字仪式。

△ 如皋市首例采取“不见面”方式、借助网上电子询价系统成功实施采购项目——市第二中学实验室桌凳橱柜等设备采购项目通过“网上电子询价”不见面开标方式,顺利确定成交供应商。供应商无须到达开标现场,依托南通市公共资源交易系统,远程自主完成投标文件线上递交、投标保证金线上缴纳、远程线上实时交互等环节,扬州某科教设备有限公司通过竞价中标,节资率约 38%。

23日 省安全生产第六督导组督导如皋安全生产工作。省自然资源厅二级巡视员、省安全生产第六督导组副组长史照良听取市委书记张建华汇报全市安全生产工作,并进行点评,强调健全完善安全生产长效机制,努力实现本质安全。

△ 如皋市召开宣传思想工作会议,研究部署 2020 年全市宣传思想工作。市委书记张建华对全市宣传思想工作作出批示。市委常委、宣传部部长高峰,副市长张亚鸾出席会议。会议对 2019 年度如皋市优秀宣传干部、如皋市优秀宣讲志愿者、“学习强国”平台推广使用先进单位和先进个人进行表扬,相关部门作交流发言。

△ 市人大常委会副主任张勇赴新空间集团、双马化工有限公司、赛孚机械有限公司、赫程信息技术有限公司了解企业运行情况、疫情防控情况、复工复产情况,东陈镇党委主要负责人和市人大常委会财经工委相关人员参加活动。

24 日 南通市人大常委会党组副书记、副主任陈惠娟率队到如皋，就农村村级集体经济发展、农村人居环境整治、农村一、二、三产业融合情况进行调研，先后实地调研白蒲镇合兴村、文著社区及经济技术开发区江苏弘玖水产有限公司、平园池村等处。

△ 市政协主席张元健率队赴白蒲镇，视察挂钩镇区复工复产情况，实地走访金轶纺织有限公司、华东油压科技有限公司、信昌电线电缆生产项目现场、德晋昌集团项目现场等处，详细了解企业复工复产和项目推进过程中好的做法以及遇到的问题。

△ 如皋市召开供水安全保障提升暨建筑施工领域安全生产大排查大整治大提升“百日行动”动员部署会，对全市供水安全保障提升、建筑施工领域安全生产大排查大整治大提升“百日行动”两项工作进行详细部署和具体安排。市领导何益军、黄文斌等参加会议。

△ 如皋市文化产业工作推进会议在市民服务中心召开，对 2020 年全市文化重点工作进行动员、部署，与会人员集中学习《如皋市促进文化产业高质量发展激励办法》《2020 年度镇(区、街道)文化产业发展考核细则》，并就文化产业统计工作进行培训。各镇(区、街道)宣传委员、文化产业工作分管领导、文化站长、统计助理、文化产业统计人员以及市文体广电和旅游局各科室(单位)负责人参加会议。

△ 经济技术开发区 2020 年首批重点项目集中开工、奠基仪式在金通灵大型鼓风机项目现场举行。集中开工、奠基项目共 3 个，总投资 31.25 亿元，分别是金通灵大型鼓风机项目，总投资 10 亿元；新瑞智能家居金属结构件生产项目，总投资 1.25 亿元；柏承 HDI 高密度印刷电路板项目，总投资 20 亿元。

24—25 日

省安全生产第六督导组到如皋，督导检查全市建筑工地复工复产情况，实地参观氢能产业园、维记奶业建筑项目、旅游集散中心、金鼎朗诗建筑项目等重点项目和企业，对项目推进、企业发展情况进行深入了解。市委常委、常务副市长茅红宇，副市长黄文斌、程瑞琴、顾留忠、孙恒陪同督导检查。

25 日 如皋市召开 2020 年全市人大代表建议提案交办会，回顾总结 2019 年办理工作，部署交办 2020 年目标任务，动员各承办主体进一步提高思想认识，强化责任担当，狠抓工作落实，确保圆满完成 2020 年办理任务。市领导茅红宇、张勇、严世斌参加会议。

26 日 南通市委常委、政法委书记姜永华一行到如皋，调研社会治理现代化指挥平台建设和公路超限超载整治工作，实地走访新 204 国道服务区(公路超限超载整治点)和市公共治理服务中心，详细了解公路超限超载整治点硬件设施、人员管理情况，以及公共治理服务中心运行情况。市领导张建华、缪小华陪同调研。

△ 市人民法院召开干部会议，市委组织部部长宣读关于调整如皋市人民法院主要领导的文件，唐明渠提名为如皋市人民法院院长候选人人选，章智敏不再担任如皋市人民法院党组书记、院长职务。南通市中级人民法院院长曹忠明，如皋市领导张建华、缪小华出席会议。

△ 市十七届人大常委会召开第五十七次主任会议，讨论有关人事任免事项，讨论市政府关于新冠疫情防控工作的报告，讨论《如皋市人大常委会主任、副主任接待人大代表日制度(草案)》、《如皋市人大代表建议、批评和意见重点处理工作办法(草案)》和预算联网监督系统软件建设方案。

△ 如皋市召开市镇两级治理现代化指挥中心建设推进会，明确市镇两级治理现代化指挥中心、平台建设工作的相关背景、任务要求，并对具体工作进行详细部署。市委常委、常务副市长茅红宇出席会议。

△ 市扫黑除恶专项斗争领导小组办公室(扩大)会议召开，分析研究当前全市扫黑除恶专项斗争的形势任务，查找短板弱项，谋划部署 2020 年全市扫黑除恶工作。市委常委、政法委书记、市扫黑除恶专项斗争领导小组副组长、市扫黑办主任缪小华出席会议。会议传达了上级有关文件精神，市纪委监委、市委组织部、市委宣传部、公安局等部门汇报交流了专项斗争工作开展情况。

△ 市第十七届人大常委会第二十六次会议召开，听取和审议市政府关于全市新冠肺炎疫情防控工作的报告、关于2019年度全市环境保护的专项工作报告、关于贯彻落实《市人大常委会关于全市体育场馆及设施建设、运营和管理情况报告的审议意见》的报告、关于贯彻落实《市人大常委会关于检查实施情况的报告》的报告、关于贯彻落实《市人大常委会关于检查实施情况的报告》的报告，市人民检察院、自然资源局、水务局、商务局和融媒体中心(传媒集团)关于市人大代表评议意见整改落实情况的报告，并通过相关人事任免事项。

27日 南通民营经济发展大会暨第三届通商大会在南通国际会议中心召开，这是在新冠肺炎疫情防控取得阶段性胜利的特殊时刻，在全面恢复正常生产生活秩序的关键阶段，南通召开的第一个高规格、大规模会议。各县(市、区)设分会场。如皋市委书记张建华在主会场参会，市四套班子领导在如皋分会场收听收看。

28日 磨头镇举办商会成立大会暨企业家座谈会，选举产生磨头镇商会第一届理事会，并围绕科技创新、市场拓展、团队建设等方面共商发展良策。市领导钱志刚、顾留忠、杜永红参加活动。

△ 市人大常委会副主任邵晓泉督查白蒲镇田港河、林马河综合整治工作，外事民宗侨台工委、商务局相关人员以及白蒲河段长参加活动。

30日 如皋市举行解决养老机构消防审验问题专题工作会议。副市长张百璘参加会议，听取市民政局、消防大队、住建局、自然资源局4个职能部门就完善即将出台的《解决全市养老机构消防审验问题实施方案》提出意见和建议。

△ 如皋市召开项目建设月度观摩会，通过观摩、汇报、点评等形式，对长江镇宏茂广大精密铸件加工中心等全市重大项目建设推进情况进行阶段性督促和检验，全力以赴推动项目建设大干快上。市四套班子主要领导张建华等参加观摩会。市委副书记丁兴华点评项目建设情况。

31日 南通市委、市政府召开全市农村工作会议暨农村人居环境整治工作推进会，强调狠抓农业转型，提升乡村振兴质态，推进农村人居环境整治，保障农村民生改善。市领导邵晓泉、张百璘在如皋分会场收听收看。

△ 市委书记张建华主持召开市委常委会会议，传达学习3月27日中央政治局会议，中央、省和南通市扫黑除恶有关会议精神，讨论《2020年全市扫黑除恶专项斗争工作要点》《科级领导干部谈心谈话活动方案》《南通市先进集体、劳动模范和先进工作者以及如皋市劳动模范人选建议名单》等议题。

△ 江安镇召开2020年度工业经济大会。全体党政领导、全镇2019年度全镇应税销售超500万元的企业、各村(社区)党组织书记及相关人员参加会议。

2020 年 4 月

1日 如皋经济技术开发区、城北街道召开干部会议,宣布区街分设干部调整决定。市委书记张建华出席会议并讲话。

△ 市政协主席张元健率领市生态环境局、市农业农村局、市水务局等相关部门负责人一行,对如海运河进行巡查,详细询问河段水质基本情况,流经的码头、工厂、施工工地情况,沿岸环境整治工作情况,并就如何解决河道日常管护工作中存在的河坡垃圾倾倒、配套设施老旧等问题,与相关部门负责人进行探讨。

△ 如皋市援鄂首批返如医护人员结束 14 天的集中健康休养,在休养隔离点金岛生态园见到阔别已久的家人,并在短暂相聚后,集中乘车前往南通市行政中心,参加南通市援鄂医疗队返通欢迎仪式。副市长张亚鸾代表如皋市委、市政府参加仪式,迎接如皋支援湖北医疗队 10 名成员平安回家。

△ 如皋市召开 2020 年小麦赤霉病防控暨农药零差率配送工作会议,市农业农村局、市供销社相关负责人分别对小麦病虫总体发生趋势、防治技术以及农药零差率集中配送、农药包装废弃物回收试点工作进行解读,最大限度降低夏粮安全生产风险,夯实全年粮食丰收基础。副市长张百璘出席会议。

2日 中国电子信息产业集团有限公司规划科技部经理刘一凡、上海浦东软件园董事长谢庆华一行考察如皋软件园投资环境,听取软件园发展情况介绍,并实地参观高新区创新体验中心、一下科技、凌志软件等处,详细了解园区产业和重点企业发展情况。南通市副市长潘建华,如皋市领导张建华、茅红宇参加活动。

△ 市政协召集市级机关相关部门负责人座谈,就全市学前教育进行调研。市政协主席张元健、副主席严世斌参加座谈会,听取市教育局相关负责人总结汇报全市学前教育历史、现状、当前存在的短板,以及从思想认识、体制机制、资源配置、经费保障、师资建设等方面提出的建议,涉及学前教育的其他部门负责人根据职责,汇报相关工作开展情况,并就进一步做好学前教育工作提出了建议。

△ 南通市老区开发促进会、扶贫开发协会、老区扶贫基金会理事长秦厚德率队到如皋,开展“纪念红十四军建军 90 周年”走访慰问活动,实地参观江安镇红十四军建军纪念碑广场、如皋市烈士陵园和红军井等处,瞻仰红十四军建军纪念碑和红十四军军长何昆塑像,走访慰问红十四军战士后代中的困难户。

3日 市委副书记、市长何益军主持召开第十七届市政府第四十七次常务会议,传达中央政治局会议精神,听取 2020 年重大城建项目和搬迁项目推进情况汇报,研究讨论《2020 年度全市打赢污染防治攻坚战任务清单 (送审稿)》《2020 年度如皋市打赢污染防治攻坚战考核办法(送审稿)》《关于进一步打造资本市场“如皋板块”助推经济高质量发展的若干政策意见(送审稿)》《关于促进生猪生产转型升级的实施意见(送审稿)》等有关议题。

△ 市委副书记丁兴华一行深入如皋工业园区(如城街道)、经济技术开发区,调研科技型企业,先后实地走访江苏斯图加特光学有限公司、势加透博洁净动力如皋有限公司,查看斯图加特的生产车间和研发中心,听取势加透博 XT-FCC160/300/400 系列型号燃料电池无油离心空压机的研发情况汇报,并与企业负责人交流下一步发展思路。

△ 2020 如皋市首届网络文化季开幕式暨纪念红十四军建军 90 周年网络主题活动启动仪式在江安镇举行。市委常委、宣传部部长高峰等市领导出席活动，先后向红十四军建军纪念碑敬献花篮，将“踏寻红色足迹，传承革命精神”活动主旗授予市委党史办，并和与会人员实地踏访江安镇贲家巷红十四军建立地、红军井等红色遗址。

△ 如皋市长寿养生园“存量厂房+养老服务”节地模式被评为全省节地模式（技术）先进典型案例，全省共 10 家，获省自然资源厅通报推广。

7日 全市重点人才工作部署会暨省“双创计划”申报动员会召开，贯彻落实中央及省、南通市人才工作相关精神要求，听取各镇（区、街道）和相关部门负责人汇报交流 2020 年拟申报“双创计划”项目情况和 2020 年新落户及在手在谈项目情况。安排部署 2020 年人才重点工作。

8日 市供水安全保障提升工作指挥部召开例会。副市长黄文斌出席会议，听取各镇（区、街道）有关工作推进情况汇报，并就如何做好下一阶段工作进行部署。

9日 南通市人大常委会党组副书记、副主任陈惠娟率队到如皋，就养老服务体系建设和落实《江苏省养老服务条例》情况进行调研，实地查看长寿养生园、白蒲镇阳光敬老院、长寿星朝阳长者照护之家、如皋申丞护理院、安康通智慧居家养老服务中心等处。如皋市领导邵晓泉、张百璘等陪同调研。

△ 市人大常委会组织部分市人大代表视察本市部分城建重点工程建设情况。市人大常委会副主任陈万圣参加视察，市交通运输局、住建局和水务集团等部门负责人参加活动。

△ 省文物局文物管理处处长刘旭旭一行到如皋市开展文物安全综合管理实验区建设情况调研，南通市文旅局、如皋市文体旅游局相关领导陪同调研。

10日 市四套班子主要领导分别率领同组的党代表、人大代表、政协委员，走进挂钩联系村（社区）的“两代表一委员”工作室，了解民生、听取民意，收集老百姓关心关注的热点难点问题，切实为老百姓排忧解难。

△ 市总工会召开第十五届八次全委（扩大）会议，听取和审议市总工会工作报告，对如皋市“五一劳动奖章”“五一先锋号”“五一巾帼标兵”“五一巾帼标兵岗”获得者进行表彰。

11日 如皋市举办援鄂医疗队员回如返岗欢迎仪式。市委副书记、市长何益军主持活动，市委书记张建华在欢迎仪式上讲话，并向 6 位援鄂护士颁发“如皋市三八红旗手”荣誉证书。医生代表吕军，护士代表洪美琳，家属代表徐冬分别发言。市领导为 11 位医护人员家庭颁发如皋市“最美家庭”荣誉证书。

△ 如皋市召开高新技术企业申报与管理培训会，市科技局对全市 2020 年高企申报工作进行布置，并对 2020 年激励政策作解读。会议邀请省科技厅专家李天童作为主讲嘉宾，对“高企认定条件”“2019 年高企申报存在问题”“2020 年高企申报注意事项”等申报要点进行讲解，并就认定、实操工作中遇到的问题与企业互动答疑。副市长程瑞琴出席会议。

13日 如皋经济技术开发区举行第三届政银企合作恳谈会，通过政府搭建银行、企业沟通平台，共同应对疫情形势下企业生产中遇到的困难和问题，共同商讨加快转型发展的良策。活动中，民生银行、建设银行、南京银行、江苏银行、工商银行等金融机构分别与经济技术开发区相关企业进行签约，授信金额达150亿元。南通银保监分局局长葛步明、市委书记张建华出席会议。

14日 全省国土空间规划工作电视电话会议召开。市领导何益军、茅红宇、陈万圣、黄文斌、冒平等在如皋分会场参加收听收看，并在会议结束后召开如皋市自然资源工作会议，回顾总结2019年全市自然资源工作，对2020年任务进行部署。市委副书记、市长何益军在会上讲话。

△ 全市全域旅游创建暨文体旅游行业安全生产专项整治推进会议召开，总结机构改革一年来全市文体旅游工作，并对一批先进单位进行表彰。会议由市委常委、宣传部部长高峰主持，副市长张亚鸾作工作报告，市委副书记、市长何益军出席会议并讲话。

△ 如皋市召开信访工作联席（扩大）会议暨信访矛盾化解百日攻坚专题会议，传达市委书记张建华对信访工作批示要求，通报一季度全市信访工作情况，对当前信访工作进行部署。市领导何益军、缪小华、陈晓彬出席会议。

△ 在如南通市政协委员前往东陈镇的凯晖科技股份有限公司，深入企业生产一线，调研企业复工复产和经营发展情况。市政协主席张元健、副主席严世斌、秘书长许映亮参加调研。

△ 如皋市召开2020年全民阅读活动领导小组（扩大）会议，贯彻落实省和南通市书香城市建设要求，总结2019年全民阅读工作，部署2020年工作。市领导高峰、张亚鸾参加会议。

△ 市人大常委会副主任张勇调研政府性债务化解工作及国企改革运行情况，市人大常委会财经工委全体人员、市政府办分管负责人、市财政局主要负责人和分管负责人及相关科室人员、市审计局分管负责人及相关科室人员参加调研。

15日 如皋市召开科协工作会议，回顾总结2019年全市科协工作成绩，研究部署下一阶段工作。

△ 市人大常委会副主任陈万圣调研市人民法院破产审判工作情况，实地视察破产企业复工复产现场，听取市法院工作情况汇报及企业负责人情况介绍，与从事破产审判、民事审判、案件执行工作的员额法官座谈。调研组相关人员参加。

△ 市人大常委会副主任邵晓泉带领人大调研组调研全市脱贫攻坚工作，听取市政府及扶贫办、财政局、医保局、住建局、教育局、残联、人社局脱贫攻坚工作汇报。

16日 上海市水务局副局长刘晓涛率领长江水利委员会汛前检查工作组到如皋，开展汛前检查，实地查看又来沙闸站改建工程建设现场，听取项目负责人对工程建设情况的介绍和如皋市水务局关于度汛准备工作的汇报。市领导何益军、张百璘参加活动。

△ 南通市委宣传部副部长、南通市新闻出版局局长王一鸣率领调研组到如皋，调研九华镇、长江镇等地文化产业发展情况。如皋市委常委、宣传部部长高峰陪同调研。

△ 市委书记张建华一行深入经济技术开发区，调研部分重点企业运行状况和项目推进情况，先后走访查看金元亚麻、荣威国际、威格电气、木木机器人等企业和项目现场，鼓励企业加快新产品研发，积极拓展市场空间，为推动如皋经济社会发展贡献力量。

△ 市人大常委会调研富皋万泰改革运行情况，听取富皋万泰相关情况介绍。市人大常委会财经工委全体人员、市审计局主要负责人、市政府办分管负责人、市财政局相关科室负责人参加调研。

△ 市委常委、市纪委书记史有根带领市生态环境局、水务局等部门相关负责人，巡视如泰运河、通扬运河城北街道城（镇）区范围内支流整治情况。

△ 如皋市召开2020年法治宣传教育工作领导小组会议，副市长、市公安局局长陈晓彬出席会

议，听取市法宣办、市司法局主要负责人汇报2019年全市法治宣传教育工作情况以及近期法治宣传教育工作重点。

△ 市人大常委会副主任陈万圣、张勇分别调研市人民法院破产审判工作情况和交通产业集团改革运行情况。

17日 如皋经济技术开发区与中国老挝磨憨—磨丁经济合作区合作签约活动在昆明举行。云南省委常委、副省长张国华会见如皋市经济代表团一行，并出席签约仪式。市委书记张建华在活动中简要介绍了全市经济社会发展概况、交通区位和投资优势等。西双版纳州委常委、中国老挝磨憨—磨丁经济合作区党工委书记、管委会主任赵刚介绍了招商环境优势、优惠政策、合作区下一步发展战略。云南省商务厅党组书记、厅长赵瑞君，昆明海关关长靳延勇等相关部门的领导以及如皋市领导石慧宏等参加活动。

△ 如皋工业园区（如城街道）举办学习苏州“三大法宝”答好南通“发展四问”推动高质量发展专题讲座。市委副书记、市长何益军作专题辅导，以“学习苏州‘三大法宝’答好南通‘发展四问’推动如城高质量发展再出发”为主题，提出三大问题，“面对高质量发展的新要求，如皋工业园区（如城街道）有哪些突出的问题和短板？面对长三角一体化发展战略机遇，如皋工业园区（如城街道）有哪些比较优势？面对机遇与挑战，如皋工业园区（如城街道）应该如何把握机遇、深度融入、跨越发展，在全市率先破题走在前列？”，并就这些问题进行深入探讨。

△ 全市组织工作会议召开，传达学习全国、全省和南通组织部长会议精神，回顾总结2019年组织工作成绩，部署2020年重点任务，并对一季度“皋城党员先锋”进行颁奖。

△ 市交通产业集团举行挂牌仪式。市委常委、常务副市长茅红宇出席活动。

△ 市人大常委会副主任张勇调研城市发展集团改革运行情况，市人大常委会财经工委全体人员、市政府办分管负责人、市审计局分管负责人、市财政局相关科室人员参加调研。

△ 市政协组织召开关于“调整如皋市安定小学、实验小学施教区的方案”重大行政决策前专题协商会。市政协主席张元健，副市长张亚鸾，市政协副主席严世斌、刘晓洁，秘书长许映亮参加会议。

18日 “2020年如皋黑塌菜南京推介会”在南京市金陵饭店举行。省农业农村厅总农艺师唐明珍，省餐饮行业协会会长于学荣，以及南京黄埔大酒店、金陵饭店集团公司等15家五星级大酒店和26家大型企业、连锁餐饮公司和知名连锁超市负责人应邀参会。活动中，与会人员观看《如皋黑塌菜》《如皋黑塌菜烹饪技巧》专题片，相关负责人进行交流发言，如皋市中皋农产品科技发展有限公司与南京好记大酒店签订黑塌菜在南京地区的总代理协议；好记大酒店与南京金陵饭店等多个饭店签订购销协议。市领导丁兴华、邵晓泉、张百璘、郑振明出席活动。

19日 省安全生产第九督导组第二小组组长林晖带队对如皋市开展安全生产下沉督导，实地检查市博物馆、全国重点文物保护单位如皋公立简易师范学堂旧址。市政府副市长张亚鸾陪同督导，省文旅厅、南通市文广旅局参加督导。

△ 江苏省特色田园乡村建设工作联席会议公布省内获得命名的第二批次特色田园乡村名单。如皋市有三个村庄被命名为江苏省第二批次特色田园乡村，分别为如皋工业园区（如城街道）顾庄社区顾家庄、大明社区大镠马和钱长村夏家庄。

20日 中国共产党如皋市第十二届纪律检查委员会第五次全体（扩大）会议召开。市委书记张建华出席会议并讲话，全会审议通过史有根同志代表市纪委常委会所作《坚定不移深化全面从严治党 为开创“强富美高”新如皋建设新局面提供坚强保障》工作报告和《中国共产党如皋市第十二届纪律检查委员会第五次全体(扩大)会议决议》。出席会议市纪委委员15人,列席会议294人,市委常委、市纪委书记、市监察委员会主任史有根主持会议。

△ 市人大常委会领导调研经济技术开发区(城北街道)政府性债务化解工作。市人大常委会财经工委全体人员、市财政局和审计局相关科室人员参加调研。

21日 南通市委副书记、市长王晖率队到如皋,调研如皋市经济社会发展情况。南通市政府秘书长陈俊,如皋市领导张建华、何益军、顾留忠陪同调研。

△ 南通市委副书记、统战部长沈雷率队到如皋,调研分散农户生活污水生态化处理情况、南通荣威娱乐用品有限公司党建及安全生产情况和九华镇小马桥扶贫加油站建设情况。市领导何益军、张百璘等参加活动。

△ 如皋市举行深化高质量文明城市建设现场推进会。丁兴华一行实地查看紫云集建筑工地、东方花园西区、颐园区间路、中山路益寿路口、安定广场、人民医院等处并召开座谈会。市委副书记丁兴华,市委常委、宣传部部长高峰出席会议。

22日 全省遵循新发展理念持续排查解决突出民生问题工作会议召开。张建华、何益军、丁兴华等市四套班子领导在如皋市分会场参加收听收看。市委书记张建华在会上作交流发言,围绕教育工作介绍如皋的经验做法和今后工作打算。

△ 市委书记、市委全面依法治市委员会主任张建华主持召开市委全面依法治市委员会第二次会议,总结2019年依法治市工作,研究部署2020年重点工作。市领导何益军、缪小华、高峰、陈晓彬等参加会议。

△ 市人大常委会调研如皋工业园区(如城街道)、高新区(城南街道)、长江镇化解政府性债务和推进国企改革的工作情况。市人大常委会财经工委全体人员、市财政局和审计局相关科室人员参加调研。

△ 如皋市召开一季度项目建设考核约谈会,通报一季度项目建设考核情况,面对面约谈一季度项目建设考核排名最后一名的主功能区、镇相关负责人。市领导丁兴华、顾留忠参加会议。

△ 如皋市召开2019—2020年度党员冬训工作总结评比会,交流冬训工作。市委常委、宣传部长高峰出席会议。

△ 如皋市召开老干部工作会议。会议总结2019年全市老干部工作情况,对2020年老干部工作主要任务进行部署。会上宣读《关于全市离退休干部"正能量先锋"选树结果的通报》,并为离退休干部"正能量先锋"代表颁奖。

△ 市慈善会、慈善基金会三届四次理事会召开。会议传达市委书记张建华的批示,听取并审议《市慈善会、慈善基金会2019年度工作情况和2020年度工作安排》以及《市慈善基金会2019年度监事工作报告》。市委常委、政法委书记缪小华,市人大常委会副主任邵晓泉,副市长张百璘,市政协副主席刘晓洁出席会议。

△ 市人大常委会副主任邵晓泉带领人大调研组调研全市脱贫攻坚工作,与江安镇陈严村等12个村党组织书记、部分人大代表进行座谈。

23日 市政府召开全市建筑施工领域安全生产"百日行动"点评推进会,通报"百日行动"开展以来工作情况、存在问题,对下一阶段重点工作进行安排部署。市委副书记、市长何益军,副市长黄文斌出席会议。

△ 市委常委、宣传部部长高峰对安定小学、如皋中学的全国文明校园创建工作进行现场督查。

△ 市政协举办网上"虚拟委员履职"议政建言表彰会。会议对27名"编外委员"在"虚拟委员履职"中的优秀提案线索、优秀议政建言、优秀办理良策进行专题表彰并听取对平台建设运行的意见建

议。市政协主席张元健、副主席严世斌、秘书长许映亮出席会议。

△ 市老建会五届六次、扶贫开发协会四届六次理事会召开。会议听取市扶贫“两会”工作报告，对先进单位和先进个人进行表彰，颁发2019—2020年度冠名扶贫基金证书，并审议通过市扶贫“两会”理事任免事项。

△ 如皋市举行“4·23”全民阅读日暨第七届李渔读书节活动。活动中，如皋籍作家丁捷等不同年龄段的读者分享阅读的乐趣与意义，奔赴前线的医护人员、坚守岗位的警务人员、守土尽责的社区工作人员共同演绎情景剧《战疫日记》，并为“书香如皋建设先进个人”“优秀全民推广志愿者”“书香家庭”“书香如皋建设先进集体”“2019年优秀阅读推广品牌”进行颁奖。市委常委、宣传部部长高峰为丁捷颁发“如皋市全民阅读形象大使”聘书。市领导高峰、钱志刚、张亚鸾、刘晓洁等参加活动。

△ 市人大常委会副主任邵晓泉带领人大调研组、政府办、扶贫办负责人调研全市脱贫攻坚工作，实地视察江安镇陈严村土地流转集体规模经营项目、如皋市黄桥革命老区富民强村行动项目（如皋港集团鑫鼎鑫现代物流园仓储项目）、建档立卡户危房改造现场。

△ 市人大常委会副主任张勇调研政府性债务化解和国企改革运行情况，召开自然资源局、金融监管局及各相关银行在如分支机构座谈会，听取化解政府性债务和推进国企改革的具体意见建议。市人大常委会财经工委全体人员、市财政局分管负责人参加活动。

24日

南通市人大常委会副主任孙建华率调研组到如皋，了解如皋市农村住房建设情况。市人大常委会副主任陈万圣、副市长黄文斌陪同调研。

△ 如皋市召开2020年一季度市政府为民办实事项目督查推进会，各牵头部门就民生实事全年推进计划、目前进展、存在问题及需要市级层面协调事项作发言，市委副书记、市长何益军要求深入贯彻落实全省遵循新发展理念、持续排查解决突出民生问题工作会议精神，对照“任务书”、查看“进度表”、找准“薄弱点”，推动实事工程紧扣序时、加快落实、取得实效。市领导茅红宇、邵晓泉、陈晓彬、黄文斌、张亚鸾、张百璘、孙恒、蒋丽、冒平出席会议。

△ 市委副书记、市长何益军主持召开第十七届市政府第四十八次常务会议，传达学习习近平总书记、李克强总理安全生产重要指示批示和国家、省电视电话会议精神，研究讨论《市政府领导班子成员2020年安全生产重点工作清单》《如皋市有关部门安全生产工作职责规定》《如皋市打好防范化解重大金融风险攻坚战实施方案》《市政府办公室关于转发市教育局〈关于调整如皋市安定小学施教区的方案〉的通知》等相关议题。

25日

市委书记张建华主持召开市委常委会会议，传达学习4月10日全国安全生产电视电话会议上习近平总书记、李克强总理安全生产重要指示批示和国家、省电视电话会议精神、中国共产党江苏省第十三届纪律检查委员会第五次全体会议和中国共产党南通市第十二届纪律检查委员会第五次全体会议精神，讨论研究《市委常委会成员、市政府领导班子成员2020年安全生产重点工作清单》《如皋市有关部门安全生产工作职责规定》《如皋市融入长三角区域一体化发展行动方案》等相关议题。

△ 全市公安工作会议召开。会议动员全市公安系统上下全力推动公安工作高质量发展，坚持政治建警、改革强警、科技兴警、从严治警，扎实锻造警界铁骑队，当好护航排头兵，以奋勇争先的担当作为打赢高质量崛起决胜仗，为高水平全面建成小康社会提供坚强保障。市委常委、政法委书记缪小华，南通市公安局党委委员、副局长徐静，副市长、市公安局局长陈晓彬出席会议。

△ 全市卫生健康工作会议召开，回顾总结2019年卫生健康工作，部署安排2020年重大民生工程。副市长张亚鸾出席会议并讲话。

△ 如皋市自然资源局、国家税务总局如皋市税务局走进如皋市月星星悦府小区，开展本市首例

新建商品房“交房即发证”服务，共计为业主办理22本不动产权证书。市自然资源局局长石剑为月星星悦府小区业主缪女士颁发如皋市“交房(地)即发证”的第一本不动产权证书。

26日 市人大常委会组织调研镇级政府性债务管理和化解工作，长江镇、丁堰镇、白蒲镇、下原镇、吴窑镇、磨头镇、九华镇、石庄镇、江安镇、搬经镇分管领导及镇财政部门负责人详细汇报各镇债务情况及化解工作。

△ 十二届南通市委第九轮巡察六组进驻如皋市开展高标准农田建设绩效专项巡察。巡察专题汇报会上，市委副书记丁兴华汇报如皋市高标准农田建设基本概况，南通市委巡察组组长芮洁波通报此轮专项巡察工作的内容、方式及相关情况。南通市委巡察组副组长王海兵主持会议。副市长张百璘，市高标准农田建设领导小组成员单位及各镇(区、街道)分管负责人参加会议。

△ 如皋市举行创建省级生态园林城市暨贯彻实施《南通市城市绿化管理条例》工作推进会。会上，市住建局负责人进行创建省级生态园林城市业务辅导，介绍贯彻《南通市城市绿化管理条例》的宣传计划、实施方案，市自然资源局、市城管局、城北街道等单位相关负责人进行交流发言。副市长黄文斌出席会议。

△ 全市供水安全保障提升工作第四次例会召开，各镇(区、街道)分管领导、“一办六组”组长就近期民营水厂整合工作推进情况进行汇报交流。副市长黄文斌出席会议并讲话。

△ 江苏省总工会印发《关于表彰江苏省五一劳动奖和江苏省工人先锋号的决定》，江苏江中集团有限公司商务管理中心经理张乃建获“江苏省五一劳动奖”，江苏万达特种轴承有限公司装配车间1–2区、南通泰慕士服饰有限公司爱心妈妈团队获“江苏省工人先锋号”称号。

27日 市扫黑除恶专项斗争领导小组办公室(扩大)会议召开，学习贯彻全国及省、南通市近期扫黑除恶相关会议精神，分析研究当前全市扫黑除恶专项斗争形势，谋划部署中央特派督导迎查准备工作。市委常委、政法委书记缪小华出席会议。

△ 南通市委政法委副书记殷蓓赴如皋市长江镇对长江流域环境资源第二法庭工作进行调研，听取如皋法院代院长唐明渠的情况汇报，对环境资源审判中存在的困难和问题主要是跨区协作机制建设、编制人员、办案经费、装备保障等进行会商，并与如皋市委政法委、长江镇主要领导等就法庭办案场所进行沟通协调。

28日 省政协人口资源环境委员会主任王奇一行到如皋调研。调研组一行实地走访花木大世界(如皋)国际园艺城、顾庄生态园等处，详细了解了如皋市生态环境建设和高效设施农业发展情况。南通市政协主席黄巍东、副主席金元及如皋市领导张建华、张元健、冒平参加调研。

△ 南通市政协主席黄巍东带队到如皋，调研如皋市“有事好商量”协商议事工作情况。黄巍东一行先后调研了如皋工业园区(如城街道)新民社区和如皋市政协教育界别组“有事好商量”协商议事室。市领导张建华、张元健、严世斌等参加调研。

△ 全市建筑与房地产行业改革发展工作座谈会召开，回顾总结2019年工作情况，分析研判新冠肺炎疫情对建筑与房地产行业的冲击影响，深入探讨做强本市建筑与房地产产业的发展路径。市领导张建华、何益军、史有根、茅红宇、石慧宏、黄文斌等出席会议。

△ 市委副书记、市长何益军率队深入万达轴承、大润发、紫云集项目施工现场等处，检查安全生产工作，督促相关单位强化安全隐患排查，确保做好节日期间安全生产工作。市领导茅红宇、顾留忠参加督查。

△ 全市统战工作会议召开，回顾总结2019年工作，研究分析当前形势，安排部署2020年任务。

△ 市委组织部走访督查定慧寺、法华寺、灵威观和三里塔寺等部分宗教活动场所，实地检查宗教活动场所安全生产、疫情防控等工作。

△ 如皋市举行“走在前、作表率”市级机关文化艺术节开幕式暨“书香机关·品味经典”朗诵比赛决赛，经过激烈的角逐，最终评选出一等奖 2 名、二等奖 4 名、三等奖 9 名。同时启动市级机关“悦月读”活动，为获得如皋市级机关“书香之家”荣誉的家庭代表进行颁奖。

△ 南通市水利局局长吴晓春一行到如皋市检查防汛工作，视察新跃涵洞险段、长青沙西南缘险段和焦港闸汛前管理，副市长张百璘、水务局局长朱建军等陪同。

△ 如皋市退役军人红色文化传承教育基地揭牌仪式在华夏电影文化中心举行。活动中，与会领导和退役军人代表张孝礼共同按亮启动球。南通市退役军人事务局党组副书记、副局长周海斌和缪小华一起为基地揭牌。市领导缪小华、祝国庆、高峰参加活动。

△ 四月如皋好人发布暨九华好人颁奖典礼在九华镇九华小学举行，20 名“如皋好人”、13 名“九华好人”接受表彰。市委常委、宣传部部长高峰参加活动。

△ 如皋市召开 4 月份乡村振兴例会，组织参观部分镇（区、街道）规模农业项目及磨头镇人居环境整治现场并召开座谈会。市领导丁兴华、张百璘参加活动。

29日

市委、市政府召开全市一季度项目建设观摩暨经济工作点评会，分析研判当前经济形势，谋划部署重点工作任务，奋力实现二季度经济运行“双过半”，夺取疫情防控和经济社会发展“双胜利”。市四套班子领导参加会议。

△ 市委书记张建华率队视察 133 号安置房建设工程、高铁南站综合客运枢纽、志颐小学地块等重大城建和城市搬迁项目，督促相关单位做好安全隐患排查，确保做好安全生产工作。市领导何益军等参加活动。

△ 市委副书记丁兴华率队检查如皋市长寿星养老服务中心及南山饲料有限公司的安全生产工作。

△ 如皋市召开国家基本公共服务标准化专项试点启动会议，部署启动本市基本公共服务标准化专项试点建设工作，确保按时完成各项试点工作任务，不断提升如皋市基本公共服务均等化、普惠化、便捷化水平。市领导茅红宇、程瑞琴参加会议。

30日

沪陕高速公路平潮至广陵（南通段）扩建工程在如皋市召开开工建设动员大会，该项目正式从前期工作阶段转入实质性开工阶段。南通市委书记、南通市人大常委会主任徐惠民宣布项目开工。动员大会由南通市委常委、南通市常务副市长单晓鸣主持，南通市委副书记、南通市市长王晖致辞，省交建局副局长黄健介绍项目概况，省交通运输厅副厅长丁峰作动员讲话。南通市委常委、南通市委秘书长吴永宏，南通市政府秘书长陈俊，如皋市领导何益军、黄文斌参加活动。

△ 如皋市服务业重点企业座谈会召开，会议分析当前服务业发展形势，听取企业意见建议，进一步传递信心、凝聚共识、形成合力，推动全市服务业更高质量发展。市领导张建华、何益军、丁兴华、石慧宏、程瑞琴参加会议。

△ 市政协主席会议召开，专题协商河长制推进落实情况。与会人员实地参观如皋工业园区（如城街道）城西社区绣品河、高新区（城南街道）申徐申葛河、桃林马庄河、茅稚河一期工程，了解水质情况、河道保洁、沿岸污染源治理等情况，市水务局负责人汇报外地先进经验及近年来如皋市河长制推进落实情况、存在问题与困难，提出相关意见建议。市政协主席张元健，副主席冒平、杜永红、郑振明、严世斌、刘晓洁参加会议。

△ 如皋市融媒体中心建设接受省专家组“云验收”。市委常委、宣传部部长高峰参加活动。

△ 市委常委、宣传部部长高峰率队深入如皋市奥体中心和水绘园，督查文体广旅行业节前安全

生产工作。

△ 副市长张百璘带领民政局、水务局、农业农村局等部门负责人督查节前安全生产工作,先后实地查看吴窑镇星联万家生活超市、吴窑镇敬老院、长江镇金三角烘干中心、江苏宝众宝达药业有限公司等处,仔细排查安全工作存在的不足和隐患。

△ 农业农村部发布第 290 号公告,如皋市下原镇农业服务中心的"下原蘘荷"符合农产品地理标志登记程序和条件,准予登记,被授予中华人民共和国农产品地理标志登记证书。

2020 年 5 月

6 日 市委书记张建华带队调研镇卫生院运行情况，先后走访如城街道社区卫生服务中心、磨头镇卫生院、搬经镇卫生院等处，随后召开座谈会，市卫健委负责人简要汇报镇卫生院运行以及公共卫生服务体系建设情况，与会市领导和相关部门负责人对镇卫生院管理运行提出了针对性意见和建议。市委常委、宣传部部长高峰，副市长张亚鸾参加调研。

7 日 市委副书记、市长何益军率领相关部门负责人，先后实地走访东皋桥至观风桥段、市第一中学东侧龙游河北延项目施工现场，就城市内外城河绿化提升改造工作进行调研。副市长陈晓彬参加活动。

8 日 市委副书记、市长何益军调研信访工作，听取 2020 年以来如皋市信访、积案化解等工作开展情况及下一步工作思路，并就具体信访案件与相关镇（区、街道）和部门进行剖析，共同研究化解办法。市领导缪小华、陈晓彬参加调研。

△ 市人大常委会副主任钱志刚带队，实地参观杨林才永泰竹刻工作室、王如生盆景工作室、南通锦隆红木艺术品有限公司、林梓老万和潮糕厂等非遗传承基地，就全市贯彻落实《中华人民共和国非物质文化遗产法》情况进行督查。

△ 如皋市假座苏州白金汉爵大酒店召开 2020 年长三角地区异地如皋商会座谈会，就如何积极抢抓长三角一体化发展新机遇，牢牢把握“做实产业”工作重点，形成以政府为主导、商会为基础、企业为主体的“以商招商”的新格局进行研讨。会议由市政协副主席杜永红主持，市委常委、宣传部部长高峰在活动中简要介绍如皋市经济社会发展概况、交通区位和投资优势，市人大常委会副主任陈万圣在座谈会上进行如皋专题推介，苏州如皋商会、如皋在沪企业家商会分别介绍商会招商引资工作情况，南京如皋商会、扬州如皋商会、青岛如皋商会等 9 家商会分别进行交流发言。会议还聘请异地如皋商会会长担任如皋市招商顾问，并颁发聘书。会议还进行了项目签约。

△ 南通人大代表如皋第三组代表专题视察如皋市卫生健康工作，实地视察市人民医院、如城街道社区卫生服务中心、磨头镇天阳社区卫生室、磨头镇卫生院等处，就基层医疗机构标准化建设、医疗队伍人才配备情况、患者就医诊疗体验等方面进行详细了解，并召开座谈会听取市卫健委负责人关于全市公共卫生服务体系建设情况的汇报，针对新冠肺炎疫情防控、医疗人才队伍建设、医疗基础设施完善等方面，提出意见建议。

△ 市委副书记、市长何益军率队调研下原镇、磨头镇工业园区建设情况，实地调研了下原镇和磨头镇工业园区规划、配套设施建设、项目落户等情况，并就都市工业综合体建设中遇到的难题进行现场会办。

9 日 市委书记张建华主持召开市委常委会会议，传达学习中央全面深化改革委员会第十三次会议和中共中央政治局常务委员会会议精神，研究讨论《中共如皋市委关于加强新时代人大工作和建设的实施意见》《中共如皋市委关于加强市人大社会建设委员会工作的意见》《关于评选 2020 年度先进基层党组织、优秀共产党员、优秀党务工作者、十佳党员企业家和“四强”型村（社区）党组织书记标兵的通知》等议题。

△ 市委理论学习中心组召开专题学习研讨会,深入学习贯彻习近平新时代中国特色社会主义思想,学习借鉴苏州"三大法宝",答好南通"发展四问",推动如皋高质量发展走在前列。市委书记张建华主持学习研讨会。大家围绕学习苏州"三大法宝",答好南通"发展四问",结合各自工作实际畅所欲言。

△ 全市政法工作会议召开,深入学习贯彻习近平总书记关于政法工作重要批示精神,认真落实中央和省、南通市政法工作会议部署要求,总结工作、分析形势、部署任务,推动全市政法工作再上新台阶。会上,对一批政法工作先进集体和先进个人进行了表彰。市领导张建华、缪小华、陈晓彬、冒平参加会议。

△ 市委书记、市委网络安全和信息化委员会主任张建华主持召开市委网络安全和信息化委员会第二次会议,传达学习中央、省、南通市网络安全和信息化委员会第二次会议精神,听取2019年以来全市网络安全和信息化工作开展情况汇报,研究审议有关文件,深入分析当前网信工作形势任务,安排部署2020年网信重点工作。市领导何益军、高峰等出席会议。

△ 如皋市召开国土空间总体规划编制工作会议,深入贯彻落实全省国土空间规划工作推进会议精神,部署推进全市国土空间总体规划编制工作。市领导何益军、茅红宇、黄文斌、冒平出席会议。

10日

张建华、何益军等市领导分别带领同组的党代表、人大代表、政协委员,走进挂钩联系村(社区)的"两代表一委员"工作室,了解民生、听取民意,收集老百姓关心关注的热点难点问题,切实为老百姓排忧解难。

11日

如皋市召开全市安全生产专项整治推进暨事故警示教育会议,对全市民房建筑施工、燃气安全以及有限空间作业的专项整治工作进行部署,对省安全生产督导小组督办问题进行交办,市住建局、城管局以及长江镇负责同志就如何抓好下一阶段安全生产专项整治行动进行交流发言。市委副书记、市长何益军,市委常委、常务副市长茅红宇,副市长黄文斌、张亚鸾、张百璘、顾留忠、蒋丽出席会议。

△ 如皋市2020年水稻集中育秧暨"三夏"现场会在白蒲镇合兴村(恒孚稻米农地股份合作社)召开。

△ 2020年全市城市管理工作会议召开,总结如皋市2019年度城市管理工作情况,对2020年城市管理工作进行部署,并对2019年度南通市优物业项目、市容环卫工作先进单位、市物业行业先进集体、第八届"热心城管好市民"进行表彰。

12日

南通市委书记徐惠民赴如皋市园区、企业、社区等一线,实地调研项目建设、企业运行、老旧小区改造、基层党建等工作。南通市委常委、市委秘书长吴永宏,如皋市领导张建华、丁兴华、顾留忠等参加调研。

△ 市委书记张建华率领市委办、发改委、水务局、农业农村局、交通运输局、生态环境局、住建局等部门负责人,巡查通扬运河南段水域综合整治情况,并召开座谈会,城北街道、如皋工业园区(如城街道)、东陈镇、丁堰镇、白蒲镇负责人汇报辖区内通扬运河整治情况。市领导史有根、张百璘参加活动。

△ 如皋农商银行举行"党建+金融助理"驻村工程启动仪式,对"党建+金融助理"驻村工程进行揭牌。

13日

市委书记张建华主持召开市委常委会会议,学习传达南通市委书记徐惠民在如皋调研时的指示要求,研究部署贯彻落实相关措施。

△ 如皋市"退役军人服务中心阅读书屋"在市退役军人服务中心挂牌开放。该书屋面积130平方米,有图书740多册,是江苏省首家以退役军人为阅读服务群体的公共文化活动场所。

14日 市老科协举行四届八次会员代表会议,总结全市老科协2019年工作,安排部署2020年重点任务。

15日 副省长惠建林在南京会见瑞典斯堪尼亚集团中国区执行总裁何墨池。斯堪尼亚是世界知名重型汽车生产商,主要生产重型货车、客车,拟与如皋市开展合作,拓展其中国的业务和市场。南通市副市长潘建华,如皋市委书记张建华参加活动。

△ 如皋市召开市级机关党的建设工作会议,总结上年工作,部署2020年重点任务,推动机关党建在服务高质量发展中发挥更大作用。

16日 市委书记张建华专题调研城市建设和搬迁工作,听取近期相关城市建设和搬迁项目推进情况汇报,对抓好下一阶段工作提出明确要求。副市长黄文斌参加调研。

△ 市委常委、市纪委书记、市监察委员会主任史有根带领市攻坚办、生态环境局、城管局等有关部门负责人,检查工地扬尘管控措施落实情况。此次检查采取抽签的方式,在全市79家建筑工地和49个地块中,随机抽取龙游湖壹号、朗诗熙华府、美华公馆、科技路道路施工4个项目现场进行检查。副市长黄文斌参加检查。

△ 市委副书记、市长何益军带领市交通运输局、市住建局、市行政审批局等相关部门负责人,督查如皋市城建交通工程进展情况。何益军一行实地督查了89#、252#、35#棚户区改造项目以及通皋大道通州段等处,协调解决工程推进中遇到的问题,研究部署下一阶段工作。副市长黄文斌参加活动。

△ 如皋市"皋兴购"消费促进季暨移动支付示范引领市创建工作在吾悦广场正式启动。市领导何益军、程瑞琴出席活动。

△ 如皋市举行2020年消防站建设现场推进会,与会人员参观磨头镇消防站和搬经镇、白蒲镇、江安镇消防站建设选址,并现场对消防站建设工作提出了意见。副市长顾留忠参加活动。

18日 如皋市党政代表团赴无锡锡山区、苏州张家港市,学习两地的先进经验和成功做法,进一步推动高质量发展走在前列,奋力开创"强富美高"新如皋建设新局面,以实际行动答好新时代南通"发展四问"。张建华、何益军等市四套班子领导参加活动。

19日 如皋市举行全国"两会"信访工作视频会议,贯彻落实省、南通市相关会议精神,分析研判当前全市信访工作面临的新形势、新问题、新风险,安排部署重点工作任务。市领导缪小华、陈晓彬参加活动。

△ 市人大常委会副主任陈万圣带领检查组,对长江镇沪江油品土壤污染修复场地、上海电气飞灰填埋场、南通垃圾填埋场江边渗出液集中池等地,就《中华人民共和国土壤污染防治法》贯彻落实情况进行执法检查。

△ 全市新冠肺炎疫情常态化防控工作会议召开,对疫情常态化防控工作进行部署。副市长张亚骞出席会议并作重要讲话。

19—20日

省人大常委会委员、省人大社会建设委员会副主任委员高晓平一行到如皋,调研如皋市城乡社会救助体系建设情况。高晓平一行实地参观如皋市江滨医院、如皋福康护理院、白蒲镇林梓小学、白蒲镇敬老院等处,对各个机构运转情况和日常工作内容进行详细了解。南通市人大常委会副主任、党组副书记陈惠娟参加活动。

20日 市委书记张建华专题调研人大常委会工作，听取市人大常委会工作汇报和市人大常委会领导班子成员关于全市经济社会发展的建议。

△ 省政协理论研究会会长徐鸣一行到如皋，实地走访如城街道孔庙社区"有事好商量"协商议事室，调研如皋市"有事好商量"协商议事工作情况。南通市政协主席黄巍东，如皋市政协主席张元健、副主席严世斌陪同调研。

△ 省民宗委二级巡视员郭志清带队到如皋，检查如皋市定慧禅寺及法华寺等宗教场所安全专项整治工作情况。南通市民宗局局长刘洪陪同检查。

△ 如皋市举行"新时代新风尚 新青年新婚礼"集体婚礼主题实践活动。50对新人相聚美丽的龙游河畔，举行文明高雅、喜庆简朴的集体婚礼。市委书记、市新时代文明实践中心主任张建华专门为新人证婚。市领导丁兴华、高峰、陈万圣、张亚鸾、严世斌参加活动。

△ 市委宣传部(市文明办)对外发布《如皋市新时代婚礼新风公约》，如皋市"新青年 新婚礼"志愿服务队也同步成立，将为各镇(区、街道)举行的集体婚礼以及一些简约举办个性婚礼的新人提供策划组织等志愿服务，倡导新风尚。

△ 如皋市人民法院会同妇联、司法局等多家单位为以人大代表王桂兰名字命名的"王桂兰"家事调解工作室举行揭牌仪式。

21日 全市夏季秸秆禁烧禁抛和综合利用工作会议召开，动员全市上下提高认识，明确责任，抓好落实，确保打赢今年夏季秸秆禁烧禁抛与综合利用攻坚战。副市长张百璘出席会议。

△ 市委常委、政法委书记缪小华带领市慈善会和市住房建设局相关负责人，深入如皋市长江镇、下原镇等镇，给部分困难农户送去2019年特困农户危房改造慈善会救助款。

△ 市人大常委会副主任陈万圣带队视察调研"七五"普法规划实施情况，听取市政府工作情况汇报，实地视察城南街道茅雉河法治文化公园、丁堰镇皋南社区法治文化广场、白蒲镇林梓社区德法景观带及企业法治文化园等普法文化阵地建设情况。

22日 市委副书记、市长何益军主持召开第十七届市政府第四十九次常务会议，传达省和南通市集中开展违法违规"小化工"百日专项整治行动视频会议精神，研究讨论《如皋市集中开展违法违规"小化工"百日专项整治行动方案》《南通市第一巡查组对如皋安全生产巡查反馈意见整改方案》《关于深化公共资源交易平台整合共享的实施方案》《如皋市"2523"工业大企业培育实施方案(2020—2022年)(试行)》等有关议题。

△ 南通市委、市政府召开污染防治攻坚决战动员会，各县(市、区)设分会场。市委书记张建华在南通主会场参会，何益军等市四套班子领导在如皋市分会场收听收看。

△ 市人大常委会党组召开专题会议，传达学习贯彻市委书记张建华调研人大工作的讲话精神，并就下一步如何更好地开展工作开展认真讨论。

△ 南通市司法局党组书记、局长朱志强一行到如皋市调研司法行政和矛盾纠纷调解工作。朱志强一行先后考察市公安局交巡警大队矛盾处理中心、搬经镇芹界村法治文化广场、江安镇周庄社区、如城街道司法所、市政法综治中心等处，详细了解了如皋市矛盾纠纷排查化解、法治文化建设、律师行业管理等基本情况。市委常委、政法委书记缪小华陪同调研。

△ 副市长张亚鸾带队督查全市全域旅游创建工作。张亚鸾一行先后参观市汽车站、盆景博物馆、全域旅游服务中心等处，围绕全域旅游工作中的项目建设运营、旅游安全文明、旅游发展保障、旅游公共服务等要素进行督查，详细了解在建项目的推进情况和已建成项目的运营情况。

△ 如皋夏粮收购工作正式开始。

23日 如皋市举行“双随机、一公开”监管标准化试点启动会，这标志着全省首个也是唯一一个“双随机、一公开”监管标准化试点项目在如皋市全面推开。

24日 市委书记张建华主持召开市四套班子领导挂钩联系工作交流会。会上，市四套班子领导逐一交流2020年以来挂钩联系镇(区、街道)、重点企业、村(社区)工作以及信访包案推进情况等，对做好下一步工作提出建议。

25日 全市经济运行分析研讨暨培训会议召开，市委副书记、市长何益军讲话并提出要求，动员全市上下树立强烈的争先意识，压实各部门、各板块抓指标、促发展的工作自觉和责任意识，提高抓经济工作的针对性和时效性。会上，相关部门主要负责人对GDP核算基础指标、南通高质量发展考核及“三个全方位”月度评估相关指标进行解读和业务辅导。市领导陈晓彬、张亚鸾、张百璘、孙恒、蒋丽出席会议。

△ 经济技术开发区与中国老挝磨憨—磨丁经济合作区座谈会在如皋召开。市委副书记、市长何益军在会上致辞，云南省商务厅副厅长寸敏，西双版纳州委常委、中国老挝磨憨—磨丁经济合作区党工委书记、管委会主任赵刚以及如皋市经济技术开发区领导分别介绍近期跨区合作推进情况及下一步合作打算。如皋市领导何益军、石慧宏、顾留忠等出席活动。

△ 中国老挝磨憨—磨丁经济合作区在如皋市举办招商发布会，通过推介交流、洽谈合作，有效推进合作区招商引资工作，提升合作区竞争优势，促进合作区升级发展。云南省商务厅副厅长寸敏，西双版纳州委常委、中国老挝磨憨—磨丁经济合作区党工委书记、管委会主任赵刚，老挝磨丁经济特区管委会主席周昆，以及如皋市领导张建华、石慧宏、顾留忠出席活动。与会人员观看中国老挝磨憨—磨丁经济合作区及老挝磨丁经济特区宣传片。赵刚、周昆等嘉宾先后致辞，对中国老挝磨憨—磨丁经济合作区投资环境进行推介。企业家代表中铁建云南投资有限公司和江苏联众肠衣有限公司负责人进行交流发言。经过前期对接洽谈，9个合作项目在招商发布会上成功签约。

△ 市人大常委会机关召开学习贯彻市委书记张建华在调研人大工作座谈会上的讲话精神交流会，传达市委书记张建华在调研人大工作座谈会上的讲话精神，宣读《市人大常委会党组贯彻落实市委张建华书记调研人大工作时的讲话精神的实施意见》。市人大常委会领导、各委室负责同志围绕在日常工作中如何贯彻落实好张建华对人大工作提出的要求进行交流发言。

△ 市人大常委会赴如皋市双马化工有限公司，召开双马化工拆除和转型工作咨询会。市行政审批局与生态环境局分管负责人、东陈镇主要负责人与分管负责人及市人大常委会财经工委部分人员参加会议。

27日 省体育局局长陈少军带领调研组到如皋市调研体育工作，实地走访了龙游河生态公园、南通支云足球俱乐部训练基地等处，并召开座谈会。南通市体育局局长杨建及如皋市领导何益军、高峰、张亚鸾陪同调研。

△ 市委副书记丁兴华率领相关部门负责人，现场督查重特大项目推进情况。丁兴华一行实地对世睿电力设备生产项目、博多药品食品包装材料项目、金通灵大型鼓风机项目、乾鼎PCB二期项目、柏承电路板项目等进行督查，仔细查看项目实施现场，详细询问项目实施进度，了解下一步推进措施。副市长顾留忠参加督查。

△ 南通市委常委、政法委书记姜永华一行调研如皋市政法和信访工作。姜永华一行实地调研如皋市人民法院诉讼服务中心、如皋工业园区(如城街道)社会治理现代化指挥中心，市委书记张建华汇报如皋市相关工作开展情况。市领导缪小华、陈晓彬等参加调研。

△ 全市二季度安委会全体(扩大)暨违法违规“小化工”专项整治危险化学品安全综合治理推进

会议召开，贯彻落实上级有关精神，认真总结当前工作，部署研究下一阶段工作，全面推动全市安全生产形势稳定好转。市领导何益军、茅红宇、陈晓彬、黄文斌、张百璘、顾留忠出席会议。

△ 市十七届人大常委会召开第五十八次主任会议，讨论《如皋市人大常委会2020年工作要点》补充议题和《中共如皋市人大常委会党组关于在开发园区（街道）建立选民代表议政会制度的指导意见（草 案）》。

△ 如皋市“五月风”文艺展示月活动之“三军过后尽开颜”——如皋张建军、许建军、吴建军书法联展在如皋市文化馆拉开序幕。南通市文联党组书记、主席姜平，南通市文联党组成员、副主席宋红鑫，中共如皋市委常委、宣传部部长高峰，西泠印社社员、中国书法家协会会员、如皋市人大常委会原副主任刘聪泉共同启动书法联展。

28日 如皋市举行通皋大道“9·30”通车誓师大会暨“安全生产月”启动仪式。活动中，与会领导和嘉宾一起按动启动球，并就通皋大道项目推进过程中的具体工作进行了进一步部署。市委副书记、市长何益军，副市长黄文斌出席活动。

△ 全市司法行政暨大调解工作会议召开。会议宣读2019年先进集体、先进个人表彰决定，并对全市人民调解工作先进集体、全市法治宣传教育工作先进集体和司法行政系统十面红旗单位的代表进行颁奖。市司法局负责人总结回顾2019年全市司法行政暨大调解工作，并对2020年工作进行研究部署。市委常委、政法委书记缪小华，副市长陈晓彬参加活动。

△ 中国小微盆景基地揭牌仪式在如皋市举行。中国小微盆景基地位于如皋市高新区（城南街道），是国内首家集小微盆景创作、生产、销售、培训于一体的专业化、市场化小微盆景集聚区，总占地面积2000亩，分三期规划建设，一期占地600亩、采用“前店后厂”生产经营模式的核心区已初具雏形。中国花卉协会副会长赵良平，中国花卉协会副秘书长杨淑艳，贵州省黔南州委常委、副州长张风臣，江苏省农业技术推广总站副站长、江苏省花卉协会秘书长顾鲁同等以及如皋市领导丁兴华、杜永红出席揭牌仪式。

△ 2020全国小微盆景展暨盆景交易大会在如皋市花木大世界（如皋）国际园艺城拉开序幕。中国花卉协会副会长赵良平，中国花卉协会副秘书长杨淑艳，贵州省黔南州委常委、副州长张风臣，江苏省农业技术推广总站副站长、江苏省花卉协会秘书长顾鲁同，南通市农业农村局副局长周金荣等及如皋市领导张建华、何益军、张元健、丁兴华、杜永红等出席开幕式。

△ 中国花卉协会盆景分会第二届会员代表大会在如皋市开元名都大酒店召开。大会听取中国花卉协会盆景分会第一届理事会工作报告、财务报告，审议中国花卉协会盆景分会工作条例修订稿、会费标准及缴纳办法（审议稿），选举产生中国花卉协会盆景分会第二届理事会，通报中国花卉协会盆景分会第二届理事会常务理事、会长、副会长、秘书长、副秘书长，并颁发相应证书和匾牌。市委副书记丁兴华在会上致辞。市领导邵晓泉、张百璘、杜永红参加活动。

△ 省文化和旅游厅党组书记、厅长杨志纯一行到如皋市专题调研全域旅游示范区创建工作。杨志纯一行先后走访平园池荷香民俗园、江苏盆景博物馆、李昌钰刑侦科学博物馆、花木大世界（如皋）国际园艺城、华夏胶片电影文化中心等处，并临时召集开现场会，为如皋市文旅业发展把脉会诊。南通市委常委、宣传部长陆卫东，副市长徐新民及如皋市领导张建华、何益军、高峰、张亚鸾陪同调研。

29日 市委书记张建华带队赴张家港广大投资控股有限公司考察，与张家港广大投资控股有限公司董事长徐卫明进行了深入交流洽谈，大力推动广大特材（如皋）产业园项目加快落户建设。如皋市委常委、宣传部部长高峰陪同考察。

△ 全市推进政府职能转变和“放管服”改革工作会议召开。会上，市行政审批局负责人汇报2019年工作情况，相关部门负责人就如皋市“放管服”改革工作推进情况和今后一段时间的工作打算进行

交流发言。市委常委、常务副市长茅红宇出席会议并讲话。

△ 如皋市中皋农产品科技发展有限公司与中国极地研究中心签订合作协议,为奔赴南北极的远洋科考队员长期提供速冻黑塌菜。

30日 市委书记张建华主持召开市委常委会会议,研究讨论相关议题。会议传达学习赵乐际和杨晓渡在全国巡视工作会议暨十九届中央第五轮巡视动员部署会上的讲话精神、省和南通市集中开展违法违规"小化工"百日专项整治行动视频会议精神,研究讨论《关于一季度全市"两个责任"落实情况督查的通报》《如皋市集中开展违法违规"小化工"百日专项整治行动方案》《南通市第一巡查组对如皋安全生产巡查反馈意见整改方案》。

△ 如皋市召开项目建设月度观摩会，通过观摩、汇报、点评等形式，对全市项目建设推进情况进行阶段性督查和检验，全力以赴推动项目建设大干快上。张建华、何益军等市四套班子领导出席观摩会。

△ 如皋市爱国卫生运动"全民卫生日"主题实践活动启动仪式暨第33个"世界无烟日"主题宣传活动在安定广场举办。

31日 第三届"印象九华·枇杷行"大型公益乡村旅游文化节开幕。副市长张亚鸾出席活动。

2020 年 6 月

1日 如皋市第十二届爱心团队爱心大使、5 月如皋好人发布暨“5th 如城最美”好人宣讲启动仪式在安定广场举行。20 名如城“最美抗疫卫士”、10 名如城“最美楼组长”、10 名“最美志愿者”、10 户“最美家庭”、10 名“最美如城人”、10 名“5 月如皋好人”以及 8 支如皋市第十二届爱心团队代表、12 名爱心大使，分批走上红毯，登上领奖台，接受全城礼遇。市委常委、宣传部长高峰等为好人典型颁奖，并共同发布“如城美公约”。同时为 50 名“如城最美好人宣讲团”成员颁发上岗证。

3日 南通市人大常委会常务副主任、党组副书记庄中秋，南通市人大常委会秘书长杨扬一行到如皋，调研如皋市关于南通市委人大工作会议精神及“两个文件”贯彻落实情况。市人大常委会相关领导陪同调研。

△ 市委书记张建华专题听取新城高中、如师附小幼儿园（新城园）以及如皋中学改造提升设计方案汇报。市领导黄文斌、张亚鸾等参加活动。

△ 市委书记张建华率队深入长江镇调研重点工作推进情况。调研中，张建华一行参加“如皋师范第三附属小学”建设项目开工仪式，并实地查看质鑫海洋工程装备项目和华永设备项目安装现场。市领导何益军、丁兴华、张亚鸾参加活动。

△ 市侨联七届九次全委（扩大）会议召开。会议听取并审议侨联工作报告，回顾总结 2019 年侨联工作，对 2020 年重点任务进行安排和部署。

△ 长江镇举办“如皋师范第三附属小学”建设项目开工仪式，市委书记张建华，市委副书记、市长何益军，市委副书记丁兴华，市人民政府副市长张亚鸾等市领导与施工单位一同按下启动球。“如皋师范第三附属小学”项目是 2020 年度如皋市重大城市建设项目，同时被列为长江镇 2020 年度为民办实事项目之一，占地面积 64 亩，总建筑面积约 30000 平方米，造价约 1.12 亿元，预计 2021 年秋季开学前完成整体建设任务。

4日 市委常委、宣传部部长高峰率队调研如皋市 2020 年南通市级重点文化产业项目建设情况。

△ 如东县政协主席陈建华率队到如皋，先后走访城北街道平园池村和如皋工业园区（如城街道）孔庙社区“有事好商量”协商议事室，就如皋市“有事好商量”协商议事室建设情况进行专题考察。市政协主席张元健，副主席冒平、严世斌，秘书长许映亮陪同考察。

△ 如皋法院召开《环境资源跨区域审判白皮书》新闻发布会，通报如皋法院一年来环境资源跨区域审判工作情况，发布 12 起典型案例。

5日 南通市打造交通服务乡村振兴样板示范首发式在如皋平园池村举行。首发式上，与会领导向乡镇代表、企业家代表、农路办主任、村支书代表、农路养护员代表赠送《江苏省农村公路条例》，南通市委宣传部、南通市农委领导为南通公路事业发展中心和平园池村党支部廉政文化共建点揭幕，南通市公路事业发展中心在平园池村环线赠建《爱莲说》碑刻和公路廉政文化创意产品，与会人员参观如城街道钱长村夏家庄、城北街道平园池村等处。如皋市副市长黄文斌出席活动。

△ 镇江市润州区政协主席蔡文龙率队到如皋，就如皋市“有事好商量”协商议事室建设情况进行专题考察。市政协主席张元健、副主席严世斌、秘书长许映亮陪同考察。

△ 全市“两新”组织专职党建工作指导员选派工作座谈会召开，并为“两新”组织专职党建工作指导员代表颁发聘书。如皋市将选派首批23名“两新”组织专职党建工作指导员入驻非公企业，指导开展党建活动，为“两新”组织发展起到参谋和助手作用。

6日 如皋市举行项目集中签约仪式，高端海洋工程装备、半导体设备及锂电池设备等30个项目进行集中签约，总投资420亿元，涵盖智能装备制造、第三代半导体等多个领域。如皋市领导张建华、何益军等参加签约仪式。

△ 市委书记、市委全面深化改革委员会主任张建华主持召开市委全面深化改革委员会第三次会议。会议研究讨论《中共如皋市委全面深化改革委员会2020年工作要点》，听取市委深改委2019年工作总结。市四套班子主要领导以及市委副书记丁兴华、市委全面深化改革委员会委员和有关部门负责人参加会议。

△ 市委人才工作领导小组（扩大）会议召开，回顾总结2019年度全市人才工作情况，研究部署2020年人才工作重点任务。市领导张建华、何益军、丁兴华、茅红宇、程瑞琴等出席会议。

8日 市委书记张建华主持召开市委常委会会议，传达学习习近平总书记在全国“两会”期间的重要讲话和全国“两会”精神，研究讨论《关于推进基层整合审批服务执法力量的实施方案》《如皋市“2523”工业大企业培育实施方案（2020—2022年）（试行）》《关于调整完善如城街道、城南街道财政体制的意见》《如皋市红十字会改革实施方案》等议题。

△ 如皋市召开物业行业党委成立大会。市委组织部副部长、“两新”工委书记陈实，市城市管理局党组书记、局长何福平共同为物业行业党委揭牌。

9日 全市重点流域片区水环境治理工作联系会召开，就重点流域水环境治理组织专家进行专题研讨。市委常委、市纪委书记、市监察委员会主任史有根，副市长黄文斌、张百璘出席会议。

△ 如皋市召开深化高质量文明城市建设推进会。市委常委、宣传部部长高峰带队对城区部分居民小区、沿街餐饮店、西皋市场及周边环境、背街后巷等进行实地督查，查找存在不足，听取群众意见，并就有关问题进行现场交办。市领导张亚鸾、严世斌参加会议。

△ 如皋市召开畜禽粪污暨秸秆综合利用工作现场推进会。与会人员实地走访江安镇新时种养循环农业经济示范园、社会化服务组织粪污集中还田现场、华日秸秆综合利用专业化服务队机具展示现场、环池社区秸秆综合利用项目等处。市委副书记、市长何益军出席会议并就如何做好下一阶段工作提出要求。副市长张百璘出席会议。

△ “感恩十年”——如皋港集团2020港口物流招商会举行，16个招商项目进行现场签约。省港口集团相关负责人，如皋港集团合作港代表，国内知名支线船公司、船货代公司代表，如皋市及周边地区重点外贸进出口企业代表，金融机构代表近300人参加会议。市领导张建华、何益军、张元健、张勇、冒平等出席会议。

△ 如皋市召开全市意识形态工作辅导动员会，部署开展全市意识形态工作辅导工作，实现科级单位党委（党组）全覆盖。南通市委宣传部副部长黄正平作意识形态工作专题辅导讲座，市委常委、宣传部部长高峰出席会议并讲话。

△ 军邮战略合作服务项目发布会举行。该项目由中国邮政集团有限公司江苏省如皋市分公司与

市退役军人事务局合作开展，为退役军人提供金融、特惠购等专属服务，将邮政“爱心邮路”上的“红色驿站”升级为“军邮服务站”，开辟政企合作、服务退役军人的创新模式，是善用社会资源、发动社会力量共同参与退役军人工作的又一次有益探索和生动实践。会议发布军邮战略合作服务项目的具体内容，与会领导为“如皋市邮政公司退役军人就业创业孵化基地”及“军邮服务站”揭牌，并为“军邮员”代表发放“退役军人服务卡”卡包、军邮员胸牌。市领导缪小华、祝国庆出席会议。

10日

市四套班子主要领导分别带领同组的党代表、人大代表、政协委员，走进挂钩联系村（社区）的“两代表一委员”工作室，了解民生、听取民意，收集老百姓关心关注的热点难点问题，切实为老百姓排忧解难。

△ 如皋市组织开展建筑施工现场应急救援演练观摩活动，模拟施工现场发生火灾和施工人员高空坠落两种场景，分别设置组织指挥、事故响应、现场警戒、事故救援、医疗救护等流程，演练达到预期成效。副市长黄文斌出席活动。

△ 如皋第一中等专业学校举行2020年校企集中签约仪式。签约仪式上，江苏标龙建设集团有限公司、南通职业大学、如皋第一中专三方签订3+3联办大专班协议，如皋第一中专与长江镇人民政府、白蒲镇人民政府、磨头镇人民政府签订合作协议，江苏汤臣汽车零部件有限公司、南通超达装备股份有限公司、南通斯密特森光电科技有限公司等11家企业与如皋第一中专签订3年订单班协议。副市长张亚鸾出席签约仪式。

11日

徐州市委书记、市人大常委会主任周铁根，徐州市委副书记、市长庄兆林率领徐州市党政代表团到如皋考察。代表团一行先后到力星钢球、思源电气GIS组合电器项目建设现场、花木大世界（如皋）国际园艺城、顾庄社区、梦百合家居、凌志软件等处，着重考察如皋市在发展新兴产业、实施创新驱动战略等方面的做法。南通市领导黄巍东、姜永华、陈惠娟、姜东及如皋市领导张建华、何益军、张元健等陪同考察。

△ 如皋市邀请南通市水利局局长吴晓春、南通市政府区域治水首席专家赵瑞龙一行专家到如皋，开展区域水环境治理工作座谈。市委副书记、市长何益军，副市长黄文斌、张百璘参加活动。

△ 全市建筑施工领域安全生产“百日行动”、乡镇水厂整合攻坚暨城乡水环境整治集中推进会召开。市领导何益军、黄文斌、张百璘出席会议。

△ 南通市政协副主席、致公党南通市委主委施学雷一行到如皋，调研如皋市新型研发机构建设情况。施学雷一行先后参观江南大学（如皋）食品生物技术研究所和吉林大学（如皋）新能源汽车产业技术研究院，详细了解研究院的建设进展、运行管理、资金使用情况以及下一步发展规划情况。市领导张元健、孙恒、郑振明陪同调研。

△ 如皋市召开河长制暨防汛防旱工作会议，回顾总结2019年河长制及防汛防旱工作情况，分析2020年工作形势，并对有关工作进行部署。市领导茅红宇、张百璘出席会议。

△ 如皋中专“产教融合 校企合作”集中签约活动在开元名都大酒店举行，“3+3”贯通培养项目、现代学徒制合作项目、校企战略合作项目等共计23个项目现场签约。副市长张亚鸾参加活动。

11—12日

市第十七届人大常委会第二十七次会议召开。会议听取并审议全市脱贫攻坚工作报告、市人民法院关于破产审判工作情况的报告、市人大常委会执法检查组关于检查《中华人民共和国非物质文化遗产法》实施情况的报告、关于检查《中华人民共和国土壤污染防治法》实施情况的报告。会议针对全市脱贫攻坚工作开展专题询问，并审议通过《如皋市人大常委会关于加强镇人大预算审查监督工作的指导意见（草案）》，审议市政府关于贯彻落实《市人大常委会关于市政府现代农业发展情况报告的审议意见》的报告及其他报告。会议通过相关人事任免事项并为新任命人员颁发任命书，新任命人员进行宪法宣誓。

12日 省委组织部副部长、省委“两新”工委书记周为号一行到如皋，实地查看如皋市花木盆景产业联合会（花木大世界控股有限公司）、江苏华夏电影胶片修复技术有限公司等处，专题调研基层党建工作。南通市委副书记、统战部部长沈雷，南通市委常委、组织部部长封春晴及如皋市领导张建华、何益军等陪同调研。

△ 南通市副市长王洪涛一行到如皋调研，先后实地参观如皋市江海高级技工学校、江苏神马电力股份有限公司、花木大世界（如皋）国际园艺城、南通泰慕士服装有限公司等处。市委常委、常务副市长茅红宇，副市长孙恒陪同调研。

△ 驰援湖北抗疫“皋”人先进事迹报告会暨“弘扬抗疫精神 践行使命担当”主题党日活动在市人民医院举行。如皋市援鄂医护人员以我是党员我先上、战地玫瑰分外香、青春逆行绽芳华三个篇章，从党员干部、巾帼英雄、青年志士三个角度，再现在湖北抗疫前线经历的艰难时刻与感人瞬间，分享切身体悟、所见所思。活动中，援鄂医护人员向市档案馆现场捐赠记载个人工作和生活点滴的抗疫实物。副市长张亚鸾出席活动。

△ 市江海技工学校举行校企合作集中签约仪式。活动中，磨头镇政府和市江海技工学校相关负责人签署《磨头镇人民政府关于引进新设“如皋市模具智造培训学院”协议书》，8家企业负责人先后上台签约。副市长张亚鸾参加活动。

△ 如皋市级商会招商引资专题工作会议举行，会议回顾总结2019年工商联系统的招商引资工作，部署2020年工作。各商会代表围绕商会招商引资工作开展情况、商会在疫情防控期间组织会员企业复工复产情况等进行探讨。副市长顾留忠、市政协副主席杜永红出席会议。

△ 如皋市委政法委联合市法院、检察院、司法局共同召开《关于依法规范民事诉讼活动中公民代理行为的若干规定（试行）》新闻发布会。

13日 来自《人民日报》、新华社、中央广播电视总台、《求是》杂志、《光明日报》等十余家媒体的记者，就如皋市经济社会发展情况开展“走向我们的小康生活”大型主题采访活动。采访中，媒体团一行先后走访平园池村、花木大世界（如皋）国际园艺城和顾庄社区，对如皋市经济社会发展情况及人民群众生活情况进行详细了解。市委常委、宣传部部长高峰参加活动。

△ 如皋市召开食品安全工作紧急会议，通报近期几起食品安全事件情况，市纪委监委通报相关调查处置情况；相关镇（区、街道）和部门负责人交流食品安全工作开展情况；会议对下一阶段全市食品安全专项整治工作进行部署。市领导茅红宇、张百璘、程瑞琴参加会议。

16日 省人大常委会副主任邢春宁带领省人大执法检查组到如皋，开展涉野生动物“一决定一法”及《江苏省野生动物保护条例》执法检查。南通市人大常委会常务副主任、党组副书记庄中秋，副主任孙建华及如皋市领导张建华等陪同检查。

△ 省科协学会部部长李政一行专题调研江苏省氢能院士协同创新平台落户如皋后工作进展情况。李政一行首先考察南通百应能源有限公司、如皋市大生线路器材有限公司、长三角氢能检测中心，听取如皋氢能企业技术、人才需求、江苏省氢能院士协同创新平台主要合作项目开展情况及中长期目标规划汇报，并与宇石能源（南通）有限公司、南通安思卓新能源有限公司等7家企业代表进行座谈交流。

△ 南通市机关事务管理局党组书记、局长、二级巡视员钱志平，四级调研员许晓华，办公室主任孙鸿一行调研如皋市机关事务管理机构改革工作。市委常委、常务副市长茅红宇陪同调研。

△ 市人大常委会深入长江镇开展调研，组织华电热电、海螺水泥、森松重工、沪港装饰、上海电气和中铁山桥等6家已竣工项目负责人召开专题座谈会，实地走访华永汽车、宏茂铸钢和茂友木材等在

建项目现场，重点了解政府在项目招引、审批、建设、竣工、投产等环节的服务工作开展情况。

△ 全市民政工作会议召开。会议全面总结2019年和2020年上半年的工作情况，部署2020年下半年民政各项重点工作。相关单位负责人分别围绕脱贫攻坚、养老服务体系建设、基层社会社区治理等方面进行交流发言。副市长张百璘出席会议并讲话。

△ 中国铁路上海局集团有限公司与如皋市人民政府在上海成功签订合作框架协议，明确北沿江高铁在如皋设站。

17日

南通市委书记徐惠民会见新加坡金鹰集团主席陈江和一行。双方就金鹰集团在南通产业布局及项目投资等情况进行深入交流。南通副市长潘建华，如皋市领导张建华、何益军、丁兴华参加会见。

△ 新加坡金鹰集团主席陈江和一行到如皋，实地考察如皋港规划沙盘、长源国际码头、华电码头等处，双方就金鹰集团在如皋的投资规划及产业布局进行深入交流。市领导张建华、何益军、丁兴华、顾留忠陪同考察。

△ 省农业农村厅二级巡视员黄非带队到如皋，先后走访南通品德超市连锁有限公司（皋德食材项目）、江苏弘玖水产有限公司等处，就如皋市农产品仓储保鲜冷链情况进行调研。副市长张百璘陪同调研。

17—18日

省人大常委会委员、监察和司法委主任委员莫宗通一行到如皋，先后走访住宅小区消防安全整改完善情况、沪江油品环境污染生态修复情况，就如皋市检察公益诉讼工作开展调研。南通市人大常委会副主任、党组成员黄卫成参加活动。

18日

在十九届中央委员、江苏省委书记、省人大常委会主任、党组书记娄勤俭的见证下，如皋市超400亿元新加坡金鹰集团项目在南京签约。金鹰集团（如皋）产业园项目总投资超400亿元，用地面积约3000亩，投资项目包括莱赛尔纤维、棕榈油、白卡纸制品等。其中一期项目投资180亿元，计划2022年建成投产。

△ 省台办副主任孙继兵带领经济处、台商服务中心相关人员到如皋市专题调研台资企业外贸情况，南通市台办主任赵男男陪同调研。

19日

南通举行争创首批“全国市域社会治理现代化试点合格城市”动员大会暨市域治理现代化指挥中心启动仪式。市领导缪小华、茅红宇、祝国庆等在如皋市分会场收听收看。

20日

市委理论学习中心组（扩大）学习会召开。会议邀请省应急管理厅一级巡视员喻鸿斌以《强化红线意识 坚持底线思维——不断强化安全生产责任有效落实》为题进行安全生产知识专题讲座。

△ 如皋市召开动员部署会议，就开展《中华人民共和国安全生产法》和《江苏省安全生产条例》（简称“一法一条例”）贯彻实施情况执法检查工作进行动员。市领导茅红宇、陈万圣出席会议。

22日

如皋市召开疫情防控指挥部视频调度会议，对有关工作进行部署推进。会议听取市卫健委、公安局等6个部门的疫情防控工作情况汇报，副市长张亚骞就疫情防控工作进行部署，市委副书记、市长何益军就做好如皋市下一阶段疫情防控工作提出要求。市领导茅红宇、陈晓彬、黄文斌、顾留忠出席会议。

△ 市政协举行“长三角区域一体化”专题党课，邀请南通市发改委副主任唐国平作辅导讲座，对

《长江三角洲区域一体化发展规划纲要》进行详细解析。市政协主席张元健，副主席冒平、杜永红、郑振明、严世斌、刘晓洁，秘书长许映亮参加活动。

△ 如皋市举行2017—2019年度水上搜救工作会议。副市长顾留忠、蒋丽出席会议。

△ 省发改委副主任高清带队到如皋，先后实地参观南通荣威娱乐用品有限公司和如高高压电器有限公司2家企业，就如皋市上半年经济运行情况开展调研。副市长顾留忠陪同调研。

22—23日

省人大常委会农委委员张忠文一行到如皋，调研如皋市农村水利工作开展情况。张忠文一行实地走访如皋工业园区(如城街道)的茅雉河工程、大明社区明生河工程、磨头镇十字桥村高标准农田建设项目、长江镇永平闸排涝站工程、白蒲水厂等处，并召开座谈会详细了解如皋农村水利工作基本情况。南通市人大常委会副主任、党组副书记陈惠娟，如皋市人大常委会副主任邵晓泉、副市长张百璘等陪同调研。

23日

省妇联主席张彤带队到如皋，先后走进"江苏省三八红旗手标兵"杨敏工作室、白蒲镇邓杨村"惠姐妹微家"和由85后巾帼新农人曹瑞钦创办的江苏北环生物科技有限公司，调研如皋市基层妇联工作。市领导张建华、丁兴华等陪同调研。

△ 全市推进基层整合审批服务执法力量工作部署会议召开，就推进基层整合审批服务执法力量前期工作情况进行说明，并对下阶段工作进行部署。市领导张建华、何益军、张元健、丁兴华、缪小华、史有根、缪爱诚、茅红宇、高峰等参加会议。

△ 南通市委、市政府召开全市创建更高水平全国文明城市推进大会。各县(市、区)设分会场。张建华、何益军、丁兴华等市领导在如皋市分会场参加收听收看。

△ 市委副书记、市长何益军主持召开第十七届市政府第五十次常务会议，就有关议题进行研究讨论。会议传达《省委办公厅、省政府办公厅关于深入解决形式主义突出问题持续为基层减负的通知》精神、《中共中央办公厅、国务院办公厅关于做好当前信访工作的通知》精神、国务院江苏安全生产专项整治督导工作推进会议精神，讨论《如皋市四套班子领导开展"百团进万企"安全生产学习宣讲活动建议方案(送审稿)》等议题。

△ 市人大常委会调研组赴丁堰镇调研部门服务项目情况，召开项目业主及项目帮办员座谈会，实地视察部分在建项目现场。

△ 中国共产党如皋市交通产业集团有限公司委员会举行揭牌仪式。

△ 2020年如皋市高考、中考招生考试统考工作会议召开，全面动员部署高考、中考招生考试工作。副市长张亚鸾出席会议。

△ 高新区召开区、街道分设大会，并对区、街道各部门设置和人员分工进行安排。

24日

如皋邮政管理局成立暨揭牌仪式举行。活动中，省邮政管理局局长张水芳与市委书记张建华共同为如皋邮政管理局揭牌，南通市邮政管理局局长姜晓毅宣读省、南通市邮政管理局相关批复。如皋市领导张建华、何益军、史有根、黄文斌等出席活动。

△ 市委副书记、市长何益军率队督查高质量文明城市建设及农贸市场疫情防控工作，并就梳理出的重点难点问题进行现场研究、协调。市领导高峰、张亚鸾参加活动。

△ 市委副书记、市长何益军带领政府办、应急管理局、公安局、司法局、市场监管局、生态环境局等部门负责人到搬经镇如皋诚顺金属制品有限公司，专题调研指导"小化工"专项整治工作，强调要继续加大"小化工"专项整治的力度，充分运用"大数据+网格化+铁脚板"工作机制，以"铁的手腕"，采取有力措施，推动排查整治全覆盖、真到位。

△ 白蒲镇举行"爱心白蒲"结对帮扶启动仪式。活动现场，市政协主席张元健为爱心团队授旗并

宣布“爱心白蒲”结对帮扶项目正式启动。副市长张百璘参加活动。

△ 如皋市召开乡村振兴重点工作推进会。会议组织与会人员参观如皋工业园区(如城街道)皋德食材冷链仓储项目、白蒲镇文著社区户厕改造和生活污水处理设施建设等重大农业项目和人居环境典型,并对全市重大农业项目建设和农村人居环境整治工作进行点评。市领导邵晓泉、张百璘、杜永红等参加会议。

△ 市委书记张建华主持召开市委常委会会议,传达上级关于疫情常态化防控最新要求、国务院江苏安全生产专项整治督导工作推进会议、全省加强基层消防安全监管工作电视电话会议精神和全省党校(行政学院)校(院)长会议精神,听取关于如皋市学前教育情况的调研报告和上半年脱贫攻坚工作情况汇报,研究部署如皋市新形势下疫情常态化防控工作、下一步全市安全生产(消防)工作,讨论《中共如皋市委关于新时代加强和改进人民政协工作的实施意见》《关于市委第十四轮巡察工作情况的报告》等议题。

△ 中共南通市委公布表彰全市优秀共产党员的决定,如皋市卫健委马军华、交通运输局葛军、如城街道城南社区陆小建 3 人被评为南通市优秀共产党员。

28日 九华镇 2020 年投资环境说明会暨上汽联创智能网联科技(江苏)有限公司奠基仪式在九华工业园区举行。上汽联创智能网联项目总用地约 90 亩,建设内容为 SS(通孔焊接)生产线和 FA(组装及下线测试)生产线等,规划形成年产能为 200 万件控制器的规模。项目全部建成投产后,可形成十亿汽车智能网联产业集群。上汽集团副总裁、总工程师祖似杰,副总工程师张觉慧,技术管理部副总经理沈浩明,规划部副总经理唐韶及联创汽车电子有限公司总经理芦勇、党委书记李辰豪等嘉宾,如皋市领导张建华、丁兴华、高峰、冒平参加活动。

△ 市交通产业集团工程质量检测中心举行揭牌仪式。

△ 副市长张百璘带队实地走访如皋工业园区(如城街道)大明社区明生河整治工程、新跃涵洞上下游险工险段防护工程、长江岸线整治项目、焦港闸站建设等处,深入了解全市水利工程的建设情况以及工作中的重点难点,就如皋市河长制推进、长江岸线整治、长江防汛等工作开展情况进行调研。

29日 如皋市与江苏交通控股有限公司签订《江苏交控如皋市政府战略合作协议》,双方将在张皋过江通道建设、码头开发等方面进一步深化合作。江苏交通控股有限公司党委书记、董事长蔡任杰,省人力资源和社会保障厅副厅长朱从明,如皋市领导张建华、黄文斌出席签约仪式。

△ 全市长江水域禁捕和退捕渔民安置保障推进工作会召开。市领导何益军、陈晓彬、张百璘等出席会议。

△ 市政协组织召开全市金融支持实体经济发展座谈会。市政协主席张元健,副主席冒平、杜永红、郑振明、严世斌,秘书长许映亮出席会议。

△ 全市慈善基层组织建设现场推进会召开。市领导缪小华、邵晓泉、张百璘参加会议。

30日 市委书记张建华,市委副书记、市长何益军率队调研城市建设工作。调研中,张建华一行听取如皋南站综合交通枢纽项目推进情况汇报,并现场踏勘 58 号搬迁地块、35 号地棚户区(城中村)改造工程、老 204 国道提升工程、志颐路与解放路交叉口绿化改造、志颐小学搬迁地块和蒲行苑安置房工程等处。

△ 南通市科技局党组书记、局长李吉平率队到如皋,实地走访了南通维尔斯机械科技有限公司、江苏秦烯新材料有限公司、江苏卓远半导体有限公司等企业,详细了解了企业在科技研发、产学研合作、科技成果转化、高新技术企业申报等科技工作开展情况,就如皋市科技创新工作开展调研。市领导

何益军陪同调研。

△ 江如管道水网高后果区突发事件企地联合应急演练在如皋市江安镇工业园区举行。市委副书记、市长何益军，副市长顾留忠参加活动。西气东输在江苏省境内的天然气管道总长度达1657千米，其中苏北管理处所辖管道891千米，如皋市江安镇工业园为典型的高后果区管段，此次应急演练以西气东输管线天然气泄漏为背景，圆满完成了演练任务。

△ 市人大常委会调研部门服务项目情况。市政府副市长顾留忠汇报全市项目建设情况和项目服务总体情况，相关部门详细介绍部门服务项目的举措及遇到的困难，并提出具体建议。

△ 如皋市召开“云上如意店小二”上线运行新闻发布会。如皋市在落实“放管服”改革方面又出实招，在全省率先推出“云上如意店小二”政务服务智能客服系统。该系统由如皋市行政审批局和如皋市高新区本土软件企业“七和科技”共同研发，共涉及全市21个部门单位，覆盖251类高频事项，3806个知识要点。企业、群众通过电脑或手机随时随地轻松咨询，真正实现7×24小时不见面咨询服务，减少窗口日常咨询量，方便企业群众申报，全面增强企业群众的满意度和获得感。

△ 2020“江风海韵长寿之都”南通乡村休闲旅游节暨如皋平园池第四届荷花节开幕式，在如皋经济技术开发区(城北街道)国家AAA级旅游景区、中国最美乡村——平园池正式启动。

△ 如皋市发改委出台《关于降低淡季非居用气价格的通知》，规定自2020年5月20日至10月31日，如皋市非居民用管道天然气最高销售价格由现行的3.36元/立方米调整为3.21元/立方米，让利给非居民终端用户，降低企业用气成本，支持企业复工复产。经初步测算，此次降低淡季非居民用气价格将惠及如皋900多工商业户，共减轻用气成本1100多万元。

6月，江苏省市场监督管理局、江苏省发展和改革委员会下达《2020年江苏省战略性新兴产业和服务业标准化试点项目的通知》，南通星球石墨股份有限公司申报的“节能环保石墨设备战略性新兴产业标准化试点”获得立项。

2020 年 7 月

1 日 全市庆祝中国共产党成立99周年暨"七一"大党课在行政中心礼堂隆重举行，市委书记张建华为全市党员干部上《恪守初心使命、强化责任担当，在服务高质量发展中走在前作表率》主题党课，市四套班子全体领导与1000余名基层党员干部以同上党课的形式庆祝党的生日。该活动采用情境式党课、讲述式党课和引领式党课等形式，回顾如皋市在不同历史阶段形成的红十四军精神、支边援疆精神、治沙精神等。6名来自不同战线的优秀党员代表，分别讲述他们立足本职、爱岗敬业、无私奉献、不懈奋斗的生动实践，展现新时代党员干部的"狼性"精神。活动中，还对全市先进基层党组织、优秀共产党员、优秀党务工作者、优秀党员企业家、"四强型"村(社区)党组织书记标兵和星级村(社区)党组织进行表彰。

△ 沪苏通长江公铁大桥正式通车，沪苏通铁路开通运营。得益于沪苏通铁路的开通，途经如皋站的宁启铁路与沪苏通铁路贯通运营，结束"断头路"的历史。从如皋站乘车，无须再通过南京中转即可到上海，南下可到达杭州、宁波、温州、厦门、黄山等地区，全新的"动车时代"来临。

2 日 △ 张皋通道规划建设专题协调会在如皋召开。张皋通道连接如皋市与张家港市，起点位于张家港大新镇西侧、港丰公路与S259交叉处，向北于张皋汽渡西侧进入长江，拟采用2300米双塔悬索桥跨越长江主航道；经靖江马洲岛后进入北汊，拟采用1208米双塔悬索桥跨越北汊航道在如皋市长江镇登陆，终点接G40新增石庄互通。全长约28千米，按照高速公路标准开展相关工作，过江段8车道、接线段6车道。南通市委常委、常务副市长单晓鸣，南通市副市长王洪涛及如皋市领导张建华、何益军、黄文斌出席会议。

△ 农发行江苏省分行副行长王志军一行到如皋，督导检查如皋市夏粮收购工作。王志军一行实地检查如皋市粮食储备有限公司库点，详细了解如皋市夏粮收购价格、质量把控等有关情况，并与卖粮农户交流粮食收成、种植模式等情况。南通市副市长赵闻斌，如皋市领导何益军、张百璘参加活动。

△ 市委副书记、市长何益军走进宏坝社区东皋新村，向居民宣传文明城市建设的相关内容，并将印发的宣传画册送给居民学习，详细询问他们对如皋市宣传普及社会主义核心价值观效果、发放文明手册等宣传材料情况、政府办事效率便利程度及对如皋市城市建设方面有何意见。

△ 市委常委、市纪委书记、市监委主任史有根，市生态环境局局长黄晓勤带队调研城北街道相关大气点位工作情况。

△ 如皋市举行"与信用同行 筑梦新时代"信用知识竞赛活动启动仪式。市委常委、宣传部部长高峰，副市长孙恒参加活动。

△ 南通卫生创建现场观摩会在如皋市召开，与会人员观看白蒲镇创卫汇报片，实地参观白蒲老街、白蒲镇卫生院、白蒲镇文著社区等处，相关负责人分别作汇报发言。省爱国卫生运动委员会办公室主任单玲英，如皋市副市长张亚鸾参加会议。

△ 如皋市举行加快律师人才队伍建设推进会，与会人员听取市司法局相关负责人就《关于加快律师人才队伍发展的意见(试行)》所作的解读和市委组织部相关负责人就加强公职律师队伍建设的具体要求。副市长、市公安局局长陈晓彬参加会议。

3日 省高级人民法院党组书记、院长夏道虎一行深入如皋市人民法院长江人民法庭(长江流域环境资源第二法庭)调研。市委副书记、市长何益军,市委常委、政法委书记缪小华陪同调研。

△ 市委常委、宣传部部长高峰走进"当燃南通美好生活直播周"——寻"宝"如皋专场,为如皋市地方产业和特色农产品推广代言。该次活动由南通市委宣传部、南通市文广旅局、南通市商务局等单位携手推出,通过"网络直播+电商"的营销手段,将南通各区域文化资源、特色文化企业等推介给全市人民,以文化助力消费,培育线上线下文旅消费新动能。

△ 市政协主席张元健走进城西社区,开展"我骄傲·我是文明如皋人"入户大走访活动,政协副主席刘晓洁参加活动。

△ 南通市卫健委举办第一届南通市住院医师规范化培训实践技能竞赛,如皋市中医院参赛学员代表队获得团体二等奖。

4日 如皋市举行专题会议研究部署当前经济运行工作,分析研判上半年经济运行情况,部署安排下半年重点工作。市领导何益军、茅红宇、程瑞琴、顾留忠出席会议。

△ 连云港市政协副主席、党组副书记方韬一行到如皋考察,实地参观城北街道平园池村"有事好商量"协商议事室等地,详细了解如皋市"有事好商量"协商议事室建设情况。南通市政协副主席陈宋义、杨曹明及如皋市政协主席张元健、副主席严世斌、秘书长许映亮参加活动。

5日 市委书记张建华深入挂钩联系的如皋工业园区(如城街道)孔庙社区,开展"我骄傲·我是文明如皋人"入户大走访活动。市委常委、宣传部部长高峰参加活动。

6日 市委副书记、市长何益军率队深入如皋中学、市一中等全市高考考点,对高考准备工作进行全面检查。强调要以高度负责的态度,全力做好各项服务保障工作,为广大考生营造良好的考试环境,确保高考万无一失。

△ 副市长张亚鸾率队到白蒲中学、江安中学、市二中,检查高考考点准备工作。

7日 高考第一天,市领导张建华、何益军、张元健、高峰、钱志刚、陈晓彬、张亚鸾、严世斌等分组巡视高考考点,实地查看考试组织情况,慰问考务人员。

△ 南通市党的理论工作室经验交流会在如皋市举行,与会人员集中参观姚呈明理论武装工作室,部分理论宣讲工作室代表进行交流发言,如皋市人大常委会党组成员、专职委员、机关党组副书记姚呈明作题为《百姓名嘴"孵化器"》的经验分享。南通市委宣传部副部长黄正平,如皋市委常委、宣传部部长高峰参加会议。

△ 市委政法委员会全体会议举行,对全市政法工作进行集中研究,并集体学习《中国共产党政法工作条例》《中共南通市委政法委员会政治督察实施办法(试行)》《市政法单位党组(党委)、各镇(区、街道)党(工)委向市委政法委员会请示报告重大事项的规定(试行)》等文件精神。市委常委、政法委书记缪小华,副市长陈晓彬出席会议。

8日 南通市委政法委常务副书记钱建华率队到如皋,专题调研如皋市贯彻落实《中国共产党政法工作条例》情况。钱建华一行先后查看市公安局战训基地和市市域治理现代化指挥中心,听取相关负责人工作情况汇报。市委常委、政法委书记缪小华陪同调研。

△ 市人大常委会安全生产"一法一条例"执法检查第一小组对《中华人民共和国安全生产法》《江苏省安全生产条例》在如皋市的贯彻实施情况进行现场执法检查。

△ 江苏省教育厅、江苏省工业和信息化厅公布2019年江苏省智慧校园审核认定结果。经网络审核和现场答辩，全省共有2889所中小学、82所高校通过省级智慧校园审核认定，其中，如皋有1所高中、3所初中和6所小学被认定为江苏省智慧校园。

△ 江苏省政府网站公布2020年江苏省有突出贡献中青年专家名单，如皋市梦百合家居科技股份有限公司董事长、工程技术研究中心主任倪张根成功入选。

9日

市委书记张建华，市委副书记、市长何益军分别走进挂钩联系的江苏省如高高压电器有限公司、江苏力星通用钢球股份有限公司，为企业负责人和部分员工进行了安全宣讲。此次宣讲活动为全如皋市范围内开展的“百团进万企”安全生产学习宣讲活动之一。

△ 人民银行南京分行党委委员、副行长王海龙一行到如皋调研普惠金融特色工作。调研组一行先后来到花木大世界(如皋)国际园艺城、“花名堂”调研，随后召开座谈会，认真听取人民银行如皋市支行和如皋农村商业银行负责人汇报的如皋市普惠金融特色工作相关情况，并与部分企业代表进行现场交流，了解企业发展中遇到的困难和问题。市委副书记、市长何益军，市委常委、常务副市长茅红宇参加活动。

△ 市委副书记、市长何益军率队检查防汛和长江禁捕退捕工作开展情况。何益军一行先后查看碾砣港闸管理所、长江渔政执法基地、长青沙西南角等处，要求扎实做好防汛各项准备工作，积极推进防汛工程建设。

△ 如皋市召开全市防范和处置非法集资工作暨业务知识培训会议，回顾总结2019年“处非”工作情况，进一步提高认识、明确目标、落实责任，切实扭转非法集资高发势头，确保全面完成2020年“处非”工作各项目标任务。市领导茅红宇、石慧宏出席会议。

△ 全市“百企联百村 共走振兴路”行动工作部署会召开。会上，市农业农村局、工商联、自然资源和规划局、财政局(国资办)主要负责人作交流发言。如皋交通产业集团有限公司、江苏江中集团有限公司等9家企业现场与村(社区)进行签约。

△ 文化和旅游部公示第二批全国乡村旅游重点村名单，如皋市城北街道平园池村入选。

10日

市委书记张建华主持召开市委常委会会议，传达学习习近平总书记关于学习《中华人民共和国民法典》的总体要求、上级长江水域禁捕和退捕渔民安置保障工作会议精神，并研究讨论相关议题。

△ 张建华、何益军、丁兴华等市领导分别带领同组的党代表、人大代表、政协委员，走进挂钩联系村(社区)的“两代表一委员”工作室，“原生态”听取民意，“零距离”了解民生，切实为老百姓排忧解难。

△ 英泰奇(香港)公司与如皋经济技术开发区就智能终端产业项目签订合作协议。此次签约项目总投资1.5亿美元，用地100亩，将打造英泰奇智能制造产业园。项目主要涉及智能终端产业、AI、智能音响、蓝牙、健康医疗器械等电子信息类产品及配件的研发、生产和销售。项目达产后年产值可达20亿元以上。市委书记张建华，市委常委、宣传部部长高峰出席签约仪式。

△ 5G+工业互联网技术交流暨企业上云工作推介会在如皋召开，副市长顾留忠参加会议。本次会议以“共筑新基建，助力高质量”为主题，会场共分为管理上云、系统上云、数据上云、办公上云四个不同展区，集中展示机器视觉、工业码、云桌面等9项技术，供参会企业体验试用。会议解读省星级上云企业评定、工业互联网平台、标杆工厂相关政策，演示和介绍5G+工业互联网解决方案。

△ 如皋市公安局召开新闻发布会，通报如皋市“5·26”特大黄金盗窃案的有关工作情况。经南通、如皋两级公安机关缜密侦查，成功侦破“5·26”特大黄金盗窃案，抓获犯罪嫌疑人李某，失窃的774件黄金首饰和1万余元现金全部被追回。南通市公安局刑警支队副支队长徐浩，如皋市公安局党委委

员、副局长张斌，刑事侦查大队大队长季兴华，“5·26”专案审讯审查组组长孙小建等人出席。如皋市公安局党委委员、副局长李祝主持发布会。

△ 随着最后一方混凝土浇筑完成，盐通铁路如皋南站混凝土主体结构正式封顶，完成既定节点目标，在全线新建站房中率先封顶。

11日 市委常委会(扩大)会议召开，与会人员集中观摩各镇(区、街道)上半年项目建设情况。市委书记张建华在会上讲话，市领导丁兴华、茅红宇、高峰等分别就城东工业区、磨头镇共建园区、丁堰镇共建园区、下原镇共建园区、九华镇共建园区工作推进情况进行交流发言。市委副书记丁兴华和市委常委、常务副市长茅红宇分别点评项目建设及园区共建情况和经济运行情况。

13日 长江大通来量达到8.46万立方米/秒，逼近历史最高点。当日14时30分起，如皋市启动沿江地区防汛应急III级响应，采用通过“人防+技防”的方式，强化巡查监督，多措并举，全力筑牢防汛安全堤坝。

△ 江苏省召开违法违规“小化工”百日专项整治行动视频会议，深入贯彻落实国务院督导组反馈意见和省委、省政府部署要求，对专项整治行动进行再部署、再动员、再推进。市领导茅红宇、顾留忠在如皋市分会场收听收看视频会议。

△ 总投资10亿元的百正电子聚丙烯电容薄膜生产线项目签约落户经济技术开发区。项目计划投资10亿元人民币，在经济技术开发区建设聚丙烯电容薄膜生产基地，计划2020年10月开工，购置200亩土地，建设90000平方米厂房，采购4条BOPP电容膜生产线设备、7条PVC保鲜膜生产线设备、2条BOPP功能膜生产线设备，预计2021年12月建成投产，年销售收入可达15亿元，年纳税约5000万元。市委常委、宣传部部长高峰以及南通百正电子新材料股份有限公司董事长徐明强等出席签约仪式。

△ 如皋市慈善基金会向各镇(区、街道)慈善分会、各高中学校发出《关于开展2020年“圆梦助学”活动的通知》，启动2020年“圆梦助学”活动。明确2020年的“资助对象”为：经民政部门核准，2019年上半年在册的低保户、低收入户家庭子女和孤儿(含困境儿童)，市扶贫办认定的“建档立卡户”家庭子女，今年应届高(职)中毕业参加夏季高考，被普通高校(对口职校)正式录取的大专以上的学生，每人一次性资助入学金3000元。

14日 市委书记张建华率领市委办、政府办、水务局、应急管理局、气象局、长江镇等相关部门负责人对全市防汛工作进行检查。张建华一行先后详细查看长江镇的新跃涵洞上下游险工险段、长青沙西南侧险段，要求全力做好全市的防汛工作，汛情不解除，思想不松懈。市领导茅红宇、张百璘等参加检查。

△ 徐州市丰县县委书记娄海率领丰县党政代表团到如皋，考察如皋市经济社会发展情况。市委书记张建华，市委常委、宣传部部长高峰，副市长黄文斌等陪同考察。

△ 市委副书记、市长何益军率队调研市交通产业集团，实地参观办公场所及混改企业，听取集团重点工作开展情况介绍。

△ 全市入轨企业座谈会召开。会上，各入轨企业负责人就2018—2020年6月营业收入、净利润等指标完成情况，上市关键节点拟完成时间，2020年上市目标等方面依次进行交流发言，相关部门对企业所提出的各项问题进行现场解答。市委副书记、市长何益军，市委常委、常务副市长茅红宇出席会议。

△ 南通市人大常委会副主任葛玉琴率调研组到如皋，开展《南通市义务教育优质均衡发展条例

(草案)》立法调研,如皋市相关部门、部分学校校长、教师代表及家长代表对《南通市义务教育优质均衡发展条例(草案)》(修改征求意见稿)内的相关条例提出了意见建议。市人大常委会副主任钱志刚、副市长张亚鸾参加调研。

△ 南通市法学会专职副会长葛重兵带队到如皋,实地参观市人民法院诉讼服务中心的律师工作站、诉讼与非诉讼对接中心等处,就如皋市法学会工作进行专题调研。

△ 如皋市委巡察工作办公室发布第十五轮巡察公告,定于2020年7月14日起,对如皋市退役军人事务局、金融监管局(金融办)、市公安局、市人民法院、医疗保障局开展巡察,为期60天。

△ “制造质量2025”——先进质量管理技术和方法第六期推广孵化公益活动在江苏泰慕士针纺科技股份有限公司举办。这是如皋市送专家到企业调研、送知识到企业讲座、送案例到企业解剖的点对点服务活动之一。

15日

市委书记张建华主持召开市委常委会会议,传达上级有关防汛会议精神,听取全市防汛抗洪工作情况汇报,研究部署下一阶段防汛抗洪工作。

△ 如皋市召开2020年市政府为民办实事项目督查推进会,回顾今年以来为民办实事项目推进情况,查找存在的困难和问题,进一步统一思想、明确目标、压实责任,确保市政府为民办实事项目顺利推进、取得实效。市领导何益军、茅红宇、邵晓泉、陈晓彬、黄文斌、张亚鸾、张百璘、蒋丽、冒平出席会议。

△ 省供销合作总社党组书记、理事会主任陶长生一行到如皋调研供销合作社基层组织建设、农业社会化服务和产销对接等工作情况。南通市副市长赵闻斌及如皋市副市长张百璘等陪同调研。

△ 如皋市2020年离退休干部党组织书记培训班在市委党校开班,全市119名离退休干部党组织书记参加培训。

16日

市委书记张建华专题调研经济技术开发区维尔斯机械有限公司、如皋工业园区(如城街道)江苏瀚皋机械有限公司等部分高成长性企业,了解企业生产运行、科技创新等情况。

△ 南通市加强城乡社区综合减灾能力建设暨国家综合减灾示范社区创建培训观摩会在如皋召开。与会人员参观如皋工业园区(如城街道)城西社区应急避难场所、应急储备库等处。会上,市委副书记、市长何益军介绍如皋市防灾减灾工作,相关社区负责人围绕综合减灾示范社区创建工作与大家进行经验交流,会议表彰2019年获得“全国综合减灾示范社区”称号的单位。南通市应急管理局党委书记、局长郜江淼及如皋市领导何益军、茅红宇出席会议。

17日

市委书记张建华到如皋市人民来访接待中心,热情接待来访群众,察民情、听民意、问民需、解民忧,为人民群众解决实际困难和问题。市领导缪小华、陈晓彬等参加接访活动。

△ 市委书记张建华到市域治理现代化指挥中心,调研如皋市市域治理现代化工作推进情况。市领导缪小华、茅红宇、陈晓彬参加调研。

△ 全市冷链物流企业调研座谈会召开,听取冷链物流产业发展情况汇报,梳理产业短板,研讨发展大计。市领导邵晓泉、张百璘等参加调研。全市13家冷链物流重点企业主要负责人,11个相关部门负责人以及参会企业所在7个镇(区、街道)分管负责人参加会议。

△ 市政协十四届十八次常委会举行。市政协主席张元健,副主席冒平、杜永红、郑振明、严世斌、刘晓洁,秘书长许映亮出席会议。市委常委、常务副市长茅红宇参加会议。会议协商通过市政协相关委室副主任人选,调整部分市政协委员;邀请省政协副秘书长金建明作题为《贯彻落实新要求 干出新时

代政协新样子》的讲座；专题协商如皋市金融支持实体经济发展工作。

△ 如皋市举办首届"平安如皋"暨网格化服务管理主题演讲比赛决赛在如皋举行，此次演讲比赛是如皋市推出的"平安建设"系列活动之一。活动中，16 名参赛选手通过演讲全景展现如皋市广大群众对平安社会的殷切期望、"平安如皋"建设中涌现的先进事迹、参与平安建设的真情感悟以及推进平安建设的成果。南通市委政法委常务副书记钱建华，如皋市委常委、政法委书记缪小华出席活动。

△ 副市长张百璘率队对立新河进行巡查并组织召开全市河长制主任会议暨立新河河段长述职会。吴窑镇、石庄镇、江安镇相关负责人分别进行述职。

△ 如皋市人社局就业促进科、市工人技术考核办公室、市劳动就业管理处、市技工学校、信息中心联合举办的 2020 年度"12333 全国统一咨询日"活动在如皋市公共人力资源市场拉开帷幕。

△ 省农产品质量检测中心主任刁春友带领专家组顶风冒雨分别到东陈镇东凌家庭农场、九华镇草莓繁育基地、长江镇禾恬家庭农场高架草莓生产基地，查看草莓育苗情况，并向农户传授多阴雨天气下草莓育苗中后期控病保苗技术。

△ 如皋市中医院临床基因诊断实验室通过江苏省临床检验中心实验室技术验收专家评审组和南通市生物安全备案专家评审组的评审验收，成为南通市首家县级中医院具有新冠病毒核酸检测资质的实验室。

△ 如皋市数字档案室系统安全应急演练在如皋市档案馆综合楼举行。演练由如皋市档案局、档案馆联合举办，各镇（区、街道）、档案工作五星级单位、已创建数字档案室及相关部门档案管理人员计 60 余人参加观摩活动。

18日 市委副书记、市长何益军率队专题调研全市污染防治攻坚工作开展情况。何益军一行实地查看夏堡北大桥、新 204 国道桥、新 334 省道桥等处，听取相关单位负责人关于 2020 年污染防治攻坚工作汇报，详细了解有关重点工作进展情况。市领导史有根、黄文斌参加调研。

20日 根据南通市委巡察工作领导小组的统一部署，2020 年 7 月 20 日至 9 月 30 日，十二届南通市委第十轮巡察七组对海安市、如皋市、如东县、海门市、启东市、通州区、崇川区、港闸区、南通经济技术开发区、苏锡通科技产业园区、通州湾示范区及市有关部门（单位）开展安全生产市县联动专项巡察。

△ 省退役军人事务厅党组书记、厅长谢晓军一行到如皋，看望慰问空军某部官兵，提前向他们送上节日的祝贺和亲切的问候。如皋市领导张建华、缪小华、陈晓彬、张百璘参加活动。

△ 如皋市召开专题会议，听取有关"十四五"生态河道建设规划及黑臭水体治理工作情况的汇报。会上，市水务局相关负责人介绍《如皋市"十四五"生态河道建设规划》编制情况，市农业农村局、市住建局等部门相关负责人围绕规划和黑臭水体治理进行交流发言，市领导何益军、史有根、黄文斌等参加会议。

△ 市人大常委会党组中心组（扩大）学习会举行。会议围绕"学习贯彻《中华人民共和国民法典》，提升如皋法治建设水平"这一主题开展，法律专家从《中华人民共和国民法典》的重要意义、创新亮点、主要实质改动等方面进行授课，与会人员结合分管工作，围绕会议主题进行交流研讨。南通市委宣传部副调研员智平对如皋市人大常委会党组理论学习中心组开展巡学巡听，并进行指导。

△ 根据《平安交通三年行动计划实施方案》《如皋市安全生产专项整治三年行动实施方案》等相关文件要求，市交通运输局自 7 月 20 日起，对全市 970 多座农村公路桥梁进行技术状况检测评定，计划 9 月底前完成全部检测任务。

△ 市融媒体中心（传媒集团）"如 e 融媒"APP 开通江苏省高考成绩查询功能，考生使用手机即可

方便快捷地查到高考成绩。

△ 如皋市首届科普漫画大赛暨2020长三角地区科普漫画大赛选拔赛培训在华夏电影胶片博物馆放映大厅举行。著名漫画家郑辛遥、孙绍波、沈天呈等莅临现场培训指导。现场200余名中小学生及绘画老师参加。

21日

如皋市举行"小亭十年 我们再出发"——第十届"小亭志愿服务月"活动启动仪式。市委常委、宣传部部长高峰出席活动。

△ 全市宣传思想工作半年推进会举行,回顾总结2020年以来宣传思想文化工作推进情况,研究部署当前重点工作,为圆满完成全年目标任务夯实基础。市委常委、宣传部部长高峰参加会议。

22日

全市"百企联百村 共走振兴路"行动工作推进会议召开。副市长张百璘出席会议。

△ 全市"两客一危"暨危险货物安全宣讲会举行,副市长黄文斌作安全生产学习宣讲。

△ 从省生态环境厅传来消息,2020年上半年江苏省县(市、区)地表水环境质量排名出炉:63个县(市、区)中如皋市排名位列全省第五,南通第一。

22—24日

市人大常委会赴陕西洋县开展如皋·洋县协作交流工作。在22日"如皋·洋县两地人大工作交流座谈会暨如皋市人大扶贫捐赠仪式"上,双方就当前脱贫工作及人大工作进行了深入交流。在洋县期间,邵晓泉一行先后考察洋县(移民)搬迁产业孵化基地暨如皋产业园建设项目、双亚粮油公司、康原农业公司、秦洋长生酒业公司等项目,并专程看望了洋县对口帮扶工作人员。

23日

广西凭祥市委常委、政法委书记农国华带队到如皋,实地考察市交通管理服务中心、非诉讼服务中心、社会治理现代化指挥中心等处,就如皋市政法大数据和智慧平安建设工作进行考察。市委常委、政法委书记缪小华陪同考察。

△ 市政协召开"有事好商量"协商议事提质增效推进会议,总结前一阶段各基层协商议事室建设取得的阶段性成效,就下一步建设工作进行部署,并组织参观学习通州区先锋街道花园社区、原港闸区陈桥街道的"有事好商量"协商议事室建设情况。市政协主席张元健,副主席冒平、郑振明、严世斌、刘晓洁,秘书长许映亮出席会议。

△ 全市网信工作会议召开。会议传达全国、全省、南通网信工作会议及如皋市宣传思想工作会议精神,通报总结2019年及2020年上半年全市网信工作情况,安排部署2020全年重点工作任务。全市各镇(区、街道),各部门宣传条线的分管负责人、网络新闻发言人、网络文明传播志愿者、网络安全员,各级政务新媒体平台负责人,当地互联网企业代表等150余人参加本次会议。市委常委、宣传部部长高峰出席会议。

△ 盐通铁路施工钢轨从海安方向跨过友谊河正式进入如皋境内。

△ 由市全民阅读办指导,市新华书店和慧老汇老龄服务平台共同主办的第十届江苏书展如皋分展首场阅读活动"我爱我的祖国"在市新华书店举行。

24日

全市劳动模范命名大会召开。市委书记张建华代表市委、市人大、市政府、市政协致辞,会上宣布中共如皋市委、如皋市人民政府《关于命名2020年如皋市劳动模范的决定》,张建华、何益军、张元健、丁兴华等市领导为省五一奖和南通市先进集体、劳动模范和先进工作者、如皋市劳模颁奖。

△ 江苏省高级人民法院副院长李玉生一行到如皋市调研法院破产审判工作。南通中院党组书

记、院长曹忠明，如皋市委常委、政法委书记缪小华参加活动。

△ 如皋市“夜生活节”暨文峰爱心市集正式启动，副市长蒋丽出席活动。

△ 2020年江苏高考成绩出炉，如皋市高考一本上线率达76.29%，约为江苏省平均上线率的3.2倍。

25日 如皋市举办2020“长寿之乡·诗意小城”如皋文化旅游资源推介会。本次活动是如皋市在沪苏通长江公铁大桥正式开通之际，积极主动拥抱高铁时代，抢抓长三角一体化发展机遇，面向上海、浙江和苏南等地50多家主要旅游企业进行的宣传促销推介活动。在战略合作签约仪式上，如皋市文体广电和旅游局分别与张家港文旅局、陕西洋县文旅局签订合作意向书，城开开元名都大酒店与上航国旅、华夏电影胶片修复技术有限公司与上海交大研学部，签订互为旅游目的地、酒店、旅行社的合作协议书。如皋市人大常委会副主任钱志刚、市政府副市长张亚鸾、市政协副主席刘晓洁等参加推介会议。

27日 市委组织对焦港河至如海河段进行巡查，并组织召开如泰运河（如皋段）整治工作推进会。

△ 全市信访工作现场推进会议举行，回顾总结上半年全市信访工作情况，分析研究当前信访形势，安排部署下半年信访重点工作。市委常委、政法委书记缪小华，副市长、市公安局局长陈晓彬参加会议。

△ 市纪委监委召开2020年上半年市直纪检监察工作会议。会上，市纪委监委各派驻纪检监察组、部分市直纪检监察组织代表，交流2020年以来纪检监察工作开展情况。市委常委、市纪委书记、市监察委员会主任史有根出席会议并讲话。

△ 南通大学党委书记浦玉忠（正厅级）一行9人，至南通大学附属如皋医院（如皋市人民医院）开展调研考察活动，推动医院学科专科建设，推进科技协作，促进医教研协调发展。市长何益军、副市长张亚鸾参加活动。

28日 全市金融工作会议召开。会上，市委常委、常务副市长茅红宇通报了上半年全市金融工作运行情况，以及上半年金融工作考核情况。部分金融机构、担保公司负责人交流了相关工作推进情况和下一步的工作打算。市领导张建华、茅红宇、石慧宏出席会议。

△ “八一”建军节即将来临，市委副书记、市长何益军带队走访慰问市军休所、人武部、消防救援大队、武警中队等处，送上节日的问候和祝福。市领导祝国庆、刘晓洁参加活动。

△ 市委常委、政法委书记缪小华带队走访慰问荣立二等功现役军人章鹏飞家庭，为他们送去立功喜报和慰问金。

△ 城北街道第一届选民代表议政会第一次会议举行，会议通报分组讨论情况，城北街道人大工委相关负责人作关于收到代表建议、批评和意见的通报，城北街道党工委相关负责人对选民代表提出的建议作表态发言。

29日 无锡市锡山区政协主席章红新带队到如皋，先后走访城北街道平园池村“有事好商量”协商议事室、城北街道协商议事室、如城街道新民社区24组“有事好商量”协商议事室，考察如皋市“有事好商量”协商议事室建设情况。市政协主席张元健、副主席严世斌、秘书长许映亮陪同考察。

△ 如皋市慈善基金会理事长石耀与市退役军人事务局局长冯昕分别在《关于设立如皋市退役军人关爱基金的协议书》上签字，由市退役军人事务局向市慈善基金会发起设立的“退役军人关爱基金”

正式设立。该项基金的起始基金为100万元,分别由市财政拨付60万元,市慈善基金会资助30万元,以及通过企业(单位)、社会组织、爱心人士捐助募集基金10万元。以后年度新增基金累计为冠名基金的基本金。基金主要用于救助如皋籍的困难退役军人、现役军人和驻如部队的困难军人。

△ 如皋市对长青沙西南缘深坑进行抛石急抢险。如皋市长青沙西南缘沿线堤坝,在主汛期水下地形加密测量时,发现一个新增–40米以上深坑(2019年11月汛后测量和2020年4月汛前测量均未有出现),长度为194米,宽度为42米,最深点两处达–43米。对此,如皋市紧急启动抛护急抢险工程,对深坑进行抛石防护,防止深坑继续向岸边逼近,避免长江堤防出现塌陷险情。

30日 "八一"建军节即将来临,市委书记张建华走访慰问驻如皋空军某部、94969部队驻地,代表市委、市政府向他们致以节日的问候,共叙鱼水深情,共谋军地新发展。市领导缪小华、邵晓泉参加活动。

△ 如皋市举行"双拥"文艺联欢会暨首届"最美退役军人"颁奖典礼。活动中,如皋市9名"如皋首届最美退役军人"受到表彰。

△ 全省法院长江流域重点水域非法捕捞刑事案件审判工作座谈会在如皋召开,省法院一级巡视员刘亚平、环境资源庭庭长刘建功、南京环境资源法庭负责人陈迎、南通中院行政庭庭长杨德华及全省9家基层环境资源法庭分管领导和部门负责人参加会议。

△ 市残联、江苏敏政律师事务所开始"坐班制"接访,现场听民声、解民忧、出点子,为残疾人提供专业的法律咨询服务。

31日 如皋市举行拥军优属优惠服务月活动启动仪式,文峰大世界、吾悦广场等114家商贸企业,将为全市5万退役军人及其他优抚对象送上优质服务和优惠销售。

△ 如皋市举办7月如皋好人发布暨经济技术开发区好人颁奖活动。市委常委、宣传部部长高峰出席活动并为10位如皋好人、15位经济技术开发区好人典型颁奖。

△ 高新区(城南街道)第一届选民代表聘任会议举行。会议表决成立议政会主席团,通过执行主席名单,通过选民代表分组名单,代表小组组长、副组长建议名单,颁发选民代表聘书。聘任会议后,高新区(城南街道)首届选民代表议政会第一次会议举行。

△ 如皋市公安局牵头多部门联合开展2020年如皋市危化品泄漏道路交通事故应急演练。此次演练模拟一辆装载有易燃液体苯乙烯的危化品运输车在科技路三农国际城路段被同向行驶的一辆普通货车追尾,苯乙烯发生泄漏,货车驾乘人员均受伤昏迷。如皋市公安局、市应急管理局等参演单位迅速完成危化品泄漏突发事件交通管制和分流、被困人员现场施救等预定应急科目,展示如皋市应急联动力量的资源整合能力及处置突发事件的应急能力。副市长、公安局局长陈晓彬参加活动。

7月,如皋市住建局开通商品房买卖合同网上查询平台,为广大市民提供了更为便捷的查询方式,不论是本地还是外地的购房业主都可以通过电脑端自行查询到合同备案,更有效地保护购房者的合法权益。

2020 年 8 月

1日 如皋市举行纪念红十四军建军90周年网络主题活动总结仪式。总结仪式上，与会人员向红十四军先辈雕塑敬献花篮，并启动专题片《丹心永昭——红十四军在如皋》的网络首播。市委常委、宣传部部长高峰出席活动。

△ 沪苏通铁路开通运营“满月”。沪苏通铁路开通一个月以来，如皋站的客流快速增长，日均发送旅客仍由1800人增加到2700余人，单日最高发送旅客近4000人，7月份共发送乘客7.6万人次。

△ 江苏思博特纺织科技有限公司医用无纺布、医用防护服及产业用无纺布设备生产项目正式开工建设。江苏思博特位于丁堰镇，生产项目总投资5亿元，预计建成达产后应税销售可达7.8亿元，实现税收4000万元，产业层级顺应了“后疫情”时代的发展潮流，市场前景十分广阔。

△ 如皋市中医院新冠病毒核酸检测实验室于2020年8月1日起，正式开展新冠病毒核酸检测。

2日 一艘名为“NEW KEEPER”(新保轮)的外轮停靠如皋港长源国际码头，这是自7月22日获批临时开放以来，长源国际码头停靠的首艘外轮。与“新保轮”同时停靠的，还有一艘名为“中宇28轮”的3万吨级内贸船。这是长源国际码头首次对两艘万吨级的内贸轮和外贸轮同时进行作业。

△ 由中建三局二公司华东公司承建的江苏通皋大道项目一标段顺利实现东司马港大桥合龙任务，标志着该工程主线结构全面贯通向全线通车踏出坚实一步。

3日 市委副书记、市长何益军赴如皋市人民医院征兵体检站检查征兵体检工作，并看望慰问应征青年、征兵工作者和医务工作人员，鼓励适龄青年踊跃应征、报效祖国，要求相关单位严格把关，确保把优秀青年输送到部队。

△ 市委副书记丁兴华赴江安镇走访调研企业发展情况，实地查看了解企业的生产运营情况，对下阶段的工作提出要求。

△ 如皋籍著名纪录片导演、电视制片人夏骏执导的大型文化纪录片《秦淮河》8月3日起在腾讯视频、江苏电视台等多家媒体陆续播出。

4日 市委书记张建华主持召开市委常委会会议。会议传达学习全国、全省农村乱占耕地建房问题整治工作电视电话会议精神、国务院、全省第七次全国人口普查电视电话会议精神，张建华传达学习中共江苏省委十三届八次全会和中共南通市委十二届十二次全会精神，研究讨论相关议题。

△ 市委举行座谈会，就市委十二届十一次全体(扩大)会议报告(征求意见稿)，征求老领导意见。市委书记张建华、市委副书记丁兴华等出席会议。

△ 市委副书记、市长何益军主持召开第十七届市政府第五十二次常务会议，传达学习南通市委十二届十二次全会精神、国务院、全省第七次全国人口普查电视电话会议精神，就《如皋市安全生产专项整治三年行动工作方案(送审稿)》等议题进行研究讨论。市领导陈晓彬、张亚骞、张百璘、程瑞琴、顾留忠、孙恒参加会议。市人大常委会副主任钱志刚、市政协副主席郑振明以及市纪委监委有关负责人列席会议。

△ 南京大学教授、博士生导师贺云翱带队到如皋，指导大运河遗址如皋段考古调研工作。专家组一行实地察看如皋工业园区(如城街道)十里铺遗址、徐家桥遗址等地，并根据前期对如皋境内大运河遗址进行的考古调查、勘探和资料查证，进行考古调研工作交流。市领导何益军、张亚鸾陪同调研。

△ 如皋市文化馆暑期公益培训班正式开课。该次免费艺术培训的课程内容多达 14 种，包括书法、绘画、古筝、钢琴以及木偶表演等各类艺术课程，是市文化馆专门针对少年儿童而开设的一项免费服务。

5日

如皋市委十二届十一次全体(扩大)会议在市行政中心礼堂召开。会议认真总结上半年经济社会发展和党的建设工作，研究部署下半年任务，推动全市上下紧紧围绕“工业投入每年五百亿，百强排名挺进前二十”的目标定位，进一步解放思想、开拓创新，抢抓机遇、加快发展，夺取疫情防控和经济社会发展“双胜利”，高水平全面建成小康社会，奋力建设长江以北最强县市。市委书记张建华代表市委常委会向大会作题为《抢抓新机遇 实现大发展 奋力建设长江以北最强县市》的工作报告，与会人员分组讨论并审议此报告。市委副书记丁兴华通报上半年各镇(区、街道)项目建设及相关重点工作考核结果，宣读《关于授予 2020 年上半年重大高端制造业项目开工节点奖的通知》，并向上半年项目建设先进单位授予流动红旗，向获得上半年重大高端制造业项目开工节点奖单位颁发奖牌。长江镇(如皋港工业园区)、搬经镇、九华镇负责人在会上作交流发言。会议通过《中国共产党如皋市第十二届委员会第十一次全体(扩大)会议决议(草案)》。

6日

国网南通供电公司党委书记沈华带队到如皋，就供电如何保障重大项目建设、促进经济社会发展进行现场对接。市委副书记、市长何益军，副市长顾留忠参加对接座谈会。

△ 如皋市举行“中皋杯”如皋黑塌菜烹饪大赛发布会暨如 e 融媒商城如皋黑塌菜上架仪式。副市长杜永红等参加活动。

△ 南通市教育局发布公示，经评审确定如皋市外国语学校钱美华为省“苏教名家”培养对象南通市初评推荐对象。

△ 由市委宣传部、市文体广电和旅游局、市商务局共同主办，市融媒体中心承办的皋兴购“美好生活直播季”14 个镇、区(街道)专场直播全新启动，参加首场带货直播的是白蒲镇，白蒲镇党委副书记、镇长陈慧华向市民推介白蒲的风土人情和品牌好货。

△ 根据《关于全省县级机构新冠病毒核酸检测实验室验收结果的通报》，如皋市疾控中心 PCR 实验室顺利通过验收，并正式投入使用，日检测能力 90 人份。

6—7 日

如皋市第十七届人大常委会第二十八次会议召开，听取和审议《市政府关于 2020 年上半年国民经济和社会发展计划执行情况的报告》《市政府关于 2019 年财政决算、2020 年上半年财政预算执行情况、2020 年市级财政预算调整方案(草案)的报告》《市政府关于 2019 年度财政预算执行和其他财政收支的审计工作报告》，审议市政府关于落实市人大常委会《关于进一步深化殡葬改革推进移风易俗的议案办理情况报告的审议意见》情况的报告、市政府关于落实市人大常委会《关于“国家全域旅游示范区”创建工作报告的审议意见》情况的报告、市人民法院关于落实市人大常委会《关于市人民法院民事审判工作报告的审议意见》情况的报告和其他报告，通过《市人大常委会关于内务司法工作委员会更名为监察和司法工作委员会的决定》和相关人事任免事项。

7日

南通市人大常委会副主任、党组副书记陈惠娟率安全生产执法检查组来如，对安全生产“一法一条例”贯彻实施情况进行执法检查。市领导茅红宇、陈万圣参加活动。

△ 江苏 2020“新时代乡村阅读季”主题阅读示范暨如皋农民读书节《习近平谈治国

理政》第三卷宣讲活动在长江镇田王村举行。省新闻出版局(省版权局)副局长李贞强,市委副书记、市长何益军,市委常委石慧宏参加活动。

△ 市委宣传部协同国网如皋市供电公司举行2020年电力迎峰度夏新闻发布会,向社会通报今年以来全市用电、迎峰度夏、优质服务、《江苏省电力条例》和下半年重点工作等方面的情况。

△ 以“弄潮‘创’青春·建功新‘皋’地”为主题的“农商行杯”第八届如皋市“创·青春”青年创新创业大赛在如皋农商银行圆满举办。经过推荐和初审,10个项目脱颖而出进入决赛。最终,“熔喷无纺热熔网胶在复合行业应用”项目获比赛一等奖。

△ 如皋市第一期建档立卡户就业技能(病员护理)培训班在城南街道桃北村委会开班,城南街道的17个村居,80多名贫困人员参加培训。

8日

市委副书记、市长何益军带领市政府办、交通局、自然资源和规划局、行政审批局等部门相关负责人对城市建设工作进行专题调研。何益军一行实地走访紫光路北延工程建设现场,重点查看其中的金久混凝土段、仁寿路段、姜桥港段以及惠民路段等处,并召开座谈会,听取市城建指挥部一周工作以及相关街道搬迁工作推进情况的汇报,研究会商内外城河综合提升工程施工组织方案、垃圾集中处置等事项。副市长黄文斌参加调研。

△ 总投资20亿元的标龙·蓝色美谷(下原)科创园项目在下原镇正式开工建设。该项目由如皋市标龙健康科技发展有限公司投资建设,项目总投资20亿元,主要建设以医疗器械为主导的大健康产业及其配套智能制造产业集聚平台、总部经济服务平台,努力打造集制造研发、电子商务、仓储物流、生产生活配套、金融服务和智慧园区管理于一体的绿色智能产业园区。已有30多家企业与标龙·蓝色美谷签订意向入园协议。市领导丁兴华、史有根、茅红宇、顾留忠、郑振明出席开工仪式。

△ 吉林省白城市委副书记、市长李明伟一行到如皋,考察如皋市氢能产业发展情况。李明伟一行先后参观南通安思卓新能源有限公司、南通百应能源有限公司、国家氢能源汽车研究检测公共服务平台项目现场,并听取如皋市经济社会发展、氢能产业发展情况介绍。副市长顾留忠陪同考察。

△ 如皋市举办退役军人就业创业孵化基地暨上海清美集团外延蔬菜基地揭牌仪式,现场举办上海清美集团外延蔬菜基地签约仪式。上海市浦东新区农业农村委员会主任苏锦山,南通市退役军人事务局局长焦广琪,如皋市领导缪小华、邵晓泉等参加活动。

10日

张建华、何益军、张元健、丁兴华等市领导分别带领同组的党代表、人大代表、政协委员,走进挂钩联系村(社区)的“两代表一委员”工作室,面对面听民意、排民忧、解民难,常态化开展“两代表一委员”接待日活动。

△ 市人社局、财政局公布《如皋市职业培训工种(专项职业能力)和补贴标准目录(2020年版)》,进一步加大财政资金支持力度,持续开展职业技能培训补贴工作。符合条件的就业重点群体,开展职业技能提升、取得职业资格证书(职业技能等级证书、专项职业能力证书、培训合格证书),可以按规定给予职业培训补贴、职业技能鉴定补贴。

△ 根据国家广电总局和省广播电视局关于关停地面模拟电视有关工作的安排,如皋市自2020年8月10日0时起关停全部地面模拟电视信号。原地面模拟电视观众鼓励开通有线电视获取优质服务内容,或利用地面数字电视、网络电视等接收手段接收电视节目。

11日

市委副书记丁兴华率领文明办、城管局、市场监督管理局、纪委监委等相关单位和部门负责人,实地督查推进如皋市高质量文明城市建设工作。

△ 省粮食和物资储备局副局长陈一兵率队到如皋调研并为如皋市的“全国粮食行

业技能拔尖人才工作室”揭牌。市委常委、常务副市长茅红宇参加揭牌仪式。

△ 沪陕高速平潮至广陵段扩建工程初步设计获交通运输部批复。沪陕高速公路平潮至广陵段是江苏省高速公路网规划“十五射六纵十横”中“射四”的重要组成部分。平潮至广陵段扩建工程起自平潮北枢纽互通式立交西侧，经南通市通州区、如皋市，泰州市靖江市、泰兴市，止于既有广陵枢纽互通式立交东侧，接已扩建的沪陕高速公路广陵至江都段。路线全长 48.966 千米。项目全线采用双向八车道高速公路标准扩建，设计速度 120 千米/小时，路基宽度 42.0 米。全线原位改建九华、如皋港、葛市 3 处互通式立交，移位改建季市、广陵 2 处互通式立交，新建服务区 1 处。同步建设广陵互通式立交连接线 4.174 千米。批复概算总投资 95.21 亿元，建设工期 42 个月。

12日 如皋市在城东工业区举行正威集团如皋 5G 新材料项目奠基暨全市重大项目集中开工仪式，包括总投资 100 亿元的正威如皋 5G 新材料产业园在内的 17 个重点项目集中开工。项目涵盖智能装备制造、新能源汽车及汽车零部件、高端新材料、新一代信息技术、工业综合体等多个领域的高质量项目，计划总投资额达到 220 亿元。集中开工仪式由市委副书记、市长何益军主持。市委书记张建华在集中开工仪式上致辞。全国政协委员、正威国际集团董事局主席王文银，南通市委副书记、市长王晖，南通市政府党组成员、秘书长陈俊及如皋市领导丁兴华、张勇、陈晓彬、顾留忠、严世斌等参加活动。

△ 南通市委副书记、市长王晖率队到如皋调研企业运行情况，实地走访梦百合家居科技股份有限公司、江苏神马电力股份有限公司等企业。市领导何益军、顾留忠陪同调研。

△ 新希望六和股份有限公司与城北街道就 15 万头生猪养殖保供项目进行签约。市委副书记、市长何益军，副市长张百璘出席活动。

△ 副市长黄文斌带队，走访慰问张八里安置房项目部、紫云集项目部和二附小项目部等处奋战在高温一线的建筑工人，给他们送去防暑降温物品，并向他们表示诚挚的慰问和衷心的感谢。

△ 江苏皋开投资发展集团有限公司与江苏南通三建集团股份有限公司签订战略合作协议书。

△ 中国人民银行如皋市支行、市公安局经侦大队、如皋邮政管理局等五家单位联合开展“创建模范机关 提高流通中人民币整洁度”暨银邮警联合打击假币制贩犯罪工作会。

△ 市农业技术推广中心在东陈镇召开 2020 年全市机插水稻侧深施肥技术观摩会，各镇(区、街道)土肥技术人员、市土肥站全体人员参加现场观摩会。

△ 根据上级部门要求，如皋交警自 8 月 13 日起，开展“非国标电动(机动)三四轮车”集中整治行动。

14日 如皋市举行重点流域片区水环境治理会商会，就重点流域水环境治理再次组织专家进行专题研讨。市委副书记、市长何益军，副市长张百璘出席会议。

△ 如皋市举办商城供应商诚信经营专题培训暨“政采贷”推进工作会议。会上，市财政局相关负责人通报对如皋市网上商城供应商的检查情况并对政府采购法律法规进行讲解，如皋农商银行相关代表就“政采贷”项目进行宣传推介。

△ 如皋市互联网行业党委成立大会在华夏影视文化中心召开。会议宣读《关于同意建立中共如皋市互联网行业委员会的批复》，部署互联网行业党委当前和今后工作。会上，如皋市互联网行业党委正式揭牌成立，标志着如皋市互联网企业党建工作进入新的发展阶段。

15日 市委副书记、市长何益军率领相关部门负责人，调研城建工作推进情况。何益军听取南门桥市场有关情况汇报、城市建设指挥部一周工作和相关责任主体搬迁工作推进情况汇报以及有关内外城河亮化设计方案、健康桥至东皋桥段道路改造方案、内外城河环卫停车场选址规划方案等有关情况的汇报，实地查看南门桥改造提升、紫光路北延项目现场。市领导茅红宇、黄文斌、程瑞琴等参加调研。

△ 如皋2020年第一封清华大学录取通知书送达。毕业于如皋中学创新班的朱文涵2020年高考总分415分,被清华大学生物科学专业录取。

△ 8月15日开始,如皋籍导演夏骏的《颜子》《张謇》《读书的力量》《商於古道》《千年青城》《秦淮河》6部纪录片将逐一在如皋电视台文化频道播出。

17日 南通市人大常委会副主任孙建华率队到如皋,就如皋市贯彻实施《中华人民共和国土壤污染防治法》情况开展执法检查。检查组实地察看位于长江镇的江苏隆昌化工有限公司和南通垃圾填埋场江边渗出液集中池,听取项目介绍。座谈会上,检查组听取市人大常委会、市政府及相关部门关于贯彻实施土壤污染防治等法律法规的情况汇报和相关意见,充分肯定如皋市在贯彻落实《中华人民共和国土壤污染防治法》方面作出的努力。市人大常委会副主任钱志刚、副市长黄文斌等陪同检查。

△ 全市政法系统领导干部政治轮训班在市委党校开班,来自全市政法战线的45名学员参训。市委常委、政法委书记缪小华出席开班仪式。

△ "我们的中国梦·文化进万家"江苏省优秀群众文艺演出(如皋专场)暨"雉水之夜"文旅消费季启动仪式在如皋新时代文明实践中心、市文化广场举行。江苏省文化馆副馆长李萍,如皋市领导高峰、钱志刚、张亚鸾、程瑞琴、刘晓洁参加活动。

18日 南通市委召开理论学习中心组集中学习(扩大)会,邀请相关专家围绕张謇的企业家精神和学习张謇的新时代意义作专题辅导报告,解读《中华人民共和国民法典》。会议以视频会议形式举行,张建华、张元健、缪小华、史有根、茅红宇、祝国庆、高峰、石慧宏等如皋市领导在分会场收听收看。

△ 市委书记张建华先后来到国网如皋供电公司、交警执勤点、企业车间、消防救援大队走访慰问、检查安全生产工作,给高温下坚守岗位、辛勤工作的一线工作者送清凉、道辛苦、鼓干劲。随后,张建华一行走访威格(江苏)电气设备有限公司、万达轴承生产车间,详细了解企业招工和生产情况。市委副书记、市长何益军,市委常委、常务副市长茅红宇,副市长、市公安局局长陈晓彬参加活动。

△ 力星股份高端精密滚动体项目推进会举行。市领导何益军、石慧宏、张勇、郑振明以及中国轴承工业行业的专家学者参加项目推进会。

△ 江安镇举行"爱心教育基金"成立大会暨"爱心教育基金"启动仪式。副市长张亚鸾,市慈善会会长、慈善基金会理事长石耀,市教育局局长张俊、镇三套班子全体成员,各村(社区)党组织书记等参加活动。

△ 如皋市举行长江水域禁捕工作推进会,对禁售、禁食环节落实"禁渔"工作进行再动员、再部署。副市长张百璘出席会议。

19日 如皋市举行"弘扬抗疫精神 护佑人民健康"庆祝表彰活动,表彰先进典型,弘扬抗疫精神。市人民医院医务科科长兼营养科主任、副主任医师黄智勇,市人民医院感染科副主任、主任医师田芝奥等20名第五届"德技双馨"医卫工作者受到表彰。市领导何益军、张元健、高峰、钱志刚、张亚鸾、严世斌参加活动。

△ 科技部科技评估中心高级工程师张保国带领的国家农业科技园区现场考察组到如皋,对南通国家农业科技园区的建设运行情况进行综合评估、现场考察。张保国一行实地考察了江苏盆景博物馆、花木大世界(如皋)国际园艺城、钱长村、花名堂、顾庄特色庭院等处,并听取如皋市经济社会发展情况和南通国家农业科技园区建设情况汇报。市领导何益军、程瑞琴等陪同考察。

△ 市委常委、宣传部长高峰率领市文体广电和旅游局、公安局、市场监管局、卫生健康委、消防大队等部门和单位，对如皋市文化、体育、旅游等领域开展"四不两直"督查工作。

△ 泰兴市委常委、政法委书记刘辉带队到如皋考察网格化社会治理工作。考察团一行实地参观如皋市市域社会治理现代化指挥中心以及长江镇镇域治理现代化指挥中心，了解如皋市网格化社会治理方面的先进做法和服务管理工作，听取相关经验介绍，并进行座谈交流。市委常委、政法委书记缪小华参加活动。

△ 省妇联副主席陈丽艳带队到如皋，实地考察如皋市三八红旗手曹瑞钦工作室及江苏省三八红旗手杨敏工作室，调研如皋市三八红旗手工作室相关情况。副市长张亚鸾陪同调研。

△ 省法院立案庭审判长赵军一行督查指导如皋法院"一站式"多元解纷和诉讼服务体系建设工作。南通中院党组成员、审判委员会专职委员潘建，立案庭庭长袁绍云，如皋法院党组副书记、副院长顾雪红，党组成员、审判委员会专职委员周云等陪同。

19—20 日

陕西省洋县县委副书记、县长杜家才率队到如皋考察经济社会发展情况。如皋市领导何益军、张元健、张勇、陈晓彬、黄文斌、蒋丽参加活动。杜家才一行先后参观江苏双龙健制衣股份有限公司、如皋水明楼酒业有限公司等处，详细了解如皋市经济社会发展情况。在如皋洋县对口协作工作联席会议上，双方就如何进一步深化两地全面合作、合力打赢扶贫攻坚战进行深入交流，并现场签约两地工会消费扶贫框架协议、康丰现代牧业有限公司与马畅镇投资协议、江苏慧家优选与洋县经贸局合作协议。

20日

市扶贫开发协会举办 2020 年度助学金发放暨国华学子欢送仪式。活动现场，市扶贫开发协会分批次给 45 名贫困家庭学生发放了扶贫助学金，资助总额 11.4 万元。副市长张百璘出席活动。

△ 南通市农村青年创业创新联盟成立大会在如皋市举行。副市长张百璘等参加会议。

△ 如皋—洋县特色农产品展销会在吾悦广场一楼大厅举行，市总工会主席周太荣、洋县总工会主席刘晓等出席开幕式。

21日

南通市濠滨夏夜书市如皋市分会场启动仪式在新城吾悦广场举行。如皋自古崇文重教，文化底蕴深厚，这次活动是如皋市社会力量参与书香城市建设的又一成果展示。

△ 2020 年镇卫生院（社区卫生服务中心）培训班举行开班仪式，市政府副市长张亚鸾发表讲话，南通市卫健委基层卫生处处长苏青参加开班仪式并进行第一讲。

△ 西藏自治区拉萨市中级人民法院执行局次仁贡嘎局长一行到如皋法院调研执行工作。南通中院执行局副局长张志刚，如皋法院党组成员、副院长任锋等陪同调研。

22日

市委副书记、市长何益军主持召开第十七届市政府第五十三次常务会议，传达学习习近平总书记对制止餐饮浪费行为作出的重要指示精神，并就《如皋市贯彻〈国家积极应对人口老龄化中长期规划〉实施方案（送审稿）》《如皋市规模以上服务业企业培育实施方案（送审稿）》等议题进行研究讨论。

△ 如皋市举行农村乱占耕地建房问题整治工作动员会。市委常委、常务副市长茅红宇，副市长张百璘出席会议。全市各镇（区、街道）自然资源、农业农村、建服中心负责人以及各村（社区、居委会）主要负责人约 390 人参加会议。

23日

市委书记张建华主持召开市委常委会会议，传达学习中共中央政治局会议精神、习近平总书记在企业家座谈会上的重要讲话精神，研究讨论《关于成立市法治政府建设工作领导组的通知》等相关议题。

24日 国务院安委办副主任王浩水率领国务院江苏安全生产专项整治“回头看”督导组到如皋,就如皋市安全生产工作进行专项督导。当天,如皋市举行工作汇报会,市委副书记、市长何益军汇报如皋市危险化学品安全生产和违法违规“小化工”专项整治、化工行业转型升级工作情况。南通市副市长王洪涛,如皋市委书记张建华参加会议。

△ 市人大常委会举行 2020 年评议工作动员会,市公安局、民政局、交通运输局、应急管理局和医疗保障局等被评议部门负责人作表态发言。市人大常委会领导班子成员,副市长陈晓彬、张亚莺出席会议。

△ 市委副书记丁兴华率领市委办、市政府办、市文明办、市公安局等相关部门和单位负责人,实地督查如皋市高质量全国文明城市建设工作。丁兴华一行先后到天平市场、富皋新生市场、西皋市场、南门桥市场等处,仔细查看道路基础设施建设、农贸市场环境治理、停车秩序维护等情况,梳理存在的问题和不足。市委常委、宣传部部长高峰,副市长程瑞琴参加活动。

△ 2020 年度全市招商引资培训班举办。市委常委、宣传部部长高峰参加活动。

24—25 日

以色列驻沪领事馆领事葛丽茉、总领事资深顾问犹西一行到如皋进行商务访问。在如皋期间,葛丽茉一行参观南通六建建设集团,并对南通六建在以色列的项目开展情况和集团实力给予高度肯定和赞扬,希望双方在现有良好的合作基础上,继续加深合作交流,谋求更高、更深层次的合作。市领导史有根、黄文斌陪同考察。

25日 市委书记张建华召集相关部门负责人,调研城建和搬迁工作推进情况,并听取外城河外侧环路连通、内外城河亮化提升等有关项目方案的汇报,对进一步做好方案优化提出明确要求。副市长黄文斌参加调研。

△ 南通市人大代表如皋第一、二组就如皋市乡村振兴工作进行视察。代表们先后参观高新区(城南街道)夏庄社区、长江镇田王村、经济技术开发区(城北街道)平园池村等处,并在随后的座谈会上听取如皋市农业农村局关于现代农业发展、强村富民、农业农村生态环境改善、文明乡风营造等方面的工作汇报。市领导邵晓泉、张百璘等参加活动。

△ 市政协主席会议专题协商政府民生实事项目和重点项目实施情况。座谈会上,黄文斌汇报 2020 年市政府为民办实事工程类项目的工作完成情况及下一步工作打算,市交通运输局、水务局、教育局等相关部门进行交流发言。随后,张元健一行现场调研焦港泵站、通皋大道工程建设现场、如皋高铁南站建设现场等处。

△ 经济技术开发区(城北街道)举行“有事好商量”协商议事提质增效工作推进会。与会人员参观经济技术开发区(城北街道)平园池村协商议事室,平园池村、里庄村、庆余社区相关负责人进行交流发言。市政协主席张元健出席会议。

△ 市委宣传部、市委政法委、市委网信办、市公安局共同主办的“皋城网安 2020”网络安全应急演练活动在市综治中心举行,各镇(区、街道)、部门相关负责人和全市三级等保备案单位负责人共 100 余人参加活动。市委常委、宣传部部长高峰出席会议。

△ 市政协组织开展“资助单亲特困家庭学生”活动,进一步提高帮扶的精准度,持续扩大慈善爱心效应。2020 年是市政协开展资助单亲特困家庭学生活动的第四年,共资助单亲特困家庭学生 103 名,资助金额 17.5 万元。市政协主席张元健,副主席冒平、杜永红、郑振明、严世斌、刘晓洁,秘书长许映亮参加活动。

△ 如皋市举办 2020 年全国科技活动周暨第 32 届科普宣传周启动仪式,市人大常委会副主任钱

志刚出席仪式并致辞。

26日 市委农村工作领导小组召开会议，总结2020年以来“三农”工作，分析当前形势，听取相关重点工作推进情况汇报，研究部署冲刺全年目标任务的工作举措。市委书记张建华，市委副书记、市长何益军，副市长张百璘参加会议。

△ 市委副书记丁兴华带领相关部门负责人深入长江镇，现场督查长江镇三季度拟开工重特大项目推进情况。

△ 副市长张百璘率队对长江禁捕工作进行督查。张百璘一行实地督查周圩港桥西侧江堤的三无船只处置情况，在长航公安如皋派出所察看打击非法捕捞犯罪装备建设情况，并对长江如皋段水域进行巡查。

△ 如皋市举行专职招商人员座谈会。市领导丁兴华、高峰、顾留忠参加会议。

△ 全市做强“红色联盟”助推“百企联百村、共走振兴路”行动现场推进会召开。会议就国企与村(社区)党建联建工作进行部署，并组织各镇(区、街道)组织委员、联建村(社区)党组织书记代表实地参观下原镇老坝村和东陈镇范桥村。市委组织部副部长、“两新”工委书记、市委老干部局局长陈实参加会议并讲话。

△ 丁堰(上海)投资环境说明会举行。来自上海、北京、广州、苏州等地的企业家代表及已落户丁堰企业家代表等欢聚一堂、共话发展。汽车零部件生产项目、高端纺织品机械生产项目和农业机械生产项目3个项目进行集中签约。

△ 卫健委联合市总工会开展2020年全市急救及生殖健康技术服务技能竞赛活动。

27日 全市“听党话、感党恩、跟党走”宣讲活动启动仪式举行，副市长张百璘参加活动。

△ 第三届“百姓名嘴”理论宣讲决赛在如皋市举行，通过预赛选拔产生的22名选手参加本次决赛。经过激烈角逐，该次比赛共评选出一等奖2名、二等奖4名、三等奖6名。

△ 卫健委举办镇村两级计划生育技术服务培训班，各镇(区、街道)卫生所、卫生院(社区卫生服务中心)、计生服务站以及355家村卫生室(社区卫生服务站)人员共431人参加培训。从9月1日起，全市镇村两级计生技术服务职能将划转到镇卫生院(社区卫生服务中心)和村卫生室(社区卫生服务站)承担。

28日 南通市人大常委会副主任、党组副书记陈惠娟到如皋开展联系基层省、市人大代表活动。

△ 市政协主席会议专题协商如皋市创新平台建设工作。张元健一行首先视察高新区第三代半导体产业研究院、江苏力星通用钢球股份有限公司滚动体工程技术研究中心、江苏汤臣汽车零部件有限公司院士工作站、江苏隆昌化工有限公司院士工作站等处，详细了解企业创新平台建设运行情况。视察结束后，市政协举行专题会议，协商如皋市创新平台建设工作。与会人员积极交流发言，为推进创新平台建设建言献策。

△ 南通市委政法委副书记殷蓓一行到如皋市开展贯彻落实《中国共产党政法工作条例》暨平安法治建设重点工作督查。如皋市委常委、市委政法委书记缪小华，市委政法委、市委国安办等政法单位分管负责人参加督查。

△ 2020南通支云足球俱乐部出征誓师大会在如皋市奥体中心举行，为即将征战中甲赛场的球队壮行助威。南通市委常委、宣传部部长陆卫东，南通市人大常委会副主任、党组副书记陈惠娟，南通市副市长徐新民，南通市政协副主席陈宋义及如皋市领导张建华、高峰、钱志刚、陈晓彬、刘晓洁参加大会。

28—30日

高新区(城南街道)卫生所联合教育局、市场监督管理局等部门对辖区内的托幼机构、中小学进行开学前督查。督查组现场检查辖区内4所幼儿园、3所小学和2所中学的开学前疫情防控工作准备情况,并对各个校园、机构的组织管理、防疫物资储备、预案制定与演练和健康监测方案等进行评估。

29日 如皋市召开项目建设月度观摩会,通过观摩、汇报、点评等形式,对全市项目建设推进情况进行阶段性督促和检验。张建华、何益军等市四套班子领导出席会议。

△ 全市深化高质量全国文明城市建设推进会召开,动员全市上下在前期大力度推进、全覆盖督查、高效率整改的基础上,进一步强化勇当南通文明城市建设领头雁、全省排名争先进位的目标定位,以决战决胜、冲刺冲锋的姿态,做好各项高质量全国文明城市建设工作。张建华、何益军等市四套班子领导出席会议。

△ 市委常委、宣传部部长高峰到如皋工业园区(如城街道)秀水社区,以普通志愿者的身份参加社区志愿服务活动,并走访社区24小时自助图书馆等处,就硬件设施建设和日常管理提出意见建议。

△ 如皋市文体广电和旅游局联合太仓市文体广电和旅游局举办“太仓如皋两地情”戏剧交流活动。副市长张百璘出席活动。

31日 南通市人大代表如皋第三组的代表们对如皋市外贸工作开展专题视察调研。代表们实地视察南通荣威娱乐用品有限公司、南通斯密特森光电科技有限公司,并详细了解企业对外贸易开展情况。座谈会上,市商务局有关负责人汇报疫情期间如皋市外贸的基本情况及推进下一阶段外贸稳定发展的相关举措。

△ 经南京海关所属如皋海关受理,江苏花名堂农业科技有限公司通过南京海关出境种苗花卉生产经营企业注册登记评审,成为全国首家出口水培小微盆景的花木企业。

8月,如皋老南门大桥被拆除。南门大桥建于1554年,原名澄江门吊桥,初为石垛木梁桥,1952年改为砖垛木梁,1974年改建为砼梁桥,1996年改建为范公苑景点。

△ 市委网信办启动“如愿小康年·皋歌新时代”大型网络文化活动之“我家门前”系列网络主题活动。属地网媒、自媒体代表、网络大V、热心网友等组成采风团,踏访“我家门前那条路”“我家门前那条河”“我家门前那个庭院”“我家门前那方田园”“我家门前那些企业”,用镜头和文字记录“我家门前”的点滴变化,见证如皋百姓的“小康生活”,见证这方“皋”地的成长和繁荣。

2020 年 9 月

1 日 市委书记张建华率领市文明办、市城管局、市市场监督管理局、市纪委监委等相关单位和部门负责人，实地督查南门桥菜市场、安定广场、普庆苑、文峰大世界等处，推进全市高质量全国文明城市建设工作。市领导丁兴华、高峰参加督查。

△ 部分省人大代表、省政协委员在省检察院一级巡视员蒋永良陪同下到如皋，视察长江生态环境资源保护检察工作。与会的省人大代表、省政协委员实地视察如皋港化工新材料产业园智慧监管(指挥)中心和市生态环境保护执法司法联动中心，全面了解如皋市长江大保护工作开展情况，提出有关意见和建议。南通市人大常委会副主任黄卫成参加活动。

△ 由南通市水利局、财政局、发改委、农业农村局等部门人员组成的验收组，对如皋市农业水价综合改革工作进行验收。验收组实地察看高新区(城南街道)马塘泵站标准化建设、磨头镇丁冒村立新泵站等项目现场，听取如皋市农业水价综合改革工作的推进情况及改革成效介绍。验收组评定，如皋市农业水价综合改革工作达到验收标准。

△ 如皋市慈善会出资 14.4 万元，将每人 3000 元“圆梦助学金”通过银行卡分别发放给 48 名 2020 年被普通高校(对口职校)正式录取的贫困大学新生。这是市慈善会在 2020 年“圆梦助学”活动中为首批贫困大学新生发放助学金，帮助他们圆大学梦。

2 日 南通市委常委、政法委书记姜永华带领调研组到如皋市，调研社会治理现代化和网格化服务管理工作。姜永华一行实地调研市域治理现代化指挥中心，白蒲镇、东陈镇镇域治理现代化指挥中心(网格化服务管理中心)，详细了解指挥中心建设进展、功能定位、人员整合等情况，同时就镇级网格化服务管理工作的运行机制、考核机制等方面存在的问题提出指导性意见。市领导张建华、缪小华、陈晓彬陪同调研。

△ 市委副书记、市长何益军率领市文明办、市城管局、市住建局等相关单位和部门负责人，实地督查金九华府、火车站、水绘园、东陈镇政务大厅等处，推进如皋市高质量全国文明城市建设工作。市领导高峰、张亚鸾参加督查。

△ 如皋市举行农村特困户危房改造暨“9·9 腾讯公益”慈善网络募捐动员会，副市长张百璘参加会议。会上，市住建局、市民政局和市慈善基金会联合发出倡议，倡议社会各界积极参加腾讯公益“9·9 公益日助推‘危房改造’”网络募捐慈善活动。

△ 如皋市城北街道平园池村举行温泉出水仪式。2020 年 6 月，平园池村启动温泉勘探钻井工作，短短两个月，实现如皋历史上第一口温泉的成功出水。经检测，该井涌水量每日达 1080 立方，井口水温达到 42.6℃。据分析，该地热水中富含偏硅酸、碘、偏硼酸、溴等微量元素，偏硅酸达到命名矿水浓度，可作为洗浴和理疗用水。南通市自然资源与规划局地质矿产管理处处长周竹军等出席本次活动。

3 日 市人大常委会党组中心组(扩大)学习会召开。会议邀请市人大常委会党组成员姚呈明给大家上一堂专题党课，从如皋发展拥有的底气、迎接的机遇、推进的举措等方面，对市委的目标定位、决策部署进行了全方位解读。

△ 市政协民主评议住建局、生态环境局工作动员会议召开，市政协主席张元健，副主席冒平、郑振明、严世斌、刘晓洁，秘书长许映亮出席会议。副市长黄文斌列席会议。

△ "中皋杯"2020 如皋黑塌菜烹饪大赛决赛在开元名都大酒店举行。经过激烈角逐,大赛共评选出特等奖 4 个、金奖 12 个、银奖 16 个。市领导邵晓泉、张百璘、杜永红等参加活动。

△ 如皋市举行垃圾分类治理工作点评推进会。副市长黄文斌出席会议并讲话。

3—7 日

第二届大运河文化旅游博览会在无锡举办。如皋市博物馆省巡展项目"方寸天地 唯印示信——东皋印派专题印章展""鸢飞雉皋——如皋风筝展"受邀在运河文化创意展参加展览推介。

4 日

市委、市政府召开全市生态文明建设暨打赢污染防治攻坚战决胜推进大会,部署下半年全市污染防治攻坚收官之战各项工作。市领导张建华、何益军等出席会议。

△ 市委副书记、市长何益军主持召开第十七届市政府第五十四次常务会议,传达《国务院安委会办公室关于天津汇洋石油储运有限公司突出问题隐患等有关情况的通报》精神,并就《如皋市城乡公交一体化运营改革实施方案 (送审稿)》《如皋市公共交通线网规划修编方案 (送审稿)》《如皋市公共交通成本规制及政府补贴办法 (试行)(送审稿)》《如皋市公交客运服务监督考核评价实施办法(送审稿)》等议题进行研究讨论。

△ 如皋市召开经济社会发展情况汇报会。市委副书记、市长何益军向市人大、市政协通报全市上半年经济社会发展情况,介绍推动下半年重点工作开展的思路。

△ 全市卫生与健康大会暨深化医药卫生体制改革推进会议在市行政中心礼堂召开。会议总结如皋市镇卫生院(社区卫生服务中心)建设、新冠肺炎疫情防控以及近年来卫生健康整体工作情况,研究部署下一阶段卫生健康重点任务,并对 10 家镇卫生院建设先进集体进行颁奖。南通市卫健委党组书记、主任陈冬梅应邀出席会议并讲话。如皋市领导张建华、何益军等出席活动。

△ 石庄镇在张家港举办投资环境说明会。来自上海、苏州、无锡、张家港等地的近 80 家企业、超 100 位企业代表参加说明会。涉及红外医疗器械、国际贸易、特种纺织材料、装配式建筑、智能电气装备、机械锻造等领域的 6 个项目在说明会上进行集中签约。市委常委、政法委书记缪小华参加活动。

△ 富皋万泰集团举办的村企联建座谈会暨集中签约仪式在南通六建 20 楼会议室举行。活动中,12 个村(社区)与富皋万泰集团各相关部门、下属子公司,签署村企联建协议。

△ 南通市卫健委发布新冠病毒核酸检测医疗卫生机构名单,全市共 29 家机构上榜,如皋市人民医院、如皋市中医院、如皋市疾病预防控制中心名列其中。

5 日

市委副书记、市长何益军带领市政府办、市城建指挥部、市自然资源和规划局、市住建局、市交通运输局等部门相关负责人,对城市建设工作进行专题调研。何益军一行实地走访 252 号地块棚户区改造、内外城河综合提升、紫光路北延工程、紫光路南延工程、如皋南站综合客运枢纽等项目现场,详细了解了工程进度,并针对推进过程中的重点难点问题进行现场协调交办。随后召开座谈会,听取城建指挥部一周工作开展情况以及相关责任主体搬迁工作推进情况、今年拟出让和征用地块推进情况、相关安置房建设工程方案的汇报,听取了近期重大城建项目飞行检查情况的通报。市领导刘向阳、黄文斌参加调研。

△ 全市盘活项目用地现场推进会举行。丁兴华一行参观江苏创合橡塑有限公司、江苏葛西光学科技有限公司和南通诚志体训用品有限公司等搬经镇盘活项目用地典型,听取相关情况介绍。会上,5 家单位相关负责人作交流发言,市委副书记丁兴华出席会议并讲话。副市长顾留忠参加会议。

△ 通皋大道跨锡通高速大桥完成桥梁全幅共计 40 片箱梁的架设,标志着通皋大道工程建设项目全线贯通。按照计划,通皋大道将于 9 月 30 日全线通车。

7日 市人大常委会召开“提升项目服务效能、推动高质量发展”专题询问会，对市重大项目办、行政审批局、自然资源和规划局、住建局、应急管理局、生态环境局、司法局七个部门服务项目情况开展专题询问和满意度测评。

△《南通日报》A2 版头条刊登《赋能高质量发展 如皋企业国际合作闯新路》一文，介绍如皋市企业强化国际合作、推动技术研发、实现自身做强做优的成功经验和发展事迹。

7—9 日

如皋市慈善基金会在腾讯公益平台投放“慈善助推危房改造”网络募捐活动，累计筹募 35.1755 万元，位列南通县(市、区)第一。

8日 省民宗委副主任缪文军率队督查如皋市部分道教活动场所安全工作开展情况。缪文军一行实地检查了灵威观、长安庙、弘然庙和灵应道院的安全工作情况，并对进一步做好当前宗教领域安全工作提出具体要求。副市长张亚鸾等陪同检查。

△ 如皋市首个云闪付示范街区正式揭牌。活动中，市委常委石慧宏和中国人民银行南通市中心支行副行长赵美华共同为云闪付示范街区揭牌。在工作人员的引导下，石慧宏一行来到百岁缘酒楼，现场体验云闪付的支付流程。设置云闪付示范街区是如皋市创建“移动支付引领市”的一项重要内容。

△《新华日报》头版刊登《百亿级 5G 新材料项目开工 如皋奋力建设江北最强县市》一文。

△ 如皋市举行 2020 年江苏省乡村教师定向师范生、重点师范院校培养生、学前教育委培生签约仪式。

9日 市委书记张建华带队深入如皋初级中学、如皋中学、李渔小学等处开展教师节走访慰问活动，向全市广大教师、教育工作者致以崇高的敬意和衷心的感谢，并为他们送去党委和政府的亲切关怀与节日问候。副市长张亚鸾参加慰问活动。

△ 市委副书记、市长何益军带队调研南通市西北片引江区域供水三期输水管线及净水厂和深度处理工程推进情况。副市长黄文斌以及城建指挥部、长江镇、行政审批局、住建局、交通运输局、富皋万泰集团等部门和单位主要负责人参加活动。

△ 市人大常委会主要负责人先后深入如皋中等专业学校、东皋幼儿园、如皋市外国语学校等处，看望慰问一线教师代表，向全市广大教师和教育工作者致以节日的问候和崇高的敬意。

△ 南通海关缉私分局局长许坚毅率队到如皋，调研如皋市荣威娱乐用品有限公司等重点企业，并对如皋市进出口贸易发展现状及面临的形势进行分析，对企业贸易工作进行指导。副市长顾留忠参加活动。

△ 市退役军人事务局组织 2020 年度军队转业士官进行安置前培训。

△ 9 日起，市交通运输局生态环保科、港口科、市交通运输综合执法大队水上中队联合成立检查组，对内河码头整治工作进行综合验收。根据前期摸排情况，如皋市共取缔非法码头 160 家，需规范整改提升的共 194 家。

△ 省委宣传部、省委网信办、省广播电视局印发《关于县级融媒体中心第一批省级验收意见的通知》，同意如皋市融媒体中心省级验收合格。

9—10 日

住建部城市管理监督局一级巡视员杜久才带队到如皋，就如皋市规范城市户外广告设施管理试点工作进行调研。副市长黄文斌等陪同调研。

10日 张建华、何益军等市四套班子领导分别带领同组的党代表、人大代表、政协委员，走进挂钩联系村(社区)，结合“两代表一委员”接待日，集中开展“有事好商量·民生专题”协商议事活动。

△ 市委副书记、市长何益军带队走访安定小学、市一中、市特殊教育学校等处，市政协主席张元健带队走访如师附小幼儿园、如师附小和实验小学等处，分别开展教师节走访慰问活动，向全市广大教师、教育工作者致以崇高的敬意和衷心的感谢，并向他们送去亲切关怀与节日问候。

△ 如皋市出台《如皋市城乡公交一体化运营改革实施方案》，健全城乡公交一体化运营机制，满足城乡人民群众高质量出行需求，推动如皋市城乡公交一体化的高质量发展。

△ 如皋市 2020 年秋季新兵运输工作正式启动，当日凌晨 5 点 15 分，如皋市首批出发的新兵乘坐南通汽运集团如皋分公司的大客车，从如皋出发前往南通火车西站转乘动车前往军营，标志着 2020 年如皋市新兵运输工作正式启动。

11 日

"美丽南通行"——2020 南通文艺界采风创作活动走进如皋。来自南通文艺界的 70 余位文艺家先后前往如皋港苏中国际集装箱码头、江苏华夏电影胶片博物馆、江苏新空间民族管弦乐团，走访参观并进行采风创作。南通市政协原副主席杨展里，南通市文联党组书记、主席姜平，南通市文联党组成员、副主席宋红鑫及如皋市委常委、宣传部部长高峰参加活动。

△ 全市城乡公交一体化运营改革动员会举行。会议对公交改革的实施方案进行了详细解读，并全面动员部署相关工作。副市长黄文斌参加活动。

△ 老一辈无产阶级革命家刘瑞龙长女刘延淮应《记忆 100》摄制组邀请，在红十四军纪念馆接受采访，深情讲述红十四军故事，阐释红十四军精神。《记忆 100》系列片是省委组织部为庆祝中国共产党成立 100 周年，联合市县组织部策划拍摄的全省党员教育重点制片项目。中国工农红军第十四军作为江苏省境内唯一列入中央序列的正规红军武装部队，是《记忆 100》系列片的重点选题之一。

△ 联合国"氢经济示范城市项目"中期评估会在经济开发区召开。

△ 2020 年"高企融资服务直通车"如皋站启动筹备会在中国银行如皋支行会议室召开。

12 日

市委书记张建华主持召开市委理论学习中心组学习会，专题学习研讨《习近平谈治国理政》第三卷。何益军、张元健、丁兴华等市四套班子领导参加学习会。

△ 市委书记张建华主持召开市委常委会会议，组织学习《习近平总书记关于安全生产重要论述摘编》《中华人民共和国公职人员政务处分法》，传达《国务院安委会办公室关于天津汇洋石油储运有限公司突出问题隐患等有关情况的通报》精神，听取全市上半年政法工作情况汇报，并就如皋市政法领域全面深化改革实施方案》等有关议题进行讨论研究。

△ 南通市花木盆景产业联盟成立大会在如皋市举行，会上，如皋市副市长张百璘介绍如皋市花木盆景产业发展情况，并举行了南通市花木盆景产业联盟揭牌仪式。南通市副市长赵闻斌并讲话。

△ 如皋市召开全市黑臭水体治理会议，副市长张百璘出席会议。

△ 2020 中国南通江海国际文化旅游节正式启幕。本届江海国际文化旅游节推出"惠游南通——景区门票半价活动"，南通市文化广电和旅游局联合全市 15 家景区，对市民及海内外游客开展为期一周的门票半价优惠政策，其中包括如皋水绘园风景区、如皋市金岛生态园、如皋东方大寿星园 3 家景区。

12—13 日

2020 年如皋市首届少儿快乐体操教师培训班在如皋市奥体中心体育馆举办。全市幼儿园、小学老师 146 人参加培训。

13 日

由市人力资源和社会保障局、市妇女联合会共同举办的如皋市第三届育婴员职业技能竞赛在市江海高级技工学校举行。经过多轮角逐，最终评选出一等奖 1 名、二等奖 3 名、三等奖 6 名、优胜奖 50 名。副市长张亚鸾参加活动。

△ 当天下午 3:30，南通支云再次踏上中甲联赛的赛场。联赛首阶段第一轮，面对新疆雪豹纳欢，

经过90分钟激战，支云最终凭借徐骏敏和南云齐的进球，以2-0的比分顺利拿下对手，赢得赛季开门红。首发出战的李湘彬也完成代表支云的百场里程碑。

13—15日

江苏省教育厅副厅长顾月华率省教育厅普通高中教育教学视导组到如皋，到江苏省白蒲高级中学开展普通高中教育教学视导。南通市教育局局长郭毅浩、副局长金海清，如皋市人民政府副市长张亚鸾及如皋市教育局相关负责人等陪同调研。

14日

市委副书记、市长何益军主持召开第十七届市政府第五十五次常务会议。会议传达学习习近平总书记在扎实推进长三角一体化发展座谈会上的重要讲话精神、习近平总书记在经济社会领域专家座谈会上重要讲话以及关于“十四五”规划编制重要指示精神，并就有关议题进行研究讨论。

△ 2020年如皋市中青年干部培训班暨科级干部进修班正式开班。市委副书记丁兴华等出席会议。

15日

如皋经济技术开发区与上海机动车检测认证技术研究中心有限公司(SMIC)合作建设的国家氢能源汽车研究检测公共服务平台揭牌仪式在FCVC2020大会上隆重举行，如皋市委副书记、市长何益军出席揭牌仪式。

△ 副市长张亚鸾带队督查全市部分旅游景区文明建设工作。张亚鸾一行实地督查李昌钰刑侦科学博物馆、顾庄生态园、全域旅游服务中心、龙游湖风景区、红十四军纪念馆等处，要求相关部门对存在的问题及时进行整改，确保景区内外卫生整洁、各项管理制度落实到位。

△ 陕西省府谷县政协副主席张向君率队到如皋，参观市政务服务大厅，考察如皋市行政审批制度改革工作。市政协副主席郑振明陪同考察。

△ 市美术家协会举办中国画创作讲座，邀请中国美术家协会理事王静芳教授作题为“中国画主题创作构图技法略谈”的学术讲座，吸引如皋市美术爱好者60余人参加活动。

16日

河北省邯郸市鸡泽县人民法院党组书记、院长申卫东一行到如皋法院，考察交流一站式多元解纷和诉讼服务体系建设等工作。

17日

全国机械安全标准化技术委员会安全防护装置分技术委员会(SAC/TC208/SC2)成立会议在如皋举行。全国机械安全标准化技术委员会安全防护装置分技术委员会，主要负责防护装置、保护装置及安全防护装置定位等领域国家标准制修订工作，由19名委员组成，秘书处由如皋市包装食品机械有限公司承担。国家市场监管总局标准技术司一级巡视员殷明汉，江苏省市场监督管理局党组副书记、副局长黄运海，南通市副市长徐新民以及如皋市领导张建华、何益军、程瑞琴、郑振明参加成立仪式。

△ 张家港·如皋商企合作交流会在如皋市举行。张家港市考察团一行实地考察如皋市柏承HDI高密度印刷电路板项目现场、花木大世界(如皋)国际园艺城、华永汽车悬架项目等处，详细了解企业建设投产情况。在随后的座谈会上，大家共同观看宣传片《产业新皋地》，市委副书记、市长何益军向考察团一行介绍如皋市交通区位、营商环境等情况。市领导高峰、顾留忠、杜永红出席会议。

△ 白蒲镇政协委员组举行民主评议市住建局和生态环境局工作会议。政协委员们实地参观白蒲镇污水处理中心、文著社区生态环境打造现场、镇区部分商品房建设现场等处，并听取市住建局和生态环境局各自工作开展情况汇报。市政协主席张元健出席会议。

△ 如皋市副市长张百璘带领市双拥办工作人员慰问参加抗日战争的老战士老同志，向人民英雄致以崇高敬意，为他们送去党和政府的关怀与温暖。

△ 江苏省文化和旅游厅召开"水韵江苏.美好乡村"第十一届江苏省乡村旅游节新闻发布会,公布50条江苏省乡村旅游精品线路,提前预热江苏秋季旅游市场。其中如皋盆景园艺一日游(线路行程:平园池荷香民俗园→盆景大观→长江药用植物园→金岛生态园)线路名列其中。

18日 市政府主持召开重点流域典型片区水环境治理项目(城北街道、搬经镇先行启动区)评审会。上海勘测设计院教授级高工盛根明,河海大学教授操家顺,南通市政府特聘专家赵瑞龙、喻福涛,南通市水利局局长吴晓春,南通市水利局总工卢建均,如皋市委副书记、市长何益军,副市长黄文斌、张百璘参加会议。

△ 城北街道政协工委举行民主评议市住建局和生态环境局工作会议。市政协主席张元健出席会议。

△ 南通市人社局网络安全应急演练在如皋举行,进一步普及网络安全知识,不断提高人社网络安全防护联动水平。市委常委石慧宏参加活动并致辞。

△ 市人大常委会副主任陈万圣专题调研建筑业转型升级与改革发展工作。

△ 全市医共体建设现场推进会在丁堰镇举行,与会人员实地观摩九华镇卫生院、丁堰镇卫生院医共体建设现场,进行医共体揭牌仪式。副市长张亚鸾参加活动。

18—26日

市人社局组织11家如皋企业再进大西北,在兰州、天水、西安和咸阳4个城市的7所高校开展校园招聘。经过连续2年的开拓尝试,取得西部校园招聘的突破性成果,该次招聘共有7000多人进场,收到900多份简历,300多人达成就业意向。

19日 市委书记张建华主持召开市委理论学习中心组(扩大)学习会议,邀请省委全面依法治省委员会办公室专职副主任、省法学会副会长、学术委员会委员马太建作"全面依法治国新理念新思想新战略"专题讲座。市四套班子全体领导、市级机关各部门负责人、各镇(区、街道)负责人等参加会议。

△ 如皋籍书法家陈秀骥于市博物馆举办捐赠书法精品慈善义卖展,展出由陈秀骥创作的60幅书法作品并现场进行拍卖,所得收益捐赠给市慈善基金会。活动由市委宣传部、市慈善基金会主办,市文联、市工商联和市书法家协会协办。

20日 "全民健身 活力中国"国家体育锻炼标准达标赛江苏如皋分站赛在如皋奥体中心开赛。来自如皋市总工会、如皋市教育系统、如皋市公安局及相关体育协会、体育俱乐部的396名选手参与相关测试项目的角逐。

20—22日

如皋市考察团赴洋县进行考察,通过到村慰问、座谈交流、考察走访、项目洽谈等方式开展具体对接活动,洋县县委常委、副县长孙得利出席有关活动。

21日 市委副书记、市长何益军率队督查通皋大道项目建设情况,强调要加强协调配合,紧盯工期节点,强化施工保障,加力加速推进,确保项目如期建成通车。副市长黄文斌参加督查。

△ 连云港市委市级机关工委组织到如皋市考察市级机关工委党建工作。考察团一行实地考察如皋市检察院党建活动阵地、检察院党建信息化管理系统、市级机关党员政治生活馆等处。

22日 市委书记张建华主持召开市四套班子领导挂钩联系工作交流会,市四套班子领导逐一交流2020年以来挂钩联系镇(区、街道)、重点企业、村(社区)工作以及信访包案推进情况等,对做好下一步工作提出建议。

△ 2020年如皋市农业农村重大项目招商推介会在锦都金鼎大酒店举行。20个来自农产品生产加工、仓储保鲜、冷链物流、乡村旅游康养等领域的优质重大项目集中签约,总投资达17.56亿元。市领导何益军、邵晓泉、张百璘、杜永红参加活动。

△ 如皋市人民医院被南通市卫健委确定为南通市首批具备肺动脉高压诊断和治疗资质的医院。

23日

如皋市考察团受邀参加汉中市委、市政府举办的"学研在汉中"推介活动,为进一步推动如皋市与洋县的科技对口协作找对策、出实招。

△ 以如皋市驻村"第一书记"群体为原型的电影《出发!第一书记》,在南通市更俗剧院举行首映式。南通市委常委、组织部部长封春晴出席活动。江苏省委组织部党员教育中心主任周倍佳、如皋市委副书记丁兴华与电影制片方、主创人员、演员等共同参加首映式。各县(市)区、部分"第一书记"选派单位和"第一书记"代表观看影片。影片将于26日面向全国公映。

24日

市住建局举办2020年建议提案集中汇报会。市人大常委会副主任张勇、市政协副主席严世斌参加活动。

△ 以"决胜全面小康,践行科技为民"为主题的"如皋市2020年全国科普日"主场活动在江苏省如皋中等专业学校举办。

24—25日

如皋市开展送"送金融到项目"活动。活动中,市委常委石慧宏率领金融监管局、人民银行如皋支行、发改委、21家商业银行、2家担保公司相关负责人,实地走访14个镇(区、街道)有融资需求的44个重大项目,深入了解项目发展情况以及遇到的困难,现场进行银企对接,为项目建设排忧解难。

25日

第三次企业家协会活动在南通百川新材料有限公司举行。与会人员集中参观了南通百川新材料有限公司的企业沙盘和总控室,并听取了企业发展情况介绍。会上,南通百川新材料有限公司、南通醋酸纤维有限公司、中国电信如皋分公司和南通四点零科技有限公司的相关负责人进行交流发言。副市长顾留忠参加活动并讲话。

△ 如皋市2020年度中国农民丰收节暨雉水大地庆丰收活动在搬经镇高明庄社区开幕。市人大常委会副主任邵晓泉,市政府副市长张百璘,市政协副主席、工商联主席杜永红等市领导参加活动。

△ 壹言置业与万达集团正式签约,标志着万达广场正式入驻如皋,开启雉水古城商业的新时代。副市长黄文斌参加签约仪式。

△ 市四套班子老领导视察全市重点工程项目建设情况,先后来到江苏万达特种轴承有限公司、高新区世睿电力设备等处参观,实地了解如皋产业发展、城市建设及民生工程进展情况。副市长顾留忠陪同视察。

26日

甘肃省兰州市委副书记王旭率考察团到如皋,考察如皋市美丽乡村建设、乡村旅游产业发展等工作。王旭一行先后参观城北街道平园池村、花木大世界(如皋)国际园艺城、如皋工业园区(如城街道)顾庄社区,实地了解如皋市在美丽乡村建设、乡村旅游产业发展和小城镇环境综合整治方面的先进做法和经验。南通市委副书记、统战部部长沈雷及如皋市领导张建华、张百璘等陪同考察。

△ 如皋市召开2020年秋冬季大气污染强化治理工作推进会。市领导何益军、史有根、黄文斌出席会议。

△ 市委副书记、市长何益军率领市住建局、城管局、生态环境局、交通运输局等相关部门负责人,

以“四不两直”方式深入盐通高铁如皋南站、紫光路南延和紫光路北延工程等施工工地，督查扬尘管控情况，推进大气污染防治工作。

△ 2020年全市化工产业安全环保整治提升工作第9次例会举行。与会人员集中参观了下原镇白云化工和如皋港化工园区泰仓农化、建如化工等相关企业关闭拆除现场，详细了解相关工作的进展情况。副市长顾留忠参加活动并讲话。

△ 南通市卫健委组织开展2020年南通市生殖健康技术人员技能竞赛，市人民医院仇菊获得生殖保健项目三等奖。

△ 2020年如皋市啦啦操教练员培训在如皋奥体中心开班。来自全市各镇(区、街道)的文体骨干，市直幼儿园、市直小学，各镇(区、街道)中心幼儿园、中心小学及有啦啦操开展的学校、幼儿园的专职教师共150人参加培训。

26—28日

由市委网信办、市委统战部共同主办的“传承红色基因 共建清朗空间”新媒体人士主题教育活动在陕西省延安市举行。来自全市的10余名新媒体人士先后深入延安新闻纪念馆、延安革命纪念馆、王家坪革命旧址、杨家岭革命旧址、枣园革命旧址等处参观学习，接受教育。

27日

全市项目建设月度观摩会议召开。市委书记张建华在会上强调，四季度是决战决胜全年目标的关键时期，全市上下要坚持把发展作为第一要务，把项目建设作为根本抓手，斗志再强一些、力度再大一些、速度再快一些，持续掀起一轮又一轮的热潮，确保年度考核进入南通“第一方阵”。

28日

市委书记张建华率队实地调研内外城河综合提升和龙游河生态廊道工程建设情况，强调要以沿河风光带、景观带为载体，加快推进工程建设，打造碧水绕城的生态景观，实现城区河道“水活、水灵、水美”的生态目标。

△ 市委书记张建华带队先后到益有燃气加气站、梦百合家居科技股份有限公司、火车站、吾悦广场等处，督查如皋市重点企业安全生产和人员密集场所安全工作，要求做细做实安全生产工作，确保群众欢乐祥和平安过中秋、国庆佳节。副市长顾留忠参加活动。

△ 江苏质璞科技有限公司年产3600万片SMT智能贴片以及500万台智能终端产品生产项目在经济技术开发区正式开工。市委副书记、市长何益军出席开工仪式。

△ 如皋市召开机关驻村第一书记现场推进会。与会人员实地观摩搬经镇朱夏村集体资产盘活项目、石庄镇杨庄村党群服务中心建设项目、九华镇郭洋村顺捷农业园区项目和九华镇党群服务中心等驻村第一书记工作成果展示现场。会上，全体与会人员依次汇报了各自的工作成果，并被逐一点评。

△ 交通运输部在北京召开张皋过江通道航评审查会。会议一致认为张皋通道航评报告各专题论证充分、资料翔实、报告完整，符合编制办法规定，同意通过评审，为项目工可报批奠定坚实基础。张皋过江通道是《长江干线过江通道布局规划(2020—2030)》中的过江交通设施之一。拟建张皋过江通道连接南岸的张家港市与北岸的如皋市，位于江阴长江大桥下游约28千米、苏通大桥上游约57千米、沪苏通大桥上游16千米，是联系张家港与如皋间重要通道，也是S603、S259的过江设施。推荐线位起点位于张家港疏港高速晨阳互通，终点接G40沪陕高速石庄互通。

△ 如皋市假座台资企业如皋锦都金鼎大酒店举行“迎中秋庆国庆”台企台胞座谈会，全市台企台胞代表20余人参加活动。座谈会后，台企台胞代表参加了台商台胞台属国庆中秋联谊活动，南通市台办副主任朱鸿出席联谊活动。

△ 江苏省荣军医院副院长李佟一行到如皋开展残疾军人残情上门鉴定工作。

△ 市卫健委组织召开人民医院新城院区规划建设第一次专家论证会。市政府副市长张亚鸾主持

会议，邀请南京医科大学附属第二医院、江苏省苏北人民医院、南通市妇幼保健院、南通大学附属医院、南通市卫健委专家参与论证。

△ 如皋市老小区改造首台加装电梯，如城街道孔庙社区武定苑202号楼一单元电梯开工奠基。

28—29日

市第十七届人大常委会第二十九次会议召开。会议听取和审议市政府关于镇卫生院（社区卫生服务中心）运行情况的报告、市人大常委会执法检查组关于检查《中华人民共和国农产品质量安全法》实施情况的报告和市政府、市人民法院、市人民检察院关于落实市人大常委会《关于全市扫黑除恶专项斗争工作报告审议意见》情况的报告，听取和审议部分南通市人大代表报告履职情况，通过相关人事任免事项，为新任命人员颁发任命书，新任命人员进行宪法宣誓。张亚鸾作表态发言。

△ 省以上投资土地整治（2020年第一期）项目现场交流培训会在如皋召开，张百璘副市长致辞，徐州市、连云港市、宿迁市、南通市、泰州市等县市区120人参加会议。

29日

市委理论学习中心组（扩大）学习会议召开，专题学习研讨《习近平谈治国理政》第三卷，深刻感悟习近平总书记管党治党的政治定力、我将无我的为民情怀、敢于亮剑的斗争精神和自我革新的改革意识，切实用习近平新时代中国特色社会主义思想武装头脑、指导实践、推动工作。市委理论学习中心组全体成员参加学习研讨会。

△ 市委书记张建华主持召开市委常委会会议，就《中共如皋市委常委会议事决策规则》和《关于强化“三重一大”事项责任推进专项问责实施办法》《2020如皋经济洽谈会·中国长寿文化节暨中国（如皋）花木盆景艺术节工作方案》等议题进行研究讨论。

△ 市人大常委会组织长江镇和丁堰镇参加南通市镇人大工作座谈会，长江镇和丁堰镇人大负责同志在会上进行交流发言。

△ 市政协组织视察调研如皋市气象应急预警服务工作。张元健一行首先观摩2020年国庆假日“全国天气预报大会商”视频会议、移动气象指挥系统模拟演练，并实地视察气象局新址，详细了解了硬件设施建设情况及人员队伍建设情况。随后召开座谈会，市气象局负责人详细汇报气象应急预警服务工作开展情况。市政协主席张元健、副市长张百璘，市政协副主席郑振明、严世斌参加活动。

△ 市委统战部、市侨联开展“同根同梦 情暖中秋”主题活动，进一步凝聚人心、发挥群力，使广大侨胞、台胞感受到浓浓的乡情。市领导邵晓泉、顾留忠、刘晓洁等参加活动。

△ 如皋市举行书香城市建设现场推进会。与会人员集中参观市城管局、市委老干部局、下原镇、九华镇、高新区（城南街道）桃北村、磨头镇邓高社区、江苏银行如皋支行的东皋书房（东皋书吧、东皋书驿、农家书屋）建设现场，相关单位负责人分别进行交流发言。市委常委、宣传部部长高峰，副市长张亚鸾出席会议。

30日

如皋市在烈士陵园举行烈士纪念日缅怀先烈公祭活动暨“烈士光荣证”颁授仪式，缅怀先烈、寄托哀思、继承遗志、告慰英灵。公祭活动由市委副书记、市长何益军主持。市委书记张建华宣读祭文，并向孙广裕、高福泉两名烈士的遗属代表颁授“烈士光荣证”。

△ 如皋市通皋大道一期工程主线通车。通皋大道一期工程北起城区海阳南路，南至丁平线，全长22.3千米，主路为双向六车道城市快速路，设计速度100千米每小时，实行全线封闭，不设置红绿信号灯，只在主要公路交叉设置互通。通皋大道成就如皋历史上的几个“第一”：单体投资规模“第一”大交通工程、“第一”个采用PPP模式建设的交通工程、“第一”个全面推行“党建带项目”管理理念的交通工程。市领导张建华、何益军、张元健、史有根、陈万圣、黄文斌、冒平等，中国建筑集团有限公司基础设施事业部副总经理、中建华东投资有限公司党委书记、董事长宋旋等出席通车仪式。

△ 南通市委副书记、统战部部长沈雷到如皋开展节前安全生产检查，实地走访高新区（城南街

道)南通世睿电力科技有限公司、南通超达装备股份有限公司,详细了解企业生产经营情况和安全生产措施落实情况。市委书记张建华陪同检查。

△ 如皋市举行美丽宜居城市展,回顾发展历程,展示城市亮点。张建华、何益军、张元健、史有根、陈万圣、黄文斌、冒平等市四套班子领导参加活动。

△ 如皋市召开扬尘污染防治点位责任人会议。市委常委、市纪委书记、市监察委员会主任史有根,副市长黄文斌参加会议。

△ 市委常委、常务副市长茅红宇,副市长顾留忠分别带队赴相关企业开展节前安全生产检查。

△ 市文明办组织公安、城管、市场监管、文体广电和旅游、交通运输等部门深入农贸市场、旅游景区、商业街区、汽车站等公共场所,对全市文明旅游工作进行专项督查。

△ 如皋市人民政府发布通告,将全市各入江河道闸口向长江一侧水域设为禁渔区。

2020年10月

1日

市委常委、市纪委书记、监委主任史有根率队，随机抽查10个建筑工地工地扬尘管控情况，并对扬尘管控严重不到位、得分较低的5个建筑工地予以通报批评。

△ 如皋市推出新开办企业政府免费刻章服务，三家通过公开招标确定的印章刻制机构正式进驻市政务服务大厅。自即日起，全市新开办企业，都可以享受政府免费提供的企业公章、财务专用章、合同专用章、法定代表人名章共4枚印章刻制服务。

△ 央视新闻频道于当日18时09分，以《江苏南通：国旗点缀历史文化街区》为题，报道如皋市东大街浓浓的节日氛围。

1—8日

中秋、国庆节日期间，国家AAAA级旅游风景区水绘园迎来客流高峰。2020年10月1日到8日，水绘园风景区游客的接待量达到3.5万人次，与上年同期相比增长10%左右。票务收入方面，2020年达到85.3万元。在疫情防控紧张形势下，达到游客人数和票务收入的“双提升”。

2日

如皋博物馆举行如皋籍紫砂壶创作新秀李鑫荣紫砂展览暨捐赠仪式。

4日

装载81000吨铁矿石的开普船“特赫鲁女神”轮安全靠泊如皋港务集团泊位，成为如皋港2020年靠泊的第80条开普船。

6日

市副市长黄文斌带队，对10月1日因为扬尘管控严重不到位、得分较低，被公告予以通报批评的5个建筑工地展开回头看督查，并根据各工地落实市扬尘管控“十条规矩”情况进行现场打分。

7日

由市全民阅读办、市作家协会主办的“站在春的枝头，念雪”周荣丽新书分享会在市新华书店举办。

7—8日

由杭州星聚佳铭影视公司主办、如皋市融媒体中心承办的“中华小影星”首场海选活动如期举行，70多名小选手在舞台上展示才艺。

8日

市委副书记、市长何益军带领市住建局、城管局、生态环境局等相关部门负责人，实地走访盐通高铁如皋南站、光启花苑、珑悦花园等项目施工现场和市城市管理监督指挥中心大厅，调研如皋市大气污染防治工作。副市长黄文斌参加调研。

9日

市委书记张建华主持召开市委常委会会议，传达学习省和南通市村（社区）“两委”换届工作部署会议精神，研究讨论《关于成立全市村（社区）“两委”换届工作领导小组的通知》、《关于做好全市村（社区）“两委”换届工作的实施意见》和全市村（社区）“两委”换届工作部署会会议方案等相关议题。

△ 全市审计发现问题整改推进会召开。会议通报2019年下半年至2020年上半年审计发现问题，并提出审计建议。市委常委、常务副市长茅红宇，市人大常委会副主任张勇，市政协副主席冒平参加活动。

10日 张建华、何益军等市四套班子主要领导分别带领同组的党代表、人大代表、政协委员，走进挂钩联系村(社区)城北街道双龙社区、如皋工业园区(如城街道)城南社区、长江镇中心沙社区、吴窑镇长庄村的“两代表一委员”工作室，了解民生、听取民意，收集老百姓关心关注的热点难点问题，切实为老百姓排忧解难。

△ 全市村(社区)“两委”换届工作部署会议召开，认真落实中央和江苏省、南通市委要求，研究部署如皋市村(社区)“两委”换届工作。

△ 东南大学附属中大医院施瑞华教授工作室签约揭牌仪式在如皋市人民医院举行。在与会代表的见证下，中大医院消化科主任施瑞华与市人民医院相关负责人共同签署合作协议书。随后，中大医院院长特别助理徐冰和副市长张亚鸾共同为“著名消化病学专家施瑞华教授工作室”揭牌。副市长张亚鸾参加活动。

11日 据铁路部门消息，11日零时起实行新的旅客列车运行图，如皋站停靠列车调整4趟、新增7趟，总车次由原来54个车次增加至61个车次，增加车次主要为上海、南京、启东、扬州等方向。

12日 市人大常委会及机关举行《习近平谈治国理政》第三卷专题学习研讨会。学习会上，全国基层理论宣讲先进个人、市人大常委会党组成员、专职委员姚呈明领学，部分人员结合工作实际作交流发言。

如皋市举行《习近平谈治国理政》第三卷学习宣讲“七进”行动示范宣讲报告会。市委常委、宣传部部长高峰出席报告会，并就进一步开展好《习近平谈治国理政》第三卷学习宣讲进企业、进农村、进机关、进社区、进学校、进军营、进网络等“七进”行动提出要求。

△ 2020年如皋市文体旅游产业发展暨全域旅游创建专题培训班正式开班。市委常委、宣传部部长高峰出席开班典礼。

△ 市历史文化研究会东陈分会成立。

13日 省委常委、组织部部长郭文奇一行到如皋，调研如皋市基层党建工作。郭文奇一行先后来到花木大世界(如皋)国际园艺城、如皋工业园区(如城街道)顾庄社区等处，深入了解如皋市“两新”组织党建、农村党建等情况。南通市委书记徐惠民，省委组织部部务委员董德，南通市委常委、组织部部长封春晴，如皋市领导张建华等参加调研活动。

△ 市委书记张建华主持召开全市冲刺四季度高质量完成全年目标任务推进会，要求全市上下进一步抓实抓细当前各项重点工作，对照目标找差距，破解难题快发展，奋力冲刺四季度，确保圆满完成全年既定目标任务。

△ 市委副书记、市长何益军主持召开第十七届市政府第五十七次常务会议，传达国务院办公厅贯彻落实习近平总书记在全国抗击新冠肺炎疫情表彰大会上的重要讲话和有关重要指示精神、省教育厅副厅长顾月华调研白蒲中学时的讲话精神、南通市城镇小区配套建设幼儿园治理攻坚电视电话会议精神，并就有关议题进行研究讨论。

△ 省交通运输厅副厅长梅正荣率队到如皋，调研如皋市农村物流三级物流场站建设情况。梅正荣一行先后到品德超市配送中心、丁堰镇交通运输综合服务站等处，对如皋市农村物流发展基础情况

进行详细了解。副市长黄文斌参加活动。

△ 南通市"民法典进景区、进宾馆"活动启动仪式在如皋市举办。副市长张亚鸾参加活动。

△ 中国记协新媒体专业委员会配合国家脱贫攻坚战略安排开展的2020县级融媒体中心东西协作交流公益项目启动。来自山东、浙江、江苏3省的15家县市区融媒体中心与中西部地区15家融媒体中心结对,并以"现场+云互动"方式签约,助力贫困地区县级融媒体中心建设。活动中,如皋市融媒体中心与河北阜平县融媒体中心进行一对一结对驻点交流。

△ 13日15时许,如皋市人民检察院第三检察部副主任、二级检察官刘涛在工作岗位突发心搏骤停,经送医全力抢救无效因公殉职,年仅36岁。

14日

市政府召开专题会议,研究如皋市区域水环境治理先行启动区组织实施方案。市委副书记、市长何益军,市委常委、常务副市长茅红宇,副市长黄文斌、张百璘参加会议。

△ 张亚鸾副市长带队以"四不两直"方式对当前秋冬季疫情防控工作进行专项督查,市政府办、纪委、卫健委、市场监管局、公安局、交通局、商务局等部门分管领导陪同督查。

△ 江苏省教育厅发布《关于公布江苏省学校体育与健康工作干预监测点校名单的通知》,如皋经济技术开发区实验小学被确定为中小学监测点校。

△ 江苏省高院档案科科长李兴银带队到如皋,实地查看市人民法院诉讼服务中心卷宗查询窗口、档案库房、皋法家园等处,检查指导如皋法院档案工作。如皋法院党组书记、代院长唐明渠等陪同。

△ 如皋市人民医院举办"五大救治中心"业务培训会,全市各镇卫生院业务院长、医务科科长、内外科行业骨干、社区卫生服务站站长等近100名医务人员参加。

15日

由省档案学会主办,如皋市档案局、档案馆,江苏省档案馆如皋电影史料馆承办的省档案学会档案保护技术专业委员会成立大会暨声像档案抢救保护研讨会在如皋市举行。江苏省档案馆如皋电影史料馆被正式宣布为省档案学会档案保护技术专业委员会永久会址。省档案馆馆长陈向阳,副馆长赵深、陈万田,省档案学会副会长欧阳旭明及如皋市委副书记丁兴华出席会议。

△ 最高人民检察院在全国人民代表大会常务委员会第二十二次会议上汇报《关于人民检察院使用认罪认罚从宽制度情况的报告》,如皋市检察院提前介入的李鑫黄金盗窃案作为唯一案例入选报告,围绕该案制作的认罪认罚汇报专题片在大会上播放;该案的办理获得最高检第一检察厅厅长苗生明的充分肯定。

△ 江苏省2020年"主播进百村,带你购好物"大型直播项目在首届长三角高新视听博览会现场正式启动。如皋市作为首场秀备受直播观众青睐,副市长张百璘到直播现场,与企业家们共同在直播间对如皋市优质特色农产品黑塌菜、白蒲三香斋茶干、万珍六年陈黄酒、春华萝卜皮、蒲塘富硒大米等进行推介。

16日

市委书记张建华到因公殉职的市人民检察院年轻检察官刘涛家中,看望慰问刘涛家属,对刘涛的不幸逝世表示沉痛的哀悼。

△ 如皋杖头木偶戏非遗展演中心落户花木大世界(如皋)国际园艺城"盆景大观"景区。展演中心分为"杖头木偶体验馆"和"木偶剧场"两部分,总建筑面积近1500平方米。馆内包含影院座椅及卡座,可容纳200人同时观赏。市领导高峰、钱志刚、张亚鸾、刘晓洁出席启动仪式。

△ 当日14:00,新建盐城至南通高铁全线接触网送电成功。

△ 人民日报、新华社、中央广播电视总台、人民网、中国环境报、新华日报、江苏省广电总台、澎湃新闻、现代快报等中央及省级新闻单位记者汇集长江第一镇如皋长江镇,对阳鸿石化的洗舱"绿岛"项

目进行集中采访。

△ 第五届“万步有约”间奏拓展赛暨第二届“江苏健康·我行动”健走比赛正式开始。全市机关、企事业单位、社会团体共组织105支参赛队伍896人参赛,参赛人员规模全省第二。

17日 市委理论学习中心组学习(扩大)会召开,特邀上海市委党校硕士研究生导师、原党史党建教研部主任刘宗洪教授为大家解读《习近平谈治国理政》第三卷。市四套班子领导参加学习会。市委常委、宣传部长高峰主持。

△ 如皋市召开2020年第三季度高质量全国文明城市建设模拟测评情况通报分析会,对近期文明城市建设工作进行通报、点评,对问题短板进行分析、研判,对全面做好社会文明程度指数提升工作进行再动员、再部署。市委常委、宣传部长高峰参加会议并讲话。

△ 全市首批“家庭医生专家工作室”在丁堰镇卫生院丁西门诊部举行揭牌仪式。

17—18日

△ 2020年如皋市青少年篮球比赛暨优秀苗子选拔赛在如皋市体育中心举行,来自全市14个镇(区、街道)中小学的30支代表队近400名男女选手参加比赛。

18日 南通大学附属医院如皋分院签约揭牌暨南通大学研究生(博爱班)开班仪式在市博爱医院举行。揭牌仪式上,南通大学附属医院与如皋博爱医院签订了合作协议。南通大学党委副书记、副校长,通大附院党委书记,如皋市委副书记、市长何益军共同为“南通大学附属医院如皋分院”揭牌。副市长张亚鸾参加活动。

△ 由市全民阅读办、市作家协会主办,市北外附属龙游湖学校承办的“金秋诗会”在该校梦画廊举行,学校师生和市作协会员,及社会各界文学爱好者、朗诵爱好者共60余人欢乐相聚,畅叙诗情。

△ 当日零点,两节热滑试验机车缓缓驶出南通西站,盐通高铁全线热滑试验正式开始。

19日 如皋市召开工地扬尘管控点位长会议。市委常委、市纪委书记、市监察委员会主任史有根,副市长黄文斌,市政府党组成员陈迪(挂职)参加会议。与会人员现场观摩张八里花苑SG2项目工地和颐和江山项目建设现场,听取工地扬尘管控情况的介绍。会上,黄文斌宣布如皋市工地扬尘管控“十条规矩”,并对工地扬尘管控工作提出要求。

19~22日

陕西省洋县人大常委会主任、党组书记牟如虎一行到如皋考察苏陕协作、医疗卫生、人大工作和社会经济发展情况,如皋市人大常委会领导班子成员陪同考察。

20日 市政协就如皋市市级国资国企改革工作开展调研,并召开专题协商座谈会,广泛凝聚共识,积极建言资政,推动市级国资国企为如皋市奋力建设长江以北最强县市作出更大贡献。市政协主席张元健,副主席冒平、郑振明、刘晓洁,秘书长许映亮参加会议。

△ 市委政法委员会全体会议举行,对全市政法工作进行集中研究,研究讨论《中共如皋市委政法委员会政治督察实施办法(试行)》。市委常委、政法委书记缪小华,副市长陈晓彬出席会议。

△ 经济开发区与上海燃料电池汽车动力系统有限公司就超越300E燃料电池发动机项目签订战略合作协议,双方将共同打造氢燃料电池汽车示范试点。副市长顾留忠参加签约仪式。

△ 2020胡润百富榜发榜,5位如皋人上榜,分别是倪张根(排名:1372,财富(人民币):40亿元,关联企业:梦百合,主营行业:家居材料)、丁佐宏(排名:657,财富(人民币):90亿元,关联企业:月星,主营行业:房地产、零售、制造)、张志熔家族(排名:1227,财富(人民币):45亿元,关联企业:恒盛,主营行业:房地产、船业)、丁佐龙(排名:2140,财富(人民币):23亿元,关联企业:月星,主营行业:房地

产、零售、制造)、丁佐勇(排名:2140,财富(人民币):23 亿元,关联企业:月星,主营行业:房地产、零售、制造)。

21 日 全市集中治理重复信访、化解信访积案专项工作部署会议召开。会议首先传达中央及江苏省和南通市关于集中治理重复信访、化解信访积案专项工作的部署要求,并对全市开展集中治理重复信访、化解信访积案专项工作进行安排。市委常委、政法委书记缪小华,副市长、市公安局局长陈晓彬参加会议。

△ 市政协主席会议专题协商建筑业高质量发展情况。会上,江苏南通六建建设集团、江苏江中集团、中如建工集团、标龙建设集团四家特级资质企业分别汇报近年来各自发展情况。市住建局汇报 2019 年以来服务推动建筑业转型升级与改革发展的相关情况。

△ 南通大学如皋校友会换届大会在市行政中心举行,选举产生南通大学如皋校友会第二届领导机构。市政协副主席严世斌出席会议。

22 日 陕西省汉中市人大常委会副主任、洋县县委书记胡瑞安一行到如皋考察,并就深化两地对口协作进行交流,推动两地对口协作工作再上新水平。如皋市领导张建华、丁兴华、茅红宇参加活动。

△ 如皋市召开金融工作座谈会。会上,市委常委、常务副市长茅红宇通报三季度全市金融工作运行情况,以及三季度金融工作考核情况。部分金融机构、担保公司负责人交流相关工作推进情况和下一步的工作打算。市委书记张建华出席会议并讲话。

△ 如皋市举行职业教育服务地方经济工作座谈会,副市长张亚鸾参加会议。

22—23 日

重阳节来临之际,市委书记张建华,市委副书记、市长何益军分别率队走访慰问如皋市部分百岁老人,给他们送去党和政府的温暖,并向他们致以节日的美好祝福。

22—29 日

2020 年度如皋市企业董事长资本运作专题培训班在上海成功开班,市委常委、常务副市长茅红宇作开班动员讲话,复旦大学管理学院干部教育培训中心主任黄莹致辞,各镇区负责人、市有关部门及国有平台负责人,以及部分民营企业主要负责人共计 70 人参加培训。

23 日 市委书记张建华到如皋市人民法院“王桂兰”家事调解工作室,专题调研家事案件调解审判工作,对工作室在调解过程中成功总结“四五”工作法表示肯定。

△ 市政协主席张元健主持召开市政协民主评议住建局、生态环境局工作总结会。副市长黄文斌参加活动。

△ 如皋市首届菊花节在城北街道平园池村水竹园景区开幕,数千名游客和村民入园赏菊。副市长张百璘参加活动。水竹园景区占地 112 亩,由花海展示区、科技研发区、服务配套区 3 部分构成。园区菊花包括传统菊花、切花菊、钟山系列菊花 3 大种类,共 423 个品种。

△ 市领导史有根带队对建筑工地扬尘管控工作开展督查。

24 日 如皋市召开 2020 年中青年干部座谈会。市委书记张建华出席会议并寄语全市中青年干部,要成为理想信念的坚定者、奋斗文化的践行者、善始善终的实干者、充满朝气的斗争者、严以修身的示范者。市委副书记丁兴华参加会议。

△ “南通—如皋早茶旅游专线试运营”活动在花木大世界(如皋)国际园艺城举办。活动发布“南通—如皋早茶旅游专线试运营”方案,为广大的游客走进如皋、品味美食打开了快速通道。副市长张亚

鸾参加活动。

25日 长寿之乡·诗意小城如皋市第九届旅游文化节开幕式暨“电影文化惠民年展”启动仪式，在水绘园风景区东广场拉开序幕。活动中，与会领导和嘉宾共同为旅游文化节和电影文化惠民年展启幕，并为如皋市创成“江苏省全域旅游示范区”、水绘园度假区获批“南通市级旅游度假区”、平园池村获评“全国乡村旅游重点村”、东大街获评“江苏省级夜间文旅消费集聚区”、华夏电影文化中心创成“国家AAA级旅游景区”、如皋市被江苏省广播电视总台认定为“会员指定度假目的地”和南通—如皋“早茶”旅游专线开通揭牌；活动还视频发布“如皋长寿八大碗”评选结果。

△ 全市第十四届“九九重阳”敬老联谊活动在经济技术开发区举行，副市长张亚鸾参加活动并向全体老领导、老前辈、老同志致以诚挚的祝福。

△ 如皋市委、市人民政府主办的“致敬建党百年——电影文化惠民年展”在如皋市华夏电影文化中心启动。10月28日至2021年7月1日，如皋文化馆将免费公映百余部经典老电影。活动中，市领导与长寿老人、抗疫典型、老军人代表共同启动经典老电影惠民仪式。如皋籍演员何明翰现场发布老电影征集结果。市领导高峰、钱志刚、刘晓洁参加活动。

△ 如皋市举行2020年秋季退役士兵返乡欢迎仪式暨适应性培训动员大会，欢迎退役士兵圆满完成建设国防使命，载誉返乡。副市长张百璘参加活动。

26日 市十七届人大常委会召开第三十次会议。会议审议并表决通过了市人民政府提请的人事任免事项，决定免去顾季青市发展和改革委员会主任职务，决定任命林文美为市人民政府副市长、郭建为市发展和改革委员会主任。会议审议通过《如皋市人大常委会关于接受孙恒辞去如皋市人民政府副市长职务请求的决定》。

△ 如皋市举行第五届国际第三代半导体创新创业大赛（如皋赛区）决赛，副市长程瑞琴参加活动。

△ 市人大常委会召开评议大会，通报前一阶段评议市公安局、民政局、交通运输局、应急管理局和医疗保障局工作的情况。

△ 中央宣传部办公厅印发《关于表彰基层理论宣讲先进集体、个人和优秀理论宣讲报告、公众号的决定》，如皋市姚呈明理论武装工作室获“2020年基层理论宣讲先进集体”称号。

△ 全市秋收秋种现场会举行，来自各镇（区、街道）农业服务中心的主要负责人及种粮大户代表参加。与会人员参观城北街道戴庄村的秋收秋种现场，并在讲解员的带领下观摩水稻收割、犁耕深翻、秸秆还田机械化作业以及小麦播种配套技术展示。

27日 第三届中国·如皋第三代半导体及智能制造论坛在如皋市成功举办。该次论坛以“新机遇、新动能”为主题，进一步聚焦行业发展新动态、新趋势、新技术及创新项目，深入探讨第三代半导体发展模式和行业发展趋势。活动发布第五届国际第三代半导体创新创业大赛（如皋赛区）决赛结果，中国科学院院士、南京大学教授郑有炓与如皋市委书记张建华共同为获得大赛一等奖的皓星光电（杭州）有限公司代表进行颁奖。活动中，高新区管委会主任刘亚东做第三代半导体及智能制造产业推介；“中科院半导体所化合物半导体如皋实验室”和“江苏省佳宝智能化液压打包及排废系统工程技术研究中心”两项重要科研载体正式揭牌成立；15个近期落户或即将落户如皋高新区的重大产业项目和人才项目集中签约。

△ 在第三届中国·如皋第三代半导体及智能制造论坛顺利召开后，与会嘉宾参观如皋市高新区创新体验中心、小咖秀（江苏）科技有限公司、海迪科（南通）光电科技有限公司、江苏秦烯新材料有限公司等亮点项目，深入了解如皋半导体及智能制造产业的发展态势。

△ 市委书记张建华带领市委办、生态环境局、发改委、城管局、住建局等相关部门负责人，调研美能得空气监测点及周边大气污染防治工作。市领导史有根、黄文斌、陈迪参加调研。

△ 全国书法名家精品邀请展暨“大爱之城 幸福如皋”全国摄影作品展开展仪式在市文化馆举行。此次作品展的展出时间为10月27日到11月8日，作品展精选59幅全国书法名家精品和50幅长寿题材获奖摄影作品，呈现如皋的四季风光、人文风情、新城市建设的点点滴滴。市领导丁兴华、高峰、钱志刚、张亚鸾、刘晓洁出席活动。

△ 市领导史有根再次带队对建筑工地扬尘管控工作开展督查，该次督查不仅对前三期通报中名列后三位的6家工地进行“回头看”，同时随机抽查中交美庐城三期、金属表面处理园区湿地项目、GJ2014-203#(张八里)等8家在建和拆迁工地。

△ 如皋市河长办、搬经镇联合海安市河长办、雅周镇相关人员对如皋市搬经镇与海安市雅周镇交界处的卢桥河进行调研勘测，并联合召开卢桥河河长制工作协调会，携手开展河道水葫芦整治工作。

28日 2020如皋经济洽谈会·中国长寿文化节暨中国(如皋)花木盆景艺术节在市行政中心礼堂开幕。开幕式由市委副书记、市长何益军主持，与会嘉宾首先观看城市形象宣传片《上善新如皋》，市委书记张建华发表《拥抱发展机遇 共创合作新局》主旨演讲，南通市委副书记、统战部部长沈雷在开幕式上讲话，中国对外贸易经济合作企业协会会长、原外经贸部副部长周可仁宣布开幕，部分嘉宾代表进行交流发言，中科院半导体研究所研究员张兴旺、南通市科技局局长赵玉峰共同为中科院如皋化合物半导体产业研究院揭牌，中国盆景艺术家协会会长鲍世骐、南通市农业农村局副局长范袁斌共同为中国盆景艺术家协会秘书处揭牌。该次经济洽谈会期间，共签订投资意向、投资协议46个，总投资395亿元。开幕式上，共选取25个重点项目，分5批进行集中签约。中国花卉协会副会长赵良平，江苏省科技厅副厅长赵建国，中国科学院院士、清华大学教授费维扬，俄罗斯自然科学院外籍院士牛济泰，中国盆景艺术家协会会长鲍世骐等领导嘉宾共聚一堂，一同感受如皋的独特魅力和发展脉动。开幕式结束后，与会领导嘉宾共同前往花木大世界(如皋)国际园艺城园艺会展中心，参观了第十一届中国(如皋)花木盆景艺术节精品盆景展。

△ 全国精品盆景展颁奖仪式在花木大世界(如皋)国际园艺城举行。本次精品盆景展共聚集全国15个省(市)的418盆精品盆景，其中有26盆大师作品，经过评审，共评出特等奖10个、金奖22个、银奖48个、铜奖79个、特色展奖6个。

△ 由中国塑料加工工业协会、江苏省新材料产业协会、“新材料在线”网站共同筹备的2020中国·如皋5G新材料产业发展论坛在如皋市举行。论坛上，俄罗斯自然科学院外籍院士牛济泰与中南大学教授刘绍军围绕“5G通信和电子新材料”主题，通过主题报告方式，开展学术研讨和技术交流。市委常委、宣传部部长高峰在论坛上致辞，长江镇相关负责人推介长江镇及区镇共建园区投资环境。市领导陈鸣华、钱志刚、程瑞琴、冒平参加活动。

△ 如皋市人大常委会到如皋法院经济技术开发区人民法庭，调研指导家事法庭工作。如皋法院党组书记、代院长唐明渠，如皋市妇联主席李晓红等陪同。

△ 在市委党校举办的2020年如皋市中青年干部培训班圆满落下帷幕，来自乡镇、机关、企事业单位的41名中青年干部经过为期45天的全脱产培训，顺利结业。

△ 2020年下半年全市党员发展对象培训班在市委党校举行开班仪式，全市270余名党员发展对象参加培训。

29日 如皋市举行日达智能终端精密模组项目暨全市“一会两节”重大项目集中开工仪式，该次集中开工共28个项目，总投资超300亿元，覆盖智能装备制造、新能源汽车及汽车零部件、高端新材料、新一代信息技术和半导体等“5+2”重点产业。张建华、何益军等市四套班子领导出席开工仪式。

△ 如皋市召开三季度项目建设观摩点评会，动员全市上下坚持发展第一要务，掀起项目建设新热潮，为四季度决战决胜全年目标任务作出应有贡献。张建华、何益军等市四套班子领导出席会议。

△ 南通市委市政府召开长江大保护工作推进会暨打好污染防治攻坚战三季度工作点评会。会议以视频会议形式召开。市委书记张建华在南通主会场参加了会议。市委副书记、市长何益军等市四套班子领导在如皋市分会场参加收听收看。

△ 全国盆景创作大赛复赛正式拉开序幕。此次花木盆景艺术节包括盆景创作大赛、全国精品盆景展、全国盆景交易大会等系列活动，经过初轮比拼，58 名选手顺利进入复赛。

△ 集装箱海轮“华达 607”在苏中国际集装箱码头 2# 泊位安全靠泊。“华达 607”最大载重吨位 1.91 万吨，船长 165.35 米，宽 22.8 米，为苏中国际集装箱码头至今靠泊载货吨位最大的集装箱班轮。该海轮此航次共计装卸1413TEU，于 30 日 17 点 20 分安全离泊，在港作业时间为 24.6 小时，该航次单机平均作业效率达 28.7TEU/小时，作业效率创历史新高。

30日

南通市委召开理论学习中心组集中学习(扩大)会，专题学习习近平总书记关于百年未有之大变局的重要论述。会议以电视电话会议形式召开。张建华、何益军等市四套班子领导在如皋市分会场收听收看。

△ 市委书记张建华，市委副书记、市长何益军等市领导以普通公民的身份，在市行政中心参加第七次全国人口普查现场登记。

△ 全市移风易俗暨文明殡改工作现场推进会召开。与会人员集中观摩江安镇镇级公墓、徐葛村乱埋乱葬整治现场、陈庄村和周庄村红白理事会建设情况，江安镇主要负责人介绍移风易俗工作开展情况，市纪委监委相关负责人通报近期移风易俗工作中的不作为、慢作为情况，如城街道、下原镇、民政局、民宗局的相关负责人作交流发言。市领导丁兴华、高峰、邵晓泉、严世斌参加活动。

△ 2020 全国盆景创作大赛颁奖仪式举行。通过初赛、复赛、决赛三级选拔，最终评审出特等奖 1 名、金奖 2 名、银奖 4 名、铜奖 6 名。

△ 总投资 10 亿元的百正电子聚丙烯薄膜生产线项目签约落户经济技术开发区。市委常委、宣传部部长高峰，南通百正电子新材料有限公司董事长徐明强等出席签字仪式。

31日

市委理论学习中心组学习会召开。市委书记张建华首先领学中国共产党第十九届中央委员会第五次全体会议精神，并就《习近平谈治国理政》第三卷开展学习研讨。

△ 市委书记张建华主持召开市委理论学习中心组学习(扩大)会议，专题学习“十四五”规划编制暨宏观经济形势等方面的知识。

△ 如皋市召开三季度项目建设观摩点评会，动员全市上下抓牢项目建设，向南通第一方阵的目标发起冲刺，确保全面完成和超额完成各项目标任务，为奋力建设长江以北最强县市夯实基础。张建华、何益军等市四套班子领导出席会议。

△ 如皋市 “偶来讲”“清凉一杯水·关爱一座城”2 个志愿服务项目参加第五届江苏志愿服务展示交流会。中宣部副部长傅华，省委常委、苏州市委书记许昆林，省委常委、宣传部部长张爱军，省委宣传部副部长、省文明办主任葛莱等领导到如皋志愿服务项目展区，观看木偶表演《书记买树》，并给予充分肯定。

大事如皋

2020 年 11 月

1 日

人民政协报社副社长许水涛带队到如皋，调研如皋市“有事好商量”协商议事工作。南通市政协主席黄巍东，如皋市领导张建华、张元健、陈鸣华、严世斌、刘晓洁等陪同调研。

△ 通皋大道林吴线、郑龙路 2 处道口实现互通。

△ 位于江滨医院的如皋市失能失智特困供养人员照护中心开始试运营，试运营服务对象为部分养老机构半失能老人、全失能老人和集中养老麻风病人。

2 日

市委书记张建华主持召开市委常委会会议，传达国务院安委办《关于吉林省连续发生重大事故的通报》、南通市安委办《关于进一步深化违法违规“小字头”“停产停业”企业专项整治行动的通知》文件精神，听取《关于行政审批服务作风效能情况的督查报告》，研究 2020 年全市乡村振兴暨美丽乡村建设工作推进会方案，讨论《如皋市保障乡村振兴发展合理用地的实施意见》《市政府关于加快涉农资金统筹整合 聚力推进乡村振兴的实施意见（试行）》《市政府关于扩大农业农村有效投资 加快补上“三农”领域突出短板的实施意见》等议题。

△ 市政协党组理论学习中心组学习（扩大）会议召开。会议传达学习中共十九届五中全会精神，研究部署政协系统学习贯彻工作。市政协党组书记、主席张元健主持会议并讲话。

△ 市委常委、市纪委书记、市监委主任史有根，市政府副市长黄文斌带队对市重点区域内建设项目扬尘管控工作进行第五轮督查，随机抽查张八里花苑南片、颐和玺园东区、GJ2012-160#A 地块保障性住房工程等 16 家在建、搬迁、围而未建工地。

3 日

如皋市召开四季度市政府为民办实事项目督查推进会。会上，各牵头部门、实施单位及相关配合单位负责人分别汇报项目进展情况、存在问题及冲刺全年目标任务的思路举措。各分管副市长对项目进行点评，提出具体要求。

△ 云南保山市驻江苏（如皋）劳务服务工作站揭牌成立，两地将以劳务协作为抓手，通过拓宽就业渠道、提升保障服务，实现优势互补。市委常委、常务副市长茅红宇参加揭牌仪式。

△ 安徽省太湖县委常委、宣传部部长李加生率队对如皋市媒体融合工作进行考察，先后参观市融媒体中心时政部、民生部、声讯部、融创部等部门，听取组织架构、平台搭建、新技术应用、人才培养等方面经验介绍。市委常委、宣传部部长高峰陪同考察。

△ 市人大常委会副主任陈万圣率队督查 2020 年市政府为民办实事部分项目实施情况，实地视察磨头大气自动监测点、桃林水厂、福星小区等处，深入了解各项目亮点、难点、主要成效及实施进展情况。市政府党组成员陈迪（挂职）参加活动。

△ 南通市召开安全生产大整治动员推进会。张建华、何益军、茅红宇、高峰、石慧宏、陈鸣华等市四套班子领导在如皋市分会场参加收听收看。

△ 如皋市委巡察工作办公室发布第十六轮巡察公告。按照市委统一部署和巡察工作领导小组安排，2020 年 11 月 3 日起，对中医院、江安中学、卫健委（红十字会）、教育局（教工委、督导室）开展巡察，为期 60 天。

△ 如皋市人民政府发布通告，在城北街道划定新长铁路如皋市段线路安全保护区范围，要求铁路沿线的有关企事业单位、组织和群众给予支持和配合。

3—4 日

南通市政协系统学习研讨暨“有事好商量”协商议事工作推进会召开，南通市政协主席黄巍东带领全体与会人员赴城北街道平园池村“有事好商量”协商议事室、如城街道十里社区“有事好商量”协商议事室参观考察，市政协主席张元健在南通主会场参会并作交流发言，如皋市“有事好商量”协商议事工作获得肯定。如皋市领导张建华、张元健、冒平、严世斌陪同考察。

4 日

市委书记张建华采取“四不两直”的方式，深入内外城河综合提升工程现场，实地了解工程建设进展，检查安全生产工作。

△ 市委副书记、市长何益军带领城管、交通运输、农业农村等部门负责人，督查宁启铁路沿线环境整治情况，要求高度重视，进一步加大力度，持续强化措施，注重抓好细节，快速高效推进沿线周边环境整治。副市长黄文斌参加督查。

△ 市委副书记、市长何益军实地检查白蒲镇林梓社区一非法储存危险化学品场所，以“四不两直”的方式对违法违规“小字头”企业进行明察暗访。

△ 如皋市召开见义勇为基金会总结表彰大会，2 名见义勇为先进个人，13 个见义勇为群体、积极分子，5 个见义勇为工作先进、优秀单位，20 名见义勇为工作先进个人以及 127 名见义勇为警辅人员受到表彰。市委常委、政法委书记缪小华出席会议并讲话。

△ 如皋市举行 2021 年度城乡居民医保筹资工作会议，安排部署 2021 年城乡居民医保参保缴费工作。副市长张亚鸾出席会议并讲话。

△ 江苏省沿江八市老年体协工作座谈会在如皋市举行。苏州、无锡、常州、南京、镇江、南通、泰州、扬州八市老年体协代表齐聚如皋，共同探讨老年人文化体育工作。

△ 市委办举行镇(区、街道)党政办信息工作考核冲刺会议。会上，经济技术开发区等 6 家单位作经验交流发言，总结成功做法，深入分析相关典型信息案例。随后，市委办相关负责人就近期信息工作进行点评，并作具体业务指导。

5 日

东旭集团董事长李兆廷一行到如皋考察项目投资环境。市委书记张建华会见李兆廷一行。双方表示，将抢抓长三角一体化发展机遇，进一步深化对接沟通，提升合作水平，加快推动项目进度，在更多领域实现共赢发展。市委常委、宣传部部长高峰参加会见。

△ 市委书记张建华带领市委办、住建局、交通运输局、应急管理局、消防救援大队及安全生产专家，以“四不两直”的方式对危化品安全、建筑工地安全、道路运输安全进行督查。副市长顾留忠参加督查。

△ 市委常委、宣传部部长高峰带队先后查看银吉姆健身会所、龙游湖游乐世界、星星公交公司、外星人网咖绿润名都店、深海蓝鲸酒店、音乐派量贩 KTV 等处，检查如皋市文体旅行业安全大整治工作。

△ 市第十七届人大常委会第三十一次会议召开。会议听取并通过《如皋市人大常委会关于补选如皋市十七届人大代表的决定(草案)》，会议审议并通过《如皋市人大常委会关于在全市各级人大代表中开展为“十四五”规划建言献策的倡议书(草案)》等议题。

△ 市人大先后到城北街道袁桥社区、北郊花苑社区及城南街道新华社区等处，就网格化服务管理工作开展调研。市委常委、政法委书记缪小华，市人大常委会副主任陈万圣参加活动。

△ 江苏省妇联维权工作现场会在如皋法院开发区法庭举行。省妇联副主席崔娟、权益部部长谢黎率领省市县三级分管权益工作副主席及权益部长等 160 余人，对“王桂兰”家事调解工作室及开发区法庭家事审判工作进行实地调研。

△ 南通市人大常委会副主任孙建华率队到如皋开展代表接待日活动，与来自企业的人大代表门面对面交流，认真听取意见和建议。如皋市人大常委会副主任张勇参加活动。

△ 南通市第八届特殊教育学校学生阳光体育运动会在如皋举行。来自南通市各县(市、区)的7所特殊教育学校以及南通市社会福利院240多名师生参加该次运动会。

6日 正威国际集团董事局主席王文银一行到如皋，就正威集团如皋5G新材料产业园项目建设情况进行察看。市领导张建华、何益军、丁兴华等陪同察看。

△ 市人大常委会专题视察“关于支持长江镇跨过长江去、加快建设融入长三角一体化发展前沿区的议案”的办理工作情况。调研组一行实地视察华永汽配项目现场、广大特材宏茂产业园、如皋港化工新材料产业园智慧管理中心、长源物流码头、长江镇镇域治理现代化指挥中心等处,听取相关情况介绍,并就市十七届人大四次会议议案办理情况召开视察调研会。市领导陈万圣、邵晓泉、张勇、程瑞琴等参加活动。

△ 市政协主席会议听取如皋市高中教育开展情况汇报,实地参观白蒲中学校区,就持续推动高中阶段教育优质发展工作开展专题协商。市政协主席张元健,副市长张亚鸾,市政协副主席杜永红、严世斌、刘晓洁,秘书长许映亮参加活动。

△ 如皋市在市融媒体中心演播大厅举行庆祝第21个中国记者节活动。市委书记张建华专门发来慰问信,向全市广大新闻工作者致以节日的祝贺和亲切的问候。活动现场,市委常委、宣传部部长高峰为市融媒体中心(传媒集团)的“如e时评”“三更海报”“黑小白短视频”“柠檬寻味”等4个融合工作室授牌。市领导张亚鸾、刘晓洁参加活动。

6—7日

市人社局组织江苏九鼎新材料股份有限公司、梦百合家居科技股份有限公司、江苏南通六建建设集团有限公司等31家知名企业赴徐州、淮安开展校园招聘活动。

7日 市委书记张建华采取“四不两直”的方式,到分片挂钩板块经济技术开发区,对南通江森电子、思源电气智能组合产业化项目、万豪臻品等进行安全生产检查。

△ 市政府召开全体（扩大）会议，系统总结2020年各项工作，动员全市政府系统坚决扛起奋力建设长江以北最强县市的责任担当，咬定目标，再鼓干劲，以高质高效的工作、实干拼搏的斗志，坚决夺取疫情防控和经济社会发展“双胜利”，全力打赢高水平全面建成小康社会和“十三五”规划收官战。

△ 市安委会(消委会)四季度全体(扩大)会议暨安全生产整治行动推进会召开,就全市安全生产大整治、33个行业领域专项整治、违法违规“小字头”“停产停业”企业专项整治以及危险化学品使用安全专项治理行动进行部署推进。市领导何益军、茅红宇、陈晓彬、黄文斌、张亚鸾、张百璘、程瑞琴、陈迪出席会议。

△ 市委副书记丁兴华、市委常委陈鸣华一行到长江镇,实地走访日达项目现场、南通熔煌钢结构有限公司、南通百川新材料有限公司等处,督查安全生产大整治行动开展情况。

△ 市委常委、市纪委书记史有根采取“四不两直”方式,到分片挂钩板块吴窑镇,对江苏远业液压机械有限公司、南通思凯林家居有限公司开展安全生产检查。

△ 市委常委、市政府常务副市长茅红宇采取“四不两直”方式,到分片挂钩板块高新区,对紫云集建筑工地、佳宝机械开展安全生产检查,并对高新区安全生产大排查工作落实情况进行督查。

△ 如皋市检察院与华东政法大学中国法治战略研究中心共同举行基层检察院建设重点课题项目检校合作启动仪式,首批共签订4个合作课题。

△ 中国非物质文化遗产传承人群研修研习培训计划如皋木偶戏普及培训班开班仪式在市融媒体中心木偶艺术团演播大厅举行。

△ 上海戏剧学院启动如皋木偶戏普及的跨省培训项目,对如皋市木偶艺术团的演职人员进行为

期 1 个月的整建制培训,包括声乐、戏曲程式、木偶表演创作等相关课程,进一步提升如皋市非物质文化遗产传承人的综合素质和专业实践技能。

7—8 日

2020 南通市青少年田径锦标赛在如皋市举行。来自南通各县(市、区)的 7 支代表队近 400 名男女运动员分别参加 3 个组别 16 个竞赛项目的比赛。

9 日

市委副书记、市长何益军采取"四不两直"的方式,对双马化工、斯密特森等企业进行安全生产检查。市人大常委会副主任张勇参加活动。

△ 市委副书记丁兴华带队赴张家港参加跨江融合发展战略合作交流会。会上,张家港市凤凰镇人民政府与如皋市长江镇人民政府共同签署合作共建协议。

△ 全市教育、卫健系统安全整治专项工作推进会举行,市教育局、市卫健委相关负责人汇报近期安全整治工作成果,并结合工作职能对下一阶段深入开展教育、卫健系统安全专项整治工作进行部署。副市长张亚鸾参加会议并讲话。

△ 南通市首家老年人营养新型食堂——如皋市申丞护理院食堂通过验收并挂牌。老年人营养新型食堂的成功创建,是市疾病预防控制中心开展营养工作尤其是老年人营养工作又一新的起点。

△ 市委常委、市纪委书记、市监委主任史有根、市政府副市长黄文斌带队对市重点区域内建设项目扬尘管控工作进行第六轮督查,抽查君之地三标、颐园桥桥梁提升工程、城市广场二期等 10 家在建、搬迁、围而未建工地。

9—13 日

2020 年度南通市档案人员继续教育培训班在江苏省档案馆如皋电影史料馆举行。

10 日

张建华、何益军、丁兴华等市领导分别带领同组的党代表、人大代表、政协委员,走进挂钩联系的城北街道双龙社区、工业园区(如城街道)城南社区、长江镇中心沙社区、长江镇镇龙社区"两代表一委员"工作室,了解民生、听取民意,收集老百姓关心关注的热点难点问题,切实为老百姓排忧解难。

△ 南通市委副书记、统战部部长沈雷一行到如皋市长江镇,对森松(江苏)重工有限公司、中林如皋港务集团等企业进行安全生产检查。市委常委、常务副市长茅红宇陪同检查。

△ 市政协主席会议就认罪认罚从宽制度落实及生态环境司法保护工作,到市检察院开展专题协商。市政协主席张元健,副主席冒平、严世斌、刘晓洁,秘书长许映亮参加活动。

△ 市政协主席张元健到白蒲镇,实地走访南通白蒲黄酒有限公司、如皋市第四人民医院、白蒲小学、九龙学府工程项目现场等处,进行安全生产检查。

△ 陕西省委科技工委委员、省科技厅副厅长林黎明带领科技考察团到如皋考察。考察团一行实地参观如皋市江苏盆景博物馆、顾庄生态园、花木大世界(如皋)国际园艺城等处,详细了解如派盆景艺术特色及如皋市花木盆景产业发展情况,并举行"苏陕协作农业科技创新能力提升班"开班仪式。市委常委陈鸣华参加活动。

△ 建筑工程质量安全智慧建造观摩暨绿色智慧示范片区建设推进会在如皋举行。副市长黄文斌参加会议。

△ 江苏中科新源半导体科技有限公司与金雨茂物投资管理股份有限公司、上海新微科技集团有限公司和上海创业接力科技金融集团有限公司股权投资签约仪式在如皋市开元酒店举行, 副市长程瑞琴参加活动。

△ 如皋市开展食品安全事故四级应急处置演练,并在"如 E 融媒"手机端进行现场直播。该次演练模拟场景为高新区(城南街道)某公司出现集体食物中毒事件,演练过程以同步实况直播的形式展

示食品安全事故应急处置的全过程。副市长程瑞琴参加活动。

△ 全市政法系统举行政治督察动员部署会，全面了解掌握市人民检察院加强政治建设情况，帮助和指导对标找差，进一步建强领导班子和干部队伍，同时为健全和落实政治督察制度、加强政法系统党的建设和队伍建设积累经验。市委常委、政法委书记缪小华参加活动。

△ 江都市检察院携手如皋市法院举行南水北调东线源头生态保护联盟宣传倡议活动暨新闻发布会，向社会公布《南水北调东线源头生态保护联盟工作方案》。

△ 武汉市中级人民法院立案一庭副庭长危永波一行到如皋法院，考察交流"一站式"多元解纷和诉讼服务体系建设等工作。南通中院立案庭庭长袁绍云，立案庭副庭长陆久斌，如皋法院分管领导等陪同。

△ 在江苏股权交易中心·中国银行企业融资上市服务行南通专场活动上，来自如皋市的江苏品瑞农业科技发展有限公司等8家小微企业集中挂牌"南通板"，成功跨出迈向资本市场"第一步"。

11日

如皋市召开"十四五"规划编制座谈会，研究讨论全市"十四五"时期经济社会发展的基本思路。市领导张建华、何益军、张元健、丁兴华、茅红宇、陈鸣华、张勇、冒平等参加会议。

△ "书香浸润雉水·经典传扬皋城"——江苏省"诵读学传"活动走进如皋，在下原镇拉开序幕，引导全市青少年弘扬中华传统美德，传承革命斗争精神。

△ 学习贯彻中共十九届五中全会精神中央宣讲团宣讲报告会在南京举行。宣讲报告会采用视频会议形式举行，各设区市、县（市、区）设分会场。张建华、何益军等市四套班子领导在如皋市分会场收听收看。

12日

如皋市召开2020年建议提案办理督查推进会，市发改委、市城管局、市教育局、市民政局四家单位负责人对2020年以来的建议提案办理情况进行汇报。市领导茅红宇、张勇、严世斌出席会议。

△ 江苏省残疾人辅助器具适配服务试点工作推进会在如皋市召开。省残疾人联合会第七届执行理事会党组成员、副理事长胡乃亮，如皋市委常委、政法委书记缪小华参加活动并致辞。

13日

市委副书记、市长何益军主持召开第五十九次常务会议，听取相关安全生产工作开展情况、全市信访工作情况汇报，讨论《2020年如皋市融媒体中心（传媒集团）工作目标责任制考核办法》，并就下一阶段安全生产特别是专项整治工作、如皋市融媒体中心建设等议题进行研究讨论。

△ 市发改委提案办理答复汇报会在长江镇举行，其间，就市政协2020年001号重点提案督办进行深入研究。市领导张元健、顾留忠、严世斌参加活动。

△ 全市政法队伍执法督察员聘任暨首轮督察启动仪式举行。活动宣读政法队伍执法督察员聘任决定，颁发政法队伍执法督察员聘书，并解读《关于深化政法队伍执法督察工作机制的实施意见》《如皋市政法队伍执法督察员工作规范》，宣读《关于开展首轮政法队伍执法督察的实施方案》。市委常委、政法委书记缪小华参加活动并讲话。

△ 市第十届"美德少年"（新时代好少年）颁奖典礼在安定小学举行。市委常委、宣传部部长高峰，副市长张亚鸾出席活动。

14日

市委、市政府召开全市污染防治攻坚决战决胜冲刺动员大会。市领导张建华、何益军、张元健、丁兴华、史有根、茅红宇、陈万圣、黄文斌、冒平、陈迪出席会议。

△ 如皋市第二医共体糖尿病健康管理项目启动仪式在东陈镇举行。副市长张亚鸾出席活动并讲话。

△ 农业农村部长江禁捕退捕工作专班到如皋市开展长江流域禁捕退捕巡查工作。巡查组一行实地检查如皋市刀鱼保护区核心区、渔政执法码头等处，并听取如皋市关于长江禁捕退捕工作汇报。副市长张百璘参加活动。

△ 市领导带队对市重点区域内建设项目扬尘管控工作进行第七轮督查，随机抽查紫云集一标、金鼎朗诗一期、龙游湖壹号等10家在建、搬迁、围而未建工地。

14—15日

应江苏紫金传媒智库和南京大学新闻传播学院邀请，如皋市融媒体中心作为南通县级唯一代表参加在南京大学举行的地市和县级媒体深度融合发展峰会暨第四届江苏传媒产业发展论坛。

16日

如皋市举行“高企融资服务直通车”成效发布会。会议为16家企业发放信贷支票，中国银行如皋支行与8家意向授信企业进行现场签约。省生产力促进中心党委委员、创新管理与高新技术服务处处长张维祥，中国银行江苏省分行普惠金融事业部总经理魏铨，如皋市领导何益军、陈鸣华、程瑞琴、林文美参加活动。

△ 南通市老区开发促进会、南通市扶贫开发协会、南通市老区扶贫基金会联合，在如皋中专举行2020年“润苗筑梦”“滴水·筑梦”助学金发放仪式。

△ 2020年全市宣传干部培训班在市委党校开班。市委常委、宣传部部长高峰出席开班仪式并讲话。

△ 如皋市第三次国土调查项目于2018年6月启动，经过两年多的全面调查，三调成果于2020年11月16日通过国务院三调办数据库质检。如皋市第三次土地调查总面积157395.79公顷，其中农用地104993.11公顷、建设用地39270.49公顷、未利用地13132.19公顷。

17日

市委常委会（扩大）会议召开。会议传达学习习近平总书记视察江苏重要指示和全面推动长江经济带发展座谈会上的重要讲话精神，贯彻落实省委常委会会议、南通市委常委会（扩大）会议部署要求，研究部署如皋市贯彻落实工作。市委书记张建华主持会议并强调，要以习近平新时代中国特色社会主义思想为指导，认真贯彻中共十九届五中全会精神，认真学习、准确把握习近平总书记系列重要讲话指示精神的核心要义与实践要求，用心领会、用情感悟、用力落实，把总书记的殷切期望、重要要求转化为推动“强富美高”新如皋建设的具体行动和实际成果。

△ 市委书记张建华率领市委办、文明办、住建局、城管局、商务局、市场监管局等相关单位和部门负责人，实地督查吾悦广场、申港豪园商业街、正翔小吃街、颐园区间路、城北市场等处，推进如皋市高质量文明城市建设工作。市委常委、宣传部部长高峰参加督查。

△ 南通市非诉讼纠纷解决机制建设现场推进会在如皋市召开。与会人员实地参观如皋市城北街道非诉讼服务中心、市非诉讼服务中心、城南街道非诉服务中心公调对接分中心等处，详细了解了如皋市非诉讼纠纷化解综合平台建设相关情况。南通市委常委、政法委书记姜永华，如皋市委常委、政法委书记缪小华出席会议。

△ 全市统一战线工作领导小组会议召开，传达中央办公厅《关于加强新时代民营经济统战工作的意见》精神，通报各镇(区、街道)1至10月份统战宣传工作完成情况和2020年以来全市统战工作推进情况，部署下一阶段重点工作。

△ 省委全面依法治省委员会办公室专职副主任马太建率队到如皋调研法治建设工作，副市长陈晓彬陪同调研。马太建一行实地考察长江镇综合执法局、如皋市生态环境保护执法司法联动中心等处，深入了解如皋市法治建设相关工作。

△ 由南通市建筑行业协会主办、江苏南通六建建设集团有限公司承办的南通市建筑业第二届“江海杯”BIM技术应用大赛在如皋市成功举办。市政府党组成员陈迪(挂职)参加活动。

17—18日

南通市户外广告安全监管业务培训暨规范管理现场观摩会在如皋召开。

18日 市化工(新材料)商会举行二届一次会员大会,听取《如皋市化工(新材料)商会第一届理事会工作报告》,选举产生第二届理事会会长、常务副会长、副会长等。市人大常委会副主任张勇出席会议。

△ 花木大世界(如皋)国际园艺城“盆景大观”景区举办“华东5A级萌宠体验中心项目推介会暨集中交易日发布会”,正式将深具潜力的萌宠市场产业链嫁接到花木大世界“盆景大观”景区。

△ 如皋市召开全市冷链食品企业疫情防控指南培训会议,讲解部署冷链食品疫情防控工作要求。副市长张亚鸾出席会议并讲话。

△ 市卫健委和市教育局联合举办全市托幼机构卫生保健技术培训班,全市各幼儿园园长,专、兼职保健老师以及各镇(区、街道)卫生所儿保医生共计359人参加培训。

19日 森松(江苏)重工有限公司新能源和日化产品的设备与模块生产线技术改造项目开工。市委副书记丁兴华、副市长顾留忠出席开工仪式。

△ 欢送许钱赴京出席全国劳模表彰大会仪式在南通六建建设集团有限公司举行。市领导陈万圣、严世斌等参加活动。

△ 省人防办党组书记、主任戴跃强率队到如皋调研人防工程建设情况,在听取如皋市人防工作汇报的同时,还实地参观了棚户区改造工程施工现场,对人防工程的质量管控情况进行了详细了解。副市长黄文斌参加活动。

19—20日

2020中国新媒体大会在湖南长沙举行。因在2020全国县级融媒体中心东西协作交流公益项目中成效明显,应中国记协邀请,如皋市融媒体中心作为全省县级媒体唯一代表参加大会,并在“新平台的社会责任”论坛上交流发言,分享东西部融媒体中心协作交流最新进展和工作经验。

20日 市委书记张建华主持召开市委常委会会议。会议传达学习习近平总书记,中共中央政治局委员、中央政法委书记郭声琨关于平安中国建设的重要指示和讲话精神及省委书记娄勤俭关于平安江苏建设的重要指示和讲话精神,听取2020年以来如皋市平安建设工作开展情况汇报。会议传达学习近期全省和南通市产业工人队伍建设改革有关会议精神,听取了如皋市相关工作推进情况介绍,讨论《关于组织开展“奋力建设长江以北最强县市”大讨论活动的工作方案》等议题。

△ 市政协召开“十四五”规划基本思路座谈会,市政协主席张元健,副主席冒平、杜永红、严世斌、刘晓洁,秘书长许映亮出席会议。

△ 为期5天的全市政法系统领导干部政治轮训班结业。市委常委、政法委书记缪小华出席活动并讲话。

△ 省农业农村厅总农艺师唐明珍率队到如皋,现场核查高新区(城南街道)张八里社区相关地块用地情况,督导农村乱占耕地建房专项整治工作。南通市副市长陈晓东,如皋市委常委、常务副市长茅红宇参加活动。

△ 经济技术开发区举办以“自立自强、科技惠企”为主题的科技项目与人才交流对接活动,推进人才项目及产学研纵深发展,助推科技创新型企业做优做强。副市长、科技镇长团团长林文美参加活动。

△ 如皋市水务局联合市农林水利综合执法大队，参与南通市水利局开展的“雷霆行动护江水 安澜长江争先锋”长江禁止采砂专项行动巡查。

△ 市交通运输局在行政中心政治生活馆会议室召开全市道路普通货物运输重型车辆挂靠经营专项整治推进会，市道路普货运输重型车辆10辆以上企业参加会议。

21日 教育部基础教育司副司长陈东升、德育处处长荣雷、德育处干部钟雅文、校外教育处干部舒建兰一行到如皋调研，先后实地考察如皋市丁堰镇刘海幼儿园、如皋市丁堰镇刘海小学、江苏省白蒲高级中学，就如皋教育的新时代发展提出进一步要求。江苏省教育厅基础教育处副处长殷雅竹、如皋市人民政府副市长张亚鸾及如皋市教育局相关负责同志等陪同调研。

23日 市人大常委会党组中心组(扩大)学习会举行，传达学习习近平总书记在江苏视察时和在全面推动长江经济带发展座谈会上的重要讲话指示精神，贯彻落实江苏省、南通市和如皋市委部署要求。

△ 由省中医药发展研究中心主任、省中医药学会常务副会长兼秘书长黄亚博带队的评审专家组到如皋市中医院，就国家三级中医医院评审工作进行为期2天的现场复核、评审、检查。副市长张亚鸾参加活动。

△ 为加强进口冷链食品疫情防控，南通海安市、如皋市、如东县、启东市、崇川区、通州区、海门区各设立1个进口冷链食品集中监管仓。从2020年11月23日起，凡是进入南通市市场储存、加工、销售的进口冷链食品，在储存、加工、销售前须在进口冷链食品目的地企业(流向企业)营业执照注册地所在县(市)区集中监管仓进行消杀和抽样核酸检测。

△ 城区楼宇亮化改造提升动员会召开，副市长黄文斌主持会议。

△ 江苏省科技厅公布2020年江苏省产学研合作项目，全省共705项“产学研合作项目”获得指导性计划立项，其中如皋有10个项目入围。

24日 省委宣讲团成员、省委省级机关工委常务副书记李新平到如皋市，以《奋力开启社会主义现代化新征程》为题宣讲中共十九届五中全会精神。张建华等市四套班子领导参加活动。

△ 省住房和城乡建设厅副厅长陈浩东带领省考核组到如皋，对如皋市省级生态园林城市创建工作开展现场考核。考核组一行实地查看如皋市内城河水循环净化、小餐馆治理、东大街风貌整治、外城河绿化提升、内外城河控源截污等工程现场，详细了解如皋市创建省级生态园林城市的相关做法。市领导何益军、黄文斌等参加活动。

△ 市人大常委会专题调研“十三五”规划指标调整方案和“十四五”规划编制进展情况，市发改委主要负责人、分管负责人和相关科室人员参加调研。

△ 如皋跨境电商产业园启动仪式在如皋港保税物流中心举行。活动中，与会领导分别为如皋跨境电商产业园、中国（南通）跨境电子商务综合试验区——如皋工作站和中国（南通）跨境电子商务综合试验区——如皋跨境电商产业园海关监管中心揭牌。市委副书记丁兴华、副市长顾留忠参加启动仪式。

△ 如皋红楼梦研究会二届一次会员大会举行，市领导张元健、高峰出席会议。会议回顾总结如皋红楼梦研究会成立6年来的工作情况和取得的成绩，并对今后的工作提出新的目标。同时，大会审议修改《如皋红楼梦研究会章程》，选举产生如皋红楼梦研究会第二届理事会理事，宣布聘任荣誉会长、名誉会长、特别顾问。

25日

全国劳动模范许钱载誉回如欢迎会在南通六建建设集团有限公司举行。

△ 全省"十四五"制造业发展规划暨2021年工信工作思路苏中片区座谈会在如皋市召开。省工信厅二级巡视员周毅彪及省工信厅综合规划处、办公室、制造强省推进处等处室负责人出席会议,并对如皋市相关工作开展情况进行调研。市委副书记丁兴华陪同调研。

△ 全市进口冷链食品集中监管工作会议举行,副市长张亚莺出席会议并讲话,相关部门和镇(区、街道)负责人参加会议。

△ 水利部公布第三批符合节水型社会评价标准的350个县(区)名单,其中江苏省14个县(区),如皋榜上有名,成为南通市该批次唯一入列榜单的县市。

△ 市委常委、市纪委书记、市监委主任史有根、市政府副市长黄文斌带领攻坚办、相关职能部门以及所属街道负责人对市重点区域内建设项目扬尘管控工作进行第八轮督查,随机抽查了君之地二标、江中世纪城三期绿化配套工程、新城幼儿园等12家在建、道路、绿化等工地。

△ 南京海事法院南通法庭如皋巡回审判点启用仪式在如皋法院长江法庭(长江流域环境资源第二法庭)顺利举行。

26日

市委书记张建华主持召开市委常委会会议,传达上级关于新冠肺炎疫情的防控要求,听取《十一月份作风效能督查情况报告》、如皋市近期疫情防控工作情况汇报,研究讨论《市政府关于提请市人大常委会批准调整"十三五"规划部分指标目标的议案》《关于2020年市级财政预算调整方案(草案)的报告》等议题。

△ 市委书记张建华主持召开市委理论学习中心组集中学习(扩大)会议,学习解读《地方党政领导干部安全生产责任制规定》以及民族宗教工作方针政策法规。

△ 市委副书记、市长何益军主持召开十七届市政府第六十次常务会议。会议传达学习习近平总书记视察江苏重要指示和在全面推动长江经济带发展座谈会上的重要讲话精神、国务院副总理孙春兰主持召开的国务院联防联控机制会议精神,听取2020年政府为民办实事项目、建议提案及《关于支持长江镇跨过长江去、加快建设融入长三角一体化发展前沿区的议案》办理情况汇报,研究讨论《关于2020年市级财政预算调整方案(草案)的报告》等议题。

△ 如皋市与省环保集团签订战略合作协议,双方将在长江生态保护修复及区域水环境综合整治、农村生活污水治理、小城镇环境综合治理服务、环境基础设施建设与运营等领域开展密切合作,努力打造生态环境治理体系和治理能力现代化的如皋样板。江苏省环保集团有限公司总经理许峰,市委副书记、市长何益军,副市长黄文斌,市政府党组成员陈迪参加活动。

△ 由新华报业传媒集团、南通市委网信办主办,如皋市委宣传部(网信办)、交汇点、如皋经济技术开发区、城北街道承办的"'听·见小康'大型融媒体行动——走进南通"活动,在如皋市城北街道平园池村正式启动。南通市委宣传部副部长、南通市委网信办主任张军,新华云媒副总经理包闻军参加启动仪式。

△ 由南通市委网信办组织的"决战'过万亿' 夺取'双胜利'"网络主题采风活动走进如皋。来自《南通日报》《如皋日报》的新闻记者以及自媒体达人一行十余人,走进如皋城北街道、如城街道、长江镇等地,感受如皋看得见、摸得着的发展实效。

△ 南通市2020年三峡移民项目建设现场推进会在搬经镇顺利召开。

△ 全市学校卫生工作会议举行,就学校卫生、传染病防控知识、学校结核病防控工作规范进行培训,对《学校传染病症状监测预警技术指南》《传染病疫情居家隔离期间儿童青少年近视防控指南》等文件进行解读。

△ 因全国多地进口冷冻食品货物外包装上检测出新冠病毒,根据市新型冠状病毒感染的肺炎疫情防控指挥部统一部署,如皋市在位于如城街道福寿东路6号的如皋皋德食材有限公司冷库,设立进

口冷链食品集中监管仓。

27日 张家港市委书记潘国强，张家港市委副书记、代市长韩卫率领党政代表团到如皋考察，先后参观江苏华夏电影胶片修复技术有限公司、江苏华永汽车悬架有限公司、张皋过江通道如皋侧登陆点等处。市委书记张建华，市委副书记、市长何益军，市委副书记丁兴华等陪同考察。

△ 如皋市举办科技工作者座谈会。市领导张建华、何益军、陈鸣华、程瑞琴等与如皋市部分科技工作者代表共商发展大计、共谋发展良策，努力为奋力建设长江以北最强县市贡献智慧力量。座谈会上，市委书记张建华为5位“如皋市科技强企人物”颁发金牌。

△ 学习贯彻中共十九届五中全会精神南通市委宣讲团经济技术开发区、城北街道报告会举行，南通市委宣讲团成员、南通市政协副秘书长陈亮以《从小康奔向现代化的奋进宣言——党的十九届五中全会精神解读》为题，作宣讲报告。

△ 江苏轩辉·如皋市石庄镇何正村中草药产业示范园开播、剪彩仪式在石庄镇何正村举行，省委办公厅、民革江苏省委有关领导，如皋市人民政府副市长张百璘等参加活动。

△ 如皋市针对“实施乡村振兴八大基础工程”重点提案滚动办理情况开展视察协商活动。视察组一行先后走访城北街道平园池村环村路、平园池荷香民俗园（农耕博物馆）、城北街道袁桥社区、石庄镇何正村、磨头镇金旺农场和如城街道贺洋社区南居住河等处，通过实地察看、听取介绍等方式，详细了解八大基础工程建设推进情况。市政协副主席严世斌、市政府党组成员陈迪（挂职）参加活动。

△ 2020年江苏省老年健康科普及促进项目南通如皋站活动举行。该次活动主题为“科普健康养生知识 提升‘长寿之乡’品质”，由江苏省卫生健康委员会、省老龄工作委员会办公室、省老年学学会联合主办，市老龄协会承办。

28日 南通市委书记、南通市人大常委会主任徐惠民会见到访的瑞典驻华大使宋莲和斯堪尼亚中国集团总裁何墨池一行。南通市副市长潘建华，如皋市领导张建华、何益军、顾留忠参加会见。

△ 斯堪尼亚如皋制造基地举行揭牌仪式，标志着被誉为世界商用车领域“公路之王”的斯堪尼亚公司，在中国建立除欧洲和南美外的全球第三个生产基地。瑞典驻华大使宋莲，南通市副市长潘建华，如皋市领导张建华、何益军、丁兴华、茅红宇、顾留忠参加活动。

△ 市委书记张建华主持召开市委常委会会议，传达学习全国根治欠薪冬季专项行动动员部署电视电话会议精神，并研究部署下一阶段工作，研究讨论《全市事业单位工作人员和集体脱贫攻坚工作拟奖励名单》等相关议题。

△ 高新区（城南街道）的车载盖板玻璃项目开工。该项目总投资10亿元，设备投入超过5亿元，项目建成投产后，预计年产车载盖板玻璃产品600万套，新增应税销售约12亿元，新增税收约6000万元。市领导张建华、丁兴华、茅红宇、陈鸣华和高新区党工委书记石兵参加开工仪式。

△ 市印染行业商会举行第一次会员大会，如皋市印染行业商会正式成立。会议选举并公布首届理事会理事、监事会监事名单，并举行揭牌、授牌仪式，如皋市恒昌印染有限公司董事长刘炜建当选为第一任会长并发表感言。市政协副主席杜永红参加活动。

△ 2020年全国老年人健步走大联动江苏如皋分会场暨江苏省老年人体育节如皋分会场闭幕式，在如皋市文化馆广场举行。

29日 由如皋市委网信办与崇川区委网信办策划推出的“静雉相约·交换精致”网络文化活动成功举办。崇川、如皋网信条线30余人参加活动，多角度、全方位感受崇川城市魅力。

30日 如皋市召开项目建设月度观摩会，通报全市项目建设情况，并组织参观星球石墨设备扩产项目现场、悦威精密铜材及光电子器件制造等项目现场，通过观摩、汇报、点评等形式，对全市项目建设推进情况进行阶段性督促和检验。张建华、何益军、张元健、丁兴华等市四套班子领导参加观摩会。

△ 市第十七届人大常委会第三十二次会议召开。会议听取和审议市政府关于2020年为民办实事项目实施情况的报告、市政府关于“支持长江镇跨过长江去、加快建设融入长三角一体化发展前沿区”议案办理情况的报告、市政府关于市十七届人大四次会议代表建议办理情况的报告和重点督办建议办理情况报告、市十七届人大常委会代表资格审查委员会关于个别代表的代表资格的报告、全市2019年度企业国有资产管理情况的报告，审议2019年度国有资产管理情况的综合报告，审议通过关于批准如皋市“十三五”规划部分指标调整方案的决议（草案）、关于批准2020年市级财政预算调整方案的决议（草案）、关于召开市第十七届人民代表大会第五次会议的决定（草案）。会议通过相关人事任免事项，为新任命人员颁发任命书，新任命人员进行宪法宣誓。

△ 江苏省“扫黄打非”办公室公布2020年全省“扫黄打非”进基层示范点、示范标兵名单，如皋市城北街道新生社区成功获评省级“扫黄打非”进基层示范点。

△ 由中铁建设承建的如皋南站整体亮相。

11月，《中共如皋地方史》第三卷（1978—2002）由江苏人民出版社出版。全书计4章、30节、161目、34万余字，编撰历时近8年，系统记述改革开放初期中共如皋县（市）委领导全县（市）人民进行改革开放和小康社会建设的光辉历程以及蕴含的宝贵经验。

2020年12月

1日 学习贯彻中共十九届五中全会精神南通市委宣讲团走进如皋市高新区进行宣讲。南通市委宣讲团成员、南通市委农办主任、南通市农业农村局党组书记、局长朱进华以《从小康奔向现代化的奋进宣言——学习贯彻党的十九届五中全会精神》为题作宣讲报告。

△ 南通市委宣讲团成员,如皋市委常委、宣传部部长高峰分别赴长江镇、东陈镇宣讲中共十九届五中全会精神。

△ 全省交通运输电子证照应用推进会召开。如皋市作为全国交通运输电子证照县级试点单位,承担全省货运年审电子证照应用场景建设试点任务,在会上作经验介绍。

1—11日

市住建局住房保障处对绿杨新村小区172户公共租赁住房(廉租住房)保障家庭进行年审,进一步规范城镇公共租赁住房(廉租住房)保障工作的动态管理。

2日 市委副书记、市长何益军带领相关部门负责人,实地走访志颐小学、内外城河综合提升工程、如皋中学品质提升工程、高新区邻里中心、高铁南站、新城幼儿园新建工程等项目现场,对城市建设工作进行专题调研。副市长黄文斌参加调研。

△ 市委常委、市纪委书记、市监委主任史有根、市政府副市长黄文斌、市政府党组成员陈迪,带领攻坚办、相关职能部门以及所属街道负责人对市重点区域内建设项目扬尘管控工作进行第九轮督查。

△ 南通市医保局在如皋市举行现场会,推进公共服务专项治理和“好差评”工作,持续优化医保公共管理服务,提升群众体验感和满意度。副市长张亚鸾参加活动。

△ 民政厅二级巡视员仲锦一行到如皋调研社会事务工作,对民政局婚姻登记处、救助管理站、丁堰镇公益性公墓、丁堰茄儿园精神障碍社区康复点等进行调研。

△ 市委宣传部、市公安局、市司法局、市交通运输管理局、共青团如皋市委等部门联合在如皋新城吾悦广场举行“全国交通安全日”主题宣传活动。

△ 如皋市法院联合如皋市公安局、司法局召开“道交一体化”改革工作新闻发布会。发布会上,如皋市法院与如皋市公安局、司法局联合签发《道路交通事故损害赔偿纠纷“网上数据一体化处理”工作规范》。市公安局、市法院分别就交通事故“线下一站式”建设、法院“道交一体化”平台工作情况进行介绍。如皋法院新闻发言人、党组成员、政治部主任袁夏华主持发布会。

△ 2020年度南通市突发环境事件应急演练暨南通市辐射事故应急演练在江苏德峰药业有限公司开展。演练针对关闭退出企业发生泄漏引发火灾,同时废旧放射源丢失展开,关联消防废水、燃烧废气、放射源这几类导致环境污染、人身安全和次生灾害等突发环境事件应急处置的重点因素,是对市、县、园区三级联动、多部门协调作战的一次“实战大考”。

△ 如皋进口冷链食品集中监管仓启用后迎来首批入仓货物——总重23吨的法国进口冷冻五花肉,如皋进口冷链食品集中监管仓正式运行。

△ 如皋市水务局为搬经污水处理厂颁发取水许可电子证照,全市第一张取水许可电子证照正式落地,开始进入数字化电子证照时代。

3日

如皋市第二届“志愿服务 347”活动启动暨赵小亭纪念塑像落成仪式在如皋市志愿者广场举行。市委书记、市新时代文明实践中心主任张建华,市委常委、宣传部部长、市新时代文明实践中心办公室主任高峰共同为塑像揭幕。市人大常委会原副主任刘聪泉介绍小亭塑像的设计理念。同时,启动如皋市第二届“志愿服务 347”活动。

4日

南通市委、市政府以视频形式召开全市培育乡村振兴示范村和先进村动员会。如皋市委书记张建华在主会场作交流发言。

△ 在通省人大代表第三小组到如皋市专题调研经济社会发展情况。调研组一行先后到梦百合家居、迅发激光装备项目、高铁如皋南站、日达智能终端精密模组项目、力星钢球、万达轴承、正威 5G 新材料、龙游河外城河水系畅通工程等重点园区、企业和项目现场,通过实地考察、听取汇报、召开座谈会等形式,认真了解如皋市经济社会发展情况。市领导何益军、张勇、顾留忠陪同调研。

△ 南通市委宣传部组织开展“绿色生态沿江行”融媒体新闻行动。由南通报业传媒集团、南通广电传媒集团和各县(市、区)融媒体中心的骨干记者组成的采风团,首站到如皋市长江镇,围绕沿江生态绿色廊道建设、非法码头关停、长江十年禁渔工作等主题进行采风。

5日

市委理论学习中心组举行集中学习会,围绕学习贯彻中共十九届五中全会精神进行深入研讨交流。市委书记张建华主持会议并讲话。

△ 2020 第二届如皋长寿高峰论坛暨第一届主动健康研讨会在开元名都大酒店举行,旨在策应“健康中国”的号召,助力“应对人口老龄化,推进医养结合,加快老龄事业和产业发展”战略部署。全国政协副主席何维作视频致辞。市委副书记、市长何益军,南通大学党委副书记、副校长,南通大学附属医院党委书记高建林, 中国科学院上海巴斯德研究所所长唐宏以及来自国内多所高校和科研院所的专家教授参加活动。副市长张亚鸾主持开幕式。

△ 2020 年省级中医药继续教育项目开班仪式在如皋市举行。市委常委、宣传部部长高峰出席开班仪式。

7日

市委书记张建华召集相关部门负责人,听取 2021 年重大城建、搬迁项目计划。市委副书记、市长何益军,副市长黄文斌参加座谈会。

△ 2020 年全市团干部培训班开班,邀请共青团南通市委书记吴冰冰作专题讲座。

7—9 日

如皋市举办全市绿色果蔬高产、优质管理技术培训班,以培育更多基层农业技术人才,培养一批农业新型经营主体带头人。

8日

市委书记张建华率队调研如皋市内外城河综合提升工程、35 号地块搬迁安置房建设、新城邻里中心(含农贸市场)等重大城建项目现场,要求始终坚定“建好城市为人民”初心,不断推动城市向品质化、精英化、高端化发展。副市长黄文斌参加调研。

9日

市委书记张建华率队调研如皋师范学校附属小学新城幼儿园、如皋师范学校第二附属小学、如皋中学等城区学校建设提升工程,要求持续加大教育投入,统筹提升办学条件,不断建强师资队伍,努力办好人民满意的优质均衡教育。市领导高峰、张亚鸾参加调研。

△ 市企业家协会八届二次理事会召开会议,听取市企业家协会八届二次理事会工作情况汇报及部分理事的意见建议。市领导张建华、顾留忠、杜永红出席会议。

△ 南通市委政法委常务副书记钱建华带领南通市铁路护路联防工作办公室(专班)一行人到如皋,实地查看城北街道、如城街道的铁路护路联防工作站,就如皋市铁路护路联防工作进行调研。市委常委、政法委书记缪小华陪同调研。

△ 市政协召开主席会议,实地察看如皋法院的"一站式"诉讼服务中心、自助立案区和信访接待区等处,协商如皋法院"一站式"诉 服暨生态环境司法保护工作。市政协主席张元健,副主席冒平、严世斌、刘晓洁,秘书长许映亮参加活动。

△ 省发展改革委副主任张世祥带领验收组,对如皋市农业水价综合改革工作进行总体验收,一致认为如皋市此项工作符合验收条件,通过省级验收。市领导茅红宇、陈迪等参加活动。

△ 南通市政务服务工作务虚会暨党建工作现场观摩推进会在如皋市召开。与会人员一同参观如皋市政务服务各党建阵地建设现场,观看党建工作专题片。市领导茅红宇、石慧宏参加会议。

△ 江苏有线党委副书记、总经理庄传伟一行到如皋调研。庄传伟一行实地参观"智慧九华"运营管理中心等处,详细了解智慧广电平台功能、社区建设、覆盖应用等情况,对如皋智慧广电建设取得的成效给予肯定。市委常委、宣传部部长高峰陪同调研。

△ 副市长张亚鸾率队调研长江镇教育工作,就该镇教师队伍建设、重点工程推进、集团化办学以及长江高中日常管理与新高考应对策略等开展座谈。市政府办、编办、教育局、财政局、人社局、长江镇等相关负责人陪同调研。

△ 南通市人大代表如皋第三组对如皋市城市建设工作进行专题视察。市人大常委会副主任陈万圣,副市长陈晓彬、黄文斌参加活动。

△ 省市场监管局信息中心主任陈学军带队到如皋,就如皋市"智慧市场监管"建设,以及以信息化监管指挥中心为核心的指挥网络体系建设进行实地调研。

△ 市水务集团召开2020年重点工作现场推进点评会,总结分析集团各项重点工作推进情况,进一步找出差距、补齐短板,确保年度各项重点工作的全面落实。

△ 学习贯彻中共十九届五中全会精神南通市委宣讲团走进丁堰镇进行宣讲。南通市委宣讲团成员、南通报业传媒集团原党委书记、总裁顾华作宣讲报告。

10日 张建华、何益军、张元健、丁兴华等市领导分别带领同组的党代表、人大代表、政协委员,走进挂钩联系村(社区)"两代表一委员"工作室,现场倾听民声,了解民生,收集老百姓关心关注的热点难点问题,切实为老百姓排忧解难。

△ 市委书记张建华走访经济技术开发区柏承HDI高密度印刷电路板项目建设现场、江苏思源赫兹互感器有限公司、南通荣威娱乐用品有限公司等企业,了解企业生产经营情况,为企业发展加油鼓劲。

△ 市交通产业集团与星星公交公司签订资产收购协议,如皋市城乡公交一体化改革迈入新征程。

△ 为进一步深化"放管服"改革、优化营商环境,自2020年12月10日起,海关总署在全国全面开展原产地证书智能审单工作。如皋海关即日起正式启用原产地智能审核系统,出口企业申领原产地证书可享受"足不出户""秒速签证"等便利。

11日 "全国革命文物保护利用优秀案例宣传推介活动"终评会在北京举行。作为江苏省唯一入围的项目,市红十四军纪念馆推介的"纪念红十四军建军90周年'革命文物网上秀'系列主题活动"获评优秀案例。

△ 江苏省石庄高级中学82届校友,中国科学院院士,东华大学材料学院院长、教授、博士生导师朱美芳与同是石庄中学校友的爱人汤跃宁回到母校,重温石中时光,开设专题演讲,激励石中学子。市领导何益军、张亚鸾出席活动。市政府办、市教育局、石庄镇等相关负责人参加活动。

12日 市委书记张建华主持召开市委常委会会议，研究讨论召开如皋市第十七届人民代表大会第五次会议和政协如皋市第十四届委员会第五次会议有关事宜、《中共如皋市人大常委会党组关于推行市民生实事项目人大代表票决制工作的实施意见》等议题。

△ 由何鸣元、孙晋良、江东亮、颜德岳、朱美芳等两院院士领衔的2020中国·南通纤维新材料与智能制造产业高峰论坛专家团到如皋，考察如皋市江苏力星通用钢球股份有限公司、江苏卓远半导体公司等科技型企业。市领导何益军、陈鸣华、程瑞琴陪同考察。

△ 全市学习贯彻中共十九届五中全会精神专题宣讲工作动员部署暨培训会举行。市委常委、宣传部部长高峰出席会议并讲话。

△ 位于丁堰镇的梦百合家居首届“工厂开仓日”活动正式开幕，上演一场超高性价比的家居盛宴。

13日 上海中宏集团投资打造的望荷圆水上世界项目正式落户如皋经济技术开发区平园池村。该项目总投资达5.18亿元，是上海中宏集团在如皋平园池村AAA级藕塘湿地景区的基础上，以农耕文化为基础，结合平园池村悠久的农耕文化和特有景色，打造的亲子家庭、时尚人士、学生、企业团体共同参与的城市近郊一站式深度体验主题休闲度假目的地，规划设计按照国家AAAA级旅游景区标准实施，计划于近期开工，力争2021年7月向游客开放。

14日 学习贯彻中共十九届五中全会精神南通市委宣讲团走进九华镇进行宣讲。南通市委宣讲团成员、南通市广电传媒集团党委委员、纪委书记储小月以《开启全面建设社会主义现代化国家新征程》为题作宣讲报告。

△ 磨头镇组织开展党的十九届五中全会精神宣讲会，邀请南通大学马克思主义学院党委书记顾玉平围绕“擘画新蓝图 开启新百年”这一主题作宣讲报告。

△ 南通市课程游戏化建设现场观摩研讨暨第七次推进会在如皋市召开。南通市各县(市、区)教育局分管领导、幼教干部、幼教教研员，省市课程游戏化项目园、帮扶园的部分园长、教师代表，以及如皋市幼儿园的部分园长、教师共计300余人参加此次研讨活动。

15日 市委书记张建华率队先后到丁堰镇卫生院、下原镇卫生院、桃园自来水厂、丁堰自来水厂，就如皋市部分民生事业发展情况进行调研。市领导黄文斌、张亚鸾参加调研。

△ 如皋市在磨头镇金旺家庭农场举办2020年地方特色农产品如皋白萝卜生产技术研讨与品鉴活动。相关部门专家组成的评审组，按百分制从如皋白萝卜外观、内在品质及包装等7项指标，对种植户代表带来的如皋白萝卜样本进行打分。来自金旺家庭农场的如皋白萝卜获得特等奖。

15—18日

市委常委陈鸣华，副市长、科技镇长团团长林文美带领相关部门和重点企业赴桂林电子科技大学、桂林理工大学、桂林医学院开展产学研对接暨人才招引活动，达成正式合作项目4项，合作意向项目6项。活动期间，市人社局牵头在桂林理工大学、桂林电子科技大学举行了2场专题推介宣讲会，吸引近700名大学生到场聆听，很多学生表达了到如皋就业创业的强烈意愿。

16日 市委书记张建华走访调研长江镇江苏华永汽车悬架有限公司、宏茂超大型铸锻件、宏茂海上风电与新能源高端装备零部件制造项目现场及日达智能终端精密模组项目建设现场，了解企业项目建设以及生产经营情况。市委副书记丁兴华参加调研。

△ 市政协十四届十九次常委会召开，传达学习中共十九届五中全会精神以及习近平总书记视察江苏和南通时的讲话指示精神，协商调整部分市政协委员，听取市政协副主席严世斌《市政协常委会

关于着力构建高质量基层医疗卫生服务体系的建议案(草案)》起草情况说明,协商如皋市基层卫生服务体系建设工作。

17日 市人大常委会召开2020年度镇、街道人大工作交流会,回顾总结2020年工作,研究探讨新一年做好基层人大工作的思路和举措。

△ 南通市河长办、如皋市河长办、靖江市河长办、江安镇政府、西来镇政府、江安镇水利站、西来镇水利站联合在拉马河闸管理所举行如靖界河整治工作协商会议。

18日 市浙江商会举行第六届第一次会员大会,听取《如皋市浙江商会第五届理事会工作报告》,审议通过《如皋市浙江商会章程》修正案,选举陈钦炀为市浙江商会第六届理事会会长,为受表彰的诚信企业、慈善爱心企业、优秀工作者、抗击疫情先进工作者颁发奖牌和证书。市政协副主席、市工商联主席杜永红出席会议并讲话。

△ 市委常委、市纪委书记、市监委主任史有根、市政府党组成员陈迪,带领攻坚办、相关职能部门以及所属街道负责人对市重点区域内建设项目扬尘管控工作进行第十一轮督查。

△ 由市级机关工委主办的"走在前、作表率"主题演讲决赛在市文化馆举行,来自市博物馆的吴庭瑶获得大赛一等奖。

△ 南通市委党建办专职副主任、南通市产改第一督查组组长俞雷一行到如皋督查指导产业工人队伍建设改革工作,通过听取工作汇报、查阅台账资料和实地调研考察,对如皋市产业工人队伍建设改革工作进行全面细致了解。

△ 市江海高级技工学校与德国工商会"IHK(德国)授权培训中心及考试认证中心"举行友好合作云签约仪式。当天下午4点(德国上午9点),签约仪式通过国际远程视频正式开始,仪式分主旨演讲和签约两部分,由德国工商会米歇尔·博泽通过云端方式主持签约仪式。

19日 市委副书记、市长何益军主持召开十七届市政府第六十一次常务会议,传达学习习近平总书记在中央政治局第二十五次集体学习时的讲话精神,听取森林防火、城市地下管网、校园和校车、农业机械、成品油(含加油站)领域安全生产专项整治工作情况汇报,听取日达智造项目推进情况和国林汇泰、金嘉花园等项目的尽职调查报告,传达南通市危险化学品使用安全专项治理工作推进视频会议精神,讨论《2021年市级部门预算(草案)》等多个议题。

△ 市委副书记、市长何益军带领相关部门负责人,赴长江镇调研区域供水三期工作。副市长黄文斌参加活动。

△ 市委副书记、市长何益军率领相关部门负责人,深入长江镇调研日达智造科技(如皋)有限公司智能终端精密模组项目推进情况。副市长顾留忠参加活动。

△ 中国非物质文化遗产传承人群研修研习培训计划如皋木偶戏普及培训班正式落下帷幕。副市长张亚鸾参加结业仪式。

△ 市古玩艺术品研究会第四届古玩艺术与企业发展联谊会举行。活动吸引了百余名艺术爱好者、古董收藏家前来交流书画心得、分享收藏经验。副市长张亚鸾参加活动。

△ 市扶贫开发协会举办2020年度扶贫助学金集中发放仪式,给45名贫困家庭学生发放扶贫助学金。副市长张百璘出席活动并讲话。

△ 市司法局、市律师协会、市基层法律工作者协会在市民服务中心三楼会议室召开全市法律服务行业工作会议,全市各镇(区、街道)司法所长、全市律师(含公职律师)、基层法律工作者、公证员以及司法鉴定人员共计260余人参加会议。

20日 中科院院士、北京化工大学教授段雪率队到如皋，在江苏隆昌化工有限公司进行调研，实地参观土壤修复材料生产车间等处，现场了解土壤修复(调理)剂等产品的生产流程和技术装备情况，并听取相关介绍。

21日 市委常委、宣传部部长高峰调研如皋市融媒体中心事业发展和安全播出工作。

△ 如皋市举办社会信用体系建设专题培训会。副市长、科技镇长团团长林文美参加活动。

21—22日

市委常委陈鸣华率队调研全市企业科技创新工作。陈鸣华一行实地视察海迪科(南通)光电科技有限公司、江苏万达特种轴承有限公司、江苏明德玩具股份有限公司、江苏沃能电气科技有限公司等科技型企业，详细察看研发中心和生产车间等处，并与企业负责人进行深入交流。

22日 江苏省档案馆副馆长宫琳一行到如皋调研档案工作。宫琳一行实地参观如皋市档案馆、江苏省档案馆如皋电影史料馆，听取如皋市2020年档案工作情况特别是特色亮点工作汇报，对如皋市档案馆近年来取得的成绩表示肯定。

23日 10月、11月如皋好人发布暨首届“长江情”主题颁奖典礼在长江镇举行。市委常委、宣传部部长高峰参加活动。

△ 副市长张亚鸾带队调研市融媒体中心(传媒集团)，了解2020年以来新闻宣传相关工作开展情况。

△ 全市建设工程招标投标业务知识培训班正式开班。

24日 江苏九鼎集团举行中共十九届五中全会精神宣讲会，邀请市委宣讲团成员、全国基层理论宣讲先进个人、市人大常委会党组成员、专职委员姚呈明以《迈好现代化建设第一步》为题作专题报告。

△ 市委宣讲团成员、市融媒体中心副主任严保林走进南通利都肠衣有限公司，为企业员工宣讲中共十九届五中全会精神。

25日 江苏深化安全生产专项整治动员部署电视电话会议召开。市领导张建华、何益军、茅红宇、黄文斌、张亚鸾、张百璘、程瑞琴、林文美、陈迪、刘栩在如皋分会场收听收看。

△ 如皋市召开村(社区)“两委”换届工作领导小组(扩大)会议，全面总结前一阶段工作情况，并就下一阶段全市面上换届工作进行再部署、再推进。

△ “十年成长路 追梦少年行”——南通市“十岁成长仪式”示范观摩活动在安定小学举行，1000多名四年级学生共同翻开人生崭新一页。市委常委、宣传部部长高峰参加活动并向15个班级的代表赠送十岁成长礼物。

△ 如皋市举行健康如皋暨省级慢性病综合防控示范区建设工作推进会。副市长张亚鸾参加会议。

△ 在冰雪南极执行考察任务的中国第37次南极科学考察队给如皋市中皋农产品供应链有限公司发来元旦贺电，向公司全体员工致以诚挚的节日问候和衷心的感谢。

26日 南通市委常委、秘书长姜东率队到如皋，先后到盐通高铁如皋南站、李渔小学、如皋市融媒体中心、市域治理现代化指挥中心，调研基层改革工作进展情况。市委副书记、市长何益军，市委常委陈鸣华参加活动。

27日 南通市委副书记、市长王晖带领部分南通市委十二届十三次全会与会人员观摩项目建设工作,实地走访位于长江镇的日达智能终端精密模组项目现场,详细了解厂房建设、产品优势等相关情况。市委副书记、市长何益军,副市长顾留忠参加活动。

△ 如皋焦港大桥第一根桩基试桩成功,沪陕高速平广段扩建工程正式开工。

28日 烟台正海磁性材料股份有限公司与高新区(城南街道),就高性能钕铁硼永磁材料生产基地项目达成合作协议。正海集团有限公司董事长秘波海、烟台正海磁性材料股份有限公司董事长王庆凯、烟台正海磁性材料股份有限公司总经理李志强,如皋市领导何益军、丁兴华、顾留忠参加签约仪式。

△ 第四届“MLILY 梦百合·压床垫杯”世界围棋公开赛的 8 强赛与半决赛在如皋市重启。中国围棋协会主席林建超、中国围棋协会原主席王汝南、中国围棋协会副主席聂卫平等棋坛名宿及如皋市领导何益军、高峰、钱志刚、张亚鸾、刘晓洁出席活动。

△ 全市新时代文明实践中心建设现场推进会召开, 全面总结梳理 2020 年全市新时代文明实践中心建设试点工作成效,引导市民群众大力掀起新时代文明实践热潮。市委常委、宣传部部长高峰出席会议。

△ 市政协各委员组 2020 年度工作总结会议举行。会上,各委员组代表互相阅读各组的年度工作总结,交流 2020 年度亮点工作,并根据委员组工作汇报情况进行测评。

△ 市政协召开主席会议,专题调研市财政收支预算执行情况。

△ 市慈善基金会下发《关于开展“慈善冬送温暖”济困活动的通知》,正式拉开了全市 2021 年春节慈善慰问活动的序幕。通知明确此次活动的资助对象为家庭成员因患重大疾病或一家多人生病的低保户、低收入户和建档立卡户;年度中因重大疾病、灾祸形成家庭经济条件变化的困难家庭。全市共安排 100 万元,资助 1000 户困难家庭,每户 1000 元。

29日 如皋市召开领导干部会议,南通市委书记徐惠民出席会议并讲话。会上,南通市委常委、组织部部长封春晴宣读省委和南通市委关于如皋市委、市政府主要领导职务调整的决定:何益军任如皋市委书记,不再担任如皋市市长职务;张建华不再担任如皋市委书记、如皋经济技术开发区党工委书记职务。王鸣昊任如皋市委副书记,提名为如皋市市长候选人。张建华、何益军、王鸣昊三人分别发言。南通市委组织部副部长、市委“两新”工委书记陆国强出席会议。

30日 市委举行座谈会,就《市委十二届十二次全体(扩大)会议报告(征求意见稿)》《中共如皋市委关于制定如皋市国民经济和社会发展第十四个五年规划和二〇三五年远景目标的建议(征求意见稿)》征求老领导意见。市领导何益军、王鸣昊、丁兴华等出席会议。

△《如皋市城市污水处理厂规划整合方案》专家咨询会召开。会议邀请住建部城市建设司原副司长张悦、江苏省住房和城乡建设厅城市建设处副处长何伶俊等 8 位专家参加会议。副市长黄文斌介绍本市城区污水处理的现状,专家们对方案内容进行深入研讨和交流,提出修改意见和建议。

△ 盐通铁路全线正式通车, 如皋南站正式启用, 如皋进入一个直通全国、握手世界的“高铁时代”。

30—31 日

市第十七届人大常委会召开第三十三次会议。市委书记、市长何益军向市人大常委会提请任命王鸣昊、顾凡为如皋市人民政府副市长。会上为新任职人员颁发任命书,新任职人员进行宪法宣誓。会议审议并依法接受何益军辞去如皋市人民政府市长职务的申请以及程瑞琴辞去如皋市人民政府副市长职务的申请,并表决通过关于王鸣昊代理如皋市人民政府市长职务的议案及其他人事任免事项。会议听取市人大常委会任命的“一府两院”相关人员报告履职情况，审议通过关于2019年度市级预算执行和其他财政收支审计整改情况的报告、《如皋市人民代表大会常务委员会工作报告（稿）》、《如皋市人大常委会2021年工作要点（草案）》、《如皋市人大常委会关于民生实事项目人大代表票决制的实施办法（草案）》、《四个表彰决定（草案）》等。

31日 市委书记何益军发表二〇二一年新年贺词。

△ 市委书记何益军主持召开市委常委会会议，传达学习中共江苏省委十三届九次全会和中共南通市委十二届十三次全会精神，讨论市委十二届十二次全体（扩大）会议方案、工作报告和关于制定如皋市国民经济和社会发展第十四个五年规划和二〇三五年远景目标的建议、抗击新冠肺炎疫情南通市级表彰先进个人、先进集体推荐对象等议题。

△ 全市项目建设月度观摩会议召开，通过现场观摩、辣味点评等形式，对全市项目建设成果进行全面“检阅”。市委书记何益军强调，要牢固树立“项目为王”理念，紧紧围绕“工业投入三年超千亿、百强排名挺进前二十”的发展目标，坚持大抓项目、抓大项目不动摇，狠抓招商引资、项目建设不放松，以高质量项目建设为推动高质量发展提供有力支撑。王鸣昊、张元健、丁兴华等市四套班子领导参加活动。

△ 全市农村房屋安全隐患排查整治推进会举行，对全市农村房屋安全隐患排查整治工作推进情况进行通报，并指出存在的问题。副市长黄文斌参加会议并讲话。

△ 全市城镇老旧小区改造工作动员会举行。市住建局主要负责人从全市老旧小区基本情况、当前工作开展情况、下一步工作推进计划等三个方面，对如皋市老旧小区改造工作进行通报和部署。城北街道和如皋工业园区（如城街道）相关负责人分别进行交流发言。副市长黄文斌参加会议并讲话。

△ 由市委宣传部、市文体广电和旅游局主办，市教育局、市文联、市融媒体中心、江苏新空间集团承办的“小康礼赞”2021年新年音乐会在市行政中心礼堂举行。市领导高峰、张亚鸾、刘晓洁与社会各界代表一起观看演出。

12月，如皋市出台新政上调百岁老人尊老金发放标准，100~104周岁由原来的每人每月360元上调到500元，105周岁以上调整为每人每月650元，高于江苏省确定的每人每月300元标准。新标准自2021年起执行。

△ 市退役军人事务局对全市近千座零散烈士纪念设施开展专项保护工作。

△ 如皋籍作家朱千华创作的大型报告文学《我的青春在乡村——第一书记扶贫纪实》由广西科学技术出版社出版。该书以报告文学形式，描写广西大地上广大第一书记逆流而上、扎根贫困乡村矢志脱贫的真实故事。

成就展台

Chengjiu Zhantai

“十三五”时期如皋“强富美高”建设谱写新篇章

“十三五”时期，是如皋综合实力持续提升、动能转换持续加快、生态环境持续好转、城市面貌持续焕新、人民生活持续改善的重要五年。面对严峻复杂的宏观形势和突如其来的新冠肺炎疫情冲击，全市上下坚持以习近平新时代中国特色社会主义思想为指导，认真践行新发展理念、坚持稳中求进总基调，积极抢抓长三角一体化发展机遇，扎实推进“三做一建”、全面打造“一城两区三基地”、奋力打赢“三大攻坚战”，科学统筹“六个高质量”，“十三五”规划确定的主要目标任务基本实现，高水平全面小康社会如期建成，“强富美高”新如皋建设迈出坚实步伐，为开启全面建设社会主义现代化新征程奠定了基础。

如皋市东大街历史街区入选第一批省级夜间文化和旅游消费集聚区建设单位

综合实力跃上新台阶

经济总量和结构实现双提升。聚焦稳增长、促发展、强产业、优结构，经济总量成功进入“千亿元俱乐部”。2020 年地区生产总值达到 1305 亿元，人均地区生产总值突破 10 万元，完成一般公共预算收入 72 亿元。三次产业结构优化调整为 5.9:47.8:46.3，工业和服务业应税销售收入分别达 1700 亿元和 1826 亿元。战略性新兴产业产值占规上工业产值比重达 32.3%，国家级专精特新“小巨人”企业达 6 家，星球石墨、力星钢球获批国家制造业单项冠军。建筑业总产值突破 1500 亿元，多年保持中国建筑之乡、全省建筑强市等称号，先后获鲁班奖 2 个、国优奖 5 个。软件外包产业园位列省级集聚区评价前 20 强，花木大世界成功创成省级生产性服务业集聚示范区。文化创意产业园创成省级文化产业示范园区，创成省级夜间文旅消费集聚区 1 家。盆景大观创成国家 AAAA 级旅游景区，华夏胶片电影文化中心创成国家 AAA 级旅游景区。现代农业发展水平达 95%，创成国家农业绿色发展先行区和农村产业融合发展示范市。

科创能级持续增强。2020 年全社会研发经费支出占 GDP 比重达 2.6%,每万人发明专利拥有量 25 件,较“十二五”末增加 11 件。建成国家级和省级科技企业孵化器 2 家和 3 家,先后跻身全国科普示范县、全国科技创新百强县、国家可持续发展实验区、国家知识产权强县工程示范县。新增上市公司、新三板挂牌企业 4 家和 8 家。拥有高新技术企业 270 家,新培育科技型中小企业 470 家,规模以上高新技术企业和研发机构覆盖率达 92%,新增省级、市级示范智能车间 10 家和 12 家。大力实施“雉水英才”计划,引进和培养国家级高端人才 20 人,其中自主培养国家级人才 4 人,引进省“双创团队”1 个,省“双创人才”27 人,人才综合竞争力提升至全省县市前十强。

改革开放获得新突破

重点领域改革扎实推进。全面深化改革积极推进,行政体制、国企国资、土地利用等改革取得阶段性成效。“放管服”改革工作获省政府办公厅通报表彰,政务服务标准化建设获批省标准化试点,创成国家基层标准化改革创新先行区, 主导制定国际标准 2 个、国家标准 11 个,营商环境评价连续多年位居全省前列。深化国有企业转型改革,整合组建富皋万泰、城市发展、交通产业三大国有公司,形成市区两级整合的“2+1+1”国有企业管理模式。省级以上开发区“区街分设”全部完成,五大园区共建全面启动,盘活提升低效用地达 6178 亩。入选全国农村土地承包经营权抵押贷款试点市,获评省国土资源节约集约利用模范县(市),土地节约集约利用成效获国务院表扬。

对外开放层次不断提升。“十三五”期间,累计实现进出口总额 172.3 亿美元;累计到账外资 17.5 亿美元,其中战略性新兴产业实际利用外资占比达 89.43%;完成企业境外投资总额 7 亿美元。省级高新技术产业开发区正式获批,如皋港物流园获批全国优秀物流园,跨境电商产业园正式运营。新开国际国内航线 2 条,如皋港港口吞吐量年均增长超过 20%、集装箱吞吐量突破 50 万标箱。长源码头通过省级验收。项目建设取得重大突破,累计落户 258 个项目,总投资额达 900.8 亿元,正威 5G 新材料、广大特材、金鹰产业园、日达精密等一批超百亿级项目成功落户。

疫情之下全力以“复”,如皋港集装箱吞吐量不断增长

民生幸福得到新改善

民生福祉有效增进。2020年民生投入占财政支出78.6%。城乡居民收入分别达到49118元和23599元,脱贫攻坚全面胜利,建档立卡低收入人口实现全部脱贫,32个经济薄弱村集体经济收入均超50万元,实现全部达标。创新推出“晚霞行动”,城镇登记失业率降至1.74%。社会保障体系更加完善,城乡居民医保、职工“五险”实现动态全覆盖,城乡居民基础养老金、城乡低保等标准持续提高,率先在全省县(市)中实施职工照护保险并实现全覆盖。全面落实残疾人“两项补贴”、重点优抚对象抚恤优待政策和退役士兵安置政策。

自主、合作、探究成为如皋课堂常态

公共服务日益完善。教育优质均衡发展,2020年普通高考本一上线率76.3%,核心指标均列南通第一,获“全国义务教育发展基本均衡县(市、区)”等省级以上综合荣誉9项。基本医疗卫生服务体系持续完善,居民健康水平稳步提升,每千人口执业医师数达2.65人。高分通过国家卫生城市复审,紧密型医共体、镇村卫生一体化工作取得突破,国家卫生镇、镇级公立卫生院实现全覆盖,新冠肺炎疫情防控取得阶段性成果。获批省级居家和社区养老创新示范市,每千名老年人口养老床位数达40张。公共文化服务网络实现全覆盖,创成省“书香城市建设”示范市,图书馆获评“全国科普教育基地”,文化馆获评国家一级馆,博物馆获评国家三级馆。建成全国首家县级地质资料馆、省5A级数字档案馆。获评全国群众体育先进单位,成功举办亚洲老将田径锦标赛、如皋马拉松赛、中甲联赛等重大赛事。文化旅游事业加快发展,创成南通市唯一省级全域旅游示范区。

城乡环境呈现新面貌

城市功能日趋完善。“一个深水良港、两条过江通道、三座高铁站点、五条高速公路”的综合交通新格局加速形成。江海河铁联运枢纽加快建设,沪苏通长江大桥、沪苏通铁路正式通车,张皋过江通道即将开工,高铁南站综合客运枢纽投入使用,盐通高铁开通运营,北沿江高铁如皋西站成功设立。通皋大道一期建成通车,市域基本形成“八横八纵”骨干路网,行政村通双车道四级公路实现全覆盖,获评省级“四好农村路”示范县市。获中国人居环境奖,跻身海绵城市省级试点,省级生态园林城市创建工作进

长江岸线如皋段

展顺利。

乡村振兴战略持续推进。城乡发展一体化成效明显，镇村建设协同推进，全市城镇化率提升至62.2%，城乡面貌明显改善。创成国家农村产业融合发展试点示范市、国家农业科技园区核心区、江苏省农业电子商务示范县。长江镇入选全国综合实力千强镇，白蒲镇获批全国建制镇示范试点。农村“七位一体”管护机制高效运转，国家生态镇实现全覆盖，新增省级生态文明建设示范镇2个，获批省特色田园乡村试点5个。

生态建设步伐加快。率先在全省组建生态环境保护执法司法联动中心，长江大保护全面推进，长江退捕安置、岸线清理整治全面完成。中央、省环保督察交办事项整改率达100%，获评中国绿色发展优秀城市、国家节水型城市。污染防治攻坚力度空前，完成化工企业关闭退出任务，单位GDP能耗较“十二五”期末下降26.7%。全面落实河长制、断面长制、点位长制，市考以上断面优III比例100%，地表水环境质量位居全省第六、南通第一。镇级大气自动监测站全面建成，优良天数比例上升17.8%、$PM_{2.5}$平均浓度下降59.7%，创历史最好水平，达到国家空气环境质量二级标准。危险废物专项整治有序推进，土壤环境质量总体稳定，主城区生活垃圾分类设施覆盖率达100%。省级以上环境信访量同比下降90%，群众对生态环境满意度大幅提升。

文明程度展现新风采

文明城市建设扎实推进。创成并高分蝉联全国文明城市，新时代文明实践中心（所、站、点）建设跻身全国试点。获评中国百强公益慈善城市，省级双拥模范城创建实现“四连冠”。创新成立全国首家以理论名师命名的“姚呈明理论武装工作室”，获评“全国基层理论宣讲先进集体”。融媒体中心成为中宣部重点支持的首批县级融媒体中心之一，并高分通过省委宣传部云验收。“如皋发布”微博获评“全国十大基层政务微博”。新增全国文明单位2个、全国文明村镇2个、全国文明家庭1个。8人当选“中国好人”，“微笑之城 大爱如皋”品牌深入人心。

社会治理现代化加快推进。连续12年获评省平安县（市），8年蝉联省法治建设示范县（市）。创新“三活四清五必报”网格化基层社会治理模式，“大数据+网格化+铁脚板”基层社会治理机制成效初显。

全国文明村城北街道平园池村

市域治理现代化指挥中心建成运行，初步构建市镇村三级联动指挥体系，“扫黑除恶”等专项斗争扎实开展，公众安全感达98.7%。安全生产形势总体稳定，安监、消防联合执法常态化。非诉服务中心成立运行，涉企矛盾纠纷人民调解委员会获全国模范称号，信访和矛盾纠纷总量稳步下降，万人诉讼率低于南通平均水平。

名词解释：

1.“三做一建”，即做实产业、做优城市、做好民生、建强队伍。

2.“一城两区三基地”，一城，即长三角更富魅力的宜居宜业历史文化名城；两区，即以省级如皋高新区为主体，打造引领创新型发展的核心区，突出长江镇（如皋港区）的区位优势，打造融入一体化发展的前沿区；三基地，即长三角最具资源和成本优势的中高端产业基地、长三角生态休闲旅游基地、长三角优质农产品供应基地。

3.“三大攻坚战”，即防范化解重大风险、精准脱贫、污染防治。

4.“六个高质量”，即经济发展高质量、改革开放高质量、城乡建设高质量、文化建设高质量、生态环境高质量、人民生活高质量。

5.“七位一体”管护机制，即集河道整治、农路渠桥涵管护、绿化管护、垃圾收集处理、农村违建管理、畜禽粪污治理、秸秆禁烧禁抛七个方面为一体的农村环境管护机制。

6.“三活”，即社区工作人员对责任网格的工作对象和工作资源准确掌握，成为本网格的“活户籍、活档案、活地图”；“四清”，即每名社区居委会成员都要对所负责区域的情况掌握清楚，做到家庭情况清、人员类别清、区域设施清、隐患矛盾清；“五必报”，即居民小组长要做到发现安全隐患及不稳定因素必报、新增孕妇必报、外来人员流入必报、居民房屋出租必报、公共设施损坏必报。

惠民实事

Huimin Shishi

2020年市政府为民办实事项目推进情况

1.完成城乡客运一体化运营改革，推行成本规制，全面优化城乡公交线路，配套建设公交站亭、站牌。

完成情况 截至2021年1月，全市公交改革实施方案、公交行业成本规制及财政补贴办法等已出台；公交线网规划修编已通过专家评审，已拟定城乡公交线路优化、车辆配置及公交站亭、站牌建设方案，上线运行电动公交车88辆，建成公交站亭34个、公交站牌223个；已完成2家公交企业有效资产评估，完成与星星公交公司开展资产收购谈判，部分人员已进驻并做好了接管准备；与南通汽运集团签订合作协议前，先由慧达公交承担部分线路的运营；南通畅行科技公司与交通产业集团完成商谈新购公交车辆IC卡POSS机安装、公交票价票制改革及限时免费换乘公交IC卡系统设置等事宜。

2020年12月，如皋市新采购全电动公交车集中交车

2.加强生态环保监测与治理能力建设，开展大气、水质网格化管控监测，建成运行4个市考断面水质自动监测站、14个大气环境自动监测点；完成3个镇级污水处理厂提标改造、6个村庄生活污水处理设施建设，完成如泰、通扬运河重要支流周边农户生活污水处理设施建设。

完成情况 截至2021年1月，4个市考水质自动监测站站房、仪器设备已安装完成，正在进行调试，12月底前验收。14个大气环境自动监测点9月份通过专家验收，目前均正常运行。3个镇级污水处理厂提标改造项目，桃园厂改提升泵站完成5300米配套管网工程，完成1号泵站连接段拉管施工及2号泵站安装；下原厂新建项目完成土建及设备设施安装的100%，完成全长1500米的配套进水管网工程；林梓厂提标改造全部完成，污水处理设施正式运行。6个村庄生活污水处理设施建设项目，长江镇范刘社区、东陈镇凌云社区、丁堰镇堰南社区、吴窑镇小马、大石、四房社区生活污水处理设施均已建成，已投入正常运行。如泰、通扬运河重要支流周边农户生活污水处理设施建设 2000 户任务全部完成。

如皋市实现大气自动监测站全覆盖

3.实施供水安全保障提升工程，完成镇级民营水厂整合，区域供水入户率达 100%；推进区域供水三期工程，完成 20 万吨/天净水处理厂和 60 万吨/天深度处置中心土建工程、输水管线工程量的 70%。

完成情况 截至 2021 年 1 月，镇级民营水厂整合工作，各镇（区、街道）已与 22 家民营水厂签订整合协议，富皋万泰集团有限公司（如皋市水务集团）完成 22 家民营水厂的接管，完成资金拨付手续及相关交接工作。区域供水三期输水埋管工程已全部完成。20 万吨/天净水处理厂和 60 万吨/天深度处置中心已完成桩基、配套工程及土建工程，已完

2020 年 12 月，长江镇南通市西北片引江区域供水三期水厂扩建及深度处理工程项目现场

成全年目标任务。

4.实施城区农贸市场新建工程，开工建设东皋、新城2个市场。

完成情况 截至2021年1月，东皋农贸市场已完成桩基工程、正负零以下地下室结构、主体结构一层顶板浇筑。新城市场施工许可证已办结，施工临时设施已基本完成，桩基工程正在施工中，井点降水正在布设。

5.实现主城区居民小区及单位生活垃圾分类设施投放、单位食堂及餐饮单位餐厨废弃物规范收运处置全覆盖，建成凌青建筑装潢垃圾资源化处置中心项目。

完成情况 截至2021年1月，生活垃圾分类工作常态化开展，新增50个小区覆盖居民4万户居民，12个小区进入“两定一撤”四分类行列；垃圾分类科普基地7月中旬开馆。餐厨废弃物规范收运处置工作，从4月份餐饮业逐渐放开后，对主城区范围内餐饮企业开展广泛宣传，深入摸排、登记，7月份实现餐厨废弃物收运全覆盖，1—12月份，共收运10830.88吨。凌青建筑装潢垃圾资源化处置中心主厂房已完工，处置设备将进场安装；主要道路已完成，已完成年度目标任务。

志愿者在小区引导居民正确投放垃圾

志愿者在小区宣传垃圾分类知识

6.继续推进城区水系综合提升和居民小区综合整治工程，开工实施内外城河综合提升工程，实施秀水苑一期、福星新村等老小区改造，开展小区绿化集中整治。

内外城河景观重焕新颜

完成情况 截至2021年1月，内外城河综合提升工程，完成外城河段滨水步道基层、挡墙施工、石材铺贴、水下栈桥施工；完成内城河全线路牙铺筑、混凝土浇筑等；集贤桥、钱家桥、颐园桥完成主体结构、石材铺贴。老小区改造工程，秀水苑一期改造工程基本结束；福星新村完成雨污水管道、外墙涂料、屋面防水及道路施工。开展小区绿化集中整治，采取因地制宜适时调整部分绿化，在尽可能保留原有大树的前提下，对需要移出的绿化进行补植。

7.实施就业帮扶工程，帮助未就业大学生、失业人员、建档立卡困难人员实现就业不少于 8500 人；推进“阳光扶贫”助保贷款，助保对象审核 2000 人以上；转业军官和士官安置率 100%，促进下岗失业志愿兵实现再就业。

完成情况 截至 2021 年 1 月，实现三类重点人员就业 11269 人，占年度目标的 132.5%。推进助保贷款项目，审核助保申请对象 2658 人，占年度目标的 132.9%。安置全市转业军官 23 人、转业士官 29 人，安置率达 100%；做好下岗失业志愿兵专门岗位开发工作，97 名下岗失业志愿兵实现再就业。超额完成全年目标任务。

8.继续完善应急防控体系建设，建成市应急服务指挥中心，新建或改建白蒲镇、搬经镇以及江安镇消防站各 1 个。

完成情况 截至 2021 年 1 月，市应急服务指挥中心完成硬件装修、软件开发，与南通市应急指挥中心和市域治理现代化指挥中心实现数据对接。搬经镇消防站完成基础设施建设和装备器材采购。江安镇消防站建筑主体基本完工，完成办公设备、营区智能化设施采购。白蒲镇消防站主体封顶。

9.推进教育高质量发展，完成新城高中和青少年宫、志颐小学地块搬迁并开工建设，完成附小新城幼儿园土建基础工程、实验小学西侧福星新村 3 幢居民楼搬迁，如皋中学品质提升工程完成总工程量的 50%。

完成情况 截至 2021 年 1 月，新城高中和青少年宫完成桩基施工，志颐小学、附小新城幼儿园开始主体结构施工，如皋中学品质提升工程完成总工程量的 50%。实验小学西侧福星新村 3 幢居民楼搬迁 99 户，交房 94 户。

如皋中学品质提升工程整体效果图

10.全面提升医疗服务能力，推进医共体建设，实施镇卫生院、村卫生室一体化管理，新增7个南通市级重点（建设）专科，培育2个省级重点（建设）专科；招引本科及以上卫技专业人才100名，免费培养农村订单定向医学生80人。

完成情况 截至2021年1月，推进医共体建设，市人民医院、中医院分别与6个镇卫生院开通远程会诊、影像技术服务等；升级镇卫生院、村卫生室信息系统，实现镇村卫生机构一体化管理。新增南通市临床重点（建设）专科10个，申报省级重点（建设）专科7个。招引本科及以上卫技专业人才101人，招录免费培养农村订单定向医学生109人。完成年度目标任务。

2020年9月18日，如皋市医共体建设现场推进会在丁堰镇召开

专文选编

Zhuanwen Xuanbian

专题报告

恪守初心使命 强化责任担当 在服务高质量发展中走在前作表率

——在庆祝中国共产党成立99周年大会暨“七一”大党课上的讲话

张建华

(2020年7月1日)

99年来，中国共产党带领全国各族人民在磨难中成长、在逆境中奋起、在开拓中前行。在国家和人民需要的时候，只要有共产党员的地方，我们听到最多、最熟悉的一句话就是“我是党员，我先上!”这不仅仅是一句口号，而是一种习惯，更是一份硬核担当！“担当起该担当的责任”，是我们党的党性所在、优良传统和政治优势，是党员干部应有的政治品格、必备的为政之德，具体而言，就是要永葆政治本色，以强烈的责任感和使命感，不折不扣地落实好中央、省委和市委决策部署；就是要恪守初心使命，以功成不必在我、功成必定有我的情怀，尽心尽力地解决好每个问题、做好每项工作；就是要持续争先创优，以行行争第一为目标追求，全力推动高质量发展走在前列。下面，我围绕“担当”这个主题，讲三点意见，与同志们共勉。

一、要站在“人民利益至上”的高度，深刻认识为什么要担当。习近平总书记强调:“中国共产党人的初心和使命,就是为中国人民谋幸福,为中华民族谋复兴。”共产党员要始终把勇于担当、为民谋利作为合格党员的基本要求，以实际行动践行为党和人民事业奋斗终生的誓言。

（一）勇于担当是我们党一脉相承的精神特质。党的性质宗旨、理想信念和奋斗目标，决定了共产党人必须具备勇于担当作为的政治品质。中国共产党自诞生之日起，就自觉把对国家、民族和人民的责任扛在肩上，义无反顾担负起争取民族独立、实现国家富强的历史使命，带领全国各族人民完成新民主主义革命和社会主义革命，进行改革开放新的伟大革命，开启了实现中华民族伟大复兴中国梦的新征程。纵观党的发展壮大光辉历程，勇于担当作为，是我们党与生俱来和一以贯之的优秀品质，经过近百年的赓续传承，已经深深融入共产党人的精神血脉，历久而弥坚。

（二）勇于担当是新时代好干部的鲜明特征。党的十八大以来，习近平总书记多次强调“领导干部要敢于担当”，并将“敢于担当”作为好干部“五条标准”之一。当前，我们在经济发展、民生事业等方面还有不少短板，改革发展稳定各项工作任务繁重，在这样的关键时期，我们比以往任何时候都更加需要弘扬“我是党员，我先上”的担当精神，全市广大党员干部要随时做好应对苦战、恶战的思想准备，勇于肩负新任务、投入新实践，以担当作为的实际成效破解发展瓶颈，为推动高质量发展走在前列贡献力量。

（三）勇于担当是推动事业进步的必然要求。在如皋这片热土上，一代代党员干部接续奋斗，先后涌现出红十四军精神、治沙精神、支边援疆精神和沿江开发精神，这些精神既是如皋儿女对担当精神的生动诠释，更是担当精神在如皋大地的创新升华。现在，历史的接力棒已经交到我们手中，面对长三角一体化发展的战略机遇，面对“工业投入每年五百亿，百强排名挺进前二十”的目标任务，我们除了奋斗别无选择，广大党员干部不仅要传承弘扬如皋宝贵的“精神财富”，还要找准标杆，拓宽思路，学懂吃透用好苏州“三大法宝”，以思想大提升引领行动大担当，以行动大担当推动工作大落实，一步一步把“强富美高”新如皋建设的美好蓝图变为生动实践。

二、要紧扣“行行争第一”的目标，深刻理解怎么样去担当。习近平总书记指出：“干部要有担当，有多大担当才能干多大事业”。今年，我们既要高水平全面建成小康社会，又要开启建设现代化新征程；既要有效应对经济下行压力，又要确保完成既定的目标任务，迫切需要全市党员干部涵养担当的勇气和智慧，提升担当的能力和本领，奋力夺取疫情防控和经济社会发展“双胜利”。

（一）担当需要勇气。这种勇气是“愈是困难愈向前”的气魄，是“狭路相逢勇者胜”的胆识，也是“千磨万击还坚劲”的定力。一要直面矛盾挑战。发展必然会产生诸多问题，如果专挑轻活干、找易事办，对重点难点问题置若罔闻，就会让这些问题累积、发酵，引发更多的矛盾。相反，只要不回避、不退让，保持蚂蚁啃大象的毅力，再大的难题都能得到解决。比如，中发置业破产导致安置房烂尾4年，群众利益受损、反映强烈，但是通过相关单位3个月的努力，事情最终圆满解决，并取得了1.6亿元的净收益，实现了矛盾化解和经济效益的双赢。这充分表明，困难面前抓与不抓不一样，干与不干不一样。我们党员干部要勇于直面矛盾，善于解决问题，做认真加顶真的狼性干部，推动各类矛盾有效化解，维护好来之不易的发展局面。二要闯出破局新路。沿着老地图永远找不到新大陆，跟着别人走最多只能当第二名。我们一些党员干部习惯用老经验指导工作、用老传统推动落实、用老办法处理问题，原来怎么干现在还怎么干，上面怎么做就一板一眼跟着做，看到问题不上心，遇到矛盾不解决，最终影响发展大局。出现这种现象的关键，在于缺乏主动谋划的责任感，缺少以事业为重的使命感。全市各级党组织和党员干部要有“没事找事”的担当和勇闯“无人区”的勇气，善于在发展中发现问题、谋划大局，用新理念推动新发展，用新思路解决新问题。三要保持发展定力。面对激烈的项目建设考核比拼，我们提出“做实产业”，突出一个“实”字，就是要让工作回归本源。截至去年底，全市有127个项目未竣工、148个项目已竣工未转化，79个新注册企业项目的亩均税金仅为1.13万元，这些数据一定程度上反映出，一段时期内我们的发展定力不够，工作取向上出现了偏差。全市各级党员干部尤其是领导干部，要本着对历史负责、对如皋负责、对人民负责的态度开展工作，宁可名次低一点、名利少一点，也要多做打基础、谋长远的好事实事。

（二）担当需要智慧。没有智慧的担当，与胡干蛮干无异。要始终站在为群众谋福祉的角度思考和谋划工作，从细微之处发现和处理问题，以事在人为的决心，稳妥有效地推进各项工作。一要从群众身上问需问计。“为政之道，以顺民心为本，以厚民生为本”。当前，老百姓在教育、医疗等方面还有不少“操心事”“烦心事”，各级党员干部要以解决群众困难为己任，广泛听取群众建议意见，用心用情解决好教育布局、水厂回购、镇级公立卫生院改革等关乎群众切身利益的问题，切实办好“民生实事”和“关键小事”。要深入开展好“两代表一委员”密切联系群众工作，全面准确地察民情、知民心、晓民意，让每次接待活动成为解难题办实事的过程，真正打通服务群众的“最后一公里”。二要从细小之处用心用力。“天下大事，必作于细”。细微之处见功夫，细微之处见精神，这要求我们党员干部关注每一个细节，把岗位上的每一件小事做实、做细、做到位。比如，在城市管理中，要从细节处体现章法和智慧，细到每一块道板砖、每一条停车线，都要用人文关怀精雕细琢，从民生堵点难点中寻求细节突破，让城市的“细节之美”更打动人心、更暖民心，让群众看到变化、得到实惠。三要从不可能中创造可能。千难万难，畏难才是真难。习近平总书记多次强调，唯其艰难，才更显勇毅。一味坐在办公室里讲困难、找理由，不愿创造性地开展工作，到手的机遇也会白白丢掉。相反，如果能够科学应变、主动争取，就一定能在困难中创造先机。盐通高铁如皋南站、北沿江高铁如皋西站的设立，就是我们党员干部知难而进、迎难而上、挑战不可能的结果。前进路上，“难”将是常态。全市各级党员干部应当拥有变不可能为可能的决心，以不达目的不收兵的劲头，在高质量发展的实践中敢于承压前行、挑战极限。

（三）担当需要能力。不管激流勇进，还是静水深流，党员干部的能力本领都必须跟着水涨船高，才能融入伟大实践，实现使命担当。一要善于统筹抓关键。所谓关键，就是全局中的主要矛盾和矛盾的主要方面。在城市建设中，我们从群众呼声最高、需求最大的方面着手，以生态环境为突破，以水系贯通为先导，重点推进内外城河综合提升、龙游河生态三期等工程建设，重塑城市特色、提升城市品质、优化城市功能，得到了老百姓的普遍赞誉和支持。在纷繁复杂的工作面前，各级党员干部要增长驾驭全局、把握重点的能力，做到既“弹钢琴”，又“牵牛鼻”，用有限的资源和精力推动重点工作取得突破。二要科学论证敢决断。当前，少数同志决策时瞻前顾后、议而不决，凡事层层请示，遇事畏首畏尾，究其原因就是怕担责、怕担当。比如，在招商引资中，大项目、好项目通常要价高、谈判难，研究时间长、决策拍板慢，必然会造成项目流失，影响发展大局。各级党员干部尤其是主要负责同志，要克服事事求安稳、处处患得失的消极思想，以非凡的胆识和魄力决断重大问题。当然，敢于拍板并不是主观臆想，而是要建立在调研论证、科学判断的基础上，只要是符合上级要求、契合基层实际的，就要大胆试、勇敢闯。三要改革创新求突破。改革创新，触及的是矛盾，检阅的是担当。近年来，我们不少改革都由问题倒逼而产生，又在解决问题中得到深化。比如，针对重特大项目载体平台偏少的问题，我们破除体制障碍，开展城东工业区的规划建设，通过优势互补、资源共享，为重特大项目落户腾出了发展空间。比如，我们聚焦“用户体验”，接续推进“一网一门一窗一次”改革，以一揽子的制度供给，推动营商环境的优化和区域竞争力的提高。事实证明，只有树立改革求进、创新求变的理念，才能纵深推进各项事业。面对矛盾问题，各级党员干部要敢于破题、善于解题，用改革的办法理清思路，以创新的举措开对方子，确保各项工作取得进展、实现突破。

（四）担当需要行动。习近平总书记曾这样概括自己的执政理念：“为人民服务，担当起该担当的责任。”党员干部只有用知重负重、攻坚克难的实际行动，才能诠释对党的忠诚、对人民的赤诚。一要狠抓任务落实。空谈误国，实干兴邦。如果不沉下心来抓落实，再好的目标，再好的蓝图，也只能是镜中花、水中月。比如，五大共建园区虽然架构已经建立、任务已经明确、工作也已经铺开，但各方所站立场不同，关注焦点不同，工作中难免存在分歧，总体推进速度不快。园区管委会要充分发挥牵头协调作用，统筹主功能区的平台优势、国有企业的资金优势、共建镇的资源优势，协调好各方利益平衡，加快推动园区共建落地落实。二要聚力重点攻坚。发展过程实质上就是不断解决问题的过程，这就需要党员干部挺身而出、冲锋在前，把各项事业推向前进。比如，国有企业改革已经迈出了第一步，但接下来的路还很长、困难还较多，需要尽快转变思维、持久聚力突破，才能够在市场化环境中求得生存、发展壮大。比如，近期投资 6.5 亿欧元的欧洲重卡、100 亿元的广大特材、超 400 亿元的金鹰集团（如皋）产业园等项目先后落户我市，接下来有许多工作需要去协调、去推进、去突破。党员干部要带头先上，广泛凝聚合力，确保重点难点工作快推进、快解决、快见效。三要审慎行使权力。党员干部手中的权力是人民赋予的，必须始终坚持立党为公、执政为民。当前，少数党员干部特别是部门中层干部、科室负责人，对权力的认识还不够准确、全面，简单、随意甚至反向行使手中的权力，存在要权弄权的傲慢做派，阻碍了工作推进，影响了事业发展。党员干部要以刀刃向内的自我革命精神，认真检视反思，全面加以整改，切实把手中权力用在担当作为上、用在推动发展上、用在为民服务上。

三、要恪守“为担当者担当”的理念，深刻把握怎么样保障担当。各级党组织要进一步树立讲担当、重实干的鲜明导向，落实落细三项机制，为干事者“戴红花”、给担当者“开绿灯”、让庸懒者“腾板凳”，切实保护好、支持好党员干部干事创业的积极性和创造性。

一是要完善鼓励激励机制，为冲锋陷阵者“提士气”。要坚持正向激励与反向鞭策相结合，充分发挥考核“指挥棒”作用，营造昂然向上、奋发进取的良好氛围。各级党组织要坚持以工作实绩为主要依据，在评先评优、职级晋升、考核奖励中激励党员干部担当作为，让能干事、会干事、干成事的干部精神上受鼓舞、物质上获奖励；要拉开考核奖惩差距，持续加强作风建设，坚决打破“干和不干一个样、干多干少一个样、干好干坏一个样”的怪圈；要把眼光更多地投向基层一线，注重在招商引资、项目建设、城市搬迁等重点战线上锤炼干部担当作为的过硬本领，努力让担当精神在全市上下蔚然成风，让敢于担当成为如皋干部的鲜明标识。

二是要完善容错纠错机制，为攻坚克难者“鼓勇气”。习近平总书记指出:“探索就有可能失误，做事就有可能出错，洗碗越多摔碗的概率就会越大，要在强化责任约束的同时鼓励创新、宽容失误。”当前，我市经济发展、城市建设、民生改善等领域还存在不少短板弱项，面临着一些绕不过、躲不开的“硬骨头”，需要大家勇于迎难而上、敢于创新突破。但破解发展难题是一个“摸着石头过河”的过程，难免有“踩空”的时候，各级党组织要以坚定的态度鼓励党员干部大胆试、放心闯，只要没有触碰底线、没有谋取私利，都要宽容对待，旗帜鲜明地为他们鼓劲撑腰。广大党员干部也要牢固树立公家事就是自家事的意识，坚决摒弃“多做多错，少做少错，不做不错”的思想，真抓实干、埋头苦干，以务实行动展现党员风采。

三是要完善选人用人机制，为担当作为者“增底气”。选人用人是激励干部担当作为的“风向标”和“指挥棒”。当前，不愿担当、不敢担当、不会担当的现象，在少数党员干部身上还不同程度地存在。要坚决杜绝“好人主义”，对工作任务拖着干、问题矛盾绕着走的，所在党组织和单位主要负责同志，要及时开展谈话提醒、批评教育，对屡教不改、胡乱作为的，要从严处理、及时调整。要坚持以实绩论英雄、排位次，让有为者有位、无为者挪位、乱为者丢位，形成能上能下能调的良性循环，为广大干部勇于担当、奋发有为营造良好氛围，形成众人划桨开大船的生动局面。

抢抓新机遇 实现大发展　奋力建设长江以北最强县市

——在市委十二届十一次全体（扩大）会议上的讲话

张建华

（2020 年 8 月 5 日）

一、积极应对严峻挑战，高质量发展迈出坚实步伐

今年以来，市委坚持以习近平新时代中国特色社会主义思想为指引，按照十二届十次全会部署要求，团结带领全市上下统筹推进疫情防控和经济社会发展各项工作，较好地完成了“双过半”目标，上半年实现地区生产总值 623.2 亿元，增长 3.2%，增速高于全国、全省和南通水平，一般公共预算收入、固定资产投资、工业投资、服务业应税销售和制造业贷款余额等指标南通领先，半年度综合考核位列南通前三。

一是以更宽视野谋划发展，内优外拓的格局进一步凸显。立足区域发展格局，以前瞻视野和升维意识谋划发展，有效突破了一批关系长远、牵动全局的大事要事。区位优势加速显现。坚持把交通区位格局重塑放在经济社会发展先导地位，牢牢把握长三角交通一体化、省现代综合交通运输体系建设机遇，超前谋划布局，积极向上争取，推动北沿江高铁在如皋设站、张皋过江通道计划提前实施，如皋现代化立体交通格局加快形成。跨江融合步伐加快。主动融入长三角一体化发展进程，研究出台我市行动方案，全方位融入苏南、全方位对接上海的目标路径更加明晰，累计举办长三角投资促进会等对接活动 28 次，如皋–张家港、如皋–锡山高质量跨江融合发展实验区行动计划正式启动，区域发展的紧密度、协同度和融合度进一步提升。前沿区建设成效初显。把长江镇作为新一轮经济社会发展的增长极，打造中高端制造产业基地，超百亿元重特大项目招引取得新突破；熔盛资产重组有序推进，产业园区发展规划加紧编制；推动江海河联运枢纽建设，集装箱吞吐量 21.3 万标箱、增长 19.8%，呈现逆势上扬的良好态势；如师三附开工建设，如港新城幼儿园选址确定，城市副中心功能不断彰显。园区建设活力迸发。调整优化体制机制，不断激发园区发展活力，园区转型升级的步伐进一步加快，省级以上开发区“区街分设”全部到位，有效破解职责不清、管理不畅的体制障碍；复制推广城东工业园区共建经验，全面启动五大共建园区建设，累计腾出发展空间 4650 亩，成功落户项目 28 个，园区项目建设主战场作用日益突出。

二是以更实举措推动发展，稳中向好的势头进一步加强。面对新冠肺炎疫情影响、经济下行压力，始终坚持以“稳”促“进”，统筹常态化疫情防控和经济发展，做到两手抓、两手硬，“稳”的格局持续巩固，“好”的势头不断显现。疫情防控有力有效。坚持可知可控、精准防控，全力做好疫情防控、医疗救治等各项工作，迅速实现确诊病例“零新增”、动态清零，落实常态化精准防控要求，连续 5 个多月无本地新增确诊病例，疫情防控态势稳定。经济指标企稳向好。不失时机推进复工复产复市，顶格落实援企稳岗政策，累计减税降费 10.97 亿元，市场主体信心逐步恢复。上半年完成一般公共预算收入 39.2 亿元，城乡居民人均可支配收入分别增长 2.8%、3.9%；实现全部工业应税销售 774.7 亿元、增长 0.9%，服务业应税销售 775 亿元、增长 30.3%；完成固定资产投资 228.6

亿元、增长 8.6%，其中工业投资 141.4 亿元、增长 11.9%；完成外贸进出口 108.28 亿元，实现外资到账 1.55 亿美元。项目建设提速增效。招商热度持续提升，上半年共签约亿元以上项目 91 个，广大特材、欧洲重卡等 50 亿元以上重大项目成功落户，总投资超 400 亿元的金鹰集团项目获省委娄书记见证签约；项目推进力度不断加大，上半年累计新开工亿元以上项目 47 个，完成投资 215 亿元，其中 10 亿元以上重特大工业项目 11 个、5 亿元以上服务业项目 2 个，新竣工项目 59 个、转化达产项目 30 个。城市品质稳步提升。中医院内科病房楼、区域供水三期、如师二附、通皋大道等续建项目加快建设，张八里花苑安置房、老旧小区改造、高铁南站、紫光路北延、老 204 国道整治二期等 11 个项目开工建设，内外城河综合提升、160# 地安置房建设、志颐小学、如皋中学品质提升等工程前期准备基本完成。完成搬迁 54.3 万平方米，占年度目标的 71%。花木盆景国家 AAAA 级旅游景区、省级生态园林城市等创建工作进展顺利，创成南通唯一省级全域旅游示范区。乡村振兴加快推进。强化稳农业促生产举措，粮食生产保持稳定，生猪产能持续恢复；深化农业产业融合，全国首个小微盆景基地正式揭牌，平园池村入选全国乡村旅游重点村推荐名单；深入推进农村人居环境整治，创成省级特色田园乡村 3 个。新时代文明实践试点、假僧假道专项整治、乱建“土庙”整治等工作扎实推进，乡村文明新风尚加速形成。

三是以更大努力维护发展，和谐稳定的局面进一步巩固。坚持以人民为中心的发展思想，把惠民生、保稳定作为重要基石，完善社会治理，回应群众诉求，民生福祉稳步提升。三大攻坚成效显著。“两不愁、三保障”实现全覆盖，扶贫加油站创新举措在南通推广；聚焦问题整改，扎实推进污染防治工作，省级以上交办问题办结率达 100%，省级以上环境信访同比下降 92%，$PM_{2.5}$ 浓度、空气优良天数比例两项指标改善幅度分别达 20.4%、13.9%，改善幅度位居南通前列；市考以上断面水质全部达到优Ⅲ类及以上，地表水环境质量位居全省第五、南通第一；国有企业实体化转型进入加速期，3 家企业通过 AA+复评和创建，政府债务化解完成目标任务的 90.4%，金融支持经济社会发展力度加大，地方金融生态持续优化。民生福祉有效改善。政府为民办实事扎实推进；深化义务教育优质均衡，中考成绩居南通前列，普通高考本一上线率位居南通第一，对口高考全省十六连冠；镇级民营水厂整合、镇村卫生机构一体化管理等工作取得阶段性成效。社会大局和谐稳定。社会治理水平稳步提升，“两代表一委员”密切联系群众实现常态化，信访工作扎实有力，扫黑除恶专项斗争深入推进，安全生产专项整治持续深化，人民群众安全感不断增强。

四是以更强合力保障发展，干事创业的氛围进一步浓厚。全面贯彻落实新时代党的建设总要求，着力深化理论武装、锻造干部队伍、推进正风肃纪，推动全面从严治党向纵深发展，为高质量发展凝聚强大向心力。思想引领坚强有力。持续推动学懂弄通做实习近平新时代中国特色社会主义思想，坚定理想信念，守住政治灵魂，筑牢精神支柱。全覆盖开展意识形态工作专题检查辅导，进一步夯实基层基础、压实工作责任。融媒体中心聚焦“四力”建设，聚力营造“双胜利”浓厚氛围，高分通过省级验收。干部队伍持续优化。突出锻造干部队伍，通过开展“学习苏州‘三大法宝’，答好南通‘发展四问’”活动，激活广大干部“行行争第一”的“狼性”基因，各级党员干部的机遇意识、忧患意识、责任意识得到增强，挖潜力、谋实招、解难题的能力进一步提升，特别是在疫情大考中，全市各级党组织和广大党员干部挺在最前沿、冲在第一线，彰显了先锋力量、高扬了党的旗帜。党风廉政建设不断深化。持续正风肃纪反腐，有力抓好上级巡视反馈问题整改，稳步推进巡察工作，深入整治“四风”顽疾和腐败问题，扎实开展专项整治，行政效能进一步提升，党风政风更加优良。同时，全力支持人大、政府、政协和法院、检察院履职尽责，进一步完善大统战工作机制，充分发挥群团作用，团结奋进的良好局面不断巩固。

同志们，一路风雨兼程，一路砥砺前行。在经济承压下行、社会民生受到巨大冲击的严峻形势下，我们经受住层层考验，克服了重重困难，取得了良好业绩。这是上级党委政府正确领导的结果，是全体四套班子领导精诚团结、率先垂范的结果，是全市广大干部群众和衷共济、不懈奋斗的结果。在此，我代表市委，向所有为如皋经济社会发展作出贡献的干部群众和社会各界人士表示衷心的感谢！

回顾上半年，全市经济社会取得的成绩十分不易，经验弥足珍贵，主要得益于：始终坚持系统谋划。立足如皋当前发展现状，我们持之以恒抓好“做实产业、做优城市、做好民生、建强队伍”四大重点工作，积极抢抓长三角一体化发展机遇，加快推进“一城两区三基地”建设，一步一步将“强富美高”新如皋的目标变为美好现实。始终坚持把牢关键。推动总量做大，实现快速发展，项目建设是最关键的抓手，我们瞄准20亿元、50亿元、100亿元项目持续用功发力，一批龙头型产业项目纷纷落户，一批领军型重点企业加速崛起，为全市经济发展提供了坚强支撑。始终坚持改革创新。体制机制的优化调整，有利于激发形成改革红利，我们推动开发园区“区街分设”，全面启动五大园区共建，加快国有企业实质性市场化转型，为促进项目建设、推动转型发展释放出活力、增强了后劲。始终坚持实干担当。面对严峻的发展形势，面对重大的发展机遇，全市党员干部在招商引资、项目建设、征地搬迁等一线，主动作为、彰显担当，推动解决了污染防治攻坚、公立卫生院改革等一批重点难点工作，汇聚成推动高质量发展的磅礴力量。

在充分肯定成绩的同时，我们也要清醒地认识到存在的问题和不足：从经济发展来看，经济下行压力大，部分指标增速下滑；重特大产业项目还不多，项目集聚度还不高，转型发展任务仍然艰巨。从群众期盼来看，城乡优质的功能业态还不够完善，教育、医疗等公共服务供给还不平衡不充分，生态环保、安全生产等领域的风险隐患不容忽视，保障和改善民生还需要付出更多努力。从干部队伍来看，部分党员干部发展能力和担当意识还需进一步增强，等等。对此，我们必须采取更加有效的举措，切实加以解决。

二、全力抢抓重大机遇，坚定加快发展的信心决心

把握大势才能明辨方向，顺势而为才能赢得主动。当前，我们不仅经历着百年不遇的大变局，更迎来了百年未有的新机遇。从宏观形势看，稳中向好的大势更加明显。虽然全球疫情流行、世界经济衰退、中美战略博弈给我国发展增添了更大变数、带来了更多挑战，但上半年我国经济先降后升，二季度实现由负转正，充分印证了“我国长期向好的基本趋势没有改变”的正确判断。随着新基建“风口”的强势开启，一系列稳增长政策的密集落地，以国内大循环为主体、国内国际双循环相互促进的新发展格局逐步形成，诸多积极因素正在累积，应对得当就能化危为机、危中育机。从区域发展看，机遇叠加的效应更加凸显。“一带一路”倡议及长江经济带、长三角一体化发展等多重国家战略交会叠加，沪苏通大桥通车运营，通州湾新出海口、南通新机场等重大交通工程深入推进，南通的区位优势、发展机遇和前景预期日益凸显，即将实现经济总量“过万亿”，迎来万众瞩目的“高光时刻”。这次行政区划调整后，作为南通经济总量最大的县市，如皋势必在南通打造长三角一体化沪苏通核心三角强支点城市中，得到更多关注、获得更多青睐、实现更大发展。从自身发展看，加速突破的条件更加成熟。近年来，我们勇于在交通格局变化中抢得先机，随着北沿江高铁、张皋过江通道和如常高速等重点工程相继实施，未来如皋将形成“一个深水良港、两条过江通道、三座高铁站点、四条高速公路”的交通新格局，必将在长三角交通体系中占据重要位置；我们着力打造“5+2”主导产业体系，扎实推动国有企业市场化转型、园区共建等工作，产业发展的方向更明确、重点更突出、支撑更有力，加上较强的综合成本优势，一流的营商服务环境，逐渐成为优质产业北上转移、外资布局长三角的首选地；我们持续改善生态环境，用心用情补齐医疗、教育等公共服务短板，不断提升城市功能品质，城市的宜居宜业价值得到更多关注；我们坚持以实绩论英雄，充分运用“三项机制”，全市上下勇于担当的风气更加鲜明，干事创业的氛围愈发浓厚。这些都给如皋发展带来了巨大红利，开创出崭新局面。

站在新起点上，能否实现“工业投入每年五百亿，百强排名挺进前二十”的目标，能否推动高质量发展走在前列，能否坚定扛起长江以北最强县市的大旗，是我们必须答好的时代问卷。当前首要的还是要坚定不移做大总量，以总量增加带动均量提升，努力追求实实在在的、大家认可的“最强”。在新的发展要求面前，全市党员干部要拿出战天斗地的魄力，采取超常规的举措，努力把发展信心转化为实际行动，把良好机遇转化为竞争优势，奋力推动经济社会健康快速发展。

*一是要牢牢扭住项目建设牛鼻子。*产业兴则城市兴，产业强则城市强。要不断强化“项目为王”理念，持续营造一切围绕项目转，一切聚焦项目干的浓厚氛围。围绕传统产业转型升级和新兴产业培育壮大，强化对五大主导产业细分领域的系统化研究，加快推进补链强链延链工程。开发区、长江镇、高新区、城东工业区紧盯万亩千亿，其他共建园区瞄准千亩百亿的规模，始终抓牢项目建设“生命线”，坚定不移推动产业集群集约集聚发展，努力打造最强县市的最强硬核。优化项目建设全生命周期管理，全过程跟踪服务，不断提高项目竣工率、达产率和产出水平，加快做大经济发展“蛋糕”。注重土地资源“增量优配、存量提效、精细管理”，走出一条“以强度换空间，向存量要增量”的发展新路。

*二是要系统谋划做优城市大文章。*按照省委和南通市委要求，抢抓长三角城市群发展大机遇，突出生态优先，强化规划引领，坚持“三生融合”，统筹中心城区产业、配套、文旅、创新、生态“五大片区”建设，打造美丽江苏如皋样板。持续放大城市框架合理的优势，优化功能配套、丰富文旅内涵，提升管理水平，建设更富魅力的宜居宜业历史文化名城。注重沿江、沿河、沿路“三沿”联动发展，沿江打造以长江镇为主体的绿色生态经济带；沿河重点突出内外城河、龙游河等重要河道，一体建设高品位的生态、文化和旅游廊道；公路、铁路沿线发挥三大城市名片的资源禀赋，塑造体现如皋城市竞争力的靓丽风景线。以实现全国文明城市“两连冠”为目标，以彰显文明如皋、大爱之城为特色，大力弘扬争先精神，倡导健康文明之风，营造包容开放环境，努力展现雉水如皋的生态美、宜居美、人文美、文明美、和谐美。

*三是要持续打造一体发展前沿区。*这次省委全会明确提出，鼓励有条件的中心镇发展成为现代新型小城市。长江镇要坚定担当起全市一体化发展前沿区的重要使命，按照副中心城市的定位，深度谋划、精心编制国土空间规划和产业发展规划，加快实现从一个镇到一座城的转变。要打造产业发展新高地，重点围绕智能装备制造、高端新材料、现代物流等“2+1”产业，全力推动一批关联性、带动性强的重特大项目落地建设，加快产业转型升级、发展壮大。要打造城市建设新样本，按照产城融合和港城融合的思路，把握城市未来发展趋势，谋划推进交通、教育、医疗等基础设施建设，不断丰富城市服务功能和经济业态，加快推动城市能级和品质提升。

*四是要更好迈出跨江融合新步伐。*深入贯彻“全方位融入苏南、全方位对接上海、全方位推进高质量发展”的总体思路，扎实推进“一城两区三基地”建设，争当南通地区更高质量融入长三角一体化发展先锋。以交通互联互通为先导，抢抓张皋过江通道、北沿江高铁、如常高速等重大交通工程规划建设契机，加快融入长三角综合交通运输体系；以产业协同发展为支撑，高质量推进园区共建和产业培育，加快承接上海及苏南地区优质要素溢出和产业转移；以满足民生需求为重点、深化跨区域教育、医疗、文化等领域合作，全面提升公共服务供给能力和供给质量。实现跨江深度融合，既要推动交通、产业等实现“物理对接”，更要注重思想观念的“化学融合”，在发展理念、工作本领、担当精神等方面，主动对标苏南先进地区，构建同质化的发展生态，为建设最强县市提供坚强保障。

三、聚焦重点狠抓落实，奋力推动全年目标圆满实现

做好下半年工作，总的要求是以习近平新时代中国特色社会主义思想为指导，创造性贯彻落实中央和省委、南通市委决策部署，更好统筹疫情防控和经济社会发展工作，牢牢把握稳中求进工作总基调，全面落实新发展理念，紧扣“三做一建”重点任务，扎实做好“六稳”“六保”工作，以“对标张家港、行行争第一”的闯劲和拼劲，昂扬精神、克难奋进、苦干实干，确保圆满完成各项目标任务，高水平全面建成小康社会。重点抓好六个方面工作：

（一）毫不放松抓好常态化疫情防控。确保疫情不反弹，是做好一切工作的基础和前提，坚持把疫情防控作为头等大事，持续抓牢“外防输入、内防反弹”。思想上高度重视。按照省委“重点地区人员防控不放松，重点场所检验检疫检查不放松，重要活动防疫风险评估不放松，群众防疫教育引导不放松，做好应急准备不放松”等五个“不放松”要求，慎终如始抓好常态化、精准化防控，继续用好疫情防控指挥部作战机制，严格属地、部门、单位、个人四方责任，抓细关键环节，巩固来之不易的抗疫战果。措施上更加精准。密切关注相关地区风险等级变化，加强境外和国内中高风险地区来如人员排查和管控，深化“大数据+网格化+铁脚板”举措，强化健康管理、跟踪服务，确保疫情可知可控、精准防控。密切关注疫情传播新途径、新风险，突出抓好进口货物、农产品、水产品市场流通环节管控，坚决切断疫情传播途径。提升核酸和抗体检测服务能力，做到早发现、早处置。机制上健全长效。深化新时代爱国卫生运动，扎实推进城乡精细化防控，引导市民养成文明健康的生活习惯。及时总结固化好的经验做法，健全重大疫情防控和公共卫生应急管理体系，不断提高应对突发重大公共卫生事件的能力水平。

（二）全力以赴促进经济稳中求进。准确把握疫情防控常态化条件下经济发展规律，以更加积极有效的应对措施，全力推动企业快发展、项目快建设、经济快增长。激发市场主体活力。深入学习贯彻习近平总书记在企业家座谈会上的重要讲话精神，持续开展市领导挂钩服务重点企业活动，全面落实减税降费、纾困惠企各项政策，千方百计帮助企业坚定信心、渡过难关。更好发挥金融支持实体经济作用，做大国有企业担保资本金，确保全年贷款增量180亿元以上、制造业贷款增量35亿元以上。抢抓多层次资本市场发展机遇，在星球石墨、超达科技成功报会的基础上，加快推进汇名天然气挂牌、泰慕士报会进程，努力打造资本市场如皋板块。继续实施消费促进计划，积极营造“夜经济”生活圈，着力培育一批线上线下相融合的新业态新模式，多措并举推动消费扩容提质。提升项目建设能力。扎实开展“大项目突破年”活动，坚持招大引强、招新引高，全年引进10亿元以上项目不少于30个，入选南通前20强项目不少于5个。持续开展月度现场观摩、季度集中开工，全力推进正威新材料、万达轴承、迅发激光等省市重大项目，大力推进欧洲重卡、广大特材产业园、金鹰产业园等新签约项目，确保全年新开工10亿元以上工业项目不少于30个、5亿元以上服务业项目不少于8个。全力攻坚已建设未竣工、已竣工未转化项目，确保全年项目竣工率80%以上、转化率60%以上。重点关注低效用地盘活，腾出更多产业发展空间。抢抓国家、省市“十四五”规划编制契机，力争更多项目进入上级盘子，加快新旧动能转换。释放改革开放潜力。持续深化国资国企改革，完善市场化运营管理机制，不断增强市场竞争力和可持续发展能力；做优做实“不见面审批（服务）”、“一件事”、公共资源交易一体化等改革举措，深化基层审批服务执法力量整合，努力保持营商环境全省领先；主动参与长三角一体化标准体系建设，确保国家基层标准化改革创新先行区顺利通过验收。更高水平推进对外开放，深度对接南通跨境电商综合试验区，加大跨境电商招引培育力度，大力拓展外贸直达航线，力争集装箱吞吐量突破50万标箱；持续做好重大外资招引，确保全年实际利用外资3亿美元；强化对重点外贸企业的跟踪服务，用好国家支持出口产品转内销相关政策，帮助企业稳订单、保份额、渡难关。

（三）坚定不移厚植产业基础。积极策应国家构建“双循环”新发展格局，大力推进产业基础再造和产业链提升，加快打造长三角最具资源和成本优势的中高端产业集聚区。壮大现代产业体系。抢抓新基建投资机遇，提前谋划布局一批大项目、好项目，引领新产业、催生新业态。积极引导和鼓励存量企业用足用好“2523”大企业培育和技改奖补、股改上市等激励政策，不断扩大总量、提升质量，努力以百亿级、五十亿级龙头企业支撑带动更多的先进制造业产业集聚发展。加快发展现代物流、软件与服务外包、生态旅游等现代服务业，做强总部经济、平台经济，着力推动先进制造业和现代服务业深度融合。加大金融、人才等政策扶持，推动建筑业做大做强。打造集聚发展硬核。五大共建园区要始终把项目招引和建设放在“头版头条”，围绕“一园区一特色”，高标准编制园区各项规划，高效率推进基础设施建设，高水平做好签约项目的落地开工服务，着力打造成为全市培育发展新动能的引领区、先进制造业的集聚区、高质量发展的示范区。开发区、高新区要以“区街分设”体制机制改革为新起点，聚焦产业发展主责主业，全力突破重大项目，在如皋建设长江以北最强县市中扛起硬核担当、展现头雁风采。坚持创新驱动发展。突出企业创新主体地位，做好全市科技型、成长型企业的服务培育，引导企业加大研发投入、深化产学研合作，确保年内净增高新技术企业78家以上，全社会研发投入占比达2.6%。强化科技平台建设，支持开发区创建国家级孵化器、长江镇创建省级孵化器，推动中科院第三代半导体产业技术研究院年内运行，力争全年新增省级以上企业研发机构5家以上。完善人才政策体系，强化高端人才引领，办好“一会两节”等重大活动，以人才集聚赋能创新发展。

（四）在新起点上推进美丽如皋建设。围绕美丽宜居城市和美丽田园乡村两个维度，建设更加美丽、生态宜居的新如皋。优化功能提升品质感。加快实施32项重点城建项目、16个城市搬迁项目，打造更富城市竞争力的精品工程、百年工程。以国家生态园林城市创建为抓手，加快内外城河综合提升、龙游河生态三期等工程建设，推动水绘园、内外城河、龙游河风光带水陆贯通、整体联动。以国家历史文化名城、国家全域旅游示范区创建为抓手，全力创建以花木盆景为主题的国家4A级景区，加快整合东大街历史文化资源，不断丰富城市文旅内涵。精细管理提升获得感。紧扣群众关切焦点，加快推进棚户区、城区老旧小区改造，试点开展既有小区加装电梯，深入开展城区户外广告整治，不断提升百姓宜居指数。严密组织农贸市场达标改造，高标准提升全市农贸市场现代化水平，大力改善居民购物环境。序时推进紫光路北延、老204国道二期改造等工程建设，加快城市外围交通集疏运体系研究，让城市通行更畅快、更舒心。加强宣传教育引导，着力补齐基础设施短板，年内实现城区住宅小区垃圾分类全覆盖。振兴乡村提升幸福感。积极筹建乡村振兴产业专项基金，研究出台乡村产业建设用地实施意见。注重新型经营主体和社会化服务组织培育，加大规模农业项目培植力度，加快千亩小微盆景基地、搬经黑塌菜产业强镇示范建设，提高现代化农业高质量发展水平。坚决落实粮食种植任务，强化动物防疫，加快推进农产品仓储保鲜冷链物流体系建设，确保粮食、生猪等重要农产品稳产保供。启动实施“百企联百村、共走振兴路”行动，确保走在南通前列。做好镇村布局规划和村庄规划，扎实开展农村破落房屋、农户庭院环境、被撤并乡镇集镇等整治行动，全力打好农村人居环境整治攻坚战，努力建成一批省级特色田园乡村。持续推进移风易俗，巩固文明殡葬改革和乱建“土庙”专项整治成效，构建长效监管机制，让乡村有“颜值”更有“气质”。

（五）凝心聚力增进民生福祉。围绕“八个更”要求，持续排查解决突出民生问题，坚决兜牢基本民生底线，努力办好群众关切的民生实事。强化民生保障。推进“就业帮扶工程”，用好用足援企稳岗、社保减免、技能培训等政策，加大对自主创业、灵活就业、新就业形态等支持力度，确保全年城镇登记失业率控制在2%以内。推动各类保险精准扩面，完善社会救助制度，不断提升普惠性、兜底性社会保障水平。加大养老服务设施投入，实现社区标准化居家养老服务站全覆盖。推动镇级水厂一体化运营，加快老旧二次供水设施改造，全力保障群众用水安全。优化公共服务。推进如皋中学品质提升、新城高中、志颐小学、新城幼儿园等工程建设，优化教育功能布局，扩大优质资源供给；加大政策保障力度，逐步提升教师待遇水平，争创全国义务教育优质均衡发展县(市、区)。优化镇村医疗资源配置，加快推进医共体建设，建立分级诊疗制度，提升基层医疗服务能力。深入推进“公交一体化”改革，着力提升人民群众对公共交通服务的满意度。加快文体旅游公共服务设施提升和完善，全力支持文艺精品创作，多样化开展文体活动，不断丰富群众的精神文化生活。深化社会治理。推进市域治理现代化指挥中心、平台和机制建设，探索建设集生命体征感知、公共资源配置、宏观决策指挥、事件预测预警于一体的“城市大脑”，努力打造市域治理现代化如皋样板。强化安全风险分级常态化管控，消除各类风险隐患和安全监管盲区，确保安全生产形势持续稳定向好。保持“打财断血”“打伞破网”高压态势，坚决打赢扫黑除恶攻坚仗。全面加强社会稳定风险隐患排查化解工作，大力推进信访矛盾积案化解攻坚战、群众进京访专项整治、城乡建设领域矛盾专项整治“一战两整治”工作，确保社会大局和谐稳定。

（六）决战决胜高水平全面小康。突出薄弱环节，攻坚重点领域，全力以赴补短板强弱项，坚决打赢高水平全面建成小康社会收官战。补齐生态短板。小康全面不全面，生态环境很关键。要以决胜姿态打好打赢污染防治攻坚战，提升高水平全面建成小康社会的生态颜值。推进长江流域综合治理，深化沿江化工整治、岸线清理、生态廊道建设等，坚决打赢长江禁捕退捕攻坚战。强化重点断面和支流监测，提升镇村污水收集和处理率，确保年内全面实现市考以上断面水质达标。深化大气污染源头管控，突出工业废气、工地扬尘等专项治理，确保空气质量优良天数比例达80%以上。加强土壤污染防治执法，持续规范固废危废处置，切实消除环境风险隐患。推进化工园区废气扰民整改销号，严防环境信访问题反弹回潮，以工作成效满足群众对优美环境的需求。打赢脱贫攻坚。精准脱贫是决胜全面建成小康社会必须打赢的攻坚战。要把精准脱贫作为全面小康的主攻方向，认真落实南通市委脱贫攻坚专项巡察反馈意见，开展脱贫“回头看”大排查，全面查漏补缺。推动经济薄弱村因地制宜谋求发展，积极开展“强村加油站”项目建设，稳妥发展物业经济，拓宽村集体资产稳定收益渠道。完善稳定脱贫长效机制，强化精准救助举措，用制度体系保障贫困群众真脱贫、稳脱贫；加大建档立卡劳动力培训力度，提高就业技能，稳定扩大就业范围，推动低收入家庭就业增收，确保小康路上“一个不少”“一户不落”。聚焦小康指标。要突出“全面性”，对照省全面小康监测指标体系，认真查短板、精准补弱项，重点关注服务业增加值占GDP比重等8项未达标指标，坚持靶向发力、逐项突破，加快补齐发展短板。要按照高质量发展走在前列的目标定位，克服盲目乐观、过关就行的倾向，以“赶考”心态和“奔跑”姿态丰富“高水平”内涵，立足“过得硬”的标准推动优势指标再上新台阶，更好地满足人民群众美好生活需要，确保高水平全面小康得到群众认可、经得起历史检验。

四、坚持全面从严治党，为抓机遇快发展提供保障

深入贯彻落实新时代党的建设总要求，不断提高党的建设质量，推动党的建设各项工作向中心聚焦、为大局聚力，为如皋高质量发展提供根本保证。

（一）持续营造讲规矩、守纪律的政治生态。始终把党的政治建设摆在首位，引导全市各级党组织和广大党员增强“四个意识”，坚定“四个自信”，做到“两个维护”。深入推进“不忘初心、牢记使命”制度建设，持续深入学习贯彻习近平新时代中国特色社会主义思想，自觉用新思想定向领航、指导实践。坚持党管宣传、党管意识形态，深入落实意识形态工作责任制，牢牢掌握意识形态工作领导权。推动全市巡察工作向纵深发展、向基层延伸，持续做好巡视巡察“后半篇文章”，推动整改落实进一步收效见效。坚持挺纪于前，积极运用监督执纪四种形态特别是第一种形态，抓早抓小、堵塞漏洞，加大扶贫领域腐败问题排查梳理，深入开展民生领域损害群众利益问题集中整治，构建一体推进不敢腐、不能腐、不想腐体制机制，持续营造风清气正的良好政治生态。坚持和加强党对一切工作的领导，积极支持人大、政府、政协、监察机关、审判机关、检察机关依法依章履行职责，重视做好统战、人武、群团、老干部等工作，凝聚高质量发展强大合力。

（二）全面构筑聚民心、解民忧的坚强堡垒。牢固树立大抓基层的鲜明导向，坚持“一切工作到支部”，加强支部标准化规范化建设，力争“两新”党组织应建尽建，推进建立行业党委和商圈综合党委，把党在基层的“神经细胞”建成“神经中枢”。加快落实村（社区）党组织书记专职化管理，统筹推进书记、主任“一肩挑”工作，实施好本土大学生村干部“归雁计划”，全力推进农村人才回引、后备力量培养工作，为明年村（社区）“两委”换届打下坚实基础。深入实施“书记项目”，建立社区大党委工作联席会议制度，扎实开展国企民企党组织党建联建工作，推动基层党组织的全面加强、全面过硬。常态化开展“两代表一委员”密切联系群众活动，推动“有事好商量”

协商议事工作常态长效、提质增效，不断提升为民服务水平。

（三）大力弘扬敢担当、善作为的工作作风。全市上下要始终坚定“行行争第一”的工作追求，深刻把握苏州“三大法宝”的精髓要义，打破传统思维的局限，摒弃小进则满的心态，自觉把如皋放到长江以北最强县市、南通决战“过万亿”的坐标系中审视和定位，努力推动经济社会发展各项工作取得新突破。要提振滚石上山的勇气，传承治沙精神、支边精神和沿江开发精神，牢牢扭住重特大项目建设、国企改革等牵一发而动全身的关键环节，敢于直面问题和矛盾，迎着困难上、顶着压力干，加快把工作中的薄弱点转化为发力点。要秉承“今天再晚也是早、明天再早也是晚”的工作理念，增强不进则退、慢进也是退的危机感，对部署的工作立即行动，定下的事情马上就办，努力把良好起势转化为发展胜势。要树立“以实绩论英雄”的鲜明导向，充分发挥考核指挥棒作用，用足用活“三项机制”，营造干事创业的良好氛围，选拔培养一批敢于负责、勇于担当、善于作为、业绩突出的“狼性”干部。

高质量建设长江以北最强县市
奋力谱写“强富美高”新如皋现代化篇章

——在市委十二届十二次全体（扩大）会议上的讲话

何益军

（2021年1月5日）

一、在积极应对风险挑战中砥砺奋进，高质量发展取得新成就，“强富美高”新如皋建设迈出坚实步伐

2020年，面对新冠肺炎疫情和经济下行压力，市委坚持观大势、谋全局、干实事，坚决贯彻中央和省委、南通市委决策部署，统筹推进疫情防控和经济社会发展，坚定高质量发展方向不动摇，紧抓“六稳”“六保”工作不放松，纵深推进全面从严治党，经济社会发展保持总体平稳、稳中有进的良好态势。

一是坚持慎终如始，疫情防控有力有效。始终把人民生命安全和身体健康放在第一位，果断决策、科学应对，迅速构筑起联防联控、群防群治的严密防线。全市广大党员干部、医护人员和志愿者投身疫情防控一线，累计排查1.5万余人，无症状感染者全部治愈出院。11名医护人员驰援湖北，社会各界踊跃捐款捐物，在这场“全民抗疫”的战役中贡献了如皋力量。精准有序推进复工复产复市，及时推出援企稳岗、减税降费、融资支持等举措，减免各类税费26.2亿元，兑现奖补资金4.4亿元，切实把政策红利转化为企业发展动力。全市上下齐心战疫情、协力保生产，在应对大考中展现了使命担当、汇聚了磅礴力量。

二是坚持系统谋划，发展格局持续拓宽。全面审视如皋发展所处的阶段特征、主要挑战和关键任务，在发展变局中谋求战略主动，以利长远、打基础的定力推动一批大事要事取得突破。以长三角一体化重大交通基础设施、省现代综合交通运输体系建设为契机，全力以赴向上争取，北沿江高铁如皋西站正式设立，张皋过江通道完成大临开工前期准备，如皋对外交通的大格局进一步拓展、发展的区位优势日益凸显。主动融入长三角一体化发展大局，制定出台我市行动方案，如皋-张家港、如皋-锡山高质量跨江融合发展实验区行动计划稳步实施，累计举办长三角投资促进会等对接活动30余次，全方位融入苏南、对接上海的步伐显著加快。以体制机制优化为抓手扎实推进园区建设，完成省级以上开发区“区街分设”，有序推进五大共建园区建设，腾出发展空间近5000亩，成功落户亿元以上项目46个，园区建设水平全面提升。

三是坚持稳中求进，经济后劲显著增强。预计全年地区生产总值突破1300亿元、增长7%。完成一般公共预算收入72亿元，税占比84.7%、南通第一；预计完成全部工业应税销售1700亿元、增长7.5%，服务业应税销售1800亿元、增长35%；完成外贸进出口总值251亿元，实际到账外资3.4亿美元，港口集装箱吞吐量突破50万标箱。预计全年工业投入超300亿元，新签约10亿元以上项目32个、计划总投资近1400亿元，成功引进金鹰产业园、日达精密、广大特材等百亿级项目；

新开工亿元以上项目72个，新竣工项目67个、转化达产项目39个，正威5G新材料、宏茂海上风电等省市重大项目推进顺利。实施“2523”工业大企业培育等行动计划，加快推动转型升级，新增规模工业企业160家、服务业企业50家，新认定高新技术企业107家，斯密特森、思源赫兹、汤臣汽配入选全国第二批专精特新“小巨人”企业，总数位居全省县级市第一。新增贷款总量260亿元，增幅、增量均创历史新高，新增报会企业3家、过会企业1家。被省政府列为推动“放管服”改革工作成绩突出地区，创成国家基层标准化改革创新先行区。

四是坚持统筹推进，城乡面貌明显改善。始终突出城乡统筹，持续强化配套、提升风貌，创成南通唯一的省级全域旅游示范区，盆景大观景区获评国家AAAA级旅游景区，内外城河生态景观综合提升、老旧小区改造等工程有序推进，美丽如皋建设迈出坚实步伐。高铁南站基本竣工，通皋大道一期、盐通铁路建成通车，紫光路北延等工程加快推进，打通颐园区间路等城市“堵点”，内通外联的交通格局更加完善。深入实施乡村振兴战略，新增投资1000万元以上农业重大项目49个，农产品出口总额突破2亿美元、稳居南通之首；全国首个小微盆景基地正式揭牌，搬经镇入选国家农业产业强镇，新增2个省级特色田园乡村。深入推进长江大保护，关停化工生产企业33家，生态红线区风险基本归零，全面完成长江如皋段禁渔退捕任务。坚决打好污染防治攻坚战，认真抓好中央环保督察反馈问题整改，省级以上环境信访总量同比下降90%以上；$PM_{2.5}$平均浓度34.8微克/立方米，优良天数比例达84.3%，达到环境空气质量二级标准，改善幅度居南通前列；市考以上断面水质全部达到优Ⅲ类及以上，地表水环境质量保持南通第一、全省前列。

五是坚持发展为民，民生福祉不断增进。深入践行以人民为中心的发展思想，突出惠民生、保稳定，全面完成10项民生实事工程，全年民生支出98.3亿元。预计城乡居民人均可支配收入分别增长6.5%、7.5%。建档立卡低收入人口全部实现脱贫，经济薄弱村年集体经济收入均超50万元。就业创业服务优质高效，城镇登记失业率降至1.7%。社会保障体系持续完善，社保、医保参保率和保障水平不断提高。学校布局持续优化，普通高考各项核心指标均列南通第一，职教对口高考本科上线率保持全省第一。紧密型医共体建设试点有效推进，镇村卫生机构一体化管理取得突破。殡葬服务设施供给工作获省政府通报表扬。文体旅游事业加快发展，如皋丝毯织造技艺入选国家级非遗项目，东大街获评省级夜间文旅消费集聚区。深化高质量文明城市建设，高分蝉联全国文明城市称号。市域治理现代化试点稳步推进，扫黑除恶专项斗争扎实开展，社会公众安全感满意度达98.7%。集中治理重复信访、化解信访积案，进京登记访批次和人次同比分别下降74.2%、73.7%。安全生产专项整治和三年行动扎实开展，实现生产安全亡人事故和死亡人数“双下降”，社会大局保持和谐稳定。

六是坚持政治引领，党的建设全面加强。深入学习宣传贯彻习近平新时代中国特色社会主义思想和党的十九届五中全会精神，全市党员干部“两个维护”的政治自觉、思想自觉、行动自觉持续增强。全面落实意识形态工作责任制，媒体融合纵深推进，理论宣讲“十百千”工程深入实施，姚呈明“理论武装工作室”获评全国基层理论宣讲先进集体。用好用活“三项机制”，加大优秀年轻干部选拔使用力度，提拔重用一线干部123名，担当尽责、干事创业的氛围更加浓厚。牢固树立大抓基层导向，优化村（社区）党组织书记市镇共管机制，以筹备“两委”换届为契机强化村干部队伍建设，基层党组织战斗力持续提升。全面压实“两个责任”，推动南通市委巡察问题立行立改，扎实推进市委巡察全覆盖，集中整治形式主义、官僚主义，保持反腐败高压态势，风清气正的政治生态持续优化。支持人大、政府、政协履职尽责，全面加强党管武装、党校、老干部、工会、共青团、妇联等工作，团结奋进的良好局面不断巩固。

同志们，艰难方显勇毅，磨砺始得玉成。2020年是极不平凡的一年，我们遇到的困难比预想多，我们取得的成果比预期好。这些成绩的取得是在省委、南通市委的坚强领导下，全市人民团结一心、奋力拼搏的结果。在此，我代表市委，向奋战在全市各条战线上的广大干部群众，向给予真诚理解、鼎力支持的老干部和社会各界人士，表示衷心的感谢，致以崇高的敬意！

在看到成绩的同时，我们也必须清醒地认识到，发展越是向前，面对的形势越复杂、考验越严峻。一是受新冠肺炎疫情、国际经贸摩擦等影响，经济下行压力仍然很大，部分经济指标增速明显放缓，企业运行困难增多，优质项目储备不足，产业结构调整仍需发力；二是长三角一体化进程加快，我市与苏南县市相比，创新能力不够强，城市和平台能级还有较大差距，把区位势能转变为发展动能的步伐需要进一步加快；三是优质公共服务供给与群众期盼还有差距，城市管理、环境保护、社会治理等领域还存在诸多难题；四是少数党员干部创新突破、担当实干的精气神还需提振，眼界、理念、能力与如皋当下发展的要求还不相适应；等等。对此，我们必须高度重视，采取有效措施，切实加以解决。

二、深入学习贯彻党的十九届五中全会和习近平总书记视察江苏重要讲话指示精神，奋力谱写“强富美高”新如皋现代化篇章

党的十九届五中全会对我国未来发展作出系统谋划和战略部署，擘画了未来五年以及十五年的发展新蓝图。大会之后，习近平总书记首次地方视察选择江苏、来到南通，勉励江苏在改革创新、推动高质量发展上争当表率，在服务全国构建新发展格局上争做示范，在率先实现社会主义现代化上走在前列，近期召开的省委和南通市委全会相继对贯彻落实“两争一前列”指示要求进行了研究部署，明确了具体工作抓手。我们要以高度的政治自觉，深入学习领会总书记重要讲话指示和十九届五中全会精神，认真贯彻落实中央和省委、南通市委决策部署，坚决扛起新的重大使命，高质量建设长江以北最强县市，奋力谱写“强富美高”新如皋现代化篇章。

会上下发的我市规划《建议》，总结了“十三五”期间形成的工作基础、经验和不足，分析了新发展阶段面临的新机遇新挑战，明确了实现“十四五”目标任务的“五大战略抓手”等等，全市上下要深刻学习领会，切实加以贯彻落实。这里围绕打好“十四五”开局战，重点强调必须坚持的几个原则和需要把握的几个方面。

“十四五”期间，是我市发挥多重国家战略叠加和区位交通格局优势、实现更高质量发展的重要机遇期，也是扛起历史使命、加快迈向现代化的开局起步期。承前启后、开局起步，必须坚持以新思想定向领航。决胜全面建成小康社会取得决定性成就，新冠肺炎疫情防控取得重大战略成果，我们更加深切体会到，以习近平同志为核心的党中央坚强领导是根本保证，习近平新时代中国特色社会主义思想是力量源泉，任何时候都必须坚决地以新思想为指引，坚持“知其然、知其所以然、知其所以必然”，更加彻底地用新思想解放思想、统一思想，紧密结合如皋发展实际，推动视野格局、思维理念、工作方法全面适应新征程新使命，更加创造性地推动中央和省委、南通市委决策部署有效落实。承前启后、开局起步，必须坚持以新理念引领发展。作为长江以北经济总量第二的县市，面向“十四五”，实现更高质量发展，奋力建设长江以北最强县市，重任在肩、时不我待。围绕这一目标，总体上考虑分两个阶段，“十四五”期间主要在总量上追求最强，但绝不是唯GDP论，也不是好高骛远，而是要立足市情实际，坚定发展信心，保持战略定力，将五大新发展理念贯穿于发展全过程各领域，一体落地布局、一体推进落实，推动质量变革、效率变革、动力变革，努力以总量快速做大带动均量快速提升，加快建成总量和均量并举、质量和效益并重的长江以北最强县市。承前启后、开局起步，必须坚持以系统思维谋划全局。近年来，市委、市政府推出一系列关键举措，实施一系列重要项目，以重点突破带动整体推进，在整体推进中实现重点突破，这启示我们要坚定正确的工作方法不动摇，加强系统谋划，牢牢扭住发展“牛鼻子”，既抓重要领域、重要任务、重要项目，又抓关键主体、关键环节、关键节点，把下先手棋、打主动战的事情办好，把固根基、扬优势、补短板、强弱项的事情办实，将系统思维真正转化为工作能力和方法，切实提升谋大局、抓落实、促发展的能力水平。

行则将至，做则必成。我们要以功成不必在我的境界和建功必定有我的担当，一棒接着一棒传、一任接着一任干，精准把握所处的发展阶段特征，按照现代化建设规律，系统推动实施“四大行动”，更好地把行动成效转化为发展优势，把发展优势转化为发展胜势。

一是实施执政能力提升行动。坚持党的全面领导，持续健全各项事业领导机制，把党的领导落实到各领域各方面各环节。突出科学决策、民主决策、依法决策，统筹协调经济社会发展中的重大事项，全面提高常委班子把握新发展阶段、贯彻新发展理念、服务构建新发展格局的能力。注重加强各级党组织建设，不断增强党在基层的政治领导力、思想引领力、群众组织力、社会号召力，着力把各级班子建设成为扛起使命、担当作为的坚强集体。更加注重党员干部能力建设，及时总结在推动发展、化解难题中形成的宝贵经验，不断提升驾驭经济、防范风险和改革创新的能力。

二是实施发展质效提升行动。总体看，我市经济发展进入注重创新引领、质量加速提升阶段，建设实至名归、当之无愧的长江以北最强县市，必须找准“牵一发而动全身”的重大战略性抓手，以强化科技创新为牵引，优化创新资源配置，更好发挥企业创新主体作用，促进创新链、人才链、产业链有机衔接，全面激活经济发展潜能；以推进重大项目为支撑，一手抓五十亿、百亿级旗舰型项目攻坚突破，一手抓优质中小项目、存量技改项目释放潜力，为持续做大经济总量夯实基础；以深化投融资体制改革为撬动，突出区域性资本资产运作管理中心建设，加快打造资本市场“如皋板块”，助推经济跨越式增长；以推进区域协同为路径，突出功能互补、联动发展，加快提升中心城区能级，全力建设城市副中心，积极构建“一主一副”城市发展格局；以创新社会治理为突破，深化平安如皋、法治如皋建设，全面筑牢发展根基。

三是实施民生品质提升行动。当前，我市民生发展进入加快品质提升、促进共同富裕的阶段，必须认真践行以人民为中心的发展思想，处理好发展与富民的关系，集中资源分好总量“蛋糕”，不断增加民生事业投入，加大优质教育、医疗等资源供给，持续增强老百姓的获得感幸福感。处理好发展与生态的关系，以美丽如皋建设为抓手，持续打好污染防治攻坚战，加快沿江产业转型发展，推动我市长江大保护工作走在前列，让生态成为更加普惠的民生。处理好发展与安全的关系，坚守安全生产底线，积极探索系统治理、综合治理、依法治理新路子，全面提升本质安全水平，让安全发展成为最基本最重要的民生。

四是实施争先创优提升行动。进入新发展阶段，我们将面临一些新情况新问题新挑战，必须坚定“行行争第一”的追求，紧扣“工业投入三年超千亿、百强排名挺进前二十”目标定位，深入学习借鉴苏州“三大法宝”，激发“狼性”精神，敢啃“硬骨头”、勇破“娄山关”、善开“顶风船”，突出清单化管理、项目化推进、责任化落实，干一件成一件、积小胜为大胜，在发展速度上争先进位、在发展质量上扛旗夺杯、在贡献份额上追赶超越，推动形成党员干部带头干、广大群众积极干、全市上下齐心干的生动局面，在雉水大地奏响接续奋斗的恢宏乐章。

三、奋力推动“十四五”开好局、起好步，高水平开启全面建设社会主义现代化新征程

今年是开启全面建设社会主义现代化国家新征程、向第二个百年奋斗目标进军的起步之年，也是如皋奋力建设长江以北最强县市的发力之年。做好全年工作，必须坚持以习近平新时代中国特色社会主义思想为指导，全面贯彻党的十九大和十九届二中、三中、四中、五中全会以及中央经济工作会议精神，深入贯彻习近平总书记视察江苏重要讲话指示精神，认真落实省委和南通市委部署要求，紧扣“强富美高”总目标，坚持稳中求进工作总基调，立足新发展阶段，贯彻新发展理念，构建新发展格局，以推动高质量发展为主题，以深化供给侧结构性改革为主线，以改革创新为根本动力，以满足人民日益增长的美好生活需要为根本目的，坚持系统观念，贯彻“三个全方位”工作要求，更好统筹发展和安全，高质量建设长江以北最强县市，奋力谱写“强富美高”新如皋现代化篇章，确保“十四五”开好局、起好步，以优异成绩庆祝建党一百周年。

今年经济社会发展的主要预期目标是：地区生产总值增长 8%以上，一般公共预算收入增长 6%以上，全部工业应税销售增长 15%以上，服务业应税销售增长 12%以上，实际利用外资 3.5 亿美元、力争 4 亿美元，外贸进出口增长 2%左右，固定资产投资增长 10%以上；居民消费价格涨幅控制在 3%左右，城镇登记失业率控制在 2%以内，居民人均可支配收入增长快于经济增长，单位 GDP 能耗下降、主要污染物排放完成上级下达任务。

围绕全年目标，重点抓好八个方面的工作：

（一）毫不放松抓好常态化疫情防控。当前疫情防控取得重大战略成果，但外防输入、内防反弹的压力持续存在，大战仍在进行，大考远未结束。各级党员干部要把疫情防控作为一项重要政治任务，坚决防止出现麻痹思想、侥幸心理、松劲心态，把疫情防控中形成的好经验、好做法坚持下去，继续落实落细各项常态化防控举措，不断巩固疫情防控成果。坚持“可知可控、精准防控”，突出“人”“物”同防，强化学校、养老机构、农贸市场等重点场所防控，抓好重点人群核酸检测和健康监测。加强进口冷链食品集中监管，规范开展采样检测和预防消杀，确保预防在先、发现在早、处置在快。科学推进公共卫生应急管理体系建设，加强应急物资储备和培训演练，进一步健全防控救治等体制机制，增强应急处置能力。深入开展新时代爱国卫生运动，倡导文明健康生活方式，不断增强群众自我保护和管理意识。

（二）凝心聚力推进科技创新。以创建国家创新型县市为引领，坚持把科技创新与产业转型同部署、同推进、同落实，为高质量发展提供强有力科技支撑。突出企业创新主体地位。深入实施高新技术企业培育“小升高”行动计划，培育形成以创新型领军企业、瞪羚企业为重点的企业创新“矩阵”，全年新认定国家科技型中小企业 200 家、高新技术企业 110 家。强化创新政策支持，引导企业加大研发投入，确保全年研发经费投入占 GDP 比重达 2.7%。强化科创载体服务作用。启动省技术创新中心建设，推进高新区争创国家级高新区，支持各主功能区创建国家级科技孵化器，搭建多层次科创空间载体。做优做强中科院化合物半导体研究院、吉林大学汽车产业研究院、中乌第三代半导体研究院等科创平台，推动科技创新与产业发展深度融合。充分发挥科技镇长团桥梁纽带作用，持续深化产学研合作，支持共建博士后工作站等创新载体，全年新建省级以上研发机构 4 家以上，努力推动更多科技成果在如皋转化。构建良好创新创业生态。借鉴科创委工作机制，完善科技创新领导体制，推动科创资源高效配置。建立市场化产业引导基金运行制度，提升金融服务科技创新的能力，全年发放“苏科贷”“高企融资直通车”等各类科技贷款 2.5 亿元以上。深入实施“雉水英才”等人才计划，深化产业工人队伍建设改革，年内引育各类高层次创新创业人才 30 名。推进“院士专家如皋行”等活动，办好第 20 届科技人才洽谈会，着力提高对外知名度、提升人才吸引力。

（三）坚定不移壮大实体经济。坚持招大选优并举、内培外引并重，持续狠抓项目建设，加大存量企业培育，推动产业集聚集群发展，不断提高发展质量和效益。打好项目建设持久战。围绕打造“3232”产业体系，突出科技创新、亩均投入、税收贡献等要素，优化项目预审标准，着力招引一批创新能力强、投资规模大、产业层次高、带动潜力足的旗舰型项目，力争全年招引 10 亿元以上重特大项目不少于 32 个、百亿级重大项目持续突破。进一步完善项目建设月度观摩和重大项目服务机制，确保金鹰产业园、正海磁材、斯堪尼亚重卡等重特大项目如期开工、快速推进。坚定实施“腾笼换鸟”，多措并举做好闲置土地、低效用地、僵尸企业用地的盘活利用，着力提升工业用地“亩产率”。做好企业培育大文章。深入推进工业大企业、专精特新“小巨人”培育工程，鼓励和支持广大企业加快技改升级，加速培育“链主企业”、知名品牌，聚力推进产业基础高级化、产业链现代化。强化政策支持力度，抓好上市挂牌后备企业培育，确保全年新增上市公司 1 家、报会 2 家。更好发挥金融支持实体经济作用，力争制造业贷款增量 30 亿元以上。纵深推进建筑业改革，优化企业治理结构，引进优秀管理人才，探索国有企业通过混改提升建筑业竞争力的路径，提高建筑业整体业态水平。建立健全市领导挂钩联系优势产业链和重点企业机制，实施企业家素质提升工程，积极构建亲清政商关系，培养更多创新意识强、家国情怀深的“张謇式”企业家。建好开发园区主战场。四大主功能区是全市项目建设的主阵地、高质量发展的主力军，要聚焦提升贡献份额，狠抓项目建设，瞄准产业发展，狠抓转型升级，突出科技创新，狠抓高企培育，以实际成效扛起应有担当、实现争先进位。五大共建园区要深入推进规划编制、形态提升和功能完善，加快推动重特大项目落户，着力打造项目集聚强磁场。各镇工业集中区要围绕“一区一特色”，进一步明晰产业定位、突出生态集约、完善功能布局、提升发展质态。

（四）更大力度推进改革开放。坚持以改革增活力、以开放促发展，抢抓长江经济带发展、长三角一体化发展战略机遇及“一带一路”倡议，纵深推进改革开放，主动服务构建新发展格局。更深层次推动重点改革。深化“放管服”改革，打造“如意”服务创新品牌，确保营商环境评价和政务服务能力保持全省前列。深化国资国企改革，加快健全管资本为主的国有资产监管体制，着力降成本、拓市场、强队伍，不断提升国有资本规模和质量。高水平建设国家标准化改革创新先行区，着力提升对重点领域的引领支撑效应。更高质量推进跨江融合。紧扣一体化、高质量，深入落实与苏州张家港市、无锡锡山区的战略合作协议，积极推动长江镇与张家港凤凰镇、金港镇的跨江共建。深入研究上海“五个中心”和苏南现代化示范区建设带来的对接空间，加快承接上海创新要素外溢、苏南产业梯度转移，充分发挥我市旅游和农业资源丰富的优势，着力打造长三角最具资源和成本优势的中高端产业制造基地、生态休闲旅游基地、优质农产品供应基地。更高水平扩大对外开放。鼓励有条件的企业做强总部经济，积极参与国际产能合作、扩大国际营销网络、有效规避贸易壁垒，更好融入全球产业链、供应链。准确把握国际产业转移新趋势、外商投资政策新动向，引导外资企业增资扩股和利润再投，突出招大引强、招新引高，稳步提升外资质态，确保全年实际利用外资 3.5 亿美元以上。加快提升如皋港跨境电商产业园建设水平，培育外贸新业态新模式，抢抓日达精密、斯堪尼亚重卡等重大外资项目落地契机，积极申报综合保税区，加快建设外贸强市。

（五）全面提升生态环境质量。坚持绿水青山就是金山银山理念，把保护生态环境摆在更加突出位置，高水平、大力度推进生态文明建设。突出抓好长江大保护。刚性落实长江经济带发展负面清单，深化化工产业安全环保整治提升行动，加快淘汰落后过剩产能、培育壮大新兴产业，推动沿江产业转型、布局转优、动能提升。严控长江岸线开发利用，巩固非法码头整治成果，持续打击违法占用岸线行为。建立健全长效管控机制，持续巩固长江禁渔退捕成效。统筹推进沿江生态环境修复，构筑更多自然景观和滨水绿带，让绿色成为沿江的鲜明底色。持续打好污染防治攻坚战。坚持精准治污、科学治污、依法治污，提升生态环境智慧管理水平。加强断面管控和水质监测，加快黑臭水体整治和农村区域治水探索，推进污水管网、分散农户生活污水处理设施等建设，力争年内市考以上断面水质保持优Ⅲ类及以上。聚焦重点区域、重点行业，深化工业废气、工地扬尘等污染源治理，确保 $PM_{2.5}$ 平均浓度、空气质量优良天数比例完成南通下达任务。加大重点地块风险管控力度，深入开展危废专项整治，提升固废处置能力，全面消除环境安全隐患。扎实化解突出环境问题。强化上级交办问题整改销号，紧盯整改实效，定期开展“回头看”，严防敷衍整改、问题反弹。规范环境初信初访办理，压实网格责任，压降信访总量。集中力量整治突出环境问题，最大限度化解越级环境信访。深化环保执法司法联动等改革创新，继续保持环境执法高压态势，坚决遏制环境违法行为，不断提升群众对生态环境的满意度。

（六）更实举措推动城乡发展。坚持“四化同步”，推动城市建设与乡村振兴同频共振，着力构建新型工农城乡关系。做优城市功能品质。统筹中心城区产业、配套、文旅、创新、生态“五大片区”建设，高标准谋划实施东大街历史文化街区、龙游河生态三期、如泰运河生态廊道等重大城建项目，加快国家历史文化名城、国家生态园林城市创建进程。加强老城风貌保护提升，扎实推进老旧小区改造、城市破旧区域更新和内外城河生态景观综合提升等工程，完善小游园等市民休闲配套场所，加强停车设施规划建设，提升城市精细化管理水平。完善新城基础设施建设，推进万达广场、希尔顿酒店等一批功能配套项目，规划建设金融集聚区，打造现代化高品质城市新区。全面推进北沿江高铁、张皋过江通道、通皋大道二期等重大交通工程，畅通城市道路“微循环”，统筹构建外畅内序、互联互通的市域交通体系，以交通格局大改变提升城市发展新能级。推进乡村全面振兴。坚持把解决好“三农”问题作为工作重中之重，加快农业农村现代化步伐，持续促进农业高质高效、乡村宜居宜业、农民富裕富足。进一步稳定粮食生产面积，推动生猪生产转型升级，加强地方种质资源保护和开发利用，确保粮食和重要农副产品稳产保供。围绕国家农业科技园区核心区、国家农业产业强镇等重点区域，加大农业龙头企业培育和招引力度，推动花木盆景、黑塌菜等一批地方特色优势产业品质化、标准化、品牌化发展，加快省级农高区申报进程，持续构建区域优势布局和专业生产格局。深度发掘乡村多重价值，培育壮大乡村旅游、休闲农业、农村电商等新产业新业态，促进农村一二三产融合发展。接续推进农村人居环境整治提升行动，以南通乡村振兴示范村、先进村培育为抓手，扎实做好农房建设管理、农村庭院环境整治等各项重点工作，打造特色田园乡村、美丽宜居乡村。持之以恒推进移风易俗，坚决制止餐饮浪费，深化文明殡葬改革和乱建“土庙”专项整治成效，构建长效监管机制，提高乡村社会文明程度。促进城乡融合发展。大力实施乡村建设行动，分类推进被撤并老镇区镇容街貌整治提升、公共服务设施改善、环境秩序管理优化等重点工作，统筹推动城乡居民生活基本设施协调发展。持续深化“百企联百村、共走振兴路”行动，大力培育新型农业经营主体，推进“强村加油站”建设，完善农企利益联结机制，做好巩固拓展脱贫攻坚成果同乡村振兴有效衔接。激发农村资源要素活力，稳步推进农村土地“三权分置”改革，积极探索集体经营性建设用地入市等改革试点，优化乡村产业发展用地政策体系，释放城乡发展新空间。

（七）尽心尽力办好民生实事。坚持把人民群众对美好生活向往作为奋斗目标，织密民生保障网络，全面发展社会事业，持续增进民生福祉。提升就业增收水平。突出抓好重点群体就业，实施职业技能提升行动，大力发展新就业形态和灵活就业，全年新增就业人数不少于 1.3 万人。持续推进全民参保计划，深入实施工伤保险“同舟计划”、养老保险“助保贷款”，确保应保尽保、应发尽发。统筹完善社会救助、社会福利、慈善公益、优抚安置、残疾人帮扶等制度，全力做好普惠性、基础性、兜底性民生建设。扩大优质服务供给。持续优化教育资源布局配置，加快新城高中、如皋中学品质提升、志颐小学、如皋初中新校区等工程建设，推动如师二附、如师三附等学校年内建成，启动如皋中专升格职业技术学院、第一中专升格技师学院工作，争创国家级义务教育优质均衡发展示范县市，加快建设“高质量教育县域样板、长三角北翼教育名城”。全面推进紧密型医共体建设，加强镇村卫生服务一体化管理，持续提升医疗卫生服务水平。加强镇级水厂监督管理，强化供水安全保障，实现城乡供水一体化、均衡化。推进文化强市建设。推动高质量全国文明城市建设不断走深走实，扎实推进新时代文明实践中心全国试点工作，持续擦亮“微笑之城·大爱如皋”品牌。深化媒体融合，加快“如 e 融媒”等新平台建设，全面提升新闻舆论传播力、引导力、公信力。实施文化惠民工程，完善文旅公共服务设施，鼓励支持文化艺术精品创作，积极承办各类体育赛事，更好满足人民群众精神文化需求。

（八）持续提升社会治理水平。聚焦矛盾源头化解、隐患源头防控，提升社会治理水平，增强群众安全感满意度，努力打造市域治理现代化“如皋样板”。深化社会治理创新。以市域治理现代化指挥中心建设为抓手，构建市镇两级全覆盖社会治理架构；深化完善“大数据+网格化+铁脚板”治理机制，加强网格化管理体系建设，进一步夯实社会治理基层基础。筑牢安全稳定基石。扎实推进安全生产专项整治三年行动，努力实现事故总量和较大事故持续下降，切实提升全市本质安全水平。抓好食品、药品、公共卫生和交通运输等领域的安全监管，切实维护人民群众生命财产安全。深入推进领导干部接访下访，集中开展信访积案、越级进京访等专项治理，努力实现“三降两升”目标。加强平安法治建设。依法严厉打击各类违法犯罪活动，常态化开展扫黑除恶斗争，全力防范化解重点领域风险隐患。打造新时代智慧技防雪亮工程体系，推动全市尽快形成一批高水平智慧技防建设示范点，营造和谐有序的社会环境。

四、持续提升党的建设水平，为奋力谱写“强富美高”新如皋现代化篇章提供坚强政治保证

全面贯彻落实新时代党的建设总要求，坚定不移深化全面从严治党，努力把各级党组织打造得更加坚强有力，把广大党员干部锤炼得更加奋发有为，确保各项决策部署一贯到底、落地见效。

（一）进一步突出政治引领，夯实理想信念根基。坚持用习近平新时代中国特色社会主义思想定向领航，深入贯彻落实习近平总书记视察江苏重要讲话指示精神，把稳思想之舵，绷紧政治之弦，增强“四个意识”、坚定“四个自信”、做到“两个维护”，确保各项事业始终沿着正确政治方向前进。扎实推进不忘初心、牢记使命制度建设，在学习新思想中增强发展信心，在思想大解放中谋求突破之策，真正把学习成果转化为推动工作的强大力量。严格落实意识形态工作责任制，精心开展高水平全面建成小康社会、建党100周年、撤县建市30周年等主题宣传，以凝聚人心、鼓舞信心的主流思想舆论筑牢意识形态领域主阵地。坚持和加强党的全面领导，积极支持人大、政府、政协、监察机关、审判机关、检察机关依法依章履行职责，重视做好统战、人武、群团、党校、老干部等工作，凝聚高质量发展强大合力。

（二）进一步夯实基层基础，构筑坚强战斗堡垒。坚持大抓基层导向，深入推进“五聚焦五落实”行动计划，以村（社区）“两委”换届为契机，选优配强“两委”班子，全面推行村干部专职化管理，把基层党组织建设得更加坚强有力。实施“两新”党建“红领+”工程，深化机关党建领域品牌创建，探索标准化、项目化、特色化“三化”并进的基层党建新路径，推动各领域基层党组织全面进步、全面过硬。坚持“以实绩论英雄”，把干部放到发展一线培养锻炼和考察识别，让忠诚干净担当的高素质干部脱颖而出、走上前台。坚持严管与厚爱结合、激励和约束并重，用活用好“三项机制”，把敢担当善担当的干部大胆使用起来，把不作为慢作为的干部坚决调整下来，真正让基层干部心无旁骛谋发展、尽心竭力惠民生。

（三）进一步强化正风肃纪，营造良好政治生态。加强市委常委会自身建设，严格执行民主集中制，落实“三重一大”事项决策制度，促进权力规范透明运行。市委常委要带头自觉遵守廉洁自律各项规定，切实强化引领、当好表率。压紧压实“两个责任”，紧盯“关键少数”、引领“绝大多数”，推动领导干部特别是“一把手”管好班子、带好队伍，确保管党治党责任落到实处。加强政治巡察，扎实做好巡察“后半篇”文章，充分发挥巡察利剑作用。深入落实中央八项规定精神，紧盯“四风”问题，深化群众身边腐败和作风问题专项整治，精准有效运用“四种形态”抓早抓小、防微杜渐，对形式主义、官僚主义准确画像、抓住本质、时刻防范，巩固拓展基层减负成果，推动党风政风持续好转。始终坚持“无禁区、全覆盖、零容忍”惩治腐败，大力构建“不敢腐、不能腐、不想腐”的有效机制，不断把“廉洁如皋”建设推向深入，努力营造风清气正的政治生态。

政府工作报告

政府工作报告

——2021年2月23日在如皋市第十七届人民代表大会第五次会议上

代市长 王鸣昊

2020年和“十三五”工作回顾

过去的一年是极不平凡的一年，市政府在中共如皋市委的正确领导下，在市人大、市政协的监督支持下，深入学习贯彻习近平新时代中国特色社会主义思想和党的十九大、十九届二中、三中、四中、五中全会精神，坚持稳中求进工作总基调，坚持新发展理念，坚持高质量发展，抢抓长三角一体化发展机遇，围绕“奋力建设长江以北最强县市”目标，统筹疫情防控和经济社会发展，较好完成全年目标任务。实现地区生产总值1305亿元、增长5.3%；一般公共预算收入72亿元，税占比84.7%、南通第一；固定资产投资476.5亿元、增长10.1%，社会消费品零售总额458亿元、增长7%，进出口总额248.9亿元、增长1.1%；城镇、农村居民人均可支配收入分别为49118元、23599元，增长4.6%、7.7%；城镇登记失业率降至1.74%；完成上级下达节能减排任务（见附件一）。

过去的一年，面对突如其来的新冠肺炎疫情，我们坚决贯彻国家、省和南通市的决策部署，坚持人民至上、生命至上，在疫情暴发初期果断踩下“急刹车”、按下“暂停键”，统筹抓好“四早”防控和“四集中”救治，用12天时间实现本地确诊病例“零新增”，再用不到一个月的时间实现本地确诊病例全部治愈“清零”，保持患者“零病亡”、医护“零感染”。在疫情得到有力有效控制并做好常态化防控的前提下，用力踩足复工复产“大油门”、按下经济恢复“快进键”，先后出台扶企惠企、稳定外贸等政策措施，帮助企业纾困解难，两个月基本实现生产生活秩序正常化。回望这一年，我们进行了惊心动魄的抗疫大战，经受了艰苦卓绝的历史大考，“六稳”工作有力落实，“六保”任务全面完成，全市上下用忠诚担当、实干奋斗谱写了高质量发展和“强富美高”新如皋建设新篇章。

一、实体经济在共克时艰中企稳回升。坚持用发展战略的确定性应对各类挑战的不确定性，用稳增长的硬任务落实好促发展的硬道理，经济发展稳中有进、向上走强。工业经济稳中向好。不折不扣落实税费减免、要素保障等政策，推动工业经济循环畅通发展，实现规模工业产值1223亿元、规模工业应税销售1063亿元，分别增长6.8%、14.8%。完成技改投入137.3亿元、占规模工业投入45.7%。深入实施“2523”大企业、“专精特新”企业培育工程，新增10亿元企业2家、亿元企业44家、纳税超亿元企业1家、规模工业企业175家，星球石墨入选国家制造业单项冠军示范企业，思源电气、斯密特森、汤臣汽配入选全国第二批专精特新“小巨人”企业。新增省五星级上云企业1家、省级示范智能车间4家。新增贷款总量269.5亿元，增幅南通第一。新增上市报会企业3家、过会企业1家。现代服务业提速发展。实现服务业增加值604亿元、应税销售1826亿元，分别增长6.6%、36%。新增规模服务业企业50家、限上批零住餐企业99家。发放“皋兴购”消费券促进消费超亿元，夜间经济等新业态有序发展。实现旅游综合收入135亿元。创成省全域旅游示范区，获评国家AAAA级旅游景区、省级夜间文旅消费集聚区各1家。平园池村入选全国乡村旅游重点村。

建筑业逆势上扬。建筑业施工总产值突破1500亿元、入库税收13亿元。重点企业新签合同额增长超50%。获鲁班奖2个、国优奖5个。现代农业稳产增效。粮食生产再获丰收。项目农业投入26亿元，高标准农田、适度规模经营面积占比分别达61%、65%。新增小微盆景基地800亩。15万头生猪稳产保供基地开工建设。培育种养循环示范点20个，畜禽粪污综合利用率达98.6%。搬经镇入选全国农业产业强镇。

二、项目质效在久久为功中持续提升。坚持大抓项目、抓大项目，落实领导挂钩联系重大项目和月度观摩机制，更大力度抓招商、攻项目、强载体，高质量发展根基进一步夯实。招大引强实现突破。坚持重兵会战、精兵招引，在上海、北京、深圳等地开展投资促进周活动，成功举办"一会两节"，新签约10亿元以上项目24个，金鹰产业园、广大特材、日达智造等百亿级项目和斯堪尼亚重卡等重大外资项目成功落户。项目建设扎实推进。开展"大项目突破年"活动，新开工亿元以上项目84个，完成投资109亿元，其中10亿元以上工业项目18个、5亿元以上服务业项目4个，竣工项目93个、竣工率78.2%，转化达产项目66个、转化率35.1%。入选南通市高端制造业项目5个。省、南通市重大项目完成年度投资计划。园区建设取得实效。完成省级以上开发区"区街分设"。有序推进五大共建园区建设，盘活提升低效用地6178亩，成功落户10亿元以上项目30个。

三、改革开放在开拓创新中纵深推进。坚持以创新驱动、改革开放应对变局、开拓新局，区域发展竞争力不断提升。创新能力显著增强。完善"多位一体"科技人才服务体系，出台支持科创型企业发展等政策意见，新认定高新技术企业107家，新增省级工程技术研究中心4家，获批省级资金类科技计划项目5项，新签产学研合作项目118项，引进高层次双创人才30名，发放科创型企业贷款3.6亿元。主导或参与制定国家、行业标准9项，组建全国标准化分委会1个，新增国家级标准化试点项目2个、省级1个，创成国家基层标准化改革创新先行区。重点改革蹄疾步稳。全省率先启动"一件事"改革，推动网上跨部门协同审批，整合基层审批服务执法力量，"放管服"改革获省政府督查激励。强化农村综合改革，累计完成产权交易额22.5亿元，发放承包土地经营权抵押贷款1.9亿元，建成农民合作社综合社7家。深化国资国企改革，新增AA+主体信用评级企业2家，完成开发区国企体系重构。对外开放不断深化。实际到账外资3.3亿美元，新批超亿美元项目6个。完成服务外包执行额16.2亿美元、增长25.3%，其中离岸外包5.1亿美元、增长127.3%。新增境外投资项目16个、投资额1.8亿美元。外经营业额1.7亿美元。新开国际国内航线2条，集装箱吞吐量突破50万标箱。跨境电商产业园正式运营。

四、城乡建设在统筹融合中提升能级。不断优化市域发展格局，坚持统筹协调、融合发展，高质量推进城乡建设。城市品质持续提升。完成新城区功能提升、如泰运河生态廊道、金融集聚区等规划编制。突出抓好32项重大城建项目，基础设施投入超10亿元。内外城河综合提升、龙游河三期、老旧小区改造等工作有序推进，新改建城市道路3800米、桥梁4座，新增绿化面积60公顷，城区垃圾分类投放设施覆盖率100%，既有多层住宅加装电梯试点工作顺利推进。完成城市搬迁80.5万平方米，棚户区改造66.5万平方米。创成省级生态园林城市、国家级节水型社会建设达标县，国家级户外广告试点通过验收。交通建设持续推进。如皋南站建成运营，通皋大道一期建成通车，老204国道二期改造完成，紫光路北延工程加快建设，内联外通交通格局更加完善。完成农村公路提档升级10公里，桥梁改造15座，通居路60公里，安全生命防护工程65公里。完成城乡客运一体化运营改革。镇村环境持续改善。深入推进农村人居环境整治，农村无害化卫生户厕普及率99.5%、生活垃圾集中收运率100%、生活污水处理设施行政村覆盖率95%。扎实开展农村乱占耕地建房专项整治行动。新增省级生态文明建设示范镇、示范村各2个，建成省特色田园乡村5个，创成省传统村落5个。

五、三大攻坚在克难奋进中决战决胜。对标"高"站位，对表"严"要求，坚持补短板、强弱项，三大攻坚战取得决定性胜利。污染防治成效显著。全面落实河长制、断面长制、点位长制，攻坚体系不断健全。中央、省环保督察和“回头看”交办问题整改全部销号。新建污水管网35公里，完成5个污水处理厂提标改造，建成分散式农户生活污水处理设施2000户，完成82条黑臭河道整治。市考以上断面优III比例100%，地表水环境质量位居全省第六、南通第一。镇级大气自动监测站全面建成，$PM_{2.5}$平均浓度34.8微克/立方米，优良天数比例84.3%，达到国家空气环境质量二级标准。凌青建筑装潢垃圾资源化处置中心、上海电气炉排炉改造、飞灰填埋场二期建成投运。省级以上环境信访总量下降90%。坚定推进长江大保护，关停化工生产企业33家，长江退捕安置、岸线项目清理整治全面完成。风险隐患有效防控。全力防范化解政府隐性债务风险，推进乡镇债务提级管理，完成年度化债任务，实现债务规模、债务率“双下降”，全年债务成本下降49个基点。强化金融风险整治，扎实做好防范和处置非法集资工作。脱贫攻坚全面胜利。巩固提升“两不愁三保障”成果，建档立卡低收入户全部脱贫，32个经济薄弱村全部达标。建成强村加油站1个。与陕西洋县对口协作任务全面落实。

六、民生福祉在普惠共享中日益增进。自觉践行以人为本发展理念，大力增进民生福祉，10件为民办实事项目较好完成（见附件二），财政支出中民生投入占比78.6%。千方百计稳定就业。持续推动就业惠民、创业富民，新增就业9685人、创业3823人，发放富民创业贷款1035万元，落实稳岗返还资金1700万元，实施“百企联百村”联建项目190个。保障体系不断健全。城乡居民医保、职工“五险”实现动态全覆盖，城乡居民基础养老金、城乡低保等标准持续提高，全面落实残疾人“两项补贴”、重点优抚对象抚恤优待政策和退役士兵安置政策。优化公共服务供给。教育现代化步伐不断加快，普通高考本一上线率76.3%，核心指标均列南通第一，李渔小学投入使用，如皋中学品质提升、志颐小学等工程顺利推进。健康如皋建设深入推进，紧密型医共体、镇村卫生一体化工作取得突破，国家级卫生镇实现全覆盖。文体宣传事业加快发展，获省群众文艺“五星工程奖”2件、省档案开发利用成果一等奖1项，丝毯织造技艺获批国家级非遗项目，市木偶艺术团获评省群众文化“百千万”工程优秀文艺团队，举办“梦百合杯”世界围棋赛，支云足球俱乐部成功保级，融媒体中心入围省媒体融合先导单位。

七、社会大局在和谐共治中保持稳定。坚持安全发展理念，提高本质安全水平，全力打造更高水平的平安如皋。安全生产形势平稳。紧扣“两个不放松”和“务必整出成效”总目标，扎实开展安全生产专项整治，“一年小灶”任务全面落实，33个重点领域专项整治稳步推进，全市生产安全事故起数、死亡人数同比分别下降72.4%、73.3%。民主法治扎实推进。“七五”普法深入推进，市镇村法律顾问聘用实现全覆盖，行政案件数量下降30.8%。非诉服务中心成立运行，涉企矛盾纠纷人民调解委员会荣获全国模范称号。社会治理共建共享。市域治理现代化指挥中心建成运行，初步构建市镇村三级联动指挥体系。深入开展扫黑除恶专项斗争，群众安全感98.7%。集中治理重复信访、化解信访积案，进京登记访批次和人次分别下降74.2%、73.7%。移风易俗纵深推进，殡葬改革工作获省政府督查激励。切实加强政府自身建设，自觉接受人大法律监督、工作监督和政协民主监督，主动接受社会公众舆论监督，办理人大代表建议440件、政协委员提案376件，代表、委员满意和基本满意率均达100%。此外，人武、统计、供销、气象等工作不断加强。海事、海关、边检等口岸单位高效运转。积极支持工青妇、残联、科协、工商联等群团组织发挥作用。外事、红十字会、关心下一代、慈善、老科协、老区建设、老年体协、历史文化研究、见义勇为、长寿研究等工作取得新进步。

各位代表，“十三五”时期，如皋经济社会发展取得了历史性成就，为建设长江以北最强县市奠定了坚实基础。

五年来，我们始终坚持发展为要，深入践行高质量发展新理念，突出总量与质量并行，综合实力显著跃升。高水平全面建成小康社会取得决定性成就。地区生产总值、全部工业应税销售、服务业应税销售、建筑业施工产值突破千亿大关。三次产业比重由7.3:51.4:41.3调整到5.9:47.8:46.3。战略性新兴产业、高新技术产业产值占规上工业比重分别达32.3%和40%。获批国家制造业单项冠军2个、专精特新“小巨人”企业6家，省特色产业集群4个、生产性服务业集聚示范区3个。获批国家可持续发展实验区、国家农业绿色发展先行区。综合实力位居全国百强县市第24位。

五年来，我们始终坚持改革为先，坚定践行“改革不停顿、开放不止步”重要遵循，突出开发与开放并驱，发展活力显著增强。率先开展相对集中行政许可和综合行政执法改革，营商环境评价全省领先，全面深化“2+1+1”国资国企运营体系改革，创成国家基层标准化改革创新先行区。扩大高水平对外开放，完成外资到账17.5亿美元，外贸进出口年均增长5%，如皋港保税物流中心（B型）开关运营，集装箱吞吐量年均增长66%。积极实施创新驱动发展战略，高新技术企业270家，研发投入占GDP比重2.6%，万人发明专利拥有量25件。获批国家级农业科技园区核心区、省级高新区。

五年来，我们始终坚持品质为重，认真践行“城市让生活更美好”发展要求，突出精致与精细并重，城乡面貌显著变化。累计完成城市建设投入50亿元。城镇化率从55.3%提高到62.2%。城市空间不断拓展，完成城市总规、新城功能提升等规划修编，新城建设框架全面拉开。功能配套不断提升，突出用水点亮城市，改造提升龙游河、内外城河、宝塔河、茅雉河等城市河道15公里，新增绿地453公顷。综合交通不断完善，北沿江高铁、盐通高铁正式设站，张皋过江通道即将大临开工，通皋大道正式通车，城区“八横八纵”骨干路网基本建成，行政村双车道四级公路实现全覆盖。创成中国人居环境奖、国家节水型城市。

五年来，我们始终坚持生态为基，积极践行“绿水青山就是金山银山”发展理念，突出治标与治本并施，环境质量显著提升。长江大保护纵深推进，关闭化工生产企业127家，拆除规模养殖场612个，整治黑臭河道455条，新建污水管网285公里，污水集中处理率96.8%。环境质量大幅改善，市考以上断面水质均达优Ⅲ类，地表水环境质量全省领先，单位GDP能耗较“十二五”期末下降26.7%，优良天数比例上升17.8%、$PM_{2.5}$平均浓度下降59.7%，创历史最好水平。监管机制不断健全，建立生态环境执法司法联动和镇区生态补偿机制，成立全省首家生态环境保护执法司法联动中心，省高院在我市设立长江流域环境资源第二法庭。

五年来，我们始终坚持民生为本，自觉践行以人民为中心的发展思想，突出富民与惠民并举，群众生活显著改善。财政支出中民生投入占比保持78%以上。累计实施民生实事项目66件。城乡居民人均可支配收入年均分别增长7.8%、8.7%。社会保障体系不断完善，城乡社会保险覆盖率99.8%，城镇登记失业率控制在2%以内。基本公共服务标准化、均等化水平稳步提升，省教育现代化监测综合得分连续五年领跑南通，人民医院、中医院建成三级乙等医院，区域供水三期工程扎实推进，全面完成镇级民营医院、民营水厂公益性回归整合。高分蝉联全国文明城市称号。连续多年被评为全国公益百强城市，省级双拥模范城创建实现“四连冠”。

我们也清醒地看到，全市经济社会发展中还存在着一些问题和不足：主导产业规模偏小，产业链尚不完整，创新能力整体不强，龙头型、创新型企业不多，开发园区集聚度、支撑度、贡献度亟待提高；交通区位优势尚未充分释放，城市功能和品质还有待提升，城市发展能级还不够高；公共服务供给与群众需求还有差距，社会治理、环境保护等领域还存在不少短板；极少数党员领导干部政绩观、发展观出现偏差，“三重一大”决策程序未能严格履行，担当意识、服务能力与高质量发展要求还有差距。对此，我们将采取切实有效措施，认真加以改进解决。

“十四五”时期的目标任务

今后五年是如皋扛起历史使命、加速迈向社会主义现代化的起步期，是加快战略机遇转化、全面融入长三角一体化的窗口期，也是建设长江以北最强县市、实现更高质量发展的关键期。我们唯有胸怀大局、把握大势，准确识变、科学应变、主动求变，善于认识机遇、用好机遇、转化机遇，更加彻底地解放思想，更加科学地应对挑战，方能在危机中育先机、于变局中开新局。我们唯有谋定战略、完善战术，聚焦聚力关键抓手，以投资拉动、科技驱动、资本带动为引领，以产业升级、城市更新、交通转型为重点，全神贯注、全力以赴、全面突破，方能在新一轮区域竞争中抢占先机、赢得主动。我们唯有保持定力、高点定位，鼓足“比学赶超”的争先劲头、激发“滚石上山”的“狼性”斗志，一张蓝图绘到底、一棒接着一棒传、一任接着一任干，方能乘势而上、行稳致远，昂首阔步迈进“十四五”。

根据市委十二届十二次全会精神和《市委关于制定如皋市国民经济和社会发展第十四个五年规划的建议》，市政府制定了“十四五”规划纲要（草案），提请大会审议。

“十四五”时期我市国民经济和社会发展的总体要求是，高举中国特色社会主义思想伟大旗帜，深入贯彻党的十九大和十九届二中、三中、四中、五中全会精神，坚持以习近平新时代中国特色社会主义思想为指导，深入落实习近平总书记对江苏工作重要讲话指示精神，统筹推进“五位一体”总体布局，协调推进“四个全面”战略布局，坚持新发展理念，坚持稳中求进工作总基调，以推动高质量发展为主题，以深化供给侧结构性改革为主线，以改革创新为根本动力，以满足人民日益增长的美好生活需要为根本目的，统筹发展和安全，全方位融入苏南、全方位对接上海、全方位推进高质量发展，积极服务构建新发展格局，不断把“强富美高”新如皋建设推向前进，高质量建成长江以北最强县市。

综合考虑全市经济社会发展现状和未来五年发展趋势，“十四五”时期我市经济社会发展的主要预期目标是：到“十四五”期末，经济质量效益显著提升。经济持续健康较快发展，地区生产总值达 1900 亿元、年均增长 8%以上，一般公共预算收入达 120 亿元、年均增长 10%以上，“一城两区三基地”取得突破性标志性成果，在经济总量上成为长江以北最强县市。经济结构更加优化，创新能力显著提升，内需潜力不断释放，改革开放持续深化，农业现代化走在前列。产业基础高级化和产业链现代化水平明显提高，产业园区经济效益、区域竞争力以及对全市贡献度大幅提升，规模以上企业、高新技术企业、百亿级企业全面突破。民生发展水平显著提升。实现更加充分更高质量就业，低收入群体增收成果巩固拓展，中等收入群体比重明显提高，城乡居民收入较大幅度提升、差距持续缩小。公共服务体系优质均衡，教育现代化走在前列，率先创建全国义务教育优质均衡发展县市，高质量公共卫生健康体系基本建成，社会保障和养老服务体系更加完善，人口结构更加优化，高素质人才和年轻人比重显著提高，人民群众获得感、幸福感、安全感进一步增强。城市发展能级显著提升。生活、生产、生态“三生融合”的国土空间布局持续优化，新型城镇化和乡村振兴协同推进，城乡融合发展水平、生态宜居品质显著提升，成为美丽江苏如皋样板。主、副城区功能和品质全面提升，经济和人口承载能力明显增强，城市管理现代化水平显著提高，争创国家生态园林城市、国家历史文化名城，城市美誉度、集聚度和首位度进一步提升。对外交通格局进一步拓展，多式联运枢纽功能明显增强，深度融入沪苏通大都市圈，切实成为南通跨江融合桥头堡。社会文明程度显著提升。习近平新时代中国特色社会主义思想深入人心，社会主义核心价值观融入社会发展各方面，城市文化与精神守正创新、与时俱进，现代公共文化服务体系基本建成，文化事业繁荣发展，文化产业活力迸发，文化品牌更加响亮，文化自信充分彰显，全国文明城市和文化强市建设迈上更高水平。市域治理效能显著提升。社会主义民主法治更加健全，法治化水平全面提升，系统完备、运行高效、富有特色的市域治理制度体系基本建成，重大风险防范化解能力、突发公共事件应急能力、防灾减灾救灾能力显著增强，平安建设体系更加完善，发展安全保障更加有力，社会治理体系和治理能力现代化建设走在前列。

为实现上述目标，“十四五”期间，我市经济社会发展的总体思路是：聚焦“高质量发展高地”，主动融入国内大循环为主体、国内国际双循环相互促进的新发展格局，坚持把实体经济作为经济发展的着力点，注重强化改革举措系统集成、协同高效，持续提升高端要素集聚、协同、联动能力，积极推动产业链供应链优化升级，加快构建现代化产业体系，不断增强经济创新力和竞争力。聚焦“跨江融合先锋”，深入贯彻“三个全方位”的总体思路，扎实推进“一城两区三基地”建设，以交通互联互通为先导，以产业协同发展为支撑，以满足民生需求为重点，主动对标苏南先进地区，积极构建协同发展生态，争当南通地区更高质量融入长三角一体化发展先锋。聚焦“美丽城市典范”，全面贯彻省委关于建设美丽江苏的部署要求，抢抓长三角城市群发展机遇，围绕美丽宜居城市和美丽田园乡村两个维度，突出生态优先，强化规划引领，坚持“三生融合”，注重沿江、沿河、沿路“三沿”联动发展，持续优化功能配套，不断丰富文旅内涵，全面提升生态环境质量，全力打造美丽江苏如皋样板。聚焦“民生幸福标杆”，自觉践行以人民为中心的发展理念，尽力而为、量力而行，问题导向、精准施策，大力实施富民惠民安民新举措，全面提高公共服务供给能力和共享水平，不断增强人民群众的获得感、幸福感和安全感，加快建设最具爱心的民生幸福地。

各位代表，“十四五”规划纲要描绘了未来五年的宏伟蓝图，我们将以饱满的精神、充足的干劲、务实的作风，扎实推进各项目标任务落实。我们坚信，在市委正确领导下，经过全市人民的共同努力和不懈奋斗，“十四五”规划蓝图一定能够变成美好现实。

2021 年主要工作

今年是“十四五”规划的开局之年，做好今年政府工作事关全局、意义重大。我们将按照省、南通和我市市委全会部署，围绕高质量建设长江以北最强县市，立足新发展阶段、践行新发展理念、构建新发展格局，突出“三做一建”工作重点，更好统筹发展和安全，确保“十四五”开好局、全面建设社会主义现代化起好步，以优异成绩庆祝建党 100 周年。

今年经济社会发展的主要预期目标是：地区生产总值增长 8%以上，一般公共预算收入增长 6%以上，全部工业应税销售增长 15%以上，服务业应税销售增长 12%以上，实际利用外资 3.5 亿美元、力争 4 亿美元，外贸进出口增长 2%左右，固定资产投资增长 10%以上；居民消费价格涨幅控制在 3%左右，城镇登记失业率控制在 2%以内，居民人均可支配收入增长快于经济增长，单位 GDP 能耗下降、主要污染物排放完成上级下达任务。

围绕上述目标，重点抓好八个方面的工作：

一、坚持项目至上，持续扩大有效投入，着力培育业态高端、产出高效的经济发展新引擎。秉持“项目为王、质效为先”理念，持之以恒大抓项目、抓大项目，为高质量发展提供硬核支撑。

高质量招引优质项目。围绕“3232”产业体系，持续猛攻重特大项目，密切跟踪央企、大型上市企业和产业链头部企业新一轮发展规划，聚焦日韩欧美、港台，深耕上海、苏南、珠三角等区域，突出科技创新、亩均投入、税收贡献等要素，进一步优化项目预审标准，着力招引一批战略型、基地型、功能型项目，力争全年招引 10 亿元以上项目不少于 32 个、百亿级重大项目持续突破。继续强化“一把手招商”意识，配强招商力量，办好科技人才洽谈会和各类专题招商活动，切实提高招商成效。

高效率建设重大项目。开展“重大项目质态提升年”活动，健全月度观摩、集中开工、重特大项目“一项目一领导组”等机制，集中力量突破重特大项目，力争全年新开工 100 亿元以上项目 2 个、50 亿元以上项目 8 个、20 亿元以上项目 12 个、10 亿元以上项目 21 个，入选南通市高端制造业项目 5 个。重点推动莱赛尔纤维等 21 个重大项目快开工，力促森松新能源等 110 个项目快建设，确保宏茂特钢、万达轴承等 104 个项目快达产，力争项目竣工率、转化率大幅提升。

高强度裂变扩张项目。鼓励骨干企业以规模提升、生产提“智”实现裂变扩张，实施超亿元技改项目 30 个、建成省级智能车间 3 个，确保纳税 500 万元以上企业技改全覆盖、规上企业技改面

60%以上。大力支持企业利用资本市场直接融资，完善上市企业培育梯队，建立“一对一”挂钩服务制度，主攻企业入轨、上市挂牌，新培育上市企业2家、报会2家。

二、坚持科技强市，加快集聚创新资源，着力增添引领加速、提升质量的创新创业新动能。以创建国家创新型县市为引领，突出创新核心地位，完善科创领导体制，推动产业链、创新链双向融合。

大力培育创新主体。深入实施高新技术企业“倍增计划”，加快培育和打造一批占据主导地位、具备先发优势的创新型领军企业，新认定国家科技型中小企业200家、高新技术企业158家。建立企业研发投入普惠性奖励制度，新增省级企业研发机构4家，研发投入占GDP比重提升至2.7%。深化产学研协同创新，落地科技成果转化项目140个。深入推进标准化和质量提升行动，主导或参与制（修）订各级标准6项。加强知识产权保护利用，万人发明专利拥有量26.5件，确保国家知识产权强县工程示范市通过验收。

大力集聚创新资源。启动省技术创新中心建设，推动省级高新区创建国家级高新区，支持各主功能区创建国家级科技孵化器，搭建多层次科创空间载体。做优做强中科院化合物研究院、吉林大学汽车产业研究院、中乌第三代半导体研究院等科创平台，建成省级创新平台4家、省级众创空间2家，新增新型研发机构1家。充分发挥科技镇长团作用，持续推进产学研合作。深入实施“148高层次人才梯队”培养工程、“雉水英才”引进计划，力争新引进顶尖专家和高端团队4个、培育高层次创新创业人才30名。

大力优化创新生态。探索建立科创委，完善科技创新领导体制，推动科创资源高效配置。建立市场化产业引导基金运行制度，提升金融服务科技创新的能力，全年发放“苏科贷”“高企融资直通车”等各类科技贷款2.5亿元以上。健全“1+6”人才政策体系，探索有偿投资等创新创业资助方式，高品质建设青年人才公寓、国际社区，在住房、教育、医疗、社会保障等方面提供更优的人才政策。

三、坚持转型升级，做实做强实体经济，着力打造集聚集约、特色鲜明的现代产业新优势。坚持把发展经济着力点放在实体经济上，加快推进主导产业高端化、产业链条现代化，提高经济质量效益和核心竞争力。

培育壮大产业集群。深入实施“产业强链”行动计划，建立“八个一”工作推进机制，围绕智能装备、汽车和汽车零部件产业细分领域实行产业链垂直整合、上下游联动发展，推动新材料向价值链高端攀升，加快新一代信息技术全链条提档升级，增强生命健康产业发展新动能，促进五大制造业突破千亿级，不断提升产业集群优势。加快完善商贸物流流通体系，积极培育跨境电商、数字经济等新型业态，推动信息服务产业提质增效。加快推进东大街历史街区提档升级，支持长江药用植物园、平园池荷香民俗园创建国家AAAA级旅游景区，争创国家全域旅游示范区。服务业应税销售突破2000亿元。大力推进建筑业改革和格局重构，努力打造航母级建筑集团，确保建筑业总产值超1600亿元。

推动企业转型升级。实施引航企业培育计划，发挥日达智造、斯堪尼亚重卡等企业的“链主”效应，培育一批掌握全产业链和关键核心技术的产业生态主导型企业。加大“2523”大企业、制造业单项冠军、专精特新“小巨人”培育力度，力争新增销售超百亿企业1家、50亿元企业1家、亿元企业30家、新开业规模企业60家以上。实施“千企升级”计划，优化产业配套半径，鼓励中小微企业围绕大企业生产需求，提升协作配套水平，促进大中小企业融通发展。

精准服务实体经济。落细落实支持市场主体发展的政策举措，着力解决融资、用地、用工等方面的难题，加快低效资产盘活，确保新增制造业贷款30亿元以上，盘活闲置用地完成南通下达任务。深化开发园区“去行政化”改革，完善市场化招商、企业化运作模式，加快建设氢能、光电及第三代半导体等一批产业园区，推动如皋港化工新材料产业园升格为化工园区。探索共建园区托管机制，重点打造城东工业区和磨头、下原工业园区。健全市领导挂钩联系优势产业链和重点企业机制，构建亲清政商关系，实施中生代企业家“磐石”工程、新生代企业家“雏凤”工程，培养更多创新意识强、家国情怀深的“张謇式”企业家。

四、坚持改革开放，不断激发内生动力，着力建设更有效率、更富活力的开发开放新高地。以更深层次改革激发活力，以更高水平开放抢抓先机，以更大力度推进跨江融合，为高质量发展注入新动能。

持续深化重点改革。深入推进“放管服”改革，完善涉企经营许可事项清单，深化“互联网+”监管、信用监管，对新产业新业态实行包容审慎监管，打造“如意”服务创新品牌，确保营商环境评价和政务服务能力保持全省前列。强化国资国企监管，完善“2+1+1”运营体系，支持国有企业开拓市场化业务。推动镇级债务提级管理，完成年度政府性债务化解任务。推进市域治理与网格化服务管理有效融合，构建“大数据+指挥中心+综合执法队伍”新体系，提高市镇两级指挥中心实战实用实效水平。统筹推进6项国家级和7项省级改革试点。

加快扩大对外开放。持续提升外贸质量，支持企业参加各类展会和交易平台，推动电子模组配件、机电等高科技产品形成外贸新增量。积极实施“走出去”战略，支持梦百合、明德、超达、六建等优势企业抓住RCEP签署和中欧投资协定完成谈判的机遇，在“一带一路”沿线国家（地区）布局境外产业链。推动现有外资企业增资扩股、提档升级，重点推进金鹰产业园、斯堪尼亚重卡等14个超3000万美元项目，稳步提升外资质态。充分发挥开放口岸、海关特殊监管区功能，积极申报综合保税区，大力培育进出口贸易集散地。

纵深推进跨江融合。深入落实长三角一体化发展战略江苏实施方案和南通行动计划，精准对接上海“五大中心”和苏南现代化示范区建设带来的合作空间，加强区域协调联动，落实与苏州张家港、无锡锡山区的战略合作协议，积极推动长江镇与张家港凤凰镇、金港镇跨江共建。加快承接上海创新要素外溢、苏南产业梯度转移，优选科技含量高、产出贡献大的项目落地，着力打造长三角最具资源和成本优势的中高端产业制造基地。

五、坚持统筹融合，始终突出三农优先，着力擘画产业兴旺、农村兴盛的乡村振兴新样板。以建设国家农业绿色发展先行区为引领，以培育乡村振兴示范村、先进村为抓手，加快农业农村现代化步伐。

全力促进农业高质高效。按照“特色产业规模化、主导产业品牌化、优势产业效益化”思路，毫不松懈抓好粮食、生猪等重要农产品生产，建成15万头生猪稳产保供基地。以“花木盆景和三黑三白”为切入点，构建绿色粮油、生态果蔬、优质畜禽、特色水产等全产业链体系，加强东串猪、黑塌菜、白萝卜、黄芽菜等种质资源保护和开发利用，建成中国小微盆景基地二期工程。推动品牌化建设、标准化生产、全程化监管，加快省级农高区申报进程，实现规模以上农业生产主体监管全覆盖、可追溯率85%以上。筹建农业投资公司，探索建立乡村振兴产业专项基金，完善涉农保险、信贷等金融支持体系。

全力促进乡村宜居宜业。大力实施乡村建设行动。优化乡村河道、田园、村落等空间要素，因地制宜编制实用性村庄规划。完善城乡基础设施，完成农村桥梁改造30座、通居工程50公里。推进城乡污水处理提质增效，加快3个达标区建设，整合15座镇级污水处理厂、226个村庄生活污水处理设施，建成分散农户生活污水处置设施2.5万户，改造提升农村供水管网153.8公里，完成乡镇生活垃圾中转站升级改造。提升农村人居环境整治水平。健全河道长效管护机制，建设农村生态河道15条。持续开展省市特色田园乡村、美丽宜居乡村试点建设。

全力促进农民富裕富足。做好巩固拓展脱贫攻坚成果同乡村振兴有效衔接，健全防止返贫动态监测和帮扶机制。培育壮大新型农业经营主体，大力推动农业从业人员职业化，新增新型合作农场20家、示范家庭农场30家、高素质农民2790名。壮大村级集体经济，构建高质量“百企联百村”联建体系，建成强村加油站4个。稳步推进农村土地“三权分置”改革，积极探索集体经营性建设用地入市等改革试点,优化乡村产业发展用地政策体系,释放城乡发展新空间。

六、坚持精明增长,聚力提升品质内涵,着力彰显内外兼修、功能联结的城市发展新魅力。以创建国家历史文化名城为抓手,突出规划引领,突出扩容提质,突出精细精致,全力打造现代文明和历史文化交相辉映的生态宜居康养地。

做优做强城市功能。推进“多规合一”,完成国土空间规划编制。完善新城区功能提升规划,修编城区控制性详规,深化如泰运河、通扬运河周边城市设计。统筹中心城区产业、配套、文旅、创新、生态“五大片区”建设,高标准谋划实施东大街历史文化街区、龙游河三期、如泰运河生态廊道等重大城建项目。完善新城基础设施建设,推进万达广场、希尔顿酒店等一批功能配套项目,建成高新区邻里中心、东皋农贸市场,开工建设人民医院新院区,规划建设金融集聚区。实施汪明路、中央大道东延等 21 条城市道路延展工程。加快农贸市场达标提升,实现规范运行管理。完善市民休闲配套场所,改造城区林荫路 4 条,新增绿化面积 40 公顷。科学把握土地出让结构、节奏和规模,完成城市搬迁 65 万平方米。

有序推进城市更新。统筹棚户区、反差地段改造和破旧区域更新,全年开工 33.6 万平方米、完成 18.6 万平方米的老旧小区改造任务,扩大既有小区多层住宅加装电梯覆盖面。巩固全国文明城市创建成果,持续开展城市“微治理”,深化国家规范户外广告设施试点城市建设,完成海阳路、福寿路户外广告整治提升,扎实开展小区违章搭建、乱停乱放、毁绿占地等突出问题整治,新建城市公厕 3 座,新增停车泊位 400 个。

完善综合交通体系。全面推进北沿江高铁、张皋过江通道、通皋大道二期、G40 高速改扩建等重大交通工程,加快如皋西站综合枢纽设计,协同建设交通路网衔接工程。完成老 204 国道三期改造和紫光路北延建设,开工建设 226 省道白蒲段。强化道路通行安全保障,实施 40 公里干线公路亮化提升,完成 22 条县道和 214 个交通事故多发点位安全隐患治理。

七、坚持绿色发展,更加注重精准治理,着力塑造生态优良、水秀气净的美丽如皋新形象。坚持生态优先、绿色发展,加快美丽如皋建设,坚决守好高质量发展的生态本底,促进人与自然和谐共生。

深入推进长江生态保护。大力实施长江经济带生态环境保护修复三年计划,编制沿江岸线功能优化“一张图”和沿江生态带发展规划,推进夹江两岸船舶、钢结构等存量企业有序退出,探索“生态+城市片区开发+旅游”模式,建成沿江生态景观带示范段。严厉打击违法占用岸线行为,强化沿江码头、堆场环境监管。持续巩固化工产业安全环保整治提升成果,推动保留企业问题隐患整改销号、已关闭退出企业全面实现“两断三清”。全面做好长江禁渔工作。

持续推进污染防治攻坚。落实河长制、断面长制、支流长制,开展区域水环境综合治理,全面消除农村黑臭河道,实施城北街道片区通扬运河、白毛港疏浚整治,启动东司马港以南、通扬运河以西、如海运河以东 1 片区 7 镇 1 街道 255 平方公里的水环境治理,确保市考以上断面水质保持优 III 类及以上。开展扬尘整治“654”专项行动,加强重点企业 VOCs 排放监测管控,确保 $PM_{2.5}$ 平均浓度、空气质量优良天数比例完成南通下达任务。切实加强土壤修复治理,开展土壤环境调查,编制固体废物处置能力建设专项规划,推动污染地块全面纳管、持续减量、安全利用。

切实提升环境治理能力。强化“三线一单”管控,严格落实生态环境保护共同监管责任,强化水源地风险、排污、空间和执法管控。完善并落实好水环境“双向”补偿制度,建立乡镇空气环境质量量化考核机制。强化生态环境执法司法联动中心常态化运行,开展企业环境信用等级评定,建立环境违法“黑名单”制度。加强重点行业节能管理和绿色改造,推广“环保管家”新模式,严格控制新上高耗能项目,提升生态系统碳汇能力。

八、坚持共建共享,切实优化服务供给,着力创造百姓满意、社会认可的上善之城新生活。坚守为民初心,始终突出民生工作的普惠性、基础性和兜底性,聚焦重点,精准发力,努力交出一份温暖厚重的民生答卷。

慎终如始抓好疫情防控。全面落实“外防输入、内防反弹”措施,巩固拓展疫情防控成果。坚持人、物同防,加强进口冷链食品集中监管仓运行管理,做到“应进尽进,应检尽检”。严格医疗机构院感防控,加强高风险人群疫苗接种等防护工作。加快公共卫生应急体系建设,强化应急储备,继续推进二级以上医院 PCR 实验室建设,全方位提升应急处置能力。

久久为功优化公共服务。以建设“高质量教育县域样板、长三角北翼教育名城”为目标,持续优化教育资源布局,加快新城高中、如皋中学品质提升、如皋初中新校区、志颐小学、仙鹤幼儿园等工程建设,推动如师二附、如师三附、附小新城园等学校年内建成,启动如皋中专升格职业技术学院、第一中专升格技师学院工作,争创全国义务教育优质均衡发展县市,让教育如皋的金字招牌成色更足。深化健康如皋建设,实施人才提升工程,完成搬经镇、江安镇卫生院主体工程,全面推进紧密型医共体建设,强化市镇村卫生服务一体化管理,通过国家卫生城市复审。推进“互联网+医疗卫生”服务,打造全民健康信息平台。实施文化惠民工程,完善文旅公共服务设施,鼓励文化艺术精品创作,开展大运河古掘沟段考古工作。举办南通支云足球主场赛事、“梦百合杯”世界围棋公开赛等特色品牌赛事。加快“如 e 融媒”等新平台建设,全面提升媒体融合水平。持续推进广电智慧镇和社区建设。完善社会保障体系,持续推进稳就业工作,加大援企稳岗力度,新增就业 2.6 万人,稳步提高医疗保障、低保五保救助标准,发展慈善事业,推行因病支出型贫困家庭救助、自然灾害人身意外伤害和家庭财产综合保险,落实好残疾人“两项补贴”,健全普惠托育服务体系,规范发展多种形式婴幼儿照护服务,协同发展多元养老模式,居家上门养老服务比例 11%以上。

毫不松懈加强社会治理。扎实开展安全生产专项整治三年行动,认真落实省委危化品专项巡视反馈整改意见,持续做好违法违规“小字头”“停产停业”企业等专项整治,坚决杜绝重特大事故,有效遏制较大事故,实现生产安全事故起数、死亡人数“双下降”。压紧压实党政领导责任、部门监管责任和企业主体责任,扎实推进安全生产治理体系和治理能力现代化,推动安全生产形势全面稳定向好。巩固省食品安全示范市创建成果,守护好百姓“舌尖上的安全”。实施“八五”普法,健全领导接访下访、包案化解机制,完善社会治安防控体系,持续推进扫黑除恶专项斗争,切实增强人民群众安全感。

悠悠万事,民生为重。今年,我们编排了 6 个方面 12 项民生实事候选项目,提交各位代表进行大会票决后,实行清单式管理、项目化推进,着力解决好人民群众的操心事、烦心事、揪心事,努力让人民群众有更多的获得感、幸福感、安全感。

切实加强政府自身建设

各位代表，新时代呼唤新担当，新征程砥砺新作为。我们将永葆初心、牢记使命，用实干创造，用奋斗作答，奋力书写高质量建设长江以北最强县市的时代答卷。

一、以一往无前、担当担责的政治定力直面大考。深入学习贯彻习近平新时代中国特色社会主义思想，进一步把握政治大局，不断提高政治判断力、政治领悟力、政治执行力，切实加强政府系统党的建设，坚持以党的全面领导统领政府工作的组织、推进和落实，始终以严明的政治纪律和政治规矩保障政令畅通。全面落实意识形态责任制，凝聚推动高质量发展的强大正能量。

二、以一抓到底、依法依规的法治定力努力备考。深入贯彻习近平法治思想，自觉运用法治思维和法治方式推进政府工作，带头执行民主集中制、“三重一大”决策程序等制度，严格按照法定权限和程序行使权力，依法接受人大法律和工作监督、政协民主监督及监察监督、司法监督，办好人大代表议案、建议和政协委员提案，强化审计监督、社会监督、舆论监督，深入推进政务公开，让权力在阳光下运行。

三、以一着不让、务实务细的实干定力奋力赶考。全面提升能力素质，大兴求学之风，争做学习型干部，开展研究型工作，提高专业化能力。传承治沙精神、沿江开发精神，弘扬务实作风，争做“狼性”干部，当好攻坚克难的“行动派”。准确把握解放思想和守住底线、加快发展和保持定力、建强队伍和破解矛盾的关系。践行民本情怀，注重普惠普遍、实用实效、公开公平，让发展指标体现更多的“幸福指数”。

四、以一以贯之、从严从深的纪律定力从容应考。坚决贯彻全面从严治党各项要求，严格执行中央八项规定及其实施细则精神。以斗争精神破解作风建设突出问题，坚决整治形式主义、官僚主义，推动政府效能整体提升。狠抓重点领域廉政风险防控，着力整治群众身边的腐败问题和不正之风，加强公共资金、国有资产等重点领域的监察和监督，严控政府一般性支出、“三公”经费，永葆为民、务实、清廉的政治本色。

附件一：

2020年全市经济社会发展主要预期指标完成情况

序号	指标名称	单位	2020年	
			绝对数	增长%
1	地区生产总值	亿元	1305	5.3
2	固定资产投资	亿元	476.5	10.1
3	社会消费品零售总额	亿元	458	7
4	外贸进出口总额	亿元	248.9	1.1
5	实际利用外资	亿美元	3.3	—
6	一般公共预算收入	亿元	72	—
7	常住人口城镇化率	%	62.2	—
8	研发经费支出占GDP比重	%	2.6	—
9	高新技术产业产值占规模以上工业产值比重	%	40	—
10	每万人发明专利拥有量	件	25	—
11	每万劳动力中高技能人才数	人	1103	—
12	城镇居民人均可支配收入	元	49118	4.6
13	农村居民人均可支配收入	元	23599	7.7
14	城镇新增就业人数	人	9685	—
15	城镇登记失业率	%	1.74	—
16	学前三年教育资源配置率	所/万人	0.67	—
17	高等教育毛入学率	%	78.1	—
18	单位地区生产总值能耗降低	%	6.4	—
19	化学需氧量排放量	万吨	完成下达任务	—
20	二氧化硫排放量	万吨	完成下达任务	—
21	氨氮排放量	万吨	完成下达任务	—
22	氮氧化物排放量	万吨	完成下达任务	—
23	$PM_{2.5}$浓度	微克/立方米	34.8	—
24	空气质量优良天数比率	%	84.3	—

注：上述指标体系按照高质量发展相关要求选取

附件二：

2020 年为民办实事项目完成情况

1.完成城乡客运一体化运营改革，制定成本规制及财政补贴办法，完成星星公交并购重组和飞鹤公交线路经营权回收，优化运行城乡公交线路 92 条，上线运行电动公交车 88 辆，建成公交站亭 34 个、站牌 223 个。完成年度目标任务。

2.加强生态环保监测与治理能力建设，开展大气、水质网格化管控监测，建成并运行市考断面水质自动监测站 4 个、大气环境自动监测点 14 个，完成镇级污水处理厂提标改造 5 个，建成村庄生活污水处理设施 6 个、如泰运河及通扬运河重要支流周边农户生活污水处理设施 2000 户。完成年度目标任务。

3.实施供水安全保障提升工程，完成镇级民营水厂整合，区域供水入户率 100%；区域供水三期管网基本建成，完成 20 万吨/天净水处理厂、60 万吨/天深度处置中心土建工程、输水管线工程量的 70%。完成年度目标任务。

4.实施城区农贸市场新建工程，东皋市场主体封顶，新城市场完成桩基工程、土方开挖。完成年度目标任务。

5.主城区投放生活垃圾分类设施覆盖居民小区 50 个，12 个小区实现“两定一撤”四分类。单位食堂及餐饮单位餐厨废弃物规范收运处置实现全覆盖。凌青建筑装潢垃圾资源化处置中心建成运行。完成年度目标任务。

6.继续推进城区水系综合提升和居民小区综合整治工程，完成内外城河综合提升工程和秀水苑一期、福星新村等老小区改造及绿化集中整治。完成年度目标任务。

7.实施就业帮扶工程，帮助 11869 名困难人员实现就业。推进“阳光扶贫”助保贷款，审核助保申请对象 2658 人。转业军官、转业士官，安置率 100%，近百名下岗失业志愿兵实现再就业。完成年度目标任务。

8.继续完善应急防控体系建设，市应急指挥服务中心完成硬件装修、软件开发，与南通市应急指挥中心和市域治理现代化指挥中心实现数据对接。搬经镇消防站完成基础设施建设和装备器材采购。江安镇消防站建筑主体基本完工，完成办公设备、营区智能化设施采购。白蒲镇消防站主体封顶。

9.推进教育高质量发展，新城高中和青少年宫完成桩基施工，志颐小学、附小新城园开始主体结构施工，如皋中学品质提升工程完成总工程量的 50%。实验小学西侧福星新村 3 幢居民楼搬迁 99 户，交房 94 户。

10.推进医共体建设，市人民医院、中医院分别与 6 个镇卫生院开通远程会诊、影像技术服务等；升级镇卫生院、村卫生室信息系统，实现镇村卫生机构一体化管理。新增南通市临床重点（建设）专科 10 个，申报省级重点（建设）专科 7 个。招引本科及以上卫技专业人才 101 人，招录免费培养农村订单定向医学生 109 人。完成年度目标任务。

附件三：

名词解释

1.“2523”工业大企业培育计划：指到2022年底，力争形成应税销售超100亿企业2家，50亿~100亿企业5家以上，20亿~50亿企业20家以上，10亿~20亿企业30家以上。

2.专精特新“小巨人”企业：指专注于细分市场、创新能力强、市场占有率高、掌握关键核心技术、质量效益优的排头兵企业。

3.国家制造业单项冠军示范企业：指经工信部和中国工业经济联合会共同评选的，长期专注于制造业某些特定细分产品市场，具有相当规模，生产技术或工艺国际领先，单项产品市场占有率位居全球前三、全国第一的企业。

4.夜间经济：是现代城市业态之一，指从当日下午6点到次日早上6点所包含的经济文化活动，其业态囊括晚间购物、餐饮、旅游、娱乐、学习、影视、休闲等。

5.区街分设：指根据南通《关于进一步优化提升省级以上开发区管理体制机制的指导意见》对开发区、高新区、如城工业园区进行的体制机制改革，改革后园区主要承担辖区内产业发展、招商引资、重大项目建设、企业服务等经济管理职能，街道主要承担辖区内党建、社会事务管理和公共服务职能。

6.“一件事”改革：指以企业、群众办好“一件事”为目标，整合事项、再造流程、共享信息，逐步形成“一窗受理、一次告知、一表申请、一套材料、一次提交、一次反馈、一次分办、一窗出件、一号服务、一键评价”的办理模式。

7.强村加油站：即市县联动整合资源的扶贫新路，通过建设加油站，丰富和拓展经济薄弱村的增收渠道。每个加油站将扶持3个经济薄弱村，并建立动态调整和收入核查机制，以3年为一周期动态调整项目收益的扶持对象，确保项目收益足额到村，增强经济薄弱村自身造血功能。

8.“3232”产业体系：指智能装备制造、汽车及零部件、高端新材料等三大高辨识度的主导产业集群，新一代信息技术和生命健康等两大高成长性的新兴产业集群，商贸物流、信息服务、文化旅游等三大现代服务业产业，建筑和农业等两大传统优势产业。

9.“148”高层次人才梯队：指在全市专业技术人才队伍中择优选拔10名中青年首席专家、40名中青年科技领军人才和80名中青年科技带头人。

10.“1+6”人才政策体系：指我市出台的人才政策，“1”为《关于加快推进人才创新创业发展的若干政策意见（试行）》，“6”为鼓励人才创新创业、引荐人才奖励、支持企业引才用才、建设在外人才工作站、人才住房保障和子女入学等六个专项配套政策。

11.“八个一”工作推进机制：指每条优势产业链确定一位产业链首席专家、培育一批产业链发展支撑机构、明确一个产业链专业化智库单位、建设一批产业链发展园区载体、打造一个产业链供需对接平台、梳理一批产业链龙头骨干企业和重点项目、形成一个产业链专属政策组合包、建立一张产业链关键核心技术短板长板动态表。

12.国资国企“2+1+1”运营体系：“2”，指富皋万泰（工业园区）、城发集团（高新区）；“1”，指交通集团（市本级）+长江镇国有企业；“1”，指经济技术开发区国有企业。

13.RCEP：指区域全面经济伙伴关系，即由东盟十国发起，邀请中国、日本、韩国、澳大利亚、新西兰共同参加（“10+5”），通过削减关税及非关税壁垒，建立15国统一市场的自由贸易协定。

14.三黑三白：指黑塌菜、黑猪、黑鱼、大米、白萝卜、黄芽菜等特色农业产业。

15.两断三清：即断水、断电、清原料、清设备、清场地。

16.扬尘整治“654”专项行动：“6”是指建设工地、拆卸现场、闲置地块、道路街巷、渣土运输、“三场一站”（砂石场、煤堆场、散装货物堆场、混凝土搅拌站）等“六类现场”。“5”是指全领域贯标、全流程管理、全天候测查、全主体定责、全社会监督等“五全”要求。“4”是指主体自查自纠、市级巡查交办、纪检督查问责、社会监督曝光等“四查”机制。

17.三线一单：指生态保护红线、环境质量底线、资源利用上线和生态环境准入清单。

18.碳汇：指通过植树造林、森林管理、植被恢复等措施，利用植物光合作用吸收大气中的二氧化碳，并将其固定在植被和土壤中，从而减少温室气体在大气中浓度的过程、活动或机制。

19.PCR 实验室：指基因扩增实验室，是一种分子生物学技术，用于放大特定的 DNA 片段。目前我市主要用于新冠肺炎病毒核酸检测。

重要决议

中国共产党如皋市第十二届委员会第十次全体（扩大）会议决议

（2020年1月4日中国共产党如皋市第十二届委员会第十次全体（扩大）会议通过）

中国共产党如皋市第十二届委员会第十次全体（扩大）会议于2020年1月4日举行。市委常委会主持会议。出席会议的市委委员30名，候补委员5名。会议扩大到市四套班子全体领导，市纪委委员，各镇（区、街道）全体现职领导班子成员，市级机关各部门主要负责同志，市人大常委会、市政协各委室主要负责同志，各村（社区）党组织书记，有关企事业单位党组织负责同志，部分企业负责人，市级同业商会会长，非领导干部的部分党代表。会议邀请了在城的地市级老领导、市四套班子党员老领导参加。

全会高举习近平新时代中国特色社会主义思想伟大旗帜，认真贯彻落实党的十九大和十九届二中、三中、四中全会精神，按照中央经济工作会议和省委十三届七次全会、南通市委十二届十次全会部署，回顾总结2019年经济社会发展和党的建设工作，研究部署2020年工作，对推进我市治理现代化作出安排。

全会同意市委书记张建华代表市委常委会所作的《抢抓一体化机遇，坚持高质量发展，奋力开创“强富美高”新如皋建设新局面》的工作报告。

全会认为，过去的一年，市委深入学习贯彻习近平新时代中国特色社会主义思想，认真落实中央和省委、南通市委决策部署，在统筹兼顾中谋全局攻关键，在克难奋进中优作风强落实，党员干部加快发展的使命感进一步增强，担当作为的责任感进一步激发，干事创业的精气神进一步提振，全市上下形成比学赶超、奋勇争先的浓厚氛围，高质量发展路径不断优化，经济发展后劲不断增强，城乡发展水平稳步提升，群众幸福指数持续提高，党的建设得到全面加强，“强富美高”新如皋建设彰显新成效。

全会强调，要以高度的政治自觉、思想自觉、行动自觉，深入学习贯彻党的十九届四中全会精神，立足如皋所处的发展阶段，坚持高质量发展导向，在做实产业中提升经济发展质效；坚持走城乡融合发展之路，在做优城市中推动协同共进；坚持以人民为中心的发展理念，在做好民生中增进百姓福祉；坚持党对一切工作的领导，在建强队伍中激发治理效能，积极探索县域现代化治理新实践。

全会认为，做好今年工作，我们面临的不确定因素依然较多，经济持续健康发展有压力、有挑战，但经济稳中向好的基本面没有改变，我们要坚定加快发展的信心和决心，善于转化机遇、创造机遇，持续推动高质量发展走在前列。

全会指出，今年全市工作的总要求是，以习近平新时代中国特色社会主义思想为指导，全面贯彻党的十九大和十九届二中、三中、四中全会以及中央经济工作会议精神，增强“四个意识”、坚定“四个自信”、做到“两个维护”，创造性贯彻落实中央和省委、南通市委决策部署，突出高质量发展总导向，坚持稳中求进工作总基调，全面做好“六稳”工作，自觉践行新发展理念，突出供给侧结构性改革主线，坚持以改革开放为动力，坚决打好三大攻坚战，持续抓好“做实产业、做优城市、做好民生、建强队伍”四大重点，推动县域治理现代化走在前列，积极抢抓长三角一体化发展新机遇，全力推进大项目实现大突破，努力构建长江经济带战略支点重要支撑，确保高水平全面建成小康社会和“十三五”规划圆满收官，奋力开创“强富美高”新如皋建设新局面。

全会明确了全年经济社会发展主要预期目标，全市上下要聚焦前沿区建设，一体化发展要有大作为；聚焦园区打造，项目建设要有新突破；聚焦能级提升，城市发展要有高品位；聚焦产业兴旺，乡村振兴要有加速度；聚焦难点突破，三大攻坚战要啃硬骨头；聚焦短板补齐，民生福祉要有获得感；聚焦综合整治，社会治理要有实举措，努力把“强富美高”新如皋建设的美好蓝图变为生动实践。

全会指出，要深入贯彻落实新时代党的建设总要求，充分发挥党在各项事业中的领导核心作用，把全面从严治党贯穿于党的建设各个方面，让干事创业成为干部鲜明特征，让基层组织成为坚强战斗堡垒，让风清气正成为政治生态底色，以高质量党建为“强富美高”新如皋建设提供坚强的政治保障。

全会号召，全市各级党组织和广大党员干部群众，要以习近平新时代中国特色社会主义思想为指引，在上级党委的坚强领导下，抢抓长三角一体化发展机遇，振奋精神，锐意进取，为推动高质量发展走在前列，奋力开创“强富美高”新如皋建设新局面作出新的更大贡献！

中国共产党如皋市第十二届委员会
第十一次全体（扩大）会议决议

（2020年8月5日中国共产党如皋市第十二届委员会 第十一次全体（扩大）会议通过）

中国共产党如皋市第十二届委员会第十一次全体（扩大）会议于2020年8月5日举行。市委常委会主持会议。出席会议的市委委员29名，候补委员5名。会议扩大到市四套班子全体领导，市人民法院院长、市人民检察院检察长，市纪委委员，各镇（区、街道）全体现职领导班子成员，市级机关各部门主要负责同志，市人大常委会、市政协各委室主要负责同志，各村（社区）党组织书记，有关企事业单位党组织负责同志，部分企业负责人，市级同业商会会长，非领导干部的部分党代表。会议邀请了在城的地市级老领导、市四套班子党员老领导参加。

全会以习近平新时代中国特色社会主义思想为指导，贯彻落实省委十三届八次全会和南通市委十二届十二次全会的部署要求，认真总结上半年经济社会发展和党的建设工作，研究部署下半年任务，推动全市上下紧紧围绕“工业投入每年五百亿，百强排名挺进前二十”的目标定位，进一步解放思想、开拓创新，抢抓机遇、加快发展，夺取疫情防控和经济社会发展“双胜利”，高水平全面建成小康社会，奋力建设长江以北最强县市。

全会同意市委书记张建华代表市委常委会所作的《抢抓新机遇 实现大发展 奋力建设长江以北最强县市》的工作报告。

全会认为，今年以来，市委深入学习贯彻习近平新时代中国特色社会主义思想，按照市委十二届十次全会部署要求，团结带领全市上下统筹推进疫情防控和经济社会发展各项工作，坚持以更宽视野谋划发展，以更实举措推动发展，以更大努力维护发展，以更强合力保障发展，内优外拓的格局进一步凸显，稳中向好的势头进一步加强，和谐稳定的局面进一步巩固，干事创业的氛围进一步浓厚，较好地完成了“双过半”目标。

全会指出，在新冠肺炎疫情冲击之下，全市上下逆势拼搏取得的成绩来之不易，经验弥足珍贵，主要得益于始终坚持系统谋划，始终坚持把牢关键，始终坚持改革创新，始终坚持实干担当，为今后工作提供了有益借鉴、奠定了坚实基础。

全会强调，面对百年不遇的大变局和百年未有的新机遇，全市党员干部要拿出战天斗地的魄力，采取超常规的举措，牢牢扭住项目建设牛鼻子，系统谋划做优城市大文章，持续打造一体化发展前沿区，更好迈出跨江融合新步伐，努力把发展信心转化为实际行动，把良好机遇转化为竞争优势，奋力推动经济社会持续健康快速发展。

全会提出，做好下半年工作，要坚持以习近平新时代中国特色社会主义思想为指导，创造性贯彻落实中央和省委、南通市委决策部署，更好统筹疫情防控和经济社会发展工作，牢牢把握稳中求进工作总基调，全面落实新发展理念，紧扣“三做一建”重点任务，扎实做好“六稳”“六保”工作，以“对标张家港、行行争第一”的闯劲和拼劲，昂扬精神、克难奋进、苦干实干，确保圆满完成各项目标任务，高水平全面建成小康社会。下半年要重点抓好六个方面工作：一是毫不放松抓好常态化疫情防控；二是全力以赴促进经济稳中求进；三是坚定不移厚植产业基础；四是在新起点上推进美丽如皋建设；五是凝心聚力增进民生福祉；六是决战决胜高水平全面小康。

全会强调，要深入贯彻落实新时代党的建设总要求，持续营造讲规矩、守纪律的政治生态，全面构筑聚民心、解民忧的坚强堡垒，大力弘扬敢担当、善作为的工作作风，不断提高党的建设质量，为推动如皋高质量发展走在前列提供坚强保证。

全会号召，全市各级党组织和广大党员干部群众，要更加紧密地团结在以习近平同志为核心的党中央周围，在省委和南通市委的坚强领导下，进一步解放思想、抢抓机遇，乘势而上、加快发展，用夺取“双胜利”的丰硕成果，如期实现高水平全面小康，奋力建设长江以北最强县市，开启基本现代化建设新征程！

重要通告

如皋市人民政府
关于实施新型冠状病毒感染的肺炎疫情
一级响应措施的通告

根据江苏省人民政府关于启动突发公共卫生事件一级响应的决定，为有效遏制新型冠状病毒感染的肺炎疫情扩散和蔓延，切实保障人民群众的身体健康和生命安全，如皋市人民政府决定，启动实施突发公共卫生事件一级响应防控措施，立即做好以下工作：

一、依法采取强制性措施

1.一律停止大型群众性活动，从严控制外出开会、旅游、考察等活动。严禁举办各类群体性餐饮经营活动（含农村自办群体性宴席）。

2.各封闭式景区、景点和开放式景区内封闭场馆、各文化娱乐场所、互联网上网服务场所、浴室、体育健身场馆、小区棋牌室等非市民日常生活必需的场所全部暂停开放。宗教活动场所暂停开放。

3.所有学校暂停举行一切聚集性活动。各级各类教育培训机构一律停止开展线下服务。0~3 岁托育机构一律停止营业。

4.严禁活禽（野生动物）销售。

5.公共交通、商超、餐饮、美容理发、银行等密切接触服务对象的工作人员，必须严格执行戴口罩上岗。市民在公共场所必须戴口罩，使用后的口罩不得随意丢弃。

6.对两周内有新型冠状病毒感染的肺炎确诊及疑似病例接触史、湖北地区经停史和湖北地区人员接触史的发热人员，严格实施隔离措施。各类企事业（单位）负责通知已前往湖北地区职（员）工暂缓回如。

二、严格实施卫生检疫

1.市内车站、港口、国省道、高速公路出口等所有入境道口设立留验站，实施强制卫生检疫措施，对所有湖北地区来如人员开展体温检测和相关信息登记。对有发热、咳嗽等症状的人员，立即实施临时隔离留验，并第一时间移交指定医疗卫生机构。

2.旅馆、酒店等住宿业暂停湖北地区来如人员订单，对已预订客房的主动联系退订，并全额退款。对已入住的湖北地区旅客，应及时向当地疾病预防控制机构或基层组织报告。

3.湖北地区来如人员必须到社区卫生机构登记信息，并严格实行居家医学观察或集中医学观察至抵如后 14 天，出现发热或者干咳、气促、肌肉酸痛无力等症状时应立即向社区报告，并由 120 专车转送至指定医疗机构发热门诊留验筛查。

4.对隐瞒不报、拒不配合的，可强制执行，并依法追究法律责任。

三、限制前往湖北地区

1.旅行社暂停开设前往湖北地区的旅游线路，不得组团前往湖北地区。

2.各客运公司暂时取消前往湖北地区省际班车。

3.非必须，本市人员不要前往湖北等地区。

四、实施严格消毒管理措施

1.对各类公共场所、农（集）贸市场、公共交通工具、养老机构、餐饮食品生产经营等单位实施严格消毒，必要时实施封闭管理。

2.严格实施医疗机构内现场控制、消毒隔离、个人防护、医疗垃圾和污水处理。

3.做好湖北地区来如车辆和疫点、疫区的卫生消毒处理。

五、切实保障物资供应

1.对于短缺的医疗、防控物资和居民所需日常防护物品，全力做好货源采购，组织发动本地企业复工生产。

2.必要时临时征用房屋、交通工具以及相关设施设备。

3.对趁机哄抬物价、囤积居奇、制假售假等违法犯罪和扰乱市场秩序的行为,依法从重从快查处。

六、全民动员群防群控

1.各行政、企事业单位建立防控机制，严密排查，发现情况及时报告当地疫情防控指挥部。

2.镇区、村（社区）认真落实《关于加强新型冠状病毒感染的肺炎疫情社区防控工作的通知》（皋防指〔2020〕3号）要求，实施“网格化、地毯式”管理，严格执行疫情监测、信息报告、人员隔离、环境整治、健康宣教等防控措施。

3.各零售药店、个体诊所工作人员，对购买发热感冒等药品的人员，要按规定进行身份信息登记，力劝患者及时到医院发热门诊就诊，并将相关信息报告当地疾病预防控制机构或基层组织。

4.大力组织开展爱国卫生运动，开展城乡环境卫生整洁行动，组织开展“除四害”活动。

5.广大市民要不造谣、不信谣、不传谣，积极主动及时提供湖北地区来如人员线索等疫情防控相关信息。请拨打各地疫情防控指挥部电话：

市防疫指挥部：87650120

如皋经济技术开发区（城北街道）：87501921

如皋工业园区（如城街道）：87633309

长江镇（如皋港工业园区）：81739659

如皋高新技术产业开发区（城南街道）：87199518

东陈镇：87541106

丁堰镇：88567408

白蒲镇：88578588

下原镇：87715002

吴窑镇：87946035

磨头镇：88591008

九华镇：87575719

石庄镇：87561090

江安镇：87596486

搬经镇：88502345

七、本通告自发布之日起施行。

如皋市人民政府

2020年1月27日

如皋市人民政府关于实施全民参与疫情防控十二项措施的通告

为认真落实突发公共卫生事件“一级响应”措施，坚决打赢疫情防控阻击战，如皋市人民政府决定实施全民参与疫情防控十二项措施。现通告如下：

一、各单位须立即通知湖北、温州等疫情重点地区人员在疫情解除前不得返如。

二、鉴于近期部分企业即将有序复工，全市范围内所有非南通籍企业员工在疫情解除前不得返如；企业管理人员（含技术骨干）确因工作需要返如的（湖北、温州等疫情重点地区除外），必须经企业和属地政府同意，并在其独立住所居家观察14天。

三、所有小区、企业、单位实行封闭式管理。外来人员和车辆非必须不得进入，特殊情况须有人领进并实名登记，严格限制活动范围。进入人员一律佩戴口罩并测温，有发热症状的不得进入，并按规范处置。所有村庄实行网格化包保措施，参照上述小区封闭式管理要求，严控外来人员进入，严密监测居家人员身体状况。

四、一旦出现发热、咳嗽等症状，须及时到医院发热门诊就诊，并第一时间向现居住地所在村（社区）报告。对出现确诊或疑似病例的，立即对小区、村组、住宅楼单元实行规范隔离。

五、近14天有疫情重点地区旅居史的市外返回人员、确诊或疑似病例密切接触者，须1小时内主动向居住地村（社区）报告。严格执行居家或集中医学观察措施，并在门户标识、小区（村居）公示。

六、农贸市场、超市、药店等生活必需的公共场所要合理安排营业时间，定期规范消杀，进入人员一律测体温、戴口罩。快递、外卖实行无接触配送。非生活必需公共场所一律关闭。

七、“红事”停办。“白事”极简，并提前报村（社区）备案。禁止串门、聚餐、打牌等聚众活动。

八、尽量不外出，倡导每户家庭每两天指派1名家庭成员外出采购生活物资。外出必须戴口罩。

九、落实出租房业主主体责任和村（社区）监管责任，加强对承租人员的管控和报备。

十、党员干部、人大代表、政协委员要发挥带头作用，管好家人、亲属，积极主动参与疫情防控工作，带动街坊邻居自觉遵守规定。

十一、所有单位、个人车辆非经批准，不得用于接送疫情重点地区返如人员。

十二、不造谣、不信谣、不传谣，对严重影响干扰疫情防控工作的依法依规依纪严肃处理。

所有在如人员要自觉遵守国家、省、市出台的疫情防控各项规定。对违反规定的，依法追究责任。

特此通告。

如皋市人民政府

2020年2月4日

关于印发《如皋市企业复工及疫情防控工作方案》的通知

各镇（区、街道）人民政府（管委会、办事处），市各相关部门和单位：

《如皋市企业复工及疫情防控工作方案》已经市新型冠状病毒感染的肺炎疫情防控指挥部研究同意，现印发给你们，请认真遵照执行。

如皋市新型冠状病毒感染的肺炎疫情防控指挥部办公室

2020 年 2 月 7 日

如皋市企业复工及疫情防控工作方案

为贯彻落实中央、省、南通市系列决策部署，进一步加强新型冠状病毒感染的肺炎疫情防控工作，更好地保障人民群众生命安全和身体健康，按照《江苏省政府办公厅关于延迟企业复工的通知》、《关于做好新型冠状病毒感染的肺炎疫情防控期间企业复工工作的通知》（苏防疫企业防控函〔2020〕2 号）、《江苏省工业企业新型冠状病毒感染的肺炎疫情防控卫生学技术指南》（苏防疫企业防控函〔2020〕3 号）和南通市《关于印发〈全市企业复工及疫情防控工作方案〉的通知》等文件要求和我市突发公共卫生事件一级应急响应安排，现就做好全市企业复工及疫情防控工作制定方案如下：

一、总体要求

深入学习贯彻习近平总书记关于新型冠状病毒感染的肺炎疫情防控工作的重要讲话指示精神，切实落实中央和省关于疫情防控工作部署要求，扎实做好企业有序复工和疫情防控工作，加强疫情监测，严格落实早发现、早报告、早隔离、早治疗措施，做到存量防扩散、增量防输入，确保企业平稳过渡，逐步恢复正常生产经营秩序。

二、主要内容

（一）复工时间节点

各地各部门要监督企业坚决落实省政府关于延迟企业复工的通知和我市关于延迟企业复工的通告要求，不得早于 2 月 9 日 24 时前复工。涉及保障公共事业运行必需、疫情防控必需、群众生活必需及其他涉及重要国计民生的相关企业除外。对春节期间连续生产，无新增返如人员，继续生产不会造成人员流动的企业，必须报所在地政府（管委会）审核，经市政府同意后，可以在维持原有生产规模且不新增加员工的基础上继续生产，同时必须严格落实疫情防控措施。对因特殊情况且已落实各项防控措施确需提前复工复产的企业，如涉及承担国家、省、市重大工程和重点项目的企业，须向所在地政府（管委会）提出书面申请，并经市政府审查报南通市政府同意后方可复工。

（二）企业复工标准

企业在复工复产时要严格落实疫情防控主体责任，严格落实检疫查验和健康保护措施，满足以下条件方可复产复工：

1.机制建立到位。企业要成立疫情防控工作组，建立疫情防控的内部责任机制，健全疫情防控管理体系，明确信息报告人，明晰主要负责人、分管负责人及部门车间班组负责人的工作职责，制定疫情防控应急预案和工作方案，制定员工发烧、乏力、干咳或呼吸困难等疑似病状的应急处置措施、隔离观察措施和送医治疗等预案。

2.员工排查到位。企业要组织对每一名员工返如前半个月内活动轨迹进行细致排查，认真填写《返如员工行程登记表》和《返如员工疫情防控承诺书》（附件1、2），坚决劝阻省外重点疫区的职工在疫情结束之前回厂工作，对去过重点疫区的返厂员工要排查其抵如时间，按规定完善落实企业内部医学观察、自行隔离等措施，确保其隔离观察14天并经体温测量正常后方可上岗。

3.防控物资到位。企业要准备必需的防控物资，购置口罩、红外测温仪、消毒水、消毒洗手液等疫情防控物资；企业要落实隔离场所，设置有集体宿舍的企业，要设置临时隔离场所，安排单人单间、相对独立房间作为疫区返岗人员临时隔离场所。不具备条件的企业，要按照所在地政府（管委会）的统一安排，确定具体的隔离观察地点。

4.内部管理到位。企业原则上要实施封闭管理，严禁无关人员进入本单位生产办公场所；企业要每日对全体上班人员进行入厂、入单位前体温检测，在入口处使用红外测温仪，对所有进入企业的人员开展体温探测，并按规定上报复工复产人员情况、重点监控类人员情况、员工健康状况等；企业要做好场地的通风、消毒和卫生管理及隔离区管控，复工前对工厂进行彻底消毒、复工后每天进行消毒；食堂禁止宰杀活畜禽，餐具实行消毒，注意食物安全卫生。服务人员每日岗前必须开展健康检查，测量体温并保留检测记录。

5.宣传教育到位。建立和落实复工上岗前个人防护知识、安全生产全员培训制度，为员工准备防疫知识、宣传手册、宣传视频，在宣传板、企业微信、电子大屏等开展宣传，并组织专题培训，切实提高员工个人疫情防控意识。

（三）复工审核流程

各地要按照“重要出口企业、上市公司、重点制造业企业和亩均效益高企业”优先的原则，稳步推进企业复工。对企业疫情防控到位、复工人员底数清、生产物资全、订单量充足、设备检修到位、防护物资储备足、隔离区设置规范、本地员工占比大的企业给予优先安排复工。各地各部门要加大对中小微企业的指导服务，帮助企业完善复工方案，落实防疫措施，力促早日复工。

2月10日前，企业复工按照《关于做好新型冠状病毒感染的肺炎疫情防控期间企业复工工作的通知》（苏防疫企业防控函〔2020〕2号）精神，逐级进行审批；2月10日后，拟在全市突发公共卫生事件一级应急响应解除前复工的企业，要在具备上述条件的前提下，须至少提前3日（自然日）向所在地企业防控组申请报备，各地各级企业防控组要积极帮助企业完善复工手续，加快审批流程。企业申请复工的受理审核流程如下：

1.员工人数200人以上（含200人）的企业，向所在地镇（区、街道）报送《企业复工申请表》（附件3），经市疫情防控指挥部企业防控组批准后方可复工；员工人数200人以下的企业，向所在地镇（区、街道）申请报送《企业复工申请表》；

2.企业向所在地镇（区、街道）同时报送《复工企业疫情防控工作信息表》和《企业疫情防控承诺书》（附件4、5）；

3.接到申请后一日内，企业所在地镇（区、街道）对照“五个到位”复工标准，对企业现场和方案进行检查，符合复工标准的，批准复工。

（四）复工前期准备

1.健全工作机制。拟在全市突发公共卫生事件一级应急响应解除前复工的企业，须成立本企业疫情防控工作组，实施检疫查验、健康防护、安全复工，制定本单位疫情应急预案和工作方案，在响应期内常态化进行员工疫情防控、环境消毒、防疫宣传、物资准备等方面工作，确保企业疫情安全防控措施做到位。未成立疫情防控工作组的，不得复工。企业疫情防控工作组组长由企业负责人担任，下设员工回流统计组、每日诊断隔离组、厂区宿舍消毒组、疫情宣传教育组、防护用品保供组、食堂食品安全组等6个小组，明确专人任小组长，对防控工作不到位的，不得复工。造成社会不良影响的，依法追究法律责任。企业要依法保护职工合法权益。

2.落实防控措施。企业应在拟复工前，按照指南和复工标准做好信息告知、组织动员、健康排查、物资准备、方案制定，组织员工提前开展连续性的防控监测防疫工作，建立日报制度并形成台账（详见附件3），复工后每日向所在地企业防控组报告，没有变化的实行“零报告”。参与复工生产的员工需追溯满14天每日监测无异常，按照方案规定的程序申报复工。企业应及早研判生产和市场形势，合理安排复工日期。2月10日前除防疫、安全必须人员外，其他人员不进入厂区，外地员工不提前返厂待命。企业应加强员工管理，组织员工执行防疫措施，下班后员工居家封闭管理，减少聚集性活动，做到活动轨迹清晰可控。

3.明确防控职责。按照属地管理、法人负责和“谁用工、谁管理、谁负责”的原则，各地政府（管委会）对本地企业疫情防控负总责，各企业对本企业疫情防控负主体责任。严格实施企业向属地承诺、员工向企业承诺制度，切实加强风险管控。各地企业防控组要实行网格化管理，加大对企业疫情防控知识宣传和指导，督促属地企业制定“一企一策”方案，将各级工作部署要求传达到每家企业，确保企业将各项防控工作措施落到实处。

（五）复工后期督查

企业复工后，各地企业防控组要加大监督检查力度，对防控措施落实不到位，存在疫情防控隐患的督促整改，存在重大隐患风险的提请相关职能部门作出停产整改决定。各在产及复工企业要严守安全生产和环境保护底线，不得违反或降低安全生产和环境保护标准。

三、其他事项

（一）落实派驻联系制度

各地各部门要贯彻落实市委、市政府关于建立派驻联系复工企业制度加强疫情防控和服务保障工作的通知精神，按照中央和省关于疫情防控工作部署要求，充分发挥各级机关干部的主观能动性，按照“指导、督促、服务”三结合要求，进一步“优服务、防疫情、促发展”，指导企业加强疫情防控，督促企业落实主体责任，服务企业保障生产经营，进一步提振企业发展信心，坚决打赢疫情防控阻击战。

（二）强化部门整体联动

市发改、商务、住建、卫生健康等部门要指导企业做好复工和疫情防控工作；市发改、商务等部门，要帮助复工企业协调防疫物资保障；市人社、发改等部门要密切关注复工企业的用工情况，协调解决缺工问题；市卫生健康、公安、发改、商务、交通等部门要强化信息共享，全面掌握人员流动状况和健康信息。

附件：

1.返如员工行程登记表

2.返如员工疫情防控承诺书

3.企业复工申请表

4.复工企业疫情防控工作信息表

5.复工企业疫情防控承诺书

部门公报

2019年度如皋市生态环境状况公报

根据《中华人民共和国环境保护法》《江苏省环境保护条例》和江苏省环境保护厅《关于定期发布地方环境状况公报的通知》的规定，现发布2019年度如皋市环境状况公报。

一、综述

2019年，全市认真落实中央、省、市加强生态环境保护的决策部署要求，以改善生态环境质量为核心，统筹推进环境整治、生态保护、执法监管等重点任务，坚决打好污染防治攻坚战，全市主要污染物排放总量和强度持续下降，环境质量持续改善，环境安全得到保障，全年未发生重特大环境污染事故及环境事件。

二、环境质量

（一）水环境

1.饮用水源水

2019年集中式水源地如皋鹏鹞水厂和如皋市长青沙水库应急水源地水质每月监测，根据《地表水环境质量标准》（GB3838—2002），按单因子评价法进行评价，均达到或优于Ⅲ类标准，监测结果均达标，满足饮用水源地水质要求。

2.地表水

2019年，全市共设碾砣港闸、焦港桥、夏堡北大桥、曙光电灌站、勇敢大桥、新省道334公路桥、新国道204公路桥、长庄大桥、林梓大桥、东陈大桥、环西大桥等11个“水十条”考核断面。Ⅰ~Ⅲ类水质断面占72.7%，Ⅳ类水质断面占27.3%。

3.地下水

2019年两地下水测井质量综合指标类别均为Ⅳ类。

4.废水和主要污染物排放量

2019年，全市工业废水排放总量1119.2万吨。工业废水中主要污染物化学耗氧量（COD）排放量为934.3吨。城市生活污水排放量（含全市各乡镇进入污水处理厂的量）5168.87万吨。

（二）空气环境

1.城市空气

2019年我市环境空气中二氧化硫、二氧化氮、颗粒物（PM_{10}）、颗粒物（$PM_{2.5}$）指标年均值分别为12微克/立方米、28微克/立方米、75微克/立方米和41微克/立方米，自然降尘量国控点和省控点的年均值分别为4.5吨/平方公里·月、4.4吨/平方公里·月。2019年我市空气质量优良天数285天，优良率78.1%。

2.酸雨

2019年我市降水总体呈弱酸性，降水pH均值为6.56，酸雨频率为2.68%。

3.废气和主要废气污染物排放量

2019年全市工业废气排放量270亿立方米，二氧化硫排放量758.8吨，氮氧化物排放量1356.7

吨，烟（粉）尘排放量 757.0 吨。

（三）声环境

1.区域环境噪声

2019 年市区区域声环境质量昼间平均等效声级值为 48.5 分贝，总体水平等级为一级（好）。

2.道路交通噪声

2019 年全市道路交通噪声昼间加权平均等效声级值为 60.7 分贝，强度等级为一级（好）。

3.功能区噪声

2019 年，如皋市功能区噪声除一类区和二类区的昼夜间声环境质量未达到相应功能区要求外，其余均符合相应功能区要求。

（四）固体废物

2019 年，全市工业固体废物产生量 88.8 万吨，其中危险废物产生量 13.7 万吨；工业废物综合利用量 97.2 万吨，处理量 2.16 万吨，贮存量 0.32 万吨。

三、具体措施

1.突出大气污染治理。2019 年，我市继续推进实施燃煤锅炉淘汰或清洁能源改造，二氧化硫、氮氧化物削减率均超出年度目标。合计完成大气污染防治治理工程 91 项。已完成项目分别是：燃气锅炉低氮燃烧改造项目 18 项、燃煤锅炉整治项目 2 项、工业窑炉整治项目 13 项，机动车尾气遥感监测项目 1 项；码头油气回收治理项目 2 项； VOCs 综合治理项目 26 项，餐饮油烟整治项目 13 项，汽车维修企业挥发性有机污染物综合治理 12 项，颗粒物无组织排放深度减排 2 项；港口岸电系统建设 2 项。

2.加强水环境治理。完成《如皋市 2019 年水污染防治工作计划》。针对断面超标较多的如泰运河和通扬运河两条主要河道，制定了《如泰运河、通扬运河水质联动提升方案》《2019 年度重点断面支流监测方案》，从 1 月开始，委托第三方对如泰运河和通扬运河重点断面周边的 38 条支流开展例行检测，掌握重点断面周边支流水质变化情况，评估支流水质对考核断面的影响，为重点断面周边支流整治工作提供必要的数据支撑。继续实施水环境区域生态补偿制度。按月发布生态补偿结算结果，对各镇区间水环境质量实施生态补偿，倒逼各镇区压实主体责任，重视水环境治理工作。开展镇区二级河道考核试点。在全市范围内选取长江、九华、石庄、江安、吴窑、下原、磨头、城南等镇（区、街道）的部分二级河道增设监测考核断面，通过对相关镇区二级河道的考核，调动镇区水环境治理的主动性。落实长江经济带“共抓大保护”战略要求，对入江入河排污口进行整治。执行最严格水资源管理制度，严格控制地下水开采，持续推进加油站地下油罐改造工作。

3.推进土壤污染治理。开展土壤污染状况详查。委托第三方进行第一阶段信息采集工作，信息采集风险筛查工作已于 2019 年 8 月底全部完成，最终确定 302 个调查地块并通过省生态评估中心审核验收。经信息采集分析填报、风险筛查、专家纠偏后，本次重点行业企业用地调查市局确定我市 39 个地块纳入第二阶段采样调查，目前已经进入采样调查阶段。

4.加强固体废物管理。推进固体废物处置基础设施建设。南通九洲环保科技有限公司年焚烧处置 1 万吨危险废物二期项目正式投入运行；总投资 1.5 亿元，填埋处置危废共计 26 大类，设计处置能力 3.5 万吨/年的危废填埋场项目正式投入试运行。总投资 3760 万元，填埋处置生活垃圾焚烧飞灰设计处置能力 6 万吨/年的如皋生活垃圾飞灰填埋场项目正式投入运营。

5.保持执法高压态势。针对行业性、区域性、季节性的环境问题，有的放矢，开展各类专项执法检查，夜查、节假日检查等突击检查常态化。开展“散乱污”综合整治，共完成 478 家，其中关闭 436 家、提升整治 41 家、搬迁 1 家。积极配合市化治办、相关镇（区、街道）开展化工企业安全环保整治提升工作，对纳入整改提升类的 19 家企业逐企进行督查指导，推进整改措施落实到位；对列入 2019 年关停的 24 家企业开展关停风险排查，对存在突出环境问题的 6 家企业下发环境执法通知书，督促企业落实主体责任，防范生态环境风险。2019年，对142起环境违法行为给予行政处罚，罚款金额达931万元。按环保法“四个配套”办法办理26件环境违法案件，其中查封扣押20件、限产停产6件。加强行刑衔接，协同移案办案，组织开展5次集中打击环境违法犯罪专项整治行动，向公安机关移送刑事案件7件。

6.加强环境信访化解。召开如皋市环境信访“百日攻坚”化解动员会，印发专项行动方案通知，制定化解计划，确保责任落实到人。深入排查信访积案，全面梳理环境信访件办理情况，按照“查处到位、处罚到位、整改到位”的标准，梳理出问题清单，及时进行交办，实行领导包案制度，全市共受理各级环境信访2969件，同比下降27%，其中南通级238件，同比下降50.5%，省厅以上150件，同比下降41%。

7.加强环境风险防控。完成《如皋市突发环境事件应急预案》《如皋市饮用水源突发环境污染事件应急预案》《如皋市环境保护局突发事件应急预案》的修编。积极推进全市重点排污单位污染源自动监控设备安装。开展企业突发环境事件风险评估，建立全市重点环境风险企业数据库，完成全市80家重点风险企业环境安全达标建设及“八查八改”专项行动。针对水源地水域污染事故等，开展多部门环境应急演练。

8.完善环保信用评价。共对全市987家主要污染源企业进行环保信用动态评级，其中绿色1家，蓝色966家，黄色4家，红色6家，黑色10家。评级结果实时动态在省厅相关网站公布。配合银行、物价、供电、供水等部门对环境失信企业实施联合惩戒。

9.夯实环境监测基础。完成环境质量例行监测、污染源监督监测、水气声自动监测等各类监测任务，全分析样品数2702份，编制各类监测报告（表）655份，获手工监测数据约16252个，水、气、声自动监测数223380个，配合开展信访监测、调查监测和应急监测111多次。全面加强自动化监测建设，完成新省道334公路桥、新204公路桥、夏堡北大桥、勇敢大桥等四个省考断面水质自动站站房建设。

如皋市2020年国民经济和社会发展统计公报

如皋市统计局

2020年，全市上下深入学习贯彻习近平新时代中国特色社会主义思想和党的十九大、十九届二中、三中、四中、五中全会精神，坚持稳中求进工作总基调，坚持新发展理念，抢抓长三角一体化发展机遇，围绕“奋力建设长江以北最强县市”目标，统筹疫情防控和经济社会发展，扎实做好“六稳”工作，认真落实“六保”任务，高质量发展和“强富美高”新如皋建设取得显著成效。

一、综合

经南通市统计局初步核算，全年实现地区生产总值1305.22亿元，可比价增长5.3%。第一产业增加值77.71亿元，增长2.6%；第二产业增加值623.30亿元，增长4.5%，其中工业增加值517.47亿元，增长4.9%；第三产业增加值604.21亿元，增长6.6%。三次产业结构为5.9:47.8:46.3。服务业增加值占GDP比重比上年提高1.4个百分点。

全年新登记私营企业5228家，年末累计达34036家；新登记私营企业注册资本310.07亿元，年末累计注册资本3758.51亿元。全年新登记个体户17620户，年末累计达134437户；新登记个体工商户资金数额31.62亿元，年末累计资金数额155.65亿元。

全年城镇新增就业9685人。全年帮扶城乡就业困难人员就业再就业962人。新增转移农村劳动力1010人。全年采集发布就业岗位2.82万个。城镇登记失业人数5884人，城镇登记失业率1.74%。

年末户籍人口140.39万人，比上年减少0.91万人。全市人口出生率6.75‰，人口死亡率10.16‰，人口自然增长率-3.41‰。

2020年末人口数及构成

指标名称	年末数(万人)	比重(%)
年末户籍人口	140.39	-
#18岁以下	19.21	13.7
18—34岁	26.12	18.6
35—59岁	55.15	39.3
60岁及以上	39.91	28.4
#男性人口	69.83	49.7
女性人口	70.56	50.3

高新技术产业产值484.48亿元，增长2.8%，占全市规模以上工业总产值的比重为39.6%，比上年提高2.3个百分点。战略性新兴产业产值395.57亿元，增长9.5%，占规上工业总产值比重达32.3%，比上年提高3.1个百分点。限额以上批发和零售业通过网络实现零售额3.73亿元，增长70.3%，占零售额的比重为4.5%，比上年提升2.8个百分点。规模以上服务业中交通运输、仓储和邮政业及租赁和商务服务业营业收入分别增长27.0%和31.7%。

全年居民消费价格总指数102.4，居民消费价格总水平较2019年上涨2.4%，比全国、全省均低0.1个百分点。八大类中，食品烟酒类价格上涨8.9%，涨幅居八大类之首，影响全年CPI上涨2.44个百分点；其他用品和服务类价格涨幅次之，上涨3.7%；衣着类价格上涨2.3%；教育文化和娱乐类价格上涨1.8%；生活用品及服务类价格上涨1.1%；医疗保健类价格上涨0.3%。居住类价格下降2.1%；交通和通信类价格下降2.0%。

八大类商品及服务价格涨跌及对总指数的影响

类 别	上年同期=100	对总指数的影响（百分点）
居民消费价格总指数	102.4	2.35
食品烟酒	108.9	2.44
衣着	102.3	0.18
居住	97.9	–0.44
生活用品及服务	101.1	0.06
交通和通信	98.0	–0.27
教育文化和娱乐	101.8	0.23
医疗保健	100.3	0.02
其他用品和服务	103.7	0.13

二、农 业

全年实现农林牧渔业总产值127.73亿元，按可比价计算，增长2.7%。其中，农业产值71.27亿元，增长1.8%；牧业产值36.69亿元，增长3.2%。

全年粮食种植面积149.79万亩，比上年增加0.51万亩；棉花种植面积0.05万亩，比上年减少0.03万亩；油料种植面积13.85万亩，比上年增加0.56万亩；蔬菜种植面积33.75万亩，比上年增加0.78万亩。全年粮食产量67.46万吨，比上年增加0.52万吨，增长0.8%；其中，夏粮产量24.72万吨，增长2.7%；秋粮产量42.74万吨，下降0.3%。棉花产量25.96吨，下降45.8%；油料产量2.69万吨，增长4.3%；蔬菜产量80.37万吨，增长2.7%。粮食平均亩产450公斤，比上年增加2公斤，增长0.5%。

全年肉类总产量7.90万吨，比上年下降28.2%；禽蛋总产量6.60万吨，增长35.0%；生牛奶总产量1.07万吨，增长53.3%；水产品总产量2.71万吨，增长2.3%。

主要农副产品产量

指标名称	计量单位	全年产量	比上年增长%
粮 食	万吨	67.46	0.8
棉 花	吨	25.96	–45.8
油 料	万吨	2.69	4.3

指标名称	计量单位	全年产量	比上年增长%
生猪年末存栏数	万头	33.16	90.8
生猪出栏数	万头	46.06	–44.3
羊年末存栏数	万头	13.52	–18.1
羊出栏数	万头	23.3	–43.4
家禽年末存栏数	万只	878.79	–4.4
家禽出栏数	万只	2521.84	–2.7
禽 蛋	万吨	6.6	35
水产品	万吨	2.71	2.3

全市新建高标准农田 6.4 万亩，农作物耕种收机械化率达 86%。年末农业机械总动力 87.98 万千瓦，比上年增长 2.4%。有效灌溉面积达 108.21 万亩，新增有效灌溉面积 0.55 万亩。如皋市被农业农村部列为东部沿海地区率先基本实现农业农村现代化试点县。下原襄荷被认定为农业农村部地理标志农产品。

三、工业和建筑业

2020 年末全部工业应税销售 1702.63 亿元，增长 7.6%；其中，规模以上工业企业应税销售 1063.94 亿元，增幅 14.8%。全部工业实缴税金 43.17 亿元，增长 1.5%；其中，规模以上工业企业实缴税金 35.05 亿元，增幅 9.3%。

规模以上工业企业实现总产值 1223.06 亿元，增长 6.8%；营业收入 1174.83 亿元，增长 7.8%；利润总额 63.17 亿元，增长 15.3%；营业收入利润率、成本费用利润率分别为 5.4%、5.7%，均比上年提高 0.4 个百分点；资产负债率为 57.1%；产销率 98.2%。规模以上工业增加值增长 6.9%。规模工业主要工业产品产量如下：

主要工业产品产量情况

产品名称	计量单位	全年产量	比上年增长(%)
橡胶轮胎外胎	万条	340.78	2.0
民用钢质船舶	万载重吨	5.15	8.2
钢球	亿粒	62.02	7.7
新能源汽车	辆	2315	91.2
锻压设备	台	575	20.8
高压电器	万台	3.30	–8.4
半导体分立器件	亿只	58.71	–9.7
纱	万吨	5.76	–7.1
布	亿米	3.19	–4.9
服装	亿件	1.05	–9.0
玻璃纤维纱	万吨	3.60	–0.5
饮料酒	万吨	1.02	–10.1

全年规模以上工业企业综合能源消费量92.68万吨标准煤，下降0.7%；万元产值综合能耗0.076吨标准煤，下降7.1%。

十大行业能源消耗情况

行业	综合能源消费量（万吨标准煤）	单位产值能耗（吨标准煤/万元）	单位产值能耗比上年增减(%)
纺织服装业	1.86	0.0317	10.4
化学原料及化学制品制造业	15.45	0.1118	50.7
纺织业	12.19	0.1787	4.4
黑色金属冶炼及压延业	0.48	0.1304	-38.1
橡胶和塑料制品业	5.95	0.1162	11.6
通信设备、计算机设备业	1.48	0.0295	-32.6
通用设备制造业	2.67	0.0351	-22.6
非金属矿物制品业	8.66	0.0752	-14.1
电气机械及器材制造业	3.03	0.0257	-33.6
汽车制造业	2.47	0.0461	32.6
铁路、船舶、航空航天及其他交通运输设备制造业	2.40	0.0739	17.5

全年实现建筑业增加值106.01亿元，增长2.4%。全市完成建筑业总产值1335.00亿元，增长7.4%。全市建筑业企业实现营业收入1084.16亿元，增长8.3%。全年建筑企业承建施工面积1.79亿平方米，增长7.2%。建筑业从业人员遍布10余个国家和地区，以及全国29个省（区、市）；从业人数29.84万人，其中工程技术人员1.63万人，年末境外劳务人员近千人。全年建筑企业获参建鲁班奖1项、国优奖1项、省优质工程奖14项。全市拥有特级资质建筑企业4家，一、二、三级资质建筑企业分别达到40家、187家和259家。全市注册一级建造师1056人，二级建造师3962人。

四、固定资产投资

全年完成固定资产投资476.44亿元，增长10.1%。其中，国有及国有经济控股投资下降11.4%；港澳台及外商投资增长242.5%；民间投资增长8.3%，民间投资占全部投资比重达82.9%。房地产开发投资108.50亿元，增长39.3%。商品房销售面积250.63万平方米，增长30.0%;其中，住宅销售面积228.20万平方米，增长31.4%。

分产业看，第二产业投资300.73亿元，增长14.2%；第三产业投资175.70亿元，下降1.5%。高技术产业投资增长48.8%，高新技术产业投资增长26.5%。第二产业投资中，工业投资增长14.2%。第三产业投资中，信息传输软件和信息技术服务业增长31.5%。

全年共有5个项目列入省级重大项目投资计划，当年完成投资19.6亿元；13个项目列入南通市级重大项目投资计划，当年完成投资64亿元。

五、国内贸易

全年社会消费品零售总额457.83亿元，下降0.1%。分行业看，批发和零售业零售额403.81亿元，增长 0.1%；住宿和餐饮业零售额 54.02 亿元，下降 0.1%。

限额以上批发和零售业主要商品零售额分类情况

行　业	零售额(亿元)	比上年增长(%)
粮油、食品类	7.55	0.2
饮料类	0.91	–6.6
烟酒类	1.79	–27.3
服装鞋帽、针、纺织品类	4.38	–29.2
化妆品类	0.73	–55.6
金银珠宝类	1.88	–12.8
日用品类	2.24	7.4
家用电器及音像器材类	2.49	12.2
中西药品类	4.47	11.3
文化办公用品类	0.91	–26.3
家具类	0.23	–28.9
通信器材类	4.34	157.6
石油及制品类	14.14	–12.8
建筑及装潢材料类	2.45	–25.0
汽车类	36.72	–6.7

六、开放型经济

全年完成进出口总值 248.94 亿元，增长 1.1%，其中自营出口总额 212.12 亿元，增长 5.6%。从贸易方式看，一般贸易进出口总额 174.92 亿元，增长 0.3%；加工贸易进出口总额 57.35 亿元，增长 2.5%。从出口主体看，国有企业、外资企业、私营企业出口额分别下降 75.1%、增长 1.1%和增长 11.4%。从出口市场看，对欧盟、美国、日本三个传统主体市场的出口额分别增长 9.8%、下降 4.9%和下降 8.1%。从出口主要产品看，机电产品出口 74.87 亿元，增长 18.5%；纺织品出口 37.96 亿元，增长 2.2%；高新技术产品出口 27.49 亿元，增长 14.3%。全市有进出口业绩的企业 705 家，比上年增长 33 家。出口超亿元的企业 45 家，比上年增长 8 家。

进出口贸易主要方式分类情况

指　标　名　称	总量(亿元)	比上年增长(%)
进出口总值	248.94	1.1
出口	212.12	5.6
其中:一般贸易	154.56	1.2
加工贸易	48.67	11.2
进口	36.82	–18.7
其中:一般贸易	20.36	–5.8
加工贸易	8.68	–28.7

进出口贸易主要市场情况

国家和地区	出口总值（亿美元）	比上年增长(%)	进口总值（亿美元）	比上年增长(%)
欧盟组织	458881	9.8	47933	-55.4
美 国	366599	-4.9	29032	-3.4
东盟组织	256361	15.2	86998	32.1
日 本	228406	-8.1	34781	-9.5
泰 国	137036	14.8	1785	5.4
德 国	99142	31	6110	-60.8
巴 西	80491	2.6	3111	37.8
荷 兰	79231	8.2	3271	-75.8
英 国	70196	19.6	4729	-52.2
法 国	40494	4.2	7811	-22.3
澳大利亚	39016	30.1	303	-97.1
比利时	38150	7.9	492	-12.8
意大利	36262	1.4	6554	-73.2
西班牙	32747	-19.9	13047	-6.6
俄罗斯	28479	22.8	354	-90.2
印 度	25663	-23.1	2575	-8.5

全年新批外商投资项目 40 个，其中，3000 万~1 亿美元项目 5 个，超 1 亿美元项目 6 个。新批协议注册外资 18.64 亿美元，比上年增长 325.2%；实际利用外资 3.27 亿美元，比上年下降 6.9%。

全年新批境外投资项目 16 个，中方协议投资额 1.8 亿美元。全年新增“一带一路”沿线对外投资项目 6 个，中方协议投资额 3736 万美元。新签对外承包劳务合同额 2928 万美元，下降 86.0%；完成对外承包劳务营业额 17673 万美元，下降 34.6%；新派劳务人员 549 人次，下降 82.3%；年末在外劳务人员 8222 人，下降 19.3%。

七、交通、邮电和电力

全年实现交通运输、仓储及邮政业增加值 23.05 亿元，增长 11.4%。年末全市公路里程 3192.15 千米。全年公路客运量 487 万人次，旅客周转量 2.91 亿人千米；公路货运量 1894 万吨，货物周转量 39.00 亿吨千米。水上货运量 1207 万吨，货物周转量 41.98 亿吨千米。完成港口货物吞吐量 8264 万吨，同比增长 21.6%，其中，外贸货物吞吐 1394 万吨，同比增长 64.2%。集装箱 50.48 万标箱，增长 24.8%。盐通铁路于 12 月 30 日开通运营。年末铁路总里程达 86.5 千米。如皋站停靠列车 57 列，如皋南站初期停靠列车 6 列。铁路发送旅客 63.2 万人次，同比增长 0.6%，货运收发 9.96 万吨，下降 14.1%。完成交通设施投入 26.11 亿元，完成农村等级公路 60 千米，改造危桥 14 座。

年末全市机动车保有量 36.79 万辆，比上年新增 1.11 万辆。其中，载客汽车 33.04 万辆，增加 1.02 万辆；载货汽车 3.83 万辆，增加 0.13 万辆；摩托车 5.39 万辆，减少 1.09 万辆。个人汽车保有量达 30.64 万辆，比上年末增加 1.04 万辆,增长 3.4%。

全市邮政业完成业务总量 9.23 亿元，增长 22.3%；实现业务收入 4.46 亿元，增长 4.6%。其中，快递业完成业务量 2744.58 万件，增长 29.6% 。全市光纤宽带用户占固定宽带比重达到 100%。三大运营商完成主营业务收入 11.07 亿元，增长 5.0%，手机用户新增 9.82 万户，宽带用户新增 3.81 万户。

全社会用电量 64.20 亿千瓦时，增长 3.3%，其中，农业用电量 0.99 亿千瓦时，增长 2.6%；工业用电量 42.39 亿千瓦时，增长 2.7%；建筑业用电量 0.68 亿千瓦时，下降 11.1%；城乡居民生活用电量 12.19 亿千瓦时，增长 7.6%。

八、财政和金融

全年完成财政总收入 221.84 亿元，增长 12.7%，其中一般公共预算收入 72.01 亿元，比上年增长 2.9%。税收收入 61.0 亿元，增长 4.3%；税收占一般公共预算收入比重达 84.7%，比上年提高 1.1 个百分点。全年财政总支出 228.93 亿元，增长 22.6%，其中一般公共预算支出 125.13 亿元，增长 2.6%。一般公共预算支出中，教育支出 30.10 亿元，比上年增长 16.6%；公共安全支出 7.29 亿元，增长 2.8%；卫生健康支出 13.18 亿元，增长 25.7%；社会保障和就业 18.53 亿元,下降 1.6%。

年末，金融系统本外币存款余额 1672.42 亿元，增长 12.0%。其中，住户存款余额较年初增加 119.13 亿元，非金融企业存款较年初增加 69.76 亿元。金融系统本外币贷款余额 1306.26 亿元，增长 26.0%。其中，制造业贷款比年初增加 12.61 亿元,中长期贷款比年初增加 206.72 亿元。全年发放住房公积金贷款 12.92 亿元，比上年增长 15.1%；本年提取公积金 12.92 亿元，比上年增长 24.1%。年末全市境内上市公司 4 家，总股本 11.17 亿股，通过首发、配股、增发、公司债在资本市场募集资金 37.92 亿元。年末全市共有证券营业部 5 家。保险机构总数达 40 家。全年保费收入 35.59 亿元，比上年增长 8.9%。分类型看，财产险收入 9.99 亿元，增长 1.0%；人寿险收入 25.60 亿元，增长 8.9%。

九、科学技术和教育

全年专利申请量 5384 件，比上年增长 43.2%；专利授权量 3173 件，增长 53.0%；其中，发明专利申请量 1340 件，增长 40.3%；发明专利授权量 172 件，下降 16.5%；PCT 专利申请量 44 件，增长 15.8%。万人发明专利拥有量 26.07 件，增长 24.6%。现有注册商标 1.36 万件，其中，驰名商标 6 件，地理标志证明商标 6 件。年末全市拥有高新技术企业 270 家。全社会研发投入占 GDP 的比重预计达到 2.6%。全年申报各级各类科技项目 811 项，立项 623 项，获各级扶持资金 3057.28 万元。全年有 1 项科技成果获江苏省市科技进步奖三等奖。全年新增省级工程技术研究中心 4 家，市级工程技术研究中心 11 家。

全市共有普通中学 33 所，在校学生 49163 人；职业中学 2 所，在校学生 9266 人；小学 54 所，在校学生 68175 人；幼儿园 83 所，在园儿童 33354 人；特教 1 所，在校学生 279 人。年末，教职工总人数 13700 人，其中专任教师 11771 人。

十、文化、卫生、体育和旅游

全市共有规模以上文化产业法人单位 134 家。拥有公共图书馆 2 个，文化馆 1 个，备案博物馆（纪念馆）5 个，乡镇街道文化站 14 个。拥有各级文物保护单位 53 处，其中：全国重点文物保护单位 2 处，省级文物保护单位 6 处，南通市级文物保护单位 2 处，公布一般不可移动文物 34 处。拥有国家级非物质文化遗产 1 项，省级非物质文化遗产 10 项，南通市级非物质文化遗产 36 项，如皋市级 62 项。全年广播人口综合覆盖率和电视人口综合覆盖率均达到 100%。全市数字电视总用户数为 278163 户，其中正常缴费使用客户数为 219937 户。

全市拥有医院31家（含护理院5家）、乡镇卫生院（社区卫生服务中心）14家、门诊部21个、村卫生室（社区卫生服务站）354个、个体诊所、厂校医务室122个。全市共有床位6893张，每千人常住人口拥有床5.58张；执业（助理）医师3376人，每千人常住人口拥有执业（助理）医师2.73人；注册护士2555人，每千人常住人口拥有注册护士2.07人。全市有卫技人员7048人、乡村医生221人、卫生员56人。

全年成功承办省级以上体育赛事2项。全市新增晨晚练健身点31个。体育彩票年销售额达1.69亿元。

全市拥有星级饭店6家，旅行社23家。全年共接待游客1406万人次，实现旅游综合收入135亿元，分别恢复至去年同期的89%和71%。盆景大观景区获评国家AAAA级旅游景区，全市累计拥有国家AAAA级旅游景区3家、AAA级旅游景区7家，全国乡村旅游重点村1家、江苏省级旅游重点村1家，数量和质量在南通地区均居前列，在苏中苏北县（市）中名列前茅。旅游基础设施逐步完善，市全域旅游服务中心建成使用，智慧旅游大数据平台投入运营，G15高速如皋市全域旅游咨询服务中心布展工作已全面启动。

十一、人民生活和社会保障

城乡居民抽样调查数据显示，全年全体居民人均可支配收入37646元，增长6.1%；其中，工资性收入22196元，增长5.9%；经营净收入5545元，增长3.9%；财产净收入3140元，增长6.9%；转移净收入6765元，增长8.1%。城乡居民人均收入比为2.08:1，比上年缩小0.06。人均生活消费支出20880元，下降0.7%。恩格尔系数29.2%。

城镇居民人均可支配收入49118元，增长4.6%；人均生活消费性支出25198元，下降0.6%。年末全市城镇居民人均住房建筑面积61.4平方米，增长2.3%。

城镇居民人均可支配收入、消费支出情况

指标名称	总额(元)	比上年增长(%)
可支配收入	49118	4.6
工资性收入	29570	4.5
经营净收入	5328	2
财产净收入	4898	5.1
转移净收入	9322	6.3
生活消费支出	25198	–0.6
食品烟酒	7267	2.4
衣　着	1816	–6.4
居　住	4693	2.1
生活用品及服务	1536	1.5
交通通信	3213	2.5
教育文化娱乐	4139	–8.8
医疗保健	1850	2.1
其他用品和服务	684	–4.2

全年农村居民人均可支配收入 23599 元，增长 7.7%；人均生活消费支出 15592 元，下降 2.0%。年末农村居民人均住房面积 61.5 平方米，增长 1.2%。

农村居民人均可支配收入、消费支出情况

指标名称	总额(元)	比上年增长(%)
可支配收入	23599	7.7
工资性收入	13166	7.4
经营净收入	5811	6.1
财产净收入	988	10.5
转移净收入	3634	10.6
生活消费支出	15592	–2
食品烟酒	4662	–1.4
衣　着	810	–10.7
居　住	2840	3.9
生活用品及服务	1019	3.1
交通通信	2197	4.4
教育文化娱乐	2475	–10
医疗保健	1253	–4.6
其他用品和服务	336	–11.1

年末全市参加企业职工养老保险人数 19.74 万人，比上年末增加 1.70 万人；城乡居民养老保险参保人数 32.44 万人，比上年末减少 0.48 万人。企业退休人员基本养老金人均增长 156.7 元，增幅 6.5%。失业保险、工伤保险和生育保险参保人数分别为 16.85 万人、17.44 万人和 18.48 万人，分别比上年末增加 1.80 万人、1.09 万人和 1.29 万人。全市参加基本医疗保险人数达 124.98 万人，比上年末减少 0.52 万人；其中，参加职工基本医疗保险人数 29.55 万人，比上年末增加 1.40 万人；参加城乡居民基本医疗保险人数 95.43 万人，比上年末减少 1.92 万人，城乡居民基本医疗保险筹资标准提高到人均 976 元。

年末全市拥有各类养老机构 32 家，总床位数 8090 张；全市农村拥有敬老院 15 家，床位数 4348 张。城乡居民最低生活保障资金 5410 万元，比上年增加 535 万元。全市城乡最低生活保障人数为 10048 人，比上年减少 214 人。全市 5594 名农村五保对象中，有 1049 人实行了集中供养。全年婚姻登记 15586 对。

十二、城镇建设、环境保护和安全生产

全年投入中心城区基础设施建设超过 10 亿元。完成老旧小区改造面积 6.5 万平方米,惠及 511 户居民；全年建成区新增道路 2.01 公里，年末建成区共有绿地面积 1652.78 公顷，城市绿化覆盖率 41.58%;年末共有道路灯具 2.99 万盏,城市亮灯率 98%;建成区新增燃气管道 65 公里,新增用户 1.3 万户,年供气量达 24200 万立方米;全年新增自来水管网 60 公里,自来水日供水能力 40 万吨;生活垃圾无害化处理率 100%。完成市级城建重大项目 9 项,新建生态廊道 4 条,新建“小游园”1 个。

全市空气主要污染物年平均值为：二氧化硫 7 微克/立方米，二氧化氮 22 微克/立方米，可吸入颗粒物（PM_{10}）63 微克/立方米，可吸入颗粒物（$PM_{2.5}$）34.9 微克/立方米。全年空气污染指数达到良好以上的天数达 309 天，占全年天数的 84.4%。全市主要河流水质基本符合相应功能区水质标准，集中式饮用水源地水质达标率 100%。区域环境噪声平均等效声级为 52.2 分贝，交通干线噪声加权平均等效声级为 62.8 分贝，符合国家环境噪声质量标准。

开展化工产业安全环保整治提升行动，全年关停化工生产企业 33 家。如皋港化工新材料产业园区被认定为省化工集中区。实施重点用能单位“百千万”行动，单位 GDP 能耗持续下降，1 家绿色工厂列入省工信厅第一批绿色制造名单。

全年发生工商贸建生产安全亡人事故 8 起，死亡 8 人，未发生一次死亡 3 人（含 3 人）以上安全生产事故。发生火灾 991 起，直接经济损失 1000 万元。发生一般以上道路交通事故 155 起，死亡 62 人、伤 98 人、直接经济损失 41.52 万元。

注：1、本公报数为初步统计数。
2、公报中地区生产总值、各产业增加值绝对数按当年价格计算，增长速度按可比价格计算。
3、公报中部门数据由相关部门提供。
4、部分数据因四舍五入问题，存在总计与分项合计不等的情况。
5、部分指标数据因统计口径调整，较上年不具可比性。

先进荣誉

Xianjin Rongyu

2020年度荣誉榜

1月2日

南通市举行首届道德模范颁奖典礼，共评选出10名首届南通市道德模范，如皋市施建银、李百战成功入选，入选人数居南通各县(市、区)首位。施建银、程登宝、郝霞成功当选南通市第40次文明新风典型。

1月12日

中国企业改革与发展研究会、中国合作贸易企业协会联合发布2019中国企业信用500强榜单，如皋市南通六建建设集团有限公司名列第344位，综合信用得分92.853分。

1月17日

首届中国“好米榜”评选活动在南京举行，如皋百岁米厂送评的“南粳9108”“长寿米”，获“超级好吃大米”称号。

1月18日

国家林业和草原局公布第一批国家森林乡村名单，如皋四个村入选，分别是如城镇龙游河村、下原镇文庄社区、长江镇知青社区、江安镇周庄社区。

1月24日

国家林业和草原局公布第二批国家森林乡村名单，如皋市城北街道花园桥社区入选。

1月31日

江苏省特色田园乡村建设工作联席会议公布全省第二批次特色田园乡村名单。如皋工业园区(如城街道)顾庄社区顾家庄、大明社区大缪马和钱长村夏家庄分别入选。

2月27日

科学技术部高技术研究发展中心(基础研究管理中心)发布2019年度中国科学十大进展，探测到月幔物质出露的初步证据等10项重大科学进展入选。其中，由周欢萍、严纯华（如皋籍）研究组课题——进展六“阐明铕离子对提升钙钛矿太阳能电池寿命的机理”入选。该项进展是在钙钛矿太阳能电池中创造性引入铕离子对，通过氧化还原反应循环消除了铅卤钙钛矿中的本质性缺陷，大幅提升了太阳能电池的使用寿命和稳定性。

3月3日

如皋市人民检察院被南通市人民检察院评为2019年度全市先进基层检察院。

3月4日

省政府发布《关于2019年度江苏省科学技术奖励的决定》，如皋市共有3个项目获2019年度江苏省科学技术奖，其中二等奖2项、三等奖1项。江苏省如高高压电器有限公司与南通大学、思源电气股份有限公司合作完成的“基于非液相控制的广域高性能系列断路器关键技术及产业化”项目，南通星球石墨设备有限公司与南京大学、南通材料工程技术研究院合作完成的“石墨盐酸合成装置余废热高效回收利用技术”项目获二等奖；江苏天南电力器材有限公司与华北电力大学合作完成的“特高压交直流输电线路防舞防振减灾金具”项目获三等奖。

3月24日

国家市场监管总局、国家发展改革委、财政部联合下达首批国家基本公共服务标准化试点项目，“如皋市基本公共服务标准化专项试点”作为南通市唯一一家县级项目成功获批。

3月31日

如皋市人民法院被江苏省高级人民法院确定为全省“多元解纷和诉讼服务示范法院”。

4月7日

江苏省住建厅召开新闻发布会，公布江苏省住建厅、省文旅厅等五部门认定的第一批107个江苏省传统村落名单，如城街道顾庄社区顾庄、石庄镇石庄社区凤鸣2个村入选。

4月18日

江苏省妇联、省全民阅读办，联合公布100户第四届江苏省“书香家庭”名单，如皋市时鹏寿家庭入选。

4月19日

江苏省特色田园乡村建设工作联席会议公布省内获得命名的第二批次特色田园乡村名单。如皋市有三个村庄被命名为江苏省第二批次特色田园乡村，分别为如皋工业园区（如城街道）顾庄社区顾家庄、大明社区大缪马和钱长村夏家庄。

4月26日

江苏省总工会印发《关于表彰江苏省五一劳动奖和江苏省工人先锋号的决定》（苏工发〔2020〕5号），江苏江中集团有限公司商务管理中心经理张乃建获“江苏省五一劳动奖”，江苏万达特种轴承有限公司装配车间1–2区、南通泰慕士服饰有限公司爱心妈妈团队获“江苏省工人先锋号”称号。

4月28日

共青团中央表彰全国优秀共青团员、共青团干部和全国五四红旗团组织，国家税务总局如皋市税务局长江税务分局团支部获“全国五四红旗团支部”称号，这是共青团中央授予全国基层团支部的最高荣誉。

4月28—29日

2019年度江苏省县市新闻中心好新闻奖评选结果公布，如皋市融媒体中心（传媒集团）共有21件作品获奖，其中5件作品获一等奖，获奖总数和等次在全省县市媒体中继续名列前茅。

4月30日

农业农村部第290号公告发布2020年第一批农产品地理标志登记产品信息，如皋市下原蘘荷符合农产品地理标志登记程序和条件，准予登记，被授予中华人民共和国农产品地理标志登记证书。

5月4日

赛迪顾问股份有限公司和新华社瞭望周刊社在北京联合发布“2020中国县域经济100强”，如皋市列2020年全国百强县第19位，较2019年再进3位。

5月9日

如皋市组织专家学者对第八届“如皋新闻奖”选送作品进行评选，18篇作品从众多作品中脱颖而出，分获报纸期刊类、广播电视类及网络类一等奖1件，二等奖2件，三等奖3件。

5月12日

“南通大学附属如皋医院”在如皋市人民医院外科三楼会议室举行揭牌仪式，预示着如皋市人民医院正式成为南通大学附属医院之一。

6月2日

全国城市传播热度排名发布会在人民日报社举办。在全国城市传播百强榜（县级市）榜单中，如皋名列全国城市百强榜（县级市）第65名。

6月3日

在省自然资源厅开展的2019年耕地保护激励绩效评价中，如皋市及下原镇因耕地保护工作成效突出获省自然资源厅通报表扬。全省共10个县（市、区）、50个乡（镇）受到通报表扬。

6月5日

"美丽中国,我是行动者"2020年六五环境日国家主场活动在北京举行。在活动现场,"美丽中国,我是行动者"2020年百名最美生态环保志愿者名单揭晓,郭耕等101人被评为"2020年百名最美生态环保志愿者"。江苏省共有4人在列,其中,如皋市绿色科普志愿服务协会张兴建上榜。

6月7日

如皋市人民检察院孙菁雯被江苏省人民检察院评为"全省优秀公诉人",获"最佳论辩奖"。

6月8日

第十四届宋庆龄奖学金获奖名单公布,南通市共有4人入选,如皋市磨头镇磨头小学丁沈玉榜上有名。

6月19日

江苏省教育厅公布2019年江苏省健康促进金牌学校名单,如皋市白蒲镇阳光初级中学、如皋市长江镇郭园初级中学、如皋市长江镇郭园小学、如皋市江安镇葛市小学、如皋市江安镇江安小学5家学校榜上有名。

△ 中共南通市委组织部表彰全市"五星级"村(社区)党组织、明星村(社区)党组织书记,如皋市城北街道平园池村党总支、袁桥社区党总支、如城街道孔庙社区党总支、城东社区党总支、长江镇蒲港社区党总支、城南街道肖陆村党总支、东陈镇北庄村党总支、丁堰镇鞠庄社区党总支、白蒲镇朱家桥村党总支、下原镇白李社区党总支、吴窑镇立新社区党总支、磨头镇磨头社区党总支、九华镇四圩社区党总支、石庄镇何正村党总支、江安镇合作村党总支、黄庄村党总支、搬经镇卢庄村党总支17个村(社区)党组织被命名为全市"五星级"村(社区)党组织,章金元、张永龙、朱晓燕、龚建坤、张志勇、阮建林、孙 光、陈拥军、吴大胜、陈永建、于永国、张来富、薛延秋、邹 平、张海鹏、夏茂峰、陈庆华17人被命名为明星村(社区)党组织书记。

6月27日

中共南通市委组织部公布南通市优秀共产党员名单,如皋市卫健委党组书记主任马军华、如皋市交通运输局党组成员副局长葛军、如皋市如城街道城南社区党委书记陆小建3人被评为南通市优秀共产党员。

6月29日

省文化和旅游厅在淮安市金湖县召开"2020全省全域旅游示范区创建工作会议",会上公布江苏省第二批省级全域旅游示范区名单,如皋市作为南通唯一一家县级市入选。

6月30日

中央宣传部、财政部、文化和旅游部、国家文物局公布《革命文物保护利用片区分县名单(第二批)》,如皋市列入其中苏中片区。

7月1日

省科协公布2020年度青年科技人才托举工程拟资助人选名单,全省共50名青年科技人才获得资助,如皋籍青年才俊、省能源研究会会员吴石亮博士入选。

7月2日

由国家体育总局青少年体育司为指导单位,国家体育总局社会体育指导中心主办,中国毽球协会承办的"全民战疫·健康你我"全国青少年踢毽子网络挑战赛公布获奖名单,如皋市磨头小学阮俊杰和丁沈玉两同学分别获得拐踢、磕踢两个第一名,并有10人进入前16名,共12人获奖。

7月8日

江苏省政府网站公布2020年江苏省有突出贡献中青年专家名单,如皋市梦百合家居科技股份有限公司董事长、工程技术研究中心主任倪张根入选。

7月9日

文化和旅游部公示第二批全国乡村旅游重点村名单,如皋市城北街道平园池村入选。

7月22日

南通市召开授予见义勇为荣誉称号大会，表彰见义勇为先进模范和见义勇为工作先进集体、先进个人。如皋市救火勇士丁亚峰被授予“南通市见义勇为模范”称号。

7月29日

全国爱国卫生运动委员会下发《关于命名2017—2019周期国家卫生乡镇(县城)的决定》，新命名全国2299个乡镇(县城)为国家卫生乡镇(县城)，如皋市下原镇、石庄镇、吴窑镇入选其中。

△ 全国爱国卫生运动委员会下发《关于2019年国家卫生城市(区)和国家卫生乡镇(县城)复审结果的通报》，重新确认如皋城北街道、搬经镇、江安镇、磨头镇、丁堰镇、东陈镇、九华镇、长江镇为国家卫生乡镇(县城)。

7月中旬

全国县域旅游研究课题组、北京华夏佰强旅游咨询中心联合发布《全国县域旅游研究报告2020》。并且县域旅游综合实力研究所依据旅游经济发展水平、政府推动作用、旅游产业综合带动功能等35个指标评选出 “2020年全国县域旅游综合实力百强县”“2020年全国县域旅游发展潜力百佳县” 两份榜单，江苏如皋市名列“2020年全国县域旅游综合实力百强县”第54位。

8月4日

省交通运输厅公布2019年度江苏省公路水运省级品质工程示范创建项目名单，如皋市通皋大道榜上有名。

8月5日

中国服装协会正式发布“2019年中国服装行业百强企业”名单，如皋市江苏泰慕士针纺科技股份有限公司榜上有名。

△“以传媒力量推动文化和旅游高质量发展‘复苏·引领· 聚能’2019中国文化和旅游总评榜颁奖典礼”在浙江西塘举行。该次总评榜共颁发“2019中国文化和旅游推广创新优秀案例”等十大奖项。如皋市获2019中国有影响力的全域旅游示范区奖项。

△ 江苏省教育厅网站发布公示，确定陈大伟等100人为省乡村优秀青年教师培养奖励计划人选，江苏省如皋第一中等专业学校吴玲玲上榜。

8月6日

江苏省文化和旅游厅公布第十四届江苏省“五星工程奖”入围终评作品名单。如皋市报送的音乐作品《故乡的柳》、小品《汤圆》两件作品全部入围终评。

△ 江苏省消保委联合省非遗保护协会、省老字号企业协会开展2020年“江苏好礼 舒心相伴”江苏特色伴手礼现场评测活动，如皋白蒲三香斋茶干从众多名特产中脱颖而出，入围2020年“江苏好礼·舒心相伴”江苏特色伴手礼名录。

8月8日

市精神病防治医院(第二人民医院)顺利通过南通市等级医院评审专家组“二级甲等精神病专科医院”复评。

8月10日

省发改委、省文旅厅、省体育局印发《关于公布旅游类、体育类省级特色小镇创建名单的通知》，全省共21家旅游风情小镇入围，如皋盆景风情小镇榜上有名。

△ 江苏省农业农村厅发布50条全省秋冬休闲旅游农业精品线路名单，如皋市“盆景之乡、长寿古镇”四季康养二日游线路榜上有名。

8月12日

如皋市人民检察院刘涛被江苏省人民检察院评为“全省检察机关对口支援工作先进个人”。

8月19日

中央和国家机关党建门户网站旗帜网公布“互联网+党建”典型案例评选结果。如皋市案例《“智”育红云朵朵“慧”就党建云海——江苏如皋市级机关“互联网+党建”探索与实践》获三等奖，为全省县级市唯一。

8月22日

中国医学科学院发布2019年度中国医院/中国医学院校科技量值(STEM)，如皋市人民医院的护理学位居全国排名第93位。

8月28—29日

广州艾力彼医院管理研究中心“2020中国医院竞争力大会”在广州举行。如皋市人民医院以总分385.41名列“县级医院100强”第79位，较2019年排名提升一位。

8月31日

南通市卫生健康委南通市中医药管理局对外发布“关于表彰南通市基层名中医的决定”，授予王传兰等30人“南通市基层名中医”称号。其中，如皋市中医院刘建国、吕军、佘瑞平、陈建华、韶建生，如皋市白蒲镇卫生院李思余，如皋市人民医院陆军7人上榜。

△ 南通市生态环境局核定150家企业为南通市第一批环保示范性企业。其中，如皋市海迪科(南通)光电科技有限公司、威格(江苏)电气设备有限公司、南通杰克拜尼服帽有限公司等14家企业榜上有名。

9月1日

阿里巴巴集团研究院公布2020年全国“淘宝镇”名单，如皋市长江镇、江安镇、磨头镇3个乡镇被评为“淘宝镇”。

9月2日

文化和旅游部网站公布第二批全国乡村旅游重点村名单，决定将北京市门头沟区斋堂镇爨底下村等680个乡村列入全国乡村旅游重点村名录，如皋市城北街道平园池村入选。

△ 中国作家协会公布2020年新会员名单，如皋女作家朱广英加入中国作家协会，成为继陈根生后，如皋本土第二位中国作家协会会员。

9月8日

竞争力智库、中国信息协会信息化发展研究院和北京中新城市规划设计研究院等机构在京联合发布《中国乡镇综合竞争力报告2019》(简称《报告》)。《报告》公布2019中国百强镇，如皋市长江镇登上榜单，排名第64位。

△ 江苏省农业农村厅、江苏省文化和旅游厅、江苏省商务厅公布“江苏省百道乡土地标菜”名单，决定推介100道菜品为江苏省百道乡土地标菜，如皋清炒黑塌菜入选。

△ 江苏省文化和旅游厅、江苏省发展和改革委员会公布了江苏省乡村旅游重点村名录(2020)，南通地区共有3家入选，如皋市如城街道顾庄社区榜上有名。

9月9日

由中华全国体育总会组织的2020年“全民健身日”线上主题展示花式踢毽项目成绩揭晓，如皋磨头小学15人参与比赛，获得10个项目的7个第一，3项第二名，均获展示金奖。连同人气奖、参与奖，共获得41项国家级的荣誉。

9月10日

全国工商联发布2020中国民营企业500强榜单，如皋市江苏南通六建建设集团有限公司和中如建工集团有限公司2家企业上榜，分列位于第166位和353位。

9月11日

在2020江苏工艺美术精品博览会暨第十一届“艺博杯”工艺美术精品大奖赛上，如皋木雕师朱志刚以“一带一路”倡议为主题的作品获得金奖。

△ 南通市消防救援支队“送奖上门”表彰奖励会在如举行。如皋市消防救援大队获得南通市委组织部及如皋市政府分别授予的三等功荣誉。

9月12日

2020年如皋市第二届微马（五公里）比赛在如皋市奥林匹克体育中心田径场举行，100多名马拉松爱好者参加活动。最终，孙晓红以23分42秒获得女子组第一，冒华杰以15分18秒获得男子组第一。

9月13—16日

由传媒中国年度盛典组委会、中国广播电视产业联盟、中国报刊产业联盟、中国广播电视艺术交流协会主办的2020（第八届）传媒中国年度盛典暨百强指数发布会在甘肃省酒泉市举行。市融媒体中心喜获丰收，揽获四个奖项：市融媒体中心获传媒中国年度全国市（县）融媒中心建设标杆单位，如e融媒App获传媒中国年度全国市（县）优秀融媒平台20佳，如皋日报获传媒中国年度融合创新十大综合影响力区域报，严保林获传媒中国年度融合创新人物。

9月16日

江苏省文化和旅游厅网站发布《关于江苏省省级夜间文旅消费集聚区建设单位名单的公示》，拟将南京长江路文化和旅游集聚区等30家单位确定为江苏省省级夜间文旅消费集聚区建设单位，南通仅两地入选，如皋市的东大街历史街区名列其中。

9月16—19日

第十三届中国热镀锌大会在青岛召开，如皋籍专家许秀飞获中国腐蚀与防腐学会颁发的“中国镀锌工业杰出贡献奖”，成为全国连续热镀锌行业第三个获此殊荣的专家。

9月23日

“兴业杯”首届江苏省退役军人创业创新大赛在南京举行颁奖仪式，如皋市出战的2名选手获得三等奖。高新区（城南街道）退役军人服务站推送的左林《一棵菜的拥军情结—如皋黑塌菜产业化》项目获得现代农业组三等奖，搬经镇退役军人服务站推送的王峰《间充质干细胞外泌体因子的产业化应用》项目获得创新团队组三等奖。

9月25日

启动资金高达10亿元的“科学探索奖”正式公布第二届获奖名单，50位青年科学家获奖。其中，如皋籍数学家、华东师范大学数学学院教授刘刚获数学物理学领域“科学探索奖”，如皋籍青年科学家、哈尔滨工业大学生命学院教授黄志伟获生命科学领域“科学探索奖”。

9月25—28日

由中广联媒（北京）信息技术研究院、中国广播电视创新发展联盟、中国融媒创新发展年会组委会、中国广播电视艺术协会联合主办的2020第二届中国城市融媒创新发展年会在四川省营山县举行。会上，如皋市融媒体中心获评最具创新影响力区域融媒体中心，“如皋广播电视台”抖音号获评全国城市融媒创新发展最具传播创新力抖音号。

9月28日

中国企业联合会、中国企业家协会联合发布“2020中国企业500强榜单”，如皋市江苏南通六建建设集团有限公司（营业收入4894195万元）入围，名列第377名。

△ 省农业农村厅公布2020年评定的省级示范家庭农场名单，如皋共有6家获得认定，分别是如皋市国祥家庭农场、如皋市国言家庭农场、如皋市国强家庭农场、如皋市双富生态家庭农场、如皋市红山家庭农场、如皋市晓琴家庭农场。

9月30日

省商务厅发布“2020—2022年度江苏省重点培育和发展的国际知名品牌”名单，421个品牌上榜，其中，南通品牌44个，如皋5个。如皋市上榜的5个品牌分别来自南通伟越电器股份有限公司、南通超达装备股份有限公司、梦百合家居科技股份有限公司、江苏九鼎新材料股份有限公司、如皋市永兴肠衣有限公司。

10 月 12 日

由中国博物馆协会、中国文物学会、中国文物报社主办，北京天图文化创意产业集团支持的“2020全国革命文物保护利用十佳案例宣传推介活动”初评会在京召开。市红十四军纪念馆申报的纪念红十四军建军 90 周年“革命文物网上秀”系列主题活动在 95 项参评案例中脱颖而出，成为全省唯一入围终评的案例。

10 月 14 日

国家档案局召开 2020 年“国际档案日”主题征文评审会。由国家档案局主办、中国档案报社承办的“档案见证小康路 聚焦扶贫决胜期”征文评选结果揭晓，如皋市档案馆获得优秀组织奖，3 篇征文获得优秀奖。

10 月 17 日

在刚刚举行的全国高中数学联赛上，如皋中学的陈鑫林获得赛区一等奖。将代表江苏省参加即将举办的中国数学奥林匹克第 36 届全国中学生数学冬令营。如果成绩突出，将有可能代表国家参加世界数学奥林匹克大赛。

10 月 20 日

2020 胡润百富榜发榜，5 位如皋人上榜，分别是倪张根（排名：1372，财富（人民币）：40 亿元，关联企业：梦百合，主营行业：家居材料）、丁佐宏（排名：657，财富（人民币）：90 亿元，关联企业：月星，主营行业：房地产、零售、制造）、张志熔家族（排名：1227，财富（人民币）：45 亿元，关联企业：恒盛，主营行业：房地产、船业）、丁佐龙（排名：2140，财富（人民币）：23 亿元，关联企业：月星，主营行业：房地产、零售、制造）、丁佐勇（排名：2140，财富（人民币）：23 亿元，关联企业：月星，主营行业：房地产、零售、制造）。

10 月 22 日

省委、省政府在南京召开全省退役军人工作会议，会上授予 100 人“江苏省模范退役军人”称号，40 家单位“江苏省退役军人工作模范单位”称号，35 人“江苏省退役军人工作模范个人”称号，如皋市红十四军纪念馆职员张孝礼获得“江苏省模范退役军人”称号。

10 月 23 日

教育部网站发布《教育部办公厅关于公布 2020 年全国青少年校园篮球、排球、冰雪体育传统特色学校等名单的通知》，如皋 2 所学校上榜，如皋市搬经镇夏堡小学、如皋经济技术开发区实验初中被认定并命名为 2020 年全国青少年校园篮球体育传统特色学校。

△ 由凤凰出版传媒集团主办的 2020 凤凰作者年会在南京举行，如皋籍作家黄蓓佳获颁“金凤凰”奖章。

10 月 27 日

省语委办、省教育厅办公室联合发文公布 2020 年中华经典诵写讲系列活动获奖结果，如皋获特等奖 1 个、一等奖 2 个。

10 月 29 日

如皋市举行第六届“梦想之星”创业大赛决赛，共决出一等奖 1 名、二等奖 2 名、三等奖 3 名和优秀奖 6 名。来自南通雷卓汽车科技有限公司的电动客车专用机械式自动变速系统项目获得一等奖。

10 月 30 日

市融媒体中心（传媒集团）举行媒体融合优秀案例评选决赛。12 项媒体融合案例最终入围决赛，“豪情雉水 壮志天山”融媒体新闻行动案例获得一等奖，“70 秒 70 年”和“‘皋’看朱鹮乡 携手奔小康”融媒体新闻行动案例获得二等奖。

11 月 4 日

中央文明办发布 2020 年 8 月至 9 月“中国好人榜”，来自如皋市的“诚信母亲”丛慧玉光荣入选。这个年近古稀的农村女人，连续打工 2000 多天，最终还清过世儿子留下的 50 多万元债务。

11 月 6 日

第二届缙云诗会“巴山夜雨诗歌奖”颁奖典礼暨主题朗诵会在北碚举行，评出一等奖作品 1 首、二等奖作品 2 首、三等奖作品 10 首以及优秀奖作品 35 首。其中，如皋人谢爱平的作品“乡愁篇——节选自《西窗的烛光，吆喝羸弱的唐诗雄起(组诗)》”获二等奖。

11 月 9 日

第十四届江苏省“五星工程奖”评奖结果正式出炉，如皋市选送的 2 件作品榜上有名。其中，男女声表演唱《故乡的柳》获音乐类五星工程奖，小品《汤圆》获戏剧类五星工程奖。

11 月 10 日

江苏省高新区暨苏南自创区独角兽企业和瞪羚企业评估结果线上发布会在南京举行。会上，省生产力促进中心发布“江苏省高新区暨苏南自创区独角兽企业和瞪羚企业评估结果”，全省高新区共遴选出瞪羚企业 507 家，如皋市的凯晖科技股份有限公司、江苏沃能电气科技有限公司等 6 家企业榜上有名。

11 月 11 日

江苏省第十二届见义勇为英雄模范表彰大会在江苏省会议中心召开，如皋市丁亚峰(搬经镇个体窗帘店业主)获“江苏省见义勇为先进个人”称号。

11 月 13 日

由中国信息通信研究院主办的中国县域工业经济发展论坛(2020)在江苏省江阴市召开，论坛揭晓 2020 年中国工业百强县(市)、2020 年中国创新百强县(市)和 2020 年中国工业百强区名单，南通多地上榜。其中，如皋市名列 2020 年中国工业百强县(市)第 28 位和 2020 年中国创新百强县(市)第 24 位。

△ 工业和信息化部公示第二批专精特新“小巨人”企业名单，全国共有 1744 家企业入选，南通共有 10 家企业入围公示名单，其中，如皋市有 3 家企业成功入选，分别是南通斯密特森光电科技有限公司、江苏思源赫兹互感器有限公司、江苏汤臣汽车零部件有限公司。至此，如皋市共有 6 家企业成为国家级专精特新“小巨人”企业。

△ 2020 年江苏省主题创意农园名单公布，全省共有 100 个农园入选，南通 7 个农园入选，其中，如皋市花名堂微盆景创意园和如皋市绿野“七乐”主题创意园名列其中。

11 月 16 日

由江苏省档案局、江苏省档案馆组织开展的 2020 年度全省档案开发利用成果奖评选揭晓，全省评选出特等奖 6 项，一等奖 20 项，二等奖 40 项，三等奖 60 项。如皋 3 项作品获全省档案开发利用成果奖。由如皋市档案馆提供部分素材，并协助如皋市融媒体中心等单位制作的《豪情雄水 壮志天山——纪念江苏如皋支边(援疆)六十周年》宣传片获一等奖；由如皋市档案馆提供素材，并协助扬子晚报社拍摄完成的《传奇印章——一枚 90 多年前党的县委大印》宣传片获二等奖；由中共如皋市委办、如皋市档案馆制作完成的“勠力同心 同甘共苦 坚韧不拔 善作善成——如皋治沙精神是怎样炼成的”图片展获三等奖。

11 月 17 日

南通市人社局公布 2020 年度南通市技能大师工作室评审结果，许晓峰等 20 人申请领办的工作室被评为“南通市技能大师工作室”。其中如皋 4 家，分别是南通市朱寿安技能大师工作室(花卉园艺)、南通市丁邦建技能大师工作室(钳工)、南通市朱小强技能大师工作室(钳工)、南通市陶小进技能大师工作室(建筑)。

11 月 19 日

江苏省人民检察院出台决定，追授如皋市人民检察院刘涛为“全省杰出检察官”。

11 月 20 日

全国精神文明建设表彰大会在北京举行,如皋以前五届县级全国文明城市第11名的优异成绩,成功蝉联全国文明城市。同时,如皋市人民检察院获第六届全国文明单位称号,城北街道平园池村获第六届全国文明村镇称号,长江镇永平闸社区的石小华家庭获第二届全国文明家庭称号。

△ 农业农村部公布第十批全国“一村一品”示范村镇及2020年全国乡村特色产业十亿元镇亿元村名单,如皋市江安镇联络新社区入选2020年全国乡村特色产业亿元村。

11月24日

全国劳动模范和先进工作者表彰大会在北京人民大会堂举行。全国劳模和先进工作者每5年评选一次,2020年全国共评出2500名,南通共有11人受奖,如皋市江苏南通六建建设集团有限公司天津分公司星耀五洲枫情阳光城项目工长许钱被授予“全国劳动模范”称号。

11月26日

江苏省抗击新冠肺炎疫情表彰大会在南京举行。会上,如皋市朱银圣、吕军、黄彩华、沙留强、黄智勇、张勇、葛军7人被评为全省抗击新冠肺炎疫情先进个人,如皋市卫生健康委员会被评为全省抗击新冠肺炎疫情先进集体。

△ 省水利厅下发通知,公布全省第七批水利安全生产标准化二级单位,如皋市碾砣港闸管理所名列其中。

11月27日

由中国田径协会、中国中学生体育协会共同举办的2020年田径青少年(U16)铁饼铅球冬季训练营项目挑战赛在四川成都顺利结营。如皋市少年体育学校投掷队5名运动员在该次比赛上获1枚金牌、3枚银牌、3枚铜牌,同时获2020年度中国田径协会颁发的优秀运动员、优秀教练员、优秀基地三项殊荣。

12月1日

江苏省妇女“巾帼建功”、“双学双比”活动领导小组对2020年度全省城乡妇女岗位建功先进典型进行表彰,决定授予198个岗组“江苏省巾帼文明岗”称号。如皋市档案馆文档查阅科位列其中,是如皋市唯一获此荣誉称号的岗位。

12月2日

省民政厅下发《关于确定第二批全省民政标准化示范单位的通知》,确定南京市点将台社会福利院等18家单位为全省民政标准化示范单位,如皋市丁堰镇长寿星居家养老服务中心名列其中,成为南通市唯一入选的单位。

12月4日

水利部公布第三批符合节水型社会评价标准的350个县(区)名单,其中江苏省14个县(区),如皋市榜上有名,获“国家级节水型社会建设达标县”称号,成为南通市该批次唯一入列榜单的县市。

△ 江苏省住房城乡建设厅公布第三批江苏省传统村落公示名单,138个村落入围,其中如皋市城北街道平园池村藕池庄、白蒲镇林梓社区林梓、石庄镇张杨园社区张杨园3个村落入选。

12月6日

江苏省第十九届“中学生与社会”作文大赛决赛颁奖现场传来喜讯,如皋市下原镇下原初中九(1)班学生彭洪钰获初中组特等奖,成为南通市唯一获得特等奖的选手。

12月9日

第三批江苏省生态文明建设示范乡镇(街道)、村(社区)名单出炉,如皋市江安镇、城北街道、江安镇胜利社区、九华镇小马桥村上榜。

12月9—10日

省司法厅、省妇联在常州联合召开全省婚姻家庭纠纷预防化解工作现场推进会。会上,省妇联副主席崔娟宣读首批110个“江苏省标准化家事调解社区工作室”命名的通知,如皋法院“王桂兰”家事调解工作室位列其中。

12 月 10 日

南通市委作出决定,追授如皋市人民检察院因公殉职检察官刘涛“南通市优秀共产党员”称号。

△ 由中国版权协会主办的 2020 年中国版权年会暨“远集坊”高峰论坛在珠海举行。如皋衣园“蓝印情怀”获“2020 中国版权最佳创意奖”。

12 月 14 日

江苏省文物局正式给如皋市退役军人事务局发送《博物馆备案确认书》,标志着“如皋市红十四军纪念馆”成功备案。如皋市红十四军纪念馆正式进入博物馆序列,成为江苏省内唯一的红军博物馆。截至 2020 年,如皋市现有备案博物馆增加至 5 家。

12 月 15 日

CCF(中国计算机学会)官网公布青少年信息学奥林匹克联赛 NOIP2020 获奖名单,如皋中学朱吴际获二等奖、范宇辰获三等奖。

12 月 16 日

全国县域经济专业研究咨询机构和社会智库——中郡研究所完成并发布《第二十届县域经济与县域发展监测评价报告》。第二十届全国县域经济与县域综合发展前 100 名中,如皋位列 15,领跑南通县市排名。

△ 如皋市融媒体中心在“江苏省广播电视政府奖”评选中获“广播电视先进单位”,报送的《奔跑吧兄妹》获“广播电视节目提名奖”。

12 月 17 日

“追寻先烈足迹”短视频征集展示活动成果发布会在中国人民革命军事博物馆举行。如皋市委网信办、市档案局(馆)报送,如皋市委党史办制作的《爱国船夫 重创日酋》短视频,获评个人创作优秀作品。

12 月 18 日

文化和旅游部正式对外公示第五批国家级非物质文化遗产代表性项目名录推荐项目名单,南通有 2 项入选,其中如皋市申报的地毯织造技艺(如皋丝毯织造技艺)成功入选。

12 月 21 日

江苏省特色田园乡村建设工作联席会议发文,正式命名江苏省第五批次特色田园乡村,如皋城北街道平园池村藕池庄和城北街道花园桥社区花园桥庄获得命名。至此,如皋市已成功命名 5 个“省级特色田园乡村”。

△ 中国博物馆协会发布第四批全国博物馆定级评估结果。如皋市博物馆获评国家三级博物馆,填补如皋市国家级博物馆的空白。

12 月 23 日

由江苏省委宣传部主办的“我身边的小康”百姓名嘴风采展示活动全省总决赛在江苏教育频道大演播厅举行,江安镇党群工作局冒甜甜排名全省第三,获得二等奖。

12 月 24 日

省教育厅、省人社厅公布 2020 年江苏省中小学和中职校教师正高级专业技术资格评审结果,如皋市蒋海燕、马建锋、陈红娟、李继东 4 人经评审具备中小学正高级教师资格。

12 月 26 日

2020 第十五届中国全面小康论坛在广东中山市开幕。在论坛当晚举办的 2020 第十五届中国全面小康论坛颁奖盛典上,“2020 年度中国全面小康百佳示范县市”揭晓,如皋市入选“2020 年度中国全面小康百佳示范县市”。

12 月 28 日

经江苏省人民政府同意,省住房和城乡建设厅等部门印发通知,认定并公布全省第三批 138 个江苏省传统村落名录,如皋市城北街道平园池村藕池庄、白蒲镇林梓社区林梓、石庄镇张杨园社区张杨园3个村落入选。

2020年度综合考核优秀单位和服务地方先进单位

综合考核优秀单位

市级机关第一类:市委办(研究室/机要局/国家保密局/国家密码管理局/接待办/档案局)
宣传部(文明办/新闻出版局(版权局)/互联网信息办/文联/社科联/新闻中心)
市纪委(监察委/巡察办)
组织部(编办/非公有制企业和社会组织工委/党建办/机关工委/公务员局)
人大办(委室) 政协办(委室) 政法委 统战部(侨联/台办/民宗局/侨务办)
党校 总工会

市级机关第二类:政府办(研究室/外事办) 财政局(国有资产监管办) 检察院 法院 公安局
市场监督管理局(知识产权局) 发改委(工业和信息化局/粮食和物资储备局)
交通运输局 行政审批局(政务服务管理办) 人力资源和社会保障局
教育局(教工委)

镇(区、街道): 高新区(城南街道) 丁堰镇 搬经镇 江安镇

服务地方先进单位

南通市如皋生态环境局 国家税务总局如皋市税务局 如皋市气象局

2020年度高质量发展先进集体

项目建设先进集体

长江镇(如皋港工业园区) 高新区(城南街道) 丁堰镇 搬经镇 东陈镇 磨头镇
日达智能科技(如皋)有限公司 如皋市宏茂铸钢有限公司
江苏华永汽车悬架有限公司 如皋市柏承建设发展有限公司
江苏思博特纺织科技有限公司 华都精工(南通)精密机械有限公司

工业运行先进集体

高新区(城南街道) 如皋工业园区(如城街道) 搬经镇 江安镇 东陈镇 白蒲镇

服务业运行先进集体

长江镇(如皋港工业园区) 高新区(城南街道) 江安镇 吴窑镇 搬经镇 九华镇

财政收入先进集体

高新区(城南街道)　如皋工业园区(如城街道)　江安镇　东陈镇　搬经镇　磨头镇

开放型经济先进集体

经济技术开发区(城北街道)　长江镇(如皋港工业园区)　丁堰镇　石庄镇　磨头镇　九华镇
小咖秀(江苏)科技有限公司　南通荣威娱乐用品有限公司　森松(江苏)重工有限公司
梦百合家居科技股份有限公司　苏州工业园区凌志软件如皋有限公司

科技创新先进集体

九华镇　高新区(城南街道)　长江镇(如皋港工业园区)
江苏秦烯新材料有限公司　江苏力星通用钢球股份有限公司
江苏汤臣汽车零部件有限公司　南通星球石墨股份有限公司
森松(江苏)重工有限公司　势加透博洁净动力如皋有限公司

人才工作先进集体

高新区(城南街道)　经济技术开发区(城北街道)　九华镇　江安镇

建筑业先进集体

江苏南通六建建设集团有限公司　标龙建设集团有限公司　江苏江中集团有限公司
中如建工集团有限公司　江苏常青建设集团有限公司　江苏沪港装饰有限公司

乡村振兴示范村(社区)

江安镇周庄社区　东陈镇南东陈社区　城北街道花园桥社区　长江镇蒲港社区
城南街道夏庄社区　如城街道新民社区　石庄镇思江村　磨头镇磨头社区
白蒲镇月旦社区　九华镇营防社区

党建工作先进集体

高新区(城南街道)　长江镇(如皋港工业园区)　搬经镇　下原镇　丁堰镇　财政局
行政审批局　交通运输局　教育局　国家税务总局如皋市税务局

生态文明建设先进集体

如皋工业园区(如城街道)　长江镇(如皋港工业园区)　丁堰镇　江安镇　搬经镇

安全生产先进集体

高新区(城南街道)　白蒲镇　丁堰镇　石庄镇　公安局　财政局
住房和城乡建设局　应急管理局

综合治理先进集体

经济技术开发区(城北街道)　长江镇(如皋港工业园区)　搬经镇　石庄镇　下原镇

2020年度高质量发展先进个人

招商引资先进个人

丁堰镇　储开平　搬经镇　刘　莉　白蒲镇　张　成
下原镇　杨　海　开发区　王昌龄　江安镇　唐晓星
磨头镇　王正权　高新区　倪　伟　东陈镇　沈　伟
高新区　杨海鲲　长江镇　李　伟　长江镇　吴小根
如皋工业园区　郭其飞　长三角产业协同中心　吉俊国
珠三角产业协同中心　王洪新　工商联　缪爱国　发改委　王海飞
江苏和府餐饮管理有限公司董事长　李亚彬
如皋市宏茂铸钢有限公司总经理　葛建辉
南通德晋昌光电科技有限公司董事长　金政华

项目服务先进个人

如皋工业园区　王小锋　白蒲镇　陈慧华　石庄镇　陈达兵
江安镇　徐正栋　市委办　李　兵　政府办　卢应锋
纪委监委　刘　亮　发改委　冒　军　重大项目办　秦　雷
自然资源和规划局　陶文建　行政审批局　卢宗志
统计局　夏建明　生态环境局　冒志翔
文体广电和旅游局　阮强舟　商务局　朱伟锋

特级企业家

倪张根　梦百合家居科技股份有限公司董事长

特别贡献企业家

管建明　国网江苏省电力有限公司如皋市供电分公司总经理
吴　彬　南通烟草公司如皋分公司总经理

五星级企业家

陈邦栋　江苏省如高高压电器有限公司集团副总　西松江英　森松(江苏)重工有限公司董事长
张朝峰　汤始建华建材(南通)有限公司总经理　谭建平　南通天泽化工有限公司董事长
吴华锋　江苏汤臣汽车零部件有限公司董事长　蒋国强　南通百川新材料有限公司董事长
张　帆　如皋港务集团有限公司总经理　王　健　南通阳鸿石化储运有限公司总经理
沈卫东　江苏南通六建建设集团有限公司总裁　沈良兵　江苏江中集团有限公司董事局主席

四星级企业家

王海青　南通荣威娱乐用品有限公司总经理　钱淑娟　南通星球石墨股份有限公司董事长
陈　荣　江苏宝众宝达药业有限公司董事长　姚建生　江苏天南电力器材有限公司董事长
马　斌　江苏神马电力股份有限公司如皋分公司董事长
杨　敏　江苏泰慕士针纺科技股份有限公司总经理
杨如生　南通海泰科特精密材料有限公司董事长　顾清波　江苏九鼎新材料股份有限公司顾问

汪　杰　南通海螺水泥有限责任公司副总经理
孙玉峰　南通斯密特森光电科技有限公司总经理
龙继东　南通东润实业有限公司董事长　周国建　江苏沪港装饰有限公司董事长
金　星　江苏海通海洋工程装备有限公司董事长
马玉东　江苏如皋港集团有限公司董事长
张孝俤　国骄胶粘新材料产业园管理有限公司董事长
宋小忠　中如建工集团有限公司董事局主席
谢福建　江苏常青建设集团有限公司董事长

三星级企业家

王小平　双钱集团(江苏)轮胎有限公司党委书记
方日明　德源(中国)高科有限公司董事长
施祥贵　江苏力星通用钢球股份有限公司董事长
李　进　江苏永大化工机械有限公司董事长
吉　军　南通杰克拜尼服帽有限公司董事长
徐群生　江苏万达特种轴承有限公司董事长
王建华　南通三荣实业有限公司董事长
黄海波　南通玉兔集团有限公司总经理
王安美　南通市通宝船舶有限公司总经理
爱德华多　威格(江苏)电气设备有限公司中国区总裁、如皋公司总经理
肖春平　上海电气环保热电(南通)有限公司总经理
沈　宇　南通柏源汽车零部件有限公司总经理
吴灿华　江苏华灿电讯集团股份有限公司董事长
陈银忠　江苏华医大健康服务股份有限公司董事长
鞠昌明　江苏益昌集团有限公司董事长
吴险峰　如皋文峰大世界有限公司总经理
王　军　南通泛华建设集团有限公司董事长
周红梅　江苏路翔交通工程有限公司董事长

乡村振兴先进个人

长江镇	刘金城	东陈镇	朱亚光	城北街道	周保贵
江安镇	申　燃	磨头镇	赵小成	搬经镇搬东社区	张　健
丁堰镇鞠庄社区	王章全	石庄镇石南社区	缪德兵	江安镇六团村	徐　林
东陈镇山河社区	秦宝山	下原镇老坝村	范陈龙	长江镇田王村	于玉兵
白蒲镇文著社区	薛卫东	磨头镇邓高社区	王　芳	石庄镇永兴社区	许宏兵

城市建设(搬迁)先进个人

政法委　杨大勇　审计局　朱宏彬
行政审批局　姜跃进　总工会　周维宽
经济技术开发区(城北街道)　刘　敏
高新区(城南街道)　杨　飞　张　慧
如皋工业园区(如城街道)　贾华俊　朱晓燕　朱松辉

生态文明建设先进个人

高新区	刘亚东	白蒲镇	王亚明	九华镇	吕　坚
市委第二巡察组	秦　宗	发改委	吴建国	交通局	田　骏
生态环境局	徐宣安	城管局	袁权民	水务局	丁小星
供销总社	王红德	农业农村局	刘三五	攻坚办	王汉杰
攻坚办	李益群	住建局	季远兵		

安全生产先进个人

九华镇	丁山燕	搬经镇	张　兵	东陈镇	张林泉
吴窑镇	董伯群	政府办	严可文	政府办	顾凯驰
发改委	章建德	公安局	何　兵	应急管理局	沙　宏
城管局	翟建兵	交通局	张　旭	商务局	范亚林
应急管理局	黄嘉颖	卫健委	夏建国		

综合治理先进个人

纪委监委	沈一飞	政法委	殷　杰	法院	吴亚红
检察院	吴　洁	公安局	吴小宇	司法局	孙亚东
交通局	陈　瑶	卫健委	秦龙银	如城街道	郭　亮
磨头镇	崔蓉蓉	吴窑镇	葛剑利	江安镇	张　磊

2020年度如皋市文明行业文明镇文明村文明社区文明单位文明校园文明家庭名单

一、文明行业(23个)

如皋市邮政系统(城中、城西、白蒲、九华、石庄、搬经、磨头、东陈支局)

国家税务总局如皋市税务系统(丁堰、第二、城南、磨头、长江、第一、白蒲、石庄税务分局)

如皋市人民法院系统(经济技术开发区、高新技术产业开发区、石庄、白蒲、长江、磨头人民法庭,立案庭)

如皋市公安系统(指挥中心,法制、政治安全保卫、治安警察、内部安全保卫、刑事警察、经济犯罪侦查、出入境管理、网络安全保卫、巡特警、科信、监所管理、交通警察大队,交警大队车辆管理所,如城、丁堰、白蒲、石庄、搬经、开发区、磨头、国道、如皋港交警中队,如城中心、丰乐、迎春、皋南、高新区、经济开发区、柴湾、袁桥、东陈中心、丁堰中心、下原、磨头中心、九华中心、石庄中心、江安中心、搬经中心派出所)

如皋市文体广电和旅游系统(文化馆、博物馆、体育中心、文体旅游综合执法大队、图书馆、少年儿童图书馆)

如皋市城市管理系统(城市建设管理综合执法大队、物业管理中心、环境卫生管理处)

如皋市交通运输系统(交通工程技术质量监督所、交通运输综合执法大队、南通汽运实业集团有限

公司如皋分公司）

如皋市住建系统（房屋征收管理办公室、市政设施管理处、燃气管理处、城市照明管理处、园林管理处、住房保障处、区域供水管理处、建筑工程质量监督站、白蚁防治站、城乡建设档案馆、水绘园风景区管理处、建筑安全生产监督站、建筑工程质量检测中心）

如皋市卫健系统（人民医院、中医院、精神病防治医院、第三人民医院、第四人民医院、卫生监督所、妇幼保健计划生育服务中心、120急救指挥中心，如城街道、高新技术产业开发区、经济技术开发区、东陈、丁堰、白蒲、搬经、磨头、吴窑、石庄、下原卫生所）

如皋市司法系统（公证处，法律援助中心，如城、长江、搬经、白蒲、石庄、下原、东陈、九华、江安司法所，厚高、敏政、如一、希言、瀛联、雉水、金皋律师事务所，长江、搬经、方圆、皋城、江安、高新区法律服务所）

如皋市财政系统（如皋工业园区财政和资产管理局，如皋经济技术开发区财政局，高新区（城南街道）财政分局，东陈、丁堰、白蒲、下原、九华、石庄、江安、搬经、磨头镇财政所）

如皋市民政系统（江滨医院、社会福利中心、救助管理站、民政局婚姻登记处、公墓管理处、社会福利有奖募捐委员会办公室、市殡仪馆）

如皋市市场监督管理系统（如城、高新技术产业开发区、经济技术开发区、东陈、丁堰、白蒲、下原、九华、石庄、搬经、磨头、长江分局，综合检验检测中心）

如皋市自然资源系统（土地储备中心、不动产登记中心、规划编制研究中心、林业技术指导站、高新技术产业开发区分局，如城分局，长江分局，经济技术开发区分局，磨头、吴窑、下原、搬经、九华、白蒲、丁堰、石庄国土资源所）

江苏如皋农村商业银行股份有限公司系统（营业部，城南、如城、大明、中山路、开发区、高新、软件园、城东、兴隆、环北、马塘、白蒲、柴东、东陈、林梓、夏堡、雪岸、下原、江防、搬经、丁堰、长江、南凌、黄市、场北、长庄、高井、袁桥、九华、桃园、丁北、龙舌、高明、郭园、何庄、胜利、吴窑、加力、石庄、戴庄、石北、奚斜、花园支行）

中国移动通信集团江苏有限公司如皋分公司系统（科技城、开发区、石庄、九华、江安、搬经、丁堰、白蒲、长江、吴窑、东陈、磨头、下原网格）

如皋市水务系统（焦港闸、如皋港闸、碾砣港闸、如泰运河闸、河道堤防、水费水资源管理所，农田水利试验站，经济技术开发区、如城、高新技术产业开发区、东陈镇、丁堰镇、白蒲镇、长江镇、石庄镇、江安镇、搬经镇水利服务站）

如皋市农业农村系统（农林水利综合执法大队、农业技术推广中心、农林科技与信息中心、农村能源技术指导站、蚕桑技术指导站、畜牧兽医站、水产技术指导站、种子管理站、家畜改良站、农业机械化技术推广站、机电排灌管理站；经济技术开发区、高新技术产业开发区、如城街道、长江镇、东陈镇、磨头镇、九华镇、石庄镇、江安镇畜牧兽医站）

中国建设银行股份有限公司如皋支行系统（建行营业部，海阳路、城中、东门、北门、新皋桥、中山西路、福寿西路、益寿南路、丁堰、东陈、白蒲支行）

中国银行股份有限公司如皋支行系统（中行营业部，海阳中路、海宁、西皋、开发区、东皋、丁堰、白蒲、下原支行）

中国农业银行股份有限公司如皋市支行系统（农行营业部，海阳南路、中山东路、文峰、开发区、江安、如皋港区、九华、林梓、下原、白蒲、搬经支行）

中国工商银行股份有限公司如皋支行系统（工行营业部，皋东、环南、城中、北大街、开发区、丁堰、白蒲、石庄、磨头支行）

中国电信股份有限公司如皋分公司系统（东陈、白蒲、丁堰、长江、九华、石庄、江安、搬经、磨头、如城、吴窑、下原、海阳北路、中山路、黄市支局）

二、文明镇(13个)

如皋工业园区(如城街道)　经济技术开发区(城北街道)　高新技术产业开发区(城南街道)
长江镇(如皋港工业园区)　丁堰镇　搬经镇　磨头镇　下原镇
九华镇　石庄镇　东陈镇　白蒲镇　江安镇

三、文明村(113个)

如皋工业园区(如城街道)光华村　如皋工业园区(如城街道)龙游河村
如皋工业园区(如城街道)新官村　如皋工业园区(如城街道)老南村
如皋工业园区(如城街道)方庄村　如皋工业园区(如城街道)钱长村
长江镇(如皋港工业园区)田王村　长江镇(如皋港工业园区)富圩村
长江镇(如皋港工业园区)刘胜村　长江镇(如皋港工业园区)谢楼村
经济技术开发区(城北街道)八角井村　经济技术开发区(城北街道)戴庄村
经济技术开发区(城北街道)复兴庄村　经济技术开发区(城北街道)顾巷村
经济技术开发区(城北街道)里庄村　经济技术开发区(城北街道)平园池村
经济技术开发区(城北街道)桥港村　经济技术开发区(城北街道)狮垛村
经济技术开发区(城北街道)双楼庄村　经济技术开发区(城北街道)天河桥村
经济技术开发区(城北街道)万新村　经济技术开发区(城北街道)志勇村
高新区(城南街道)肖陆村　高新区(城南街道)申徐村
高新区(城南街道)左邬村　高新区(城南街道)桃北村
高新区(城南街道)明池村　高新区(城南街道)杨花桥村
磨头镇丁冒村　磨头镇十字桥村　磨头镇高李村
磨头镇场西村　磨头镇顾沈村　磨头镇曹石村
磨头镇朗张村　磨头镇场东村　磨头镇新徐村
磨头镇兴韩村　磨头镇星港村　磨头镇严狄村
磨头镇董堡村　下原镇老坝村　下原镇花园头村
下原镇陈桥村　下原镇张庄村　吴窑镇平田村
吴窑镇老庄村　吴窑镇长西村　吴窑镇何柳村
吴窑镇长庄村　东陈镇雪洪村　东陈镇杭桥村
东陈镇蒋宗村　东陈镇范桥村　东陈镇南庄村
东陈镇北庄村　东陈镇刘杨村　东陈镇刘亮村
丁堰镇刘海村　丁堰镇夏圩村　丁堰镇朝阳村
丁堰镇红桥村　白蒲镇姚家园村　白蒲镇朱家桥村
白蒲镇朱窑村　白蒲镇合兴村　白蒲镇沈桥村
白蒲镇沈腰村　白蒲镇康庄村　白蒲镇邓杨村
搬经镇梅甸村　搬经镇焦港村　搬经镇芹界村
搬经镇任庄村　搬经镇夏堡村　搬经镇肖马村
搬经镇林上村　搬经镇刘庄村　搬经镇晓庄村
搬经镇土山村　搬经镇万全村　搬经镇楼冯村
九华镇马桥村　九华镇丝渔村　九华镇耿扇村
九华镇杨码村　九华镇郭洋村　九华镇姜园村
九华镇云屏村　九华镇龙舌村　九华镇二甲村
九华镇小马桥村　九华镇洋港村　九华镇如海村

石庄镇何正村
石庄镇唐埠村
石庄镇邹蔡村
石庄镇洪港村
石庄镇思江村
石庄镇风龙村
石庄镇何正村
江安镇鄂埭村
江安镇陈庄村
江安镇百新村
江安镇六团村
江安镇徐柴村
江安镇黄庄村
江安镇曹杜村
江安镇申九村
江安镇朗庙村
江安镇合作村
江安镇葛市村
江安镇新建村

四、文明社区(114个)

如皋工业园区(如城街道)迎新社区
如皋工业园区(如城街道)仙鹤社区
如皋工业园区(如城街道)陆桥社区
如皋工业园区(如城街道)孔庙社区
如皋工业园区(如城街道)花园社区
如皋工业园区(如城街道)蒲行社区
如皋工业园区(如城街道)安定社区
如皋工业园区(如城街道)长巷社区
如皋工业园区(如城街道)秀水社区
如皋工业园区(如城街道)宏坝社区
如皋工业园区(如城街道)红星社区
如皋工业园区(如城街道)顾庄社区
如皋工业园区(如城街道)新民社区
如皋工业园区(如城街道)城东社区
如皋工业园区(如城街道)城南社区
长江镇(如皋港工业园区)海坝社区
长江镇(如皋港工业园区)永平社区
长江镇(如皋港工业园区)杨州社区
长江镇(如皋港工业园区)二百亩社区
长江镇(如皋港工业园区)长青社区
长江镇(如皋港工业园区)田桥社区
长江镇(如皋港工业园区)郭园社区
长江镇(如皋港工业园区)永福社区
长江镇(如皋港工业园区)镇龙社区
长江镇(如皋港工业园区)中心沙社区
长江镇(如皋港工业园区)永丰社区
长江镇(如皋港工业园区)长江社区
长江镇(如皋港工业园区)永建社区
长江镇(如皋港工业园区)头案社区
长江镇(如皋港工业园区)薛窑社区
长江镇(如皋港工业园区)顾桥社区
经济技术开发区(城北街道)城北社区
经济技术开发区(城北街道)东风社区
经济技术开发区(城北街道)庆余社区
经济技术开发区(城北街道)鹿门社区
经济技术开发区(城北街道)袁桥社区
经济技术开发区(城北街道)杨宗社区
高新区(城南街道)宋家桥社区
高新区(城南街道)新华社区
高新区(城南街道)新庄社区
高新区(城南街道)夏庄社区
高新区(城南街道)马塘社区
高新区(城南街道)平明社区
磨头镇高庄社区
磨头镇邓高社区
磨头镇天阳社区
磨头镇新联社区
下原镇下原社区
下原镇桃园社区
下原镇邹庄社区
下原镇白李社区
下原镇沈阳社区
东陈镇洪桥社区
东陈镇万富社区
东陈镇山河社区
东陈镇冯堡社区
东陈镇徐湾社区
东陈镇南东陈社区
东陈镇凌云社区
丁堰镇新堰社区
丁堰镇茄儿园社区
丁堰镇鞠庄社区
丁堰镇皋南社区
丁堰镇凤山社区
丁堰镇堰南社区
白蒲镇光明社区
白蒲镇跃进社区
白蒲镇勇敢社区
白蒲镇蒲东社区
白蒲镇前进社区
白蒲镇蒲西社区
白蒲镇文著社区
白蒲镇月旦社区
白蒲镇斜庄社区
白蒲镇钱园社区
白蒲镇林梓社区
白蒲镇文峰社区
搬经镇加马社区
搬经镇朱夏社区
搬经镇搬东社区
搬经镇严鲍社区
搬经镇群岸社区
搬经镇兴夏社区
搬经镇鲍庄社区
搬经镇袁庄社区
搬经镇董王社区
搬经镇高明庄社区
九华镇九华社区

九华镇郭李社区
九华镇营房社区
九华镇四圩社区
九华镇郑甸社区
石庄镇永兴社区
石庄镇铁篱社区
石庄镇新生港社区
石庄镇石庄社区
石庄镇石南社区
石庄镇张黄港社区
江安镇周庄社区
江安镇胜利社区
江安镇联络新社区
江安镇周群社区
江安镇徐葛社区
江安镇黄市社区
江安镇宁通社区
江安镇中心社区
江安镇镇中社区
江安镇章庄社区
吴窑镇立新社区
吴窑镇吴窑社区
吴窑镇大石社区
吴窑镇钱庄社区
吴窑镇三元社区
吴窑镇四房社区

五、文明单位(169 个)

中共如皋市纪律检查委员会(如皋市监察委员会、巡察办)
中共如皋市委办公室(研究室、机要局、保密局、国家密码管理局、档案局、接待办)
如皋市人大常委会办公室(含各委室)
如皋市人民政府办公室(研究室、外事办)
如皋市政协办公室(含各委室)
中共如皋市委组织部(编办、非公有制企业和社会组织工委、党建办、机关工委、公务员局)
中共如皋市委宣传部(文明办、新闻出版局、互联网信息办、文联、社科联、新闻中心)
中共如皋市委统战部(侨联、台办、民宗局、侨务办)
中共如皋市委政法委员会
中共如皋市委老干部局(离退休干部工委)
如皋市人民检察院
中共如皋市委党校
中共如皋市委党史工作办公室(地方志办)
如皋市档案馆
如皋市融媒体中心(如皋市广播电视台)
如皋市总工会
共青团如皋市委员会
如皋市妇女联合会
如皋市科学技术协会
如皋市残疾人联合会
如皋市工商业联合会(总商会)
如皋市发展和改革委员会(工业和信息化局、粮食和物资储备局)
如皋市教育局
如皋市科学技术局
如皋市人力资源和社会保障局
如皋市商务局(口岸办)
如皋市退役军人事务局
如皋市应急管理局
如皋市审计局
如皋市信访局
如皋市行政审批局(政务服务代办中心、公共资源交易中心、规划监察大队)
如皋市统计局
如皋市医疗保障局
如皋市地方金融监督管理局(金融办)
如皋市生态环境系统(生态环境监测站、生态环境执法局)
如皋市政府投资项目工程建设中心
如皋市供销合作总社
如皋市气象局
如皋经济技术开发区管理委员会
江苏省如皋高新技术产业开发区管理委员会
南通市烟草公司如皋分公司
国网江苏省电力有限公司如皋市供电分公司
江苏有线网络发展有限责任公司如皋分公司
中国人民银行如皋市支行
江苏凤凰新华书店集团有限公司如皋分公司
中华人民共和国如皋海关
中国人寿保险股份有限公司如皋支公司
江苏银行股份有限公司如皋支行
南通市住房公积金管理中心如皋管理部
如皋市长江青少年素质教育基地
如皋市消防救援大队
如皋市科学技术协会
富皋万泰集团有限公司
如皋市城市产业发展集团有限公司
如皋市交通产业集团有限公司

如皋市机关事业单位养老保险管理处
如皋市技工学校
如皋市社会养老保险管理处
如皋市社会医疗保险管理处
如皋市军队离休退休干部休养所
中如建工集团有限公司
双钱集团(江苏)轮胎有限公司
标龙建设集团有限公司
江苏路翔交通工程有限公司
江苏九鼎集团有限公司
南通中铁华宇电气有限公司
江苏神马电力股份有限公司如皋分公司
南通杰克拜尼服帽有限公司
东升南通石材产业园有限公司
汤始建华建材(南通)有限公司
森松(江苏)重工有限公司
如皋港务集团有限公司
江苏康恒化工有限公司
江苏长生投资集团有限公司
江苏大唐国际如皋热电有限责任公司
南通荣威娱乐用品有限公司
南通超达装备股份有限公司
江苏顺丰通讯服务有限公司
江苏卓远半导体有限公司
如皋市北外附属龙游湖外国语学校
南通聚星铸锻有限公司
南通曼淇威电气有限公司
江苏恋轩服饰有限公司
如皋市逸人服饰有限公司
南通华东油压科技有限公司
江苏宏景集团有限公司
南通瑞兴帽业有限公司
南通安琪医疗用品有限公司
南通小樱时装有限公司
上海电气环保热电(南通)有限公司
南通市睿联环保设备有限公司
江苏新核力机电有限公司
凯晖科技股份有限公司
如皋市社会保险基金管理中心
如皋市劳动就业管理处
如皋市居民社会养老保险基金管理中心
如皋市红十四军纪念馆
江苏南通六建建设集团有限公司
江苏江中集团有限公司
江苏泰慕士针纺科技股份有限公司
江苏华夏电影胶片修复技术有限公司
光大生物能源(如皋)有限公司
江苏瀚皋机械有限公司
江苏海力达机电制造有限公司
花木大世界控股有限公司
江苏海通海洋工程装备有限公司
江苏如皋港集团有限公司
如皋金岛生态园发展有限公司
南通百川新材料有限公司
南通新邦化工科技有限公司
南通阳鸿石化储运有限公司
如皋市凯凯电信器材有限公司
江苏双龙健制衣股份有限公司
延康汽车零部件如皋有限公司
小咖秀(江苏)科技有限公司
海迪科(南通)光电科技有限公司
如皋市永兴肠衣有限公司
如皋中南锦信置业有限公司
如皋市非标轴承有限公司
南通海泰科特精密材料有限公司
南通恒绮纺织有限公司
江苏省铁路物流投资有限公司如皋服务区
如皋市中如化工有限公司
如皋市华阳铝制品有限公司
江苏大欣织带有限公司
南通星球石墨设备制造有限公司
江苏恒祥化学股份有限公司
南通温氏家禽有限公司
江苏唯路易实业有限公司
如皋市旭日包装纸业有限公司
如皋市五山漂染有限责任公司
南通市新空间幕墙材料制造有限公司(江苏新空间装饰集团有限公司)
江苏省灌溉动力管理一处拉马河闸管理所
南通雉水文化传媒有限公司
如皋市东皋幼儿园
江苏汤臣汽车零部件有限公司
如皋师范学校附属小学幼儿园
如皋经济技术开发区第三实验幼儿园

如皋经济技术开发区何庄幼儿园
如皋市港城实验幼儿园
如皋市长江镇新港幼儿园
如皋高新区桃园幼儿园
如皋市如城实验幼儿园
如皋市外国语学校附属幼儿园
如皋市如城光华幼儿园
如皋市东陈镇东陈幼儿园
如皋市丁堰镇丁堰幼儿园
如皋市下原镇下原幼儿园
如皋市吴窑镇吴窑幼儿园
如皋市磨头镇场南幼儿园
如皋市九华镇营防幼儿园
如皋市石庄镇石北幼儿园
如皋市搬经镇高明幼儿园
如皋市搬经镇常青幼儿园
如皋经济技术开发区实验幼儿园
如皋市长江镇永平幼儿园
如皋高新区实验幼儿园
如皋市如城安定幼儿园
如皋市如城健康幼儿园
如皋市西城幼儿园
如皋市皋南幼儿园
如皋市东陈镇南凌幼儿园
如皋市白蒲镇白蒲幼儿园
如皋市下原镇花园幼儿园
如皋市磨头镇磨头幼儿园
如皋市九华镇九华幼儿园
如皋市石庄镇石庄幼儿园
如皋市江安镇江安幼儿园
如皋市搬经镇搬经幼儿园

六、文明校园(53个)

江苏省如皋中学
江苏省江安高级中学
如皋市第二中学
如皋市实验初中
江苏省如皋师范学校附属小学
如皋市如城实验小学
如皋经济技术开发区何庄小学
如皋经济技术开发区实验初中
如皋市港城实验学校
如皋市长江镇郭园小学
如皋高新技术产业开发区实验小学
如皋市东陈镇东陈初级中学
如皋市东陈镇东陈小学
如皋市丁堰镇丁西小学
如皋市白蒲镇白蒲小学
如皋市白蒲镇阳光初级中学
如皋市白蒲镇奚斜小学
如皋市下原镇下原小学
如皋市磨头镇磨头初级中学
如皋市九华镇九华初级中学
如皋市石庄镇石庄初级中学
如皋市江安镇江安小学
如皋市江安镇葛市小学
如皋市搬经镇搬经小学
江苏省石庄高级中学
如皋市第一中学
如皋初级中学
如皋市外国语学校
如皋市安定小学
如皋经济技术开发区实验小学
如皋经济技术开发区第二实验小学
如皋经济技术开发区第三实验小学
如皋市长江镇永平小学
如皋市城南小学
如皋市如城小学
如皋市东陈镇南凌小学
如皋市丁堰镇丁堰初级中学
如皋市丁堰镇刘海小学
如皋市白蒲镇白蒲初级中学
如皋市白蒲镇林梓小学
如皋市下原镇下原初级中学
如皋市吴窑镇江中小学
如皋市磨头镇磨头小学
如皋市九华镇营防小学
如皋市石庄镇石庄小学
如皋市江安镇江安实验学校小学部
如皋市搬经镇搬经初级中学
如皋市搬经镇常青小学

如皋市搬经镇夏堡小学
江苏省如皋中等专业学校
如皋市特殊教育学校
如皋市李渔小学
如皋市长江镇车马湖小学

七、文明家庭(88 个)

城北街道普济社区潘玉明家庭
城北街道北郊花苑韩良吉家庭
城北街道陆姚社区汤国平家庭
城北街道庆余社区薛兴林家庭
城北街道狮垛村张瑞荣家庭
城北街道万新村曹仁俊家庭
长江镇二百亩社区孙菊娟家庭
长江镇范刘社区吴建美家庭
长江镇顾桥社区沈良亭家庭
长江镇海坝社区冯伟斌家庭
长江镇头案社区张志军家庭
长江镇五零社区马承良家庭
长江镇永福社区吴松祥家庭
长江镇知青社区冯渊明家庭
长江镇平南社区殷慧家庭
城南街道建设社区刘喜白家庭
城南街道明池村钱如胜家庭
城南街道申徐村裴长玉家庭
城南街道肖陆村陈绍平家庭
城南街道新华社区张建明家庭
如城街道安定村黄晓琴家庭
如城街道城南社区何建军家庭
如城街道大明社区钱祖华家庭
如城街道宏坝社区汪银泉家庭
如城街道老南村徐建忠家庭
如城街道龙游河村李世兵家庭
如城街道仙鹤社区赵红平家庭
如城街道秀水社区刘海荣家庭
如城街道许庄社区鞠远圣家庭
如城街道宏坝社区管永贞家庭
如城街道迎新社区陈晏家庭
如城街道安定社区徐丹丹家庭
如城街道大殷社区徐霞家庭
东陈镇刘亮村蔡炳林家庭
东陈镇徐湾社区徐俊红家庭
东陈镇南凌社区沈剑家庭
丁堰镇凤山社区钱正平家庭
丁堰镇朝阳村张佑家庭
丁堰镇三桥社区佘道远家庭
丁堰镇皋南社区陈勇涛家庭
丁堰镇鞠庄村庄付彬家庭
丁堰镇三河社区孙林家庭
丁堰镇茄儿园社区陈汉书家庭
丁堰镇红桥村任余胜家庭
丁堰镇刘海村陈福政家庭
丁堰镇皋南社区孙海燕家庭
白蒲镇林梓社区陈德明家庭
白蒲镇蒲西社区范正荣家庭
白蒲镇勇敢社区姜淑炎家庭
白蒲镇姜北村金克良家庭
白蒲镇唐堡村陈祥云家庭
白蒲镇合兴村曹锡秋家庭
下原镇蔡荡村郭清泉家庭
下原镇老坝村范陈龙家庭
下原镇藕池村尹国泉家庭
下原镇沈阳社区姚继红家庭
下原镇曙光村陈邦元家庭
下原镇张庄村吴炳华家庭
吴窑镇三元村冒建芳家庭
吴窑镇吴窑居葛平家庭
吴窑镇长西村章长庆家庭
吴窑镇沈甸村沈向阳家庭
吴窑镇三元村吴玉兰家庭
吴窑镇老庄村瞿良元家庭
磨头镇朗张村张松山家庭
磨头镇董堡村章文方家庭
磨头镇曹石村贾红娟家庭
磨头镇星港村邵宝先家庭
磨头镇天阳社区钱耀美家庭
九华镇郭李社区夏名炎家庭
九华镇马桥村黄国荣家庭
九华镇姜园村王志诚家庭
九华镇四圩社区张汉忠家庭
九华镇杨码村周继林家庭

九华镇二甲村李昌荣家庭
石庄镇洪港村蒋桂华家庭
江安镇朗庙村王国山家庭
江安镇申九村徐留根家庭
江安镇佘圩村陈国平家庭
搬经镇搬经社区陈昭德家庭
搬经镇万富村鞠久宏家庭
石庄镇闸口社区张志华家庭
石庄镇杨庄村赵建春家庭
江安镇陈庄村丁忠山家庭
江安镇百新村严世正家庭
搬经镇搬东社区章跃进家庭
搬经镇高明庄社区丁正华家庭
搬经镇严鲍社区顾久海家庭

组织机构

Zuzhi Jigou

2020年如皋市组织机构及负责人名录

中国共产党如皋市委员会

书　　记　张建华(12月29日免)　何益军(12月29日任)
副 书 记　何益军(12月25日免)　王鸣昊(12月29日任)　丁兴华
常　　委　张建华(12月25日免)　何益军　王鸣昊(12月29日任)　丁兴华
马金华　缪小华(12月29日免)　程瑞琴(女,12月29日任)
刘向阳　史有根(12月16日免)　秦金春(12月16日任)　缪爱诚
茅红宇(女)　祝国庆(12月29日免)　夏　淼(12月29日任)
高　峰　石慧宏(挂职)　陈鸣华(挂职,9月24日任)

如皋市人大常委会

主任、党组书记　吴道健
党组副书记　陈万圣
副 主 任　陈万圣　邵晓泉(党外,8月3日免)　张　勇　钱志刚
党组成员　姚呈明　龚卫东(1月12日任)

如皋市人民政府

党组书记　何益军(12月31日免)　王鸣昊(12月31日任)
党组副书记　茅红宇(女)
市　　长　何益军(12月29日辞)　王鸣昊(12月29日提名,12月31日任)
副 市 长　茅红宇(女)　陈晓彬　黄文斌
张亚鸾(女)　张百璘　程瑞琴(女,12月29日辞)
顾　凡(女,12月29日提名,12月31日任)　顾留忠
孙　恒(科技镇长团团长挂职,9月24日止)
林文美(女,科技镇长团团长挂职,9月24日提名,10月26日任)
党组成员　陈　迪(挂职,9月24日任)
刘　栩(挂职,11月30日任)

中国人民政治协商会议如皋市委员会

主席、党组书记　张元健
党组副书记　冒　平(1月19日任)　缪爱诚(12月31日任)
缪小华(12月31日任)
副 主 席　缪小华(12月16日任)　冒　平　杜永红(党外)
郑振明(党外)　严世斌　刘晓洁(女)
党组成员、秘书长　许映亮

中共如皋市纪律检查委员会

书　　记　史有根(12月16日免)　秦金春(12月16日任)
副 书 记　马铁军　郭　建(11月26日免)　倪新建(12月29日任)

常　　委　刘培林　吴敬民　符　行(7月16日免)
江其林(7月16日任)

如皋市监察委员会

主　　任　史有根
副 主 任　马铁军　郭　建(11月26日免)　倪新建(12月31日任)
委　　员　符　行(7月16日免)　江其林　孙　健
朱小青(7月16日提名人选)

根据市纪委监委派驻机构改革方案,原市纪委监委派驻第一至第十八纪检监察组更名为市纪委监委派驻市委办公室、市人大机关、市政府办公室、市政协机关、市委组织部、市委宣传部、市委政法委、市人民法院、市人民检察院、市发展和改革委员会、市市场监督管理局、市教育局、市公安局、市财政局、市供销合作总社、市住房和城乡建设局、市交通运输局、市卫生健康委员会纪检监察组,相关派驻纪检监察组人员按新机构名称任职。

市纪委监委派驻市委办公室纪检监察组组长　殷亚平(女,11月28日任)
市纪委监委派驻市人大机关纪检监察组组长　陈　建(11月28日任)
市纪委监委派驻市政府办公室纪检监察组组长　程继红(女,11月28日任)
市纪委监委派驻市政协机关纪检监察组组长　陈建宏(11月28日任)
市纪委监委派驻市委组织部纪检监察组组长　李益民(11月28日任)
市纪委监委派驻市委宣传部纪检监察组组长　施建石(11月28日任)
市纪委监委派驻市委政法委纪检监察组组长　章　兵(11月28日任)
市纪委监委派驻市发展和改革委员会纪检监察组组长　徐春建(11月28日任)
市纪委监委派驻市人民法院纪检监察组组长　周　标(11月28日任)
市纪委监委派驻市教育局纪检监察组组长　万久平(女,11月28日任)
市纪委监委派驻市公安局纪检监察组组长　吴　琼(11月28日任)
市纪委监委派驻市财政局纪检监察组组长　韩国强(11月28日任)
市纪委监委派驻市人民检察院检监察组组长　徐　剑(11月28日任)
市纪委监委派驻市住房和城乡建设局纪检监察组组长　刘国林(7月10日免)　王宏兵(11月28日任)
市纪委监委派驻市交通运输局纪检监察组组长　殷桂平(11月28日任)
市纪委监委派驻市供销合作总社纪检监察组组长　俞晓荣(11月28日任)
市纪委监委派驻市卫生健康委员会纪检监察组组长　郭继锋(11月28日任)
市纪委监委派驻市市场监督管理局纪检监察组组长　冯　健(11月28日任)

市委工作机构、部门管理机构、合署挂牌机构和直属事业机构

市委办公室

主　　任　杜晓峰
副 主 任　刘志伟(11月28日免)　贲如江　沈晶晶(女,1月12日任)
张　兵(1月12日免)　孙　鑫(挂职)
黄大鹏(11月28日任)
市档案局副局长　冒玉书

市委组织部

部　　　　　长　缪爱诚
常 务 副 部 长　纪成如
副　　部　　长　郝晓东(6月10日免)　陈　实
部　务　委　员　姜洪峰(1月12日免)

市委宣传部

部　　　　　长　高　峰
常 务 副 部 长　陈建军
副　　部　　长　薛建兵(11月28日免)　居小刚(1月12日免)　纪树华
钱钰璐(女,1月12日任)　刘志伟(11月28日任)

市委统战部

部　　　　　长　缪爱诚
副　　部　　长　顾卫国(11月28日免)　薛建兵(11月28日任)　陆爱斌
姚大平　朱益红(女)

市委政法委

书　　　　　记　缪小华(12月31日免)　程瑞琴(女,12月31日任)
常 务 副 书 记　马小平
副　　书　　记　钱志强　高生健　丁陆一(兼,9月29日任)
居小刚(9月29日免)
政 治 处 主 任　殷高林

市委研究室

主　　　　　任　许映华(1月12日任)
副　　主　　任　沈晶晶(女,1月12日免)

市委机构编制委员会办公室

主　　　　　任　纪成如(兼)
副　　主　　任　张世闻　姚建军

市委巡察工作办公室

主　　　　　任　马铁军(兼,11月28日免)　倪新建(兼,11月28日任)
专 职 副 主 任　冯　峰

市委第一巡察组

组　　　　　长　倪　兵
副　　组　　长　黄成智(7月10日免)　张来建　明小海　黄　麟(11月28日任)

市委第二巡察组

组　　　　　长　吴金林

副　组　长　冯文明(1月12日免)　秦　宗　尹小庆(11月2日任)

市委第三巡察组

组　长　倪新建(兼,11月28日免)

副　组　长　刘正林　陶益军　许　鹏(7月10日免)　张　云(女,11月28日任)

市委第四巡察组

组　长　陈　建

副　组　长　许海霞(女)　丁小建

市委老干部局

局　长　陈　实(兼)

副　局　长　严金宏　薛爱平　张海兵

市委机要局(市委办公室挂牌机构)

副　局　长　徐关保

市委全面深化改革委员会办公室

副　主　任　范小华(1月12日免)

市公务员局(市委组织部挂牌机构)

局　长　纪成如(兼)

市委党建工作领导小组办公室(市委组织部挂牌机构)

副　主　任　陈　波

市考核工作委员会办公室(设在组织部)

副　主　任　贾华兵

市级机关工作委员会(在市委组织部挂牌)

副　书　记　丁　群

市委非公有制企业和社会组织工作委员会(在市委组织部挂牌)

副　书　记　彭之俊

市新闻出版局(在市委宣传部挂牌)

局　长　居小刚(1月12日免)　纪树华(兼,5月30日任)

副　局　长　张小波　王贞慧(挂职,11月28日起)

市互联网信息办公室(市委宣传部挂牌机构)

主　任　纪树华

市委网络安全和信息化委员会办公室(设在宣传部)
副　　主　　任　　丁　群(女)

市精神文明建设指导委员会办公室
主　　　　　任　　钱钰璐(1月12日任)
副　　主　　任　　陆　兵

市民族宗教事务局(在市委统战部挂牌)
局　　　　　长　　陆爱斌
副　　局　　长　　陈洪波(1月12日免)　丁卫兵　倪东波

市委台湾工作办公室(在市委统战部挂牌)
副　　主　　任　　潘文胜(女)　田晶晶(女)

市法学会
副　　会　　长　　黄庆庆

市事业单位登记管理局
副　　局　　长　　郁　梅(女)

市委离退休干部工作委员会
书　　　　　记　　陈　实(兼)
副　　书　　记　　薛海华(1月12日免)　田芝华(1月12日任)

市委党校、市行政学校
市委党校校长　　丁兴华(兼)
市行政学校校长　　茅红宇(兼,女)
常务副校长　　石留权(1月12日任)
副　　校　　长　　施国华　环立忠　孙海云(女,11月28日任)

市委新闻中心
主　　　　　任　　陈建军(兼)
副　　主　　任　　邵亚丽(女)　徐鑫焱(女)

市委党史工作办公室
主　　　　　任　　徐亚军
副　　主　　任　　侯　晖(女)　顾小平　薛海华(1月12日任)

市档案馆
馆　　　　　长　　谢晓明
副　　馆　　长　　徐爱军(女)　陈　红(女)　陈永圣(1月12日任)

市人大常委会办公室、各工作委员会

办公室

主　　任　龚卫东(1月12日任)
副 主 任　吉小燕(女)

研究室

主　　任　朱华杰
副 主 任　盛聪锋(5月30日免)

信访督办室

主　　任　刘金城(9月29日提名)
副 主 任　景雪玲(女)

财政经济工委

主　　任　彭深海
副 主 任　钱建宏(女)

人事代表联络工委

副 主 任　冒　燕(女)

内务司法工委(8月更名为市人大常委会监察和司法工作委员会)

主　　任　谢晖来(8月4日提名,8月7日任)
副 主 任　张　轶(8月4日提名,8月7日任)

教科文卫工委

主　　任　林　凯
副 主 任　洪　军(女,1月12日免)

外事民宗侨台工委

主　　任　杨国斌
副 主 任　张媛媛(女)

环资城建工委

主　　任　朱留宽
副 主 任　朱兴雨

农业农村工委

主　　任　朱国镔
副 主 任　胡欣荣

专 职 委 员 周荣明 姚呈明 张爱民 王桂兰(女) 丁建兰(女)
神俊华 孙世军(1月12日任)

市政府工作机构

市政府办公室

主任、机关党组书记 陈小燕
副 主 任 张小星(7月10日免) 居小刚(5月30日任,9月29日免)
龚卫东(1月12日免) 陈晓华 丁陆一 章剑峰
吴正隆 王贞慧(女,11月28日免)
戴轶楠 孙 锴(挂职,9月29日任)
机关党组成员 胡银飞 陈 宜(女) 周小荣

市发展和改革委员会

党 组 书 记 顾季青(9月29日免) 郭 建(9月29日任)
党 组 副 书 记 倪新福 吕 庆
主 任 顾季青(9月29日辞) 郭 建(9月29日提名,10月26日任)
副 主 任 倪新福 曹 霞(女,7月10日辞) 冒 军 章建德
葛 波(1月12日任) 戴海峰(9月29日任)
党 组 成 员 徐春建

市教育局

党 组 书 记 张 俊(11月28日免) 郭其龙(11月28日任)
党 组 副 书 记 王 红(女, 1月12日免) 郭其龙(5月30日任)
左伯华(兼,8月23日任)
局 长 张 俊(11月28日辞) 郭其龙(11月28日提名,12月31日任)
副 局 长 王 红(女,1月12日辞) 郭其龙(11月28日辞) 田小飞
丁 非(党外) 冯志刚 缪德军(挂职,8月23日任)
朱爱华(女,挂职,8月23日任)

市科学技术局

局 长 宗爱君
党 组 书 记 宗爱君
党 组 副 书 记 陈广建
副 局 长 李伟华 徐 强 冒 峰 蔡建兰(女)
佘小宇(挂职,第十三批科技镇长团,9月30日起)

市公安局

局长、党委书记 陈晓彬
政 委 邢新华
党 委 副 书 记 邢新华 张 勇 周绍亮(1月12日免)
副 局 长 张 勇 陆书俊(1月12日免) 邱 俊(5月30日辞)

	郑云娟（女） 张 新 张 斌 李 祝（5月30日任）
副　　政　　委	郑云娟（女，2月20日免）
党　委　委　员	李 祝 章春建

市民政局

局　　　　　长	缪永辉
党　组　书　记	缪永辉
副　　局　　长	刘 荣 程学军（女） 张叶庆 颜海群

市司法局

局长、党组书记	卢延林
党组副书记	狄邦建（5月30日免）
副　　局　　长	陶建军 缪霄峰 丛 越 沈孝峰（7月10日辞）
	陈非非（女） 孙 锴

市财政局

局长、党组书记	冒海清
党组副书记	杨 玉
副　　局　　长	杨 玉 张建明 蔡志斌 丁正付 张小俊

市人力资源和社会保障局

局　　　　　长	胡晓勇
党　组　书　记	胡晓勇
副　　局　　长	瞿 进（7月10日辞） 薛宜发 周昌峰 程 蓉（女）

市自然资源和规划局

局长、党组书记	石 剑
党组副书记	朱贵宏 冒国华
副　　局　　长	朱贵宏 冒国华 周长海（5月28日辞）
	陶文建 范 彦
党　组　成　员	秦爱华（8月5日任）

市住房和城乡建设局

局长、党组书记	苏 强
党组副书记	韩 欣
副　　局　　长	王建华 张建军 顾新建 刘建华（7月10日辞）
	袁权民（1月12日辞） 王 庆 赵仁奇（挂职）
党　组　成　员	陈志坤（1月12日任）

市城市管理局

局长、党组书记	何福平
党组副书记	沙 进（11月28日任）

副局长 陈爱明(7月10日辞) 朱志兵(11月28日免)
沙进(11月28日任) 翟建兵 孙夏兵
杨海燕(党外) 袁权民(1月12日任) 陈文红(挂职)

市交通运输局

局长、党组书记 吴小平
党组副书记 卢玉兰(女)
副局长 刘佩骏(7月10日辞) 高学明(1月12日辞) 洪勇
田骏 葛军 范迪平(7月10日辞) 刘志俭
肖宏(11月2日任)
总工程师 卢玉兰(女)

市水务局

局长 徐海(1月12日辞) 朱建军(1月12日提名,3月26日任)
党组书记 徐海(1月12日免) 朱建军(1月12日任)
副局长 沈亚林(1月12日辞) 管峰 陈大平
总工程师 丁小星(9月29日任)

市农业农村局

局长、党组书记 朱为民
党组副书记 花爱梅(女,7月10日免) 夏茂宏(1月12日免)
副局长 花爱梅(女,7月10日辞) 夏茂宏(1月12日辞)
姜石泉 张玉峰(7月10日辞) 戴春祥(3月26日批捕)
陈玉峰 季浩民 王志斌 周杰(11月2日任)
党组成员 俞晓荣(11月28日免) 陈慎
总农艺师 陈慎

市商务局(口岸办)

党组书记 王建云(女,11月28日免) 顾卫国(11月28日任)
党组副书记 秦天(9月29日免) 佘飞(9月29日任)
局长 王建云(女,11月28日辞) 顾卫国(11月28日提名,12月31日任)
副局长 郭成凤(女) 刘加峰 吴志强 朱伟锋(1月12日任)
党组成员 吉俊国
市口岸办副主任 刘加峰(兼,1月12日任)

市文体广电和旅游局

局长 谢裕斌
党组书记 陈仁高
党组副书记 谢裕斌 沙进(11月28日免) 阮强舟
副局长 陈仁高 沙进(11月28日辞) 阮强舟
张国平 朱志兵(11月28日任) 冒逊
姚寓韶(党外) 范建兵 杨阳 吴爱兵 胡建锋

市卫生健康委员会

主　　　任　马军华
党组书记　马军华
党组副书记　石留权（1月12日免）
副　主　任　周咏梅（女，1月12日辞）　秦龙银
陶　亮（7月10日免）　谢宇晨　康　岚（女）
吴海燕（女）　谢仁圣（挂职，1月12日免）　夏建国
党组成员　章献方（兼）　郭继锋

市退役军人事务局

局　　　长　冯　昕
党组书记　冯　昕
党组副书记　夏　勇
副　局　长　夏　勇　陈子富
党组成员　施　才

市应急管理局（根据南通市委组织部《关于县（市）区应急管理部门党组改设党委的通知》（通委组发〔2020〕50号）精神，市应急管理局党组改设为党委，相关人员担任的“市应急管理局党组书记”职务调整为“市应急管理局党委书记”，“市应急管理局党组成员”职务调整为“市应急管理局党委委员”）

局　　　长　陆海峰
党委书记　陆海峰
副　局　长　秦永忠（1月12日辞）　杨　建　张善良
陈海峰　崔建备（11月2日任）
总工程师　徐　兵
党委委员　张　斌（1月12日任）
安全生产委员会办公室副主任　张　斌（1月12日任）

市审计局

党组书记　张文斌（7月10日免）　薛　煜（7月10日任）
党组副书记　康建芳（女）
局　　　长　张文斌（8月17日辞）　薛　煜（8月17日提名，9月28日任）
副　局　长　康建芳（女）　朱宏彬（党外）　龚志鸿
总审计师　汤春华
办公室副主任　汤元建（12月29日任）

市统计局

局　　　长　章　彬
党组书记　章　彬
党组副书记　宗　晓（1月12日免）
副　局　长　宗　晓（1月12日辞）　季　康（党外）　黄爱军
党组成员　谢晓飞
总统计师　石红梅（7月10日任）

市市场监督管理局

局长、党组书记　贾宏斌
副局长　沙　群　章新祥(1月12日辞)　王志刚　纪　勇
　石昭峰　李晓东　张　晔　谢　娟(女)
党组成员　陈建国　冯　健　谭志明(1月12日任)

市行政审批局

局长　范晓强
党组书记　姜跃进(1月12日免)　范晓强(兼,1月12日任)
党组副书记　杨晓峰　范荣华
　朱贵宏(兼,1月12日任)
副局长　姜跃进(1月12日辞)　杨晓峰　范荣华　谢　健
　徐　猛　陈　岗　张亚军　周巧良(1月12日辞)　田向阳
党组成员　刘宝林(9月29日任)
总工程师　卢宗志

市医疗保障局

局长　张智娟(女)
党组书记　张智娟(女)
副局长　薛正刚　徐爱宁(女)

市信访局

局长　孙　鑫
党组书记　孙　鑫
副局长　明小虎　施俊杰　居怀军　黄国建

市地方金融监督管理局

局长　邱德华
党组书记　邱德华
党组副书记、副局长　王荷春
副局长、党组成员　宗　晓(1月12日任)

合署办公、挂牌机构、部门管理机构和市政府直属事业机构

市委外事委员会办公室(设在市政府办公室)
副主任　江　宇(女)

市政府研究室
副主任　周小荣

市市域治理现代化指挥中心(5月30日“市公共治理服务中心”更名为“市市域治理现代化指挥中心”)
党组书记　居小刚(1月12日任　9月29日免)　丁陆一(9月29日任)

主　　　　任　龚卫东(1月12日免)　居小刚(1月12日任　9月29日免)
丁陆一(9月29日任)
副　主　任　王　岳(9月29日免)　卢　建　卢应锋(1月12日任)
费建国(9月29日任)　徐邵鑫(挂职,5月30日任)

市粮食和物资储备局(为市发展和改革委员会挂牌机构)
副　局　长　吕　庆

市政府教育督导室(与市教育局合署调整为设在市教育局)
副　主　任　陈强燕

市社会矛盾纠纷调处中心
主　　　　任　缪小华
常务副主任　狄邦建(5月30日免)
副　主　任　吴亚军　明曙光　戴世燕(11月28日任)

市委全面依法治市委员会办公室(设在司法局)
副　主　任　申爱学

市人民防空办公室
副　主　任　韩　欣

市文物局
副　局　长　张国平(兼)

市政务服务管理办公室
副　主　任　范亦男(女)

市融媒体中心(市广播电视台)、市传媒集团(1月12日,根据南通市委宣传部、编办等部门联合印发的《关于加强县级融媒体中心建设的实施意见》文件精神,将如皋市广播电视台更名为如皋市融媒体中心,挂"如皋市广播电视台"牌子;同时,根据《意见》要求,将如皋市文广传媒集团更名为如皋市传媒集团,继续与市融媒体中心(市广播电视台)合署办公,相关人员担任的原文广传媒集团职务自行消失。)
市融媒体中心主任(市广播电视台台长)　薛建兵(1月12日任,11月28日免)
刘志伟(11月28日任)
市传媒集团董事长、总经理、党委书记　薛建兵(1月12日任,11月28日免)
刘志伟(11月28日任)
市传媒集团党委副书记、市融媒体中心总编辑　王贞慧(女,11月28日任)
市传媒集团副总经理(市融媒体中心副主任)　姚寓韶(党外,1月12日任)
严保林(1月12日任)
张　强(1月12日任)
何　军(1月12日任)

市政府投资项目工程建设中心

主　　任　张加琴
副 主 任　薛小青　缪世兴　张锦贵(1月12日免)　陈　萍(9月29日任)

市政协办公室、各工作委员会

办公室

主　　任　严佩兰(女)
副 主 任　顾艳枫(女,1月12日辞)　刘亚丽(女,1月12日提名,7月17日任)

经济科技和农业农村委员会

主　　任　孙德祥
副 主 任　沈德君

教卫文体和文史委员会

主　　任　孙天骄
副 主 任　邱贵平(5月30日免)

环境资源和城乡建设委员会

主　　任　陈晓仲
副 主 任　朱生全

社法民宗和港澳台侨委员会

主　　任　詹文天
副 主 任　刘　霞(女)

委员工作委员会

副 主 任　刘亚丽(女,1月12日辞)　顾艳枫(女,1月12日提名,7月17日任)

提案委员会

主　　任　万有富
副 主 任　吴小蓉(女)

如皋市人民法院

党组书记　章智敏(女,3月26日免)　唐明渠(3月26日任)
党组副书记　顾雪红(女)
院　　长　章智敏(女,3月26日辞)　唐明渠(3月26日提名)
副 院 长　顾雪红(女)　黄卫东　任　锋　李斯武
政治处主任　袁夏华(1月12日任)
执行局局长　周　云(女)
专职委员　吴剑平(女,党外)　周　云(女)

如皋市人民检察院

党组书记　孙　亚(8月23日免)　吴晓栋(8月23日任)
党组副书记　高　丽(女)
检察长　孙　亚(7月29日辞)　吴晓栋(7月29日提名)
副检察长　高　丽(女)　王　珺(女,1月12日辞)　李国平
李文祥(1月12日提名,3月27日任)
贺小雄(挂职,5月30日起,11月止)
专职委员　倪伯斌　卢海琴
政治部主任　范小华(1月12日任)

如皋市消防救援大队

大队长　郑　伟
教导员　唐铁军

中华人民共和国如皋海关

关长　陈夫忠(1月29日任)
副关长　黄　海　张晓春(1月29日任)　王晓军

如皋出入境边防检查站

站长　王建华
政委　忽伟军
副站长　王爱军　崔恒宽

中华人民共和国南通如皋海事处

副处长　顾立刚(主持工作)　蒋楠隽
李佳华(6月10日任)　李承前(挂职,7月26日任)

市人民团体

工商联

党组书记　顾卫国(11月28日免)　薛建兵(11月28日任)
主席　杜永红
副主席　顾卫国(11月28日辞)　薛建兵(11月28日提名)
副主席、党组副书记　缪爱国
副主席　余国平　常伟华

总工会

主席、党组书记　周太荣
副主席　周维宽(1月12日辞)　沙旭宇　章　军
苏小燕(女)　陈光荣　陈非非(兼,女,不驻会)
瞿　进(7月10日免)　吴小红(女,挂职,9月7日止)

团市委

书　　　记　崔　金(7月10日免)　储　凯(8月23日任)
副　书　记　顾　潍(女,8月23日免)　陈新煜(7月10日任)
　　　　　　章　衡(挂职,4月10日免)　金　霞(女,8月23日任)

妇联

主席、党组书记　李晓红(女)
副　主　席　张　峰(女)　缪剑云(女)

侨联

主　　　席　朱一飞(党外,1月26日辞)
副　主　席　王晓云(女)

科协

主席、党组书记　张　勇
副　主　席　段月祥(1月12日辞)　黄存华
　　　　　　吴国章(1月12日辞)　秦永忠(1月12日提名,4月2日任)
　　　　　　陈洪波(1月12日提名,4月2日任)

文联

主　　　席　张小凤(女)
副　主　席　田　祥(1月12日提名,7月16日任)

残联

理事长、党组书记　戴　斌
党组副书记　谢万华(1月12日任)
副 理 事 长　陈永圣(1月12日辞)　谢万华(1月12日提名)
　　　　　　郭锦泉　陈久平

红十字会

会　　　长　茅红宇
常务副会长　石留权(1月12日辞)
副　会　长　章献方

市社科联

主　　　席　陈建军(兼)
副　主　席　吴　华(7月10日免)　吴小燕(11月28日提名,12月16日任)

南通市如皋生态环境局(垂直管理机构)

局长、分党组书记　黄晓勤
副　局　长　陈文扣　耿银文　徐宣安　苏　燕(女,党外)　许　疆

镇(区、街道)

如皋经济技术开发区(国家级)

党 工 委 书 记　张建华(4 月 30 日任,12 月 29 日免)
党工委常务副书记　马金华(6 月 10 日免)　郝晓东(6 月 10 日任)
管 委 会 副 主 任　郝晓东(6 月 10 日免)　赵宏祥　曹汉清(6 月 10 日免)
吴　鹏(6 月 10 日任)　杨　飞(6 月 10 日免)　孙得利
顾季青(9 月 24 日任)　王建云(12 月 29 日任)
纪 工 委 书 记　吴　鹏(6 月 10 日免)　曹汉清(6 月 10 日任)
党 工 委 委 员　缪　晗(挂职,6 月 10 日任)　张小平(9 月 29 日任)

城北街道

党工委
书　　记　赵宏祥
副 书 记　卢小冬(3 月 31 日任)　周海如(女,兼,3 月 31 日任)
郭锡兵(兼,3 月 31 日任)　邱　俊(挂职,3 月 31 日起)
办事处
主　　任　赵宏祥(3 月 31 日免)　卢小冬(3 月 31 日任)
副 主 任　张伟伟(3 月 31 日免)　贾根建(3 月 31 日免)
冒　俊(3 月 31 日任)　张红建(3 月 31 日任)
丁新建(3 月 31 日任)　印　霞(女,3 月 31 日任)
徐　军(3 月 31 日任)　孙　健(挂职,7 月 10 日止,工资行政关系在公安)
娄劲松(挂职,7 月 10 日起,工资行政关系在公安)
人大工委
主　　任　黄亚周
副 主 任　陆建高(3 月 31 日提名,6 月 12 日任,8 月 7 日辞)

长江镇

党委
书　　记　卢志敏
副 书 记　许　薇(女)
刘金城(9 月 29 日免)　杨海鹏(7 月 10 日免)
高源兵(9 月 29 日任)　黄山虎(挂职,工资行政关系在公安)
人大主席团
主　　席　张建军(6 月 10 日辞)　秦　天(9 月 24 日提名,1 月 13 日任)
副 主 席　钱福良(7 月 10 日辞)　刘　康(9 月 29 日提名,1 月 13 日任)
政府
镇　　长　许　薇(女)
副 镇 长　高源兵(9 月 29 日辞)　汪　东(9 月 29 日提名,1 月 13 日任)
陈红军　陈凤芸(9 月 29 日辞)　陈佳佳
顾　滩(女,8 月 23 日提名,1 月 13 日任)　孙　强(9 月 29 日提名)

朱　永(挂职,7月10日止,工资行政关系在公安)
殷燕军(挂职,7月10日起,工资行政关系在公安)
石卫明(第一书记挂职)
卞　明(挂职,第十三批科技镇长团,9月30日起)
李飞鹏(挂职,第十三批科技镇长团,9月30日起)

如皋港工业园区

党工委书记　卢志敏
党工委副书记　许　薇(女)
管委会主任　许　薇(女)
管委会副主任　金其林(9月29日任)　杨明华(9月29日任)

如皋港现代物流园区

管委会主任　杨海鹏(7月10日免)　吴　荣(9月29日任)
管委会副主任　夏　刚　汪　东(9月29日免)　周向阳(1月12日免)
苏志强(9月29日任)

如皋高新技术产业开发区

党工委
书记　石　兵
副书记　刘亚东　何李川(5月30日免)　李小军(5月30日免)
刘志斌(挂职,5月30日止)　王玉娟(挂职,5月30日起)
管委会
主任　刘亚东
副主任　丛明昌(5月30日任)　沈剑梅(女,5月30日免)
何李川(5月30日任)　丁　飞(5月30日免)　田学平
谢书平(5月30日免)　符　行(5月30日任)　肖智杰(11月28日任)
纪工委
书记　季美华(女,1月12日免)　宗小海(7月10日任)

城南街道

党工委
书记　石　兵(兼,5月30日免)　刘亚东(兼,5月30日任)
副书记　李小军(5月30日任)　阮爱银(女)
刘志斌(挂职,5月30日起,7月10日止,工资行政关系在公安)
杨　明(挂职,7月10日起,工资行政关系在公安)
人大工委
主任　丛明昌(5月30日辞)　丁　飞(5月30日任,提名人选)
办事处
主任　李小军(5月30日任)
副主任　谢书平(5月30日任)　沈　燕(女)
季陈中　叶　雯(女,5月30日辞)

杨　飞　　陈元枝(挂职,第十三批科技镇长团,9月30日起)

如皋工业园区

党工委

书　　　　记　刘向阳(兼,7月10日免)　　崔建村(7月10日任)

副　书　记　崔建村(7月10日免)　　沙海军(7月10日任)

张长健　　金　晖(7月10日任)

陈爱明(挂职,7月10日止)

杨　明(挂职,7月10日止,工资行政关系在公安)

管委会

主　　　　任　崔建村(兼,7月10日辞)　　沙海军(7月10日任)

副　主　任　马京武(7月10日任)　　杨明华(7月10日辞)

周小芳(女,7月10日辞)　　陈　晖(7月10日辞)

郭震寰(党外)　　张　婧(7月10日任)

张昌明(7月10日任)　　张开玉(7月10日任)

郭鸿业(挂职,第十三批科技镇长团,9月30日起)

如城街道

党工委

书　　　　记　崔建村

副　书　记　沙海军(7月10日免)　　仲纪元(7月10日任)

冒爱群(7月10日任)　　丁红林(女,7月10日任)

刘志斌(挂职,7月10日起,工资行政关系在公安)

人大工委

主　　　　任　仲纪元(7月10日辞)　　周小芳(女,7月10日提名,11月30日任)

副　主　任　殷小红(女)　　彭理英(女)

办事处

主　　　　任　沙海军(7月10日辞)　　仲纪元(7月10日任)

副　主　任　范存莲(女)

郝　强(7月10日辞)　　王宏波(7月10日任)

张静静(女,7月10日任)　　张志红(女,7月10日任)

周长慧(女,7月10日任)　　范　群(挂职)

袁　鹏(挂职,7月10日止,工资行政关系在公安)

丁　力(挂职,7月10日止,工资行政关系在公安)

孙夏华(挂职,7月10日起,工资行政关系在公安)

孙文钦(挂职,7月10日起,工资行政关系在公安)

纪工委书记　宗小海(7月10日免)

如皋市长寿旅游度假区(7月10日机构撤销)

党工委

书　　　　记　刘向阳(兼,7月10日免)

副　书　记　唐建如(7月10日免)

吴亚兵(7月10日免)　钱钰璐(女,1月12日免)

管委会

主　　任　唐建如(7月10日免)

副主任　郭桂忠(7月10日免)　张昌明(7月10日免)

张开玉(7月10日免)　徐　浩(7月10日免)

张　婧(女,7月10日免)

江苏南通国家农业科技园区管理办公室(根据《关于设立江苏南通国家农业科技园区管理机构的通知》文件精神,成立江苏南通国家农业科技园区管理办公室党工委。)

党工委书记　刘向阳(7月10日任)

党工委副书记　崔建村(7月10日任)

主　　任　崔建村

副主任　吴亚兵(7月10日任)　郭桂忠(7月10日任)

陈　晖(7月10日任)

纪工委书记　许　鹏(7月10日任)

丁堰镇

党委

书　　记　储开平

副书记　刘小冬　杨　海(1月12日免)

佘　飞(1月12日任　9月29日免)

申　进(挂职,7月10日止,工资行政关系在公安)

阚书宏(挂职,7月10日起,工资行政关系在公安)

人大主席团

主　　席　薛献忠(1月12日辞)　洪　军(1月12日提名,2月19日任)

副主席　郭继平(1月12日辞)　吴　畏(1月12日提名,2月19日任)

政府

镇　　长　刘小冬

副镇长　顾　琴(1月12日提名,2月19日任)　张金森

吴　畏(1月12日辞)　林璐璐(女,1月12日辞)

谢锦宇(9月29日辞)　方烁森(1月12日提名,2月19日任)

程　飞(第一书记挂职,1月12日止)　姜　哲(第一书记挂职)

白蒲镇

党委

书　　记　张　成(1月12日任)

副书记　张　成(1月12日免)　陈慧华(1月12日任)

王亚明(1月12日免)　沙亚峰

朱敏建(挂职,7月10日止,工资行政关系在公安)

马小锋(挂职,7月10日起,工资行政关系在公安)

人大主席团

主　　席　陈慧华(1月12日辞)　王亚明(1月12日提名,2月22日任)

副 主 席 侯茂华
政府
镇 长 张 成(1月12日辞) 陈慧华(1月12日提名,2月22日任)
副 镇 长 宗炳生 徐拥军 戴海峰(9月29日辞)
朱金建 尹 颖(1月12日提名,2月22日任)
陈彬彬(第一书记挂职,1月12日止)

下原镇
党委
书 记 柳杰军(7月10日免) 张亚东(7月10日任)
副 书 记 张亚东(7月10日免) 崔 金(7月10日任)
赵红飞 薛松祥(挂职,7月10日止,工资行政关系在公安)
袁 鹏(挂职,7月10日起,工资行政关系在公安)
人大主席团
主 席 孙世军(1月12日辞) 杨 海(1月12日提名,2月25日任)
副 主 席 张 建
政府
镇 长 张亚东(7月10日辞) 崔 金(7月10日提名,7月28日任)
副 镇 长 曹武元 蔡爱忠(1月12日提名,2月25日任) 邓陈胜
严循国(1月12日辞) 曹慧华
陶周嵩(挂职,9月29日止)
张学军(第一书记挂职,5月30日止)
陈伟嘉(第一书记挂职)

九华镇
党委
书 记 丁山燕
副 书 记 孙 康(1月12日免) 张小兵(1月12日免)
姜洪峰(1月12日任) 吴 为(1月12日任)
马小锋(挂职,7月10日止,工资行政关系在公安)
薛松祥(挂职,7月10日起,工资行政关系在公安)
人大主席团
主 席 薛美银(女,12月31日辞)5月30日免职退休
副 主 席 肖茂华
政府
镇 长 孙 康(1月12日辞) 姜洪峰(1月12日提名,2月25日任)
副 镇 长 郭 庆(8月23日辞) 胡素华(女)
吴 为(1月12日辞) 苏伯全
陈 亮(5月30日提名,8月1日任)
史进华(第一书记挂职,1月12日止)
高新星(第一书记挂职)

石庄镇

党委

书　　　　记　薛　煜(7月10日免)　陈　飞(7月10日任)

副　书　记　陈　飞(7月10日免)　徐　建

杨海鹏(7月10日任)

阚书宏(挂职,7月10日止,工资行政关系在公安)

石祥圣(挂职,7月10日起,工资行政关系在公安)

人大主席团

主　　　　席　丁　毅

副　主　席　林炳文

政府

镇　　　　长　陈　飞　(7月10日辞)　杨海鹏(7月10日提名,8月20日任)

副　镇　长　刘　华　王正华　唐铜香

金志华(5月30日任,8月20日任)　葛桢松(3月31日辞)

吴　伟(第一书记挂职,1月12日止)　吴锋成(第一书记挂职)

江安镇

党委

书　　　　记　朱建军(1月12日免)　孙　康(1月12日任)

副　书　记　王　鹏　申　燃(1月12日免)

张小兵(1月12日任)　郭　庆(8月23日任)

陈　飞(挂职,7月10日止,工资行政关系在公安)

丁亚波(挂职,7月10日起,工资行政关系在公安)

人大主席团

主　　　　席　申　燃(1月12日提名,3月3日任)

副　主　席　马　彬

政府

镇　　　　长　王　鹏

副　镇　长　唐晓星　吴红云(女)　陈志坤(1月12日辞)

朱伟锋(1月12日辞)　陈小强(1月12日提名,3月3日任)

余鲲鹏　秦虎跃(1月12日提名,3月3日任)

张　进(第一书记挂职)

搬经镇

党委

书　　　　记　刘　莉(女)

副　书　记　张　兵(1月12日任)　梅志祥　张兴龙

喻晓春(挂职,7月10日止,工资行政关系在公安)

陈云龙(挂职,7月10日起,工资行政关系在公安)

人大主席团

主　　　　席　杨建华

副　主　席　张　斌

政府

镇　　　　　长　刘　莉(女,1月12日辞)　　张　兵(1月12日任)

副　　镇　　长　石明良　　许　鹏　　陈小强(1月12日辞)

袁　健　　王钰崧(女)

储　凯(1月12日提名,2月22日任,8月23日辞)

冯细华(第一书记挂职,1月12日止)

杨　鹏(第一书记挂职)

东陈镇

党委

书　　　　　记　焦晓斌

副　　书　　记　张　勇

谢小丽(女,1月12日免)　　冒　华(1月12日任)

陈云龙(挂职,7月10日止,工资行政关系在公安)

喻晓春(挂职,7月10日起,工资行政关系在公安)

人大主席团

主　　　　　席　谢小丽(1月12日提名,2月28日任)

副　　主　　席　吉爱明(7月10日辞)

政府

镇　　　　　长　张　勇

副　　镇　　长　冒　华(1月12日辞)　　王　洁　　朱亚光　　佘　飞(1月12日辞)

盛聪锋(5月30日提名,7月28日任)

张津诚(7月10日提名,7月28日任)

沈　伟(第一书记挂职,1月12日止)

吴　杰(第一书记挂职)

吴窑镇

党委

书　　　　　记　袁天明

副　　书　　记　石晓鹏　　周　勇

娄劲松(挂职,7月10日止,工资行政关系在公安)

朱　永(挂职,7月10日起,工资行政关系在公安)

人大主席团

主　　　　　席　周永刚

副　　主　　席　薛宜全(7月10日辞)

政府

镇　　　　　长　石晓鹏

副　　镇　　长　田　祥(1月12日辞)　　蔡爱忠(1月12日辞)　　严海兵

钱锦锋　　吴　伟(1月12日提名,2月27日任)

殷小宏(5月30日提名,7月21日任)

阮铁均(第一书记挂职,1月12日止)　　丁邦民(第一书记挂职)

磨头镇

党委

书　　　记　戴　峰(1月12日任　7月10日免)　柳杰军(7月10日任)

副　书　记　王　红(女,1月12日任)　李丽萍(女)

黄　震(挂职,7月10日止,工资行政关系在公安)

申　进(挂职,7月10日起,工资行政关系在公安)

杨　阳(第一书记挂职,1月12日止)

人大主席团

主　　　席　薛　涛

副　主　席　单芝龙

政府

镇　　　长　戴　峰(1月12日辞)　王　红(女,1月12日提名,2月21日任)

副　镇　长　赵小成　刘剑锋(1月12日辞)

蔡　娟(女)　陈　飞　王正权(1月12日提名,2月21日任)

殷小宏(第一书记挂职,5月30日止)

国有资产公司(集团)

市传媒集团(1月12日根据南通市委宣传部、编办等部门联合印发的《关于加强县级融媒体中心建设的实施意见》文件精神,将如皋市广播电视台更名为如皋市融媒体中心,挂"如皋市广播电视台"牌子;同时,根据《意见》要求,将如皋市文广传媒集团更名为如皋市传媒集团,继续与市融媒体中心(市广播电视台)合署办公,相关人员担任的原文广传媒集团职务自行消失。)

党委书记　薛建兵((1月12日任　11月28日免)　刘志伟(11月28日任)

党委副书记　王贞慧(女,11月28日任)

董事长、总经理　薛建兵((1月12日任　11月28日免)　刘志伟(11月28日任)

副总经理　姚寓韶(党外,1月12日任)　严保林(1月12日任)

张　强(1月12日任)　何　军(1月12日任)

如皋港集团

党委书记　马玉东

董事长、总经理　马玉东

副总经理　黄　俊(11月28日免)　陈　然

纪委书记　陈　然

富皋万泰投资发展有限公司

党委书记、董事长　张书强

党委副书记　章爱平

总　经　理　章爱平

副总经理　许　强(9月29日免)　赵天海(5月30日任)　周　静(女)

纪委书记　赵天海(5月30日免)　薛建明(5月30日任)

党委委员　卢晓剑　许益飞　赵天海(5月30日任)

薛建明　周　培(女)　许　强(9月29日免)

纪检监察组组长　赵天海(1月12日任,兼)

市城市产业发展集团有限公司(5月30日成立党委)
党委书记　曹金林(5月30日任)
党委副书记　魏志兵(5月30日任)
董事长　曹金林
总经理　魏志兵
副总经理　孟志远　胡成建(9月29日任)
纪委书记　韦　华(11月28日任)

市交通产业集团有限公司(5月30日成立党委)
党委书记　张　健(5月30日任)
党委副书记　张小平(5月30日任,9月29日免)　刘建华(9月29日任)
董事长　张　健
总经理　张小平(女,9月29日免)　刘建华(9月29日任)
副总经理　许　宁　张兆民(5月30日任)
孙宏琛(11月28日任)
纪委书记　黄　俊(11月28日任)
纪检监察组组长　陈　然(1月12日任,兼)

江苏皋开投资发展集团有限公司
党委书记、董事长　薛晓云
党委副书记　周　峰(3月31日任)　许　强(9月29日任)
总经理　许　强(9月29日任)
副总经理　陈　群(3月31日免)　周　峰　许　强(9月29日免)
严循国(3月31日任)　徐宏建(3月31日任)
桑西方(3月31日任)　石　勇(3月31日任)
纪委书记　葛拥军(11月28日任)

如皋市富港工程建设有限公司
董事长、总经理　许　宁(5月30日任)
副总经理　杨　洋(9月29日任)

其他机构

市接待办公室
主任、党组书记　贲如江
副主任　程　飞(1月12日任)

市供销合作总社
理事会主任、党组书记　张益群
党组副书记　王　岳(9月29日任)

理事会副主任　王　岳(9月29日提名,11月23日任)　何玉堂
孙克千(7月10日免)　王红德
监事会主任　章琪运(1月12日辞)
周咏梅(女,1月12日提名,3月17日任)

市招商局

局长　秦　天(9月29日免)　佘　飞(9月29日任)
副局长　吉俊国　葛　波(1月12日免)
陈　飞(挂职)　纪国杰(挂职)　环向荣(挂职)
林　波(挂职)

国家税务总局如皋市税务局

局长、党组书记　沙　兵
副局长　黄建兵(11月2日任)　严建军　周　昇　周宏兵
范晓军　倪锦祝　仲　巍(11月4日免)　石　俊(4月11日免)
纪检组组长　顾宝丰

如皋市气象局

局长、党组书记　陈新育
副局长　肖　霁　张开进
纪检组组长　张开进

市管企事业单位

市党员干部现代远程教育中心

主任　吴晓晖
副主任　章志刚

市疾病预防控制中心

主任、书记　沙留强
副主任　张晓莉(女)　吴　坚　周祥国(党外)

市卫生监督所

所长、书记　范旻昊
副所长　何云祥　周　宇(女)

市交通运输综合执法大队

大队长　陈建华
教导员　唐幸炜
副大队长　范晓兵　石　峰　汤建平　张小燕　赵玉军
副教导员　周小兵

市社会保险基金管理中心

主任、书记　丁玉林

副主任　谢仁杰　周晴晖(女)　季苏岷(女)

副书记　陆江华

技工学校

校长　张永飚(党外)

副校长　田岱越　韶庆生

市人才服务中心

主任、书记　张建华

副主任　赵晓建

市城市建设管理综合执法大队

大队长　杨小卫

教导员　姚松来

副大队长　李建军(1月12日免)　张　敏(女)　赵四军　葛　伟

副教导员　吴　昊

市农技推广中心

主任、书记　丁　峰

副主任　袁小华　吴小兵(9月29日任)

市事业单位登记管理局

副局长　郁　梅(女)

市财政结算管理中心

主任　谢晓红

副主任　张　伟(女)　陆建英(女)

市预算管理审核中心

主任　章晓峰(7月10日任)

副主任　秦　军　陈　宏(女)

市机关后勤服务中心(8月3日更名为市机关事务服务中心,机构规格不变)

主任　谢向阳(7月10日免)

市文体旅游综合执法大队

大队长　陈建波

教导员　孙　伟

副大队长　郭　勇

市农林水利综合执法大队

大队长　陈　慎

教导员　陈小明

副大队长　马　宏　倪玉堂　汤小勤

市公共资源交易中心

主任　陈　萍(女,9月29日免)　刘宝林(9月29日任)

副主任　胡　静(女)　丁树华

市房屋征收管理办公室

主任　陈志坤(1月12日任)

白蒲中学

校长、书记　缪德军

副校长　石春梅(女)　黄建锋(8月23日免)　丁文桂(8月23日免)
宋　勇(8月23日任)

校长助理　张文跃(8月23日任)

石庄中学

书记　陈强燕(兼,8月23日免)　马　华(8月23日任)

校长　陈强燕(兼,8月23日免)　邹晨光(8月23日任)

副书记　邹晨光(8月23日任)

副校长　马　华(8月23日任)　吴建军(8月23日免)
丁锁勤(8月23日任)　邹晨光(8月23日免)
朱建华　毛　娟(女,8月23日任)

江安中学

书记　陈　锋(8月23日免)　杨　勇(8月23日任)

校长　陈　锋(8月23日免)　杨　勇(8月23日任)

副校长　严　勇(8月23日免)　章小建
陆小祥(8月23日免)
张志成(8月23日任)　孙兴华(8月23日任)

市一中

校长、副书记　鞠九州

书记　陈　军(8月23日免,负责新城高中筹建)　陈宽林(8月23日任)

副校长　陈　军　许金松　薛　钧　王　华　丁文桂(8月23日任)

搬经中学

书记　陈宽林(8月23日免)　严　勇(8月23日任)

校长　陈宽林(8月23日免)　严　勇(8月23日任)

副校长、副书记　卢海兵(8月23日免)

副校长　洪海军　祝存建(8月23日任)　宋　勇(8月23日免)

市二中

校长、书记　柳永红

副书记　陈　亮(8月23日免)　曹正国(8月23日任)

副校长　陈　亮(8月23日免)　曹正国　纪友根　潘建国

长江中学

书记　杨　勇(8月23日免)　黄建锋(8月23日任)

校长　杨　勇(8月23日免)　黄建锋(8月23日任)

副校长　蔡　建　张志成(8月23日免)　丁锁勤(8月23日免)

吴建军(8月23日任)　陆小祥(8月23日任)

如皋中专

校长　贾建军

书记　王　军

副书记　贾建军

副校长　郭夕国　徐年华　徐　峰　陆克平

第一中专

校长　曹江泉

书记　曹江泉

副校长　韩克山　费建国(9月29日免)　刘　剑　陈玉华　陆晓丽(女)

市通用技术教育实验学校(市青少年素质教育实践基地)

书记　朱新华(8月23日免)　卢海兵(8月23日任)

校长(主任)　朱新华(8月23日免)　陈　亮(8月23日任)

副书记　吴国建　陈　亮(8月23日任)

副校长(副主任)　吴国建　邱永忠

副校长　曹树泉　周　栋　朱沈国

如皋初中

校长　孙兴波

市人民医院

院长、副书记　朱银圣

书记、副院长　朱小平

副院长　卢弘栩　石国平　石高寒　郭江宏(5月29日任)

纪委书记　张文怡(女)

市中医院

院长、副书记　贾　运

书　　　　　记　薛瑞华(5月29日免)
副　书　记　吕　军(5月29日任)
副　院　长　沈安明(党外)　吕　军　刘　俊
　　　　　　韶建生(5月29日免)　谢轶群(女)
纪　委　书　记　吴宏匀(女)

条管企事业单位

中国邮政集团有限公司江苏省如皋市分公司
总经理、党委书记　施鎏鑫(12月9日免)　王嵩阳(12月9日任)
副　总　经　理　许卫权　沈　荣　冯国华
纪委书记、工会主席　许卫权

中国电信股份有限公司如皋分公司
总经理、党委书记　徐东建
副总经理、纪委书记　戴云卿
副总经理、工会主席　仇春彬
副　总　经　理　汤毓謇

中国联合网络通信有限公司如皋市分公司
总　经　理　张　雨(12月15日免)　邱　易(12月15日任)
副　总　经　理　蔡　琴(女,12月15日免)
总经理助理　张　权(12月15日任)　刘国芹(女,12月15日任)

中国移动通信集团江苏有限公司如皋分公司
经　　　理　王　恺
副　经　理　吴光燕　吕娟娟(女)

国家电网江苏省电力公司如皋市供电公司
总经理、党委副书记　吴　强(4月28日免)　管建明(4月28日任)
党委书记、副总经理　李　勇
副　总　经　理　周　鑫　王　震　纪斌斌
纪委书记、工会主席　徐　华

江苏省如皋市烟草专卖局(南通市烟草公司如皋分公司)
局长、经理、党组书记　吴　彬
副　局　长　王鸿俊
副　经　理　单友兰

如皋市盐务管理局(江苏省盐业公司如皋支公司)
经理、书记　郑小军(1月19日免)　陈旭(1月19日任)
副　经　理　鲁　骏　陈　旭

中国人民银行如皋市支行

党组书记、行长　曹建平(11月5日免)　窦佐伟(11月5日任)
党组成员、纪检组组长兼总稽核　徐晓东
党组成员、副行长　吴小红(女)

中国工商银行股份有限公司如皋市支行

行长、书记　王曙
党委副书记　周治平(7月16日免)
纪委书记　周治平(7月16日免)　汤小军(8月13日任)
副行长　李军　朱建　许瑞静(女)

中国建设银行股份有限公司如皋市支行

行长、书记　金瑛珲(5月8日)
副行长　朱鹏祥(6月6日免)　章世维
　顾鹏(挂职,6月6日任)　周礼伟(挂职,7月2日任)
纪委书记　曹广勇(11月20日免)　陆亚建(11月20日任)

中国银行股份有限公司如皋支行

党总支书记、行长　顾鹏飞
纪检委员、副行长　陆卫东
副行长　邱晔　丁保兵　杨燕红(女)

中国农业银行股份有限公司如皋市支行

党委书记、行长　石慧(女)
党委副书记、副行长　周铭
党委委员、副行长　缪世杰　倪存波
党委委员、纪委书记　顾庆庆

中国农业发展银行如皋市支行

行长、党支部书记　丁炜
副行长兼客户部主管　蒋青云
副行长兼综合部主管　黄成

交通银行股份有限公司南通如皋支行

行长、书记　曹霞(女)
副行长　宗位滨　朱敏
行长助理　宗祥

江苏如皋农村商业银行股份有限公司

党委书记、董事长　钱海标
行长、党委副书记　徐晓兵

监事长、纪委书记　张士锋
副行长　展爱云(女)　张　俊　殷开峰(6月30日免)
吴慧阳(女,9月30日免)　黄璀迎(8月2日任)
叶雁琳(女,10月28日任)

招商银行股份有限公司如皋支行
行长、书记　高　华(女)
副行长　蔡海峰
行长助理　季筱磊(女)

上海浦东发展银行如皋支行
行长、书记　谢鸿飞
副行长　王　艳(女)

中国民生银行股份有限公司如皋支行
行长　赵国林
行长助理　陈　圆
行长助理　邢　燕

南京银行股份有限公司如皋支行
副行长(主持)　赵　威
行长助理　陈　坚
行长助理　张　强

江苏银行股份有限公司如皋支行
行长、书记　石　璃
副行长　杨建明
行长助理　龚　婷(女)

中信银行股份有限公司南通分行如皋支行
行长　黄　飞
副行长　杨　洋　胡　敏(女)

华夏银行股份有限公司南通分行如皋支行
行长　花嘉乐
副行长　秦　捷
行长助理　徐雅丽(女)

兴业银行股份有限公司如皋支行
行长　张锦年
副行长　顾敏敏(女)　王　敏

中国邮政储蓄银行如皋市支行

行长、书记　项志宙
纪检委员、副行长　张　明
副行长　范谷雨

无锡农村商业银行股份有限公司如皋支行

行长　黄海东

江苏张家港农村商业银行股份有限公司如皋支行

行长　赵小静

江苏常熟农村商业银行股份有限公司如皋支行

行长　钱怡静(女)
行长助理　薛　慧

南通如皋润泽村镇银行股份有限公司

党支部书记、董事长　刘晓霞(女)
监事会主席、党支部副书记　董静(女)
行长　李瑞峰
行长助理　殷俊华

中国人民财产保险股份有限公司如皋支公司

总经理、支部书记　冒建勋
副经理　陈伏虎　周宏建　高志伟(7月31免)
徐正华(8月1日任)　许志祥

中国人寿保险股份有限公司如皋支公司

经理、书记　杨　陈(4月29日免)　曹　军(4月29日任)
副经理　戴海娟(女)　孙建东

中信证券股份有限公司如皋健康南路证券营业部

总经理　曹培荣
副总经理　陆晓霜(女,5月1日免)　黄　嘉(8月1日任)

华泰证券股份有限公司如皋福寿路证券营业部

总经理　纪　熙

东海证券股份有限公司如皋中山东路证券营业部

总经理　沙　晨

长城证券股份有限公司如皋海阳路证券营业部

总　　经　　理　丁婉清

中国银河证券股份有限公司如皋健康路证券营业部

总　　经　　理　张元潮

如皋中学

校　　　　长　左伯华

书　　　　记　左伯华(9月21日免)　季小军(9月21日任)

副书记、纪委书记　蒋　晶(女,9月21日任)

副　　校　　长　钱国祥(9月21日免)　李　兰(女,9月21日免)

刘　建　蒋　晶(女)　季小军　刘国良(9月21日任)